ALTE ABENTEUERLICHE REISEBERICHTE

Ulrich Jasper Seetzen

Unter Mönchen und Beduinen

Reisen in Palästina und angrenzenden Ländern

1805 – 1807

Herausgegeben von
Achim Lichtenberger

EDITION ERDMANN

INHALT

VORWORT DES HERAUSGEBERS

»Diese Reise öffnet meiner Wissbegierde ein ungeheueres Feld«
Ulrich Jasper Seetzen (1767–1811)

Neugierig und an allem interessiert, was ihm begegnete oder am Wege lag, war Ulrich Jasper Seetzen, der als einer der Gründerväter der Orientalistik angesehen werden muss. Seine Reise in den Orient, die er vor rund zweihundert Jahren 1802 begann, führte ihn von seiner Heimatstadt Jever in den Jemen, wo er unter bis heute ungeklärten Umständen umkam, vermutlich wurde er 1811 vergiftet.

Vielleicht war ihm seine Neugier zum Verhängnis geworden. Dies vermutete man zumindest im 19. Jahrhundert. Denn bei einem längeren Aufenthalt in Mekka fertigte der konvertierte Muslim Seetzen – was streng verboten war – im Geheimen Ansichten und Pläne der heiligen Stätten an. Möglicherweise hatten die Behörden im Jemen Wind davon bekommen und ließen ihn umbringen. Allerdings bleiben die genauen Todesumstände bis heute ungewiss, er könnte auch einfach einem Raubmord zum Opfer gefallen sein – man wird es wohl nie erfahren.

Mit dem abrupten Ende der Forschungsreise ging ein Gutteil des von Seetzen gesammelten Materials verloren, das zu diesem Zeitpunkt sehr umfangreich gewesen sein muss. Denn kurz vor seinem Tod ließ Seetzen seine Sammlung auf 17 Kamele laden, um weiter in das Innere des Jemen vorzudringen. Seetzens Auftrag war, für Fachgelehrte und für die Gothaer Sammlungen des Herzogs Emil August zu Sachsen naturhistorische Gegenstände und Altertümer, insbesondere Manuskripte, zu erwerben. Seetzens Ziel hingegen war, Afrika von Ost nach West zu durchqueren. Der Orient sollte ihm dafür als Übungsgelände dienen – ein Übungsgelände, das sich allerdings als tödlich erwies.

Ulrich Jasper Seetzen wurde am 30. Januar 1767 in Sophiengroden, Kirchspiel Middoge in der Herrschaft Jever geboren. Sein Vater war ein wohlhabender Landwirt, der seinen Söhnen eine gute Ausbildung ermöglichte. Ein Bruder wurde Pastor, der andere Kaufmann und Ulrich Jasper ging 1785 nach Göttingen, um Medizin zu studieren.

Göttingen, das war in dieser Zeit das Zentrum aufgeklärter Wissenschaften in Deutschland. Hier lehrten Professoren wie der Theologe und Orientalist Johann David Michaelis (1717–1791), der die dänische Arabienexpedition mit anregte, von der im Geburtsjahr Seetzens 1767 Carsten Niebuhr als einziger Überlebender zurückkehrte, oder der Mediziner Johann Friedrich Blumenbach (1752–1840), der als einer der Begründer der naturkundlichen Anthropologie gilt. In diesem Milieu wurde Aufklärung auch als Feldforschung verstanden, davon beeinflusst gingen Forschungsreisen wie die des Afrikareisenden Friedrich Konrad Hornemann (1772–1801) oder des Südamerikaforschers Alexander von Humboldt (1769–1859) hervor.

1788 wurde die englische African Association, die sich der Erforschung Afrikas verschrieben hatte, gegründet. Afrika war damals der unbekannte und geheimnisvolle Kontinent; Hornemann ließ sein Leben dort, und auch der Engländer Mungo Park (1771–1806) starb den Forschertod in Afrika. Daher verwunderte es nicht, dass auch der junge und ehrgeizige Seetzen als Afrikaforscher ewigen Ruhm erlangen wollte. So schreibt er später in seinem ausführlichen Plan, mit dem er sich auf die Reise vorbereitete und den er unter anderem mit Niebuhr diskutierte, wissend um die Gefahren: »Diese Reise öffnet meiner Wissbegierde ein ungeheueres Feld. Ich bin schwärmerisch für Reisen eingenommen. Keine unauflösliche Verbindung fesselt mich an mein Vaterland. Ein großer Teil des kultivierten Europa wird sich für mich und mein Unternehmen interessieren, und je nachdem ich seiner Erwartung entspreche oder nicht, wird mein Ruhm oder meine Schande groß sein.«

Doch bevor es so weit kommen konnte, musste Seetzen erst einmal sein Studium beenden, wobei das Thema seiner Dissertation eher naturgeschichtlich als medizinisch war. Seetzen hatte wenig Lust, Arzt zu werden – auch wenn er später im Orient häufig als Arzt reiste – und so begab er sich nach dem Studium auf ausgedehnte Reisen in Deutschland, Österreich, Ungarn und Holland. In den Jahren nach seinem Studium verfasste er zudem eine große und thematisch weit gefasste Zahl an Abhandlungen zu natur- und landeskundlichen sowie ökonomischen Fragen und wurde schließlich sogar Unternehmer. 1794 kaufte er eine holländische Windsägemühle und eine Muschelkalkbrennerei und richtete eine Baumaterialienhandlung sowie ein Gewerbe als Holzhändler und Fabrikant ein. Der Unternehmer blieb jedoch auch Forscher und so wurde er 1795 in die Naturkundlichen Gesellschaften zu Berlin und Jena aufgenommen. Schon jetzt waren Seetzens generalistische Interessen und seine universale Bildung, die seinen späteren Reisen einen prägenden Stempel aufdrückten, voll ausgebildet.

Der mittlerweile wohlhabende und als Gelehrter angesehene Seetzen verlor sein Ziel, Afrika zu bereisen, jedoch nicht aus dem Blickfeld. Vielleicht durch das Verschwinden Hornemanns angespornt, nahm er 1801 sein Vorhaben wieder in Angriff. Nun galt es, Geldgeber für die Reise zu finden. Inzwischen war sein Heimatland Jever durch Erbfolge russisch geworden und wurde durch eine Kammer verwaltet. (Seetzen war also russischer Untertan, was ihn bei einem drohenden Krieg zwischen dem Zarenreich und dem Osmanischen Reich nicht wenig beunruhigte.) Zur Reiseunterstützung bekam Seetzen 1802 von der Landesfürstin den Titel eines Collegien-Assessors zugesprochen, der mit dreihundertfünfzig Reichstalern jährlich verbunden war. Seetzen suchte weitere Sponsoren und mit dem Herzog Emil August von Sachsen fand er einen, der ihm zugleich den Auftrag gab, für achthundert Reichstaler jährlich naturhistorische Gegenstände und Altertümer, vor allem Manuskripte, für die Gothaer Sammlungen zu erwerben. Seetzen selbst strebte ein solches Sponsoring an; für ihn lagen die Vorteile darin, Objekte in die Hand zu bekommen, und dass »man unter solchen Umständen noch weit mehr imstande ist, auf eine genaue Untersuchung derselben mehr Muße zu verwenden«. Emil August von Sachsen kam auch dafür auf, dass Seetzen durch Vermittlung Blumenbachs an der für ihre Zeit hochmodernen Sternwarte Gothas durch Franz Xaver von Zach astronomisch ausgebildet und mit

Messgeräten versehen wurde. Seetzen selbst verkaufte sein gesamtes Hab und Gut und setzte alles auf die Reise. Doch seine Mittel blieben knapp bemessen. Er litt während seiner Reise dauerhaft unter Geldnot, wobei er sowohl grundsätzlich knapp bei Kasse war als auch das vorhandene Geld, das er natürlich nicht bar, sondern als Wechsel mit sich führte, nur schwer eintauschen konnte. Seetzens Geldnot war so groß, dass er 1805 von Aleppo sogar einen Bittbrief an den Zaren schrieb und ihm anbot, seine Reiseroute komplett zu ändern und den Mittleren Osten bis Kandahar und Usbekistan zu bereisen, wohl wissend, dass diese Gebiete in der Interessenssphäre Russlands lagen. Doch daraus wurde nichts.

Wenn auch die Finanzierung der Reise nicht optimal war, so hatte Seetzen sich doch sachlich vorzüglich vorbereitet. Er hatte die älteren Reiseberichte genauestens studiert und sich auf den neuesten Stand gebracht. Er nahm die besten Karten mit (die er freilich noch verbessern sollte) und traf verschiedene Vorsichtsmaßnahmen. Als Reisebegleiter wählte er Ernst Jacobsen, mit dem er bereits in Europa gereist war, und am 13. Juni 1802 ging es – Seetzen war jetzt 35 Jahre alt – von Jever aus los. Seetzen sollte seine Heimat nie wieder sehen.

Über Göttingen reisten sie nach Gotha, wo Seetzen in astronomischen Berechnungen unterrichtet wurde, und von dort über Leipzig und Prag nach Wien. In Wien nahmen sie ein Schiff, das sie über die Donau und den Balkan nach Konstantinopel bringen sollte. Auf der Schiffsreise kündigte sich die Aufregung der Reise an, Seetzen verfiel plötzlich einige Zeit in Wahnsinn, er litt unter Verfolgungsangst, sprang in die Donau und floh vom Schiff, doch konnte er sich wieder beruhigen und er und Jacobsen gelangten 1803 nach Konstantinopel. Von dort bereisten sie die Westküste Kleinasiens und noch bevor Seetzen mit einer Karawane von Smyrna geradewegs nach Aleppo reiste, musste er sich von Jacobsen trennen, der das Klima nicht vertrug, krank wurde und nach Europa zurückkehrte. Seetzen blieb fast eineinhalb Jahre in Aleppo, um Arabisch zu lernen, und am 9. April 1805 brach er von Aleppo nach Süden auf. An diesem Punkt setzen die publizierten Tagebücher ein.

In den folgenden Jahren sollte Seetzen wie kein Europäer vor ihm den Libanon und Antilibanon geradezu systematisch erforschen und uns lebendige Schilderungen der dortigen maronitischen und drusischen Minderheiten liefern. Im Hauran und der Ledscha, südsyrische Gebiete, die Reisenden vor ihm unzugänglich waren, entdeckte er eine in Ruinen liegende Welt umfangreicher antiker Siedlungen und Städte und kopierte eine Fülle an griechischen Inschriften. Im Golan und im Ostjordanland bereiste er die Städte der alten Dekapolis und identifizierte erstmals Orte wie das aus dem Neuen Testament bekannte Gadara oder beschrieb die Ruinenstätten von Gerasa und Philadelphia. Letzteres heißt heute wie zu Seetzens Zeit Amman und war damals (nur) noch ein Zeltlager inmitten der Ruinen Philadelphias. Sein Meisterstück in Palästina wurde aber die abenteuerliche Umrundung des Toten Meeres, dessen Ostseite von keinem europäischen Reisenden zuvor betreten worden war. Auf dieser Reise überzog er das Tote Meer mit feurigem Aufklärungseifer und räumte mit vielen Mythen und Legenden auf. Doch auch seine Reisen im damals etwas besser bekannten Westjordanland sind überaus lesenswert. Insbesondere die Schilderungen der religiösen Gemeinschaften und Feste Jerusalems und Betlehems, aber auch die Beschreibung der Samaritaner und Zigeuner in Samarien sind unter vielen hervorzuheben. Leider ist Seetzen aber auch ein Zeuge dafür, wie spannungsreich das Zusammenleben der verschiedenen Religionen und Kulturen in dieser Region auch zu seiner Zeit war. Wie sehr Seetzen Pionierarbeit bei der Erforschung Palästinas leistete, zeigt sich auch in dem bezeichnenden Umstand, dass die 1804 gegründete britische Palestine Exploration Society (vor ihrer Neugründung als Palestine Exploration Fund 1865) im Jahr 1810 als erste und einzige Schrift eine Übersetzung von Reiseberichten Seetzens herausbrachte.

Nach seinem Aufenthalt in Palästina, mit dem die vorliegende Ausgabe endet, reiste Seetzen über den Sinai und das Katharinenkloster nach Kairo, wo er überwiegend mit dem Ankauf von Manuskripten und Altertümern beschäftigt war. Gleichwohl unternahm er auch von dort Entdeckungsreisen, so umrundete er als erster Europäer der Neuzeit den Karunsee, den Moiris-See Herodots und Strabos.

Von Kairo machte sich Seetzen 1809 auf nach Mekka und Medina. In Dschidda, dem Hafen Mekkas, konvertierte er zum Islam, sodass er als Pilger die heilige Stadt betreten konnte. Gleichwohl blieb er Forscher: Er fertigte verbotenerweise zahlreiche Zeichnungen und Pläne der heiligen Stätten an, wie sie zuvor in Europa noch nicht bekannt waren. Leider wissen wir davon lediglich aus seinen brieflichen Mitteilungen, die Pläne gingen mit Seetzen im Jemen verloren. Von Dschidda fuhr er mit dem Schiff in den Jemen und reiste dort in den Jahren 1810 und 1811. Hier scheinen ihm die Behörden Schwierigkeiten bereitet zu haben, es kam zu einem längeren unfreiwilligen Aufenthalt in Mokha, vielleicht weil seine Sammlung und seine Aufzeichnungen beschlagnahmt wurden. Der letzte Brief Seetzens datiert vom 17. November 1810. Spätere Reisende erfuhren, dass er im September 1811 Mokha in Richtung Sanaa verließ, kurz darauf wurde er tot bei Ta'izz aufgefunden, sein Gepäck bleibt bis heute verschwunden.

Seetzen führte während seiner gesamten Reise fast täglich Tagebuch. Da er jedoch nie in die Heimat zurückkehrte, ist uns nur das erhalten, was er vor seinem Tod dorthin geschickt hatte. Dies gilt auch für die zahlreichen Naturalien, Artefakte und Manuskripte, von denen glücklicherweise viele nach Gotha gelangten und zum Grundstein für die dortigen orientalischen Sammlungen wurden. Insbesondere die orientalischen Manuskripte, die Seetzen überall ankaufte, hatten nachhaltigen Einfluss auf die Orientalistik in Deutschland.

Die Tagebücher der ersten sieben Jahre von Seetzens Reise sind fast komplett erhalten bis zur Abreise aus Kairo. Der letzte notierte Tag ist der 23. März 1809, die Eintragungen enden mit dem Satz: »Ich schließe jetzt mein Tagebuch, um es einzupacken.« Die Tagebuchaufzeichnungen der sicher ereignisreichen zwei Jahre bis zu Seetzens Tod sind im Jemen verschollen, da er sie nicht rechtzeitig nach Europa schicken konnte. Allerdings konnte er einige Briefe absenden, die an Verwandte und an Zeitschriften wie die »Monatliche Correspondenz« gerichtet waren und zum Teil veröffentlicht sind. Diese Briefe sind die einzigen Quellen bis zu Seetzens Tod.

Aber auch den nach Europa gelangten Tagebüchern war das Schicksal nicht sonderlich günstig gesinnt. Die Reisetagebücher bis Aleppo sind bis heute unveröffentlicht, und die Reise von Aleppo bis Kairo wurde erst mehr als vierzig Jahre nach Seetzens Tod nach zahlreichen Verzögerungen und Querelen 1854 und 1855, gefolgt von einem Kommentarband 1859, herausgegeben. Doch auch sie sind von dem gewaltsamen Tod Seetzens unverkennbar gezeichnet. Denn die Tagebücher waren in dieser Form zunächst einmal nicht für die Veröffentlichung bestimmt. Es waren Seetzens private Tagebücher, die Grundlage für seine späteren Reiseberichte sein sollten. Das Aufgezeichnete war überwiegend tatsächlich gerade Geschehenes. Oft schrieb Seetzen im Sattel oder im Zelt, häufig verborgen vor seiner Umgebung, um sich nicht verdächtig zu machen. Einmal berichtet er sogar, ihm sei Papier verloren gegangen, er könne deshalb nur noch wenig aufschreiben (und das Folgende wird tatsächlich etwas kryptisch). Die Aufzeichnungen sind daher stark von Seetzens Umgebung abhängig. Nur wenn er sich gut in Städten eingerichtet hatte, fand Seetzen Zeit, seine Texte auch literarisch anspruchsvoll zu gestalten. Als Beispiel seien die Reisen um das Tote Meer genannt, Seetzen nahm sich hierfür die Zeit, spannende und anschauliche Berichte zu schreiben, Personen, wie sein Führer Scheich Ahmed, entwickeln sich geradezu zu eigenständigen literarischen Gestalten, wovon man bei den zahlreichen anderen einheimischen Reisebegleitern Seetzens oder Personen, denen er begegnete, häufig nicht sprechen kann. Zuweilen ist dem Leser nicht einmal klar, mit wem Seetzen gerade reist.

Dennoch sind die literarisch weniger ausgefeilten Passagen in Seetzens Tagebüchern, die insbesondere die Reisen von Aleppo bis Jerusalem, also ungefähr die erste Hälfte der vorliegenden Ausgabe, betreffen, nicht weniger lesenswert. In ihrer Unmittelbarkeit sind sie von einer ganz besonderen Frische, hier fehlt die literarische Topik, von der die anderen Berichte nicht völlig frei sind. Der Leser ist wirklich einbezogen, man folgt Seetzen vom Aufstehen bis zum Schlafen, kennt das Wetter, die Bodenbeschaffenheit, die Flora und Fauna, nimmt an seinen Gesprächen teil und erlebt Hoffnungen, aber auch Enttäuschungen in der zeitlichen Abfolge wie Seetzen selbst. Kurz: Der Text ist im Wortsinn interessant, als Leser ist man dabei.

Seetzen war ein Universalgelehrter. Er konnte nicht nur einen antiken Ortsnamen im modernen erkennen, sondern er war auch in der Lage, im Feld in allen Bereichen wissenschaftliche Untersuchungen anzustellen. »Er registrierte nicht nur die ›ionische oder korinthische Ordnung der Säulen und Kapitelle‹, sondern auch das Material, die ›pfirsichblütenfarbene Flechte‹, die daran wächst, und die flinke Eidechse, die über die Trümmer huscht«, wie jüngst treffend festgestellt wurde.* Dass Seetzen auch eine benachbarte griechische Inschrift lesen konnte, versteht sich von selbst. Er hatte eine gründliche naturwissenschaftliche Bildung, beobachtete die Gesteine, die Vegetation, die Fauna, war Geograf und Ethnologe, der nicht nur die Menschen und ihre Lebens- und Wirtschaftsweisen, sondern auch die politischen Verhältnisse beschrieb. Zugleich war er Altertumswissenschaftler und besuchte Ruinenstätten. Mit welcher Stilsicherheit Seetzen die Grabanlagen im Jerusalemer Kidrontal in die »Zeit Herodes des Großen oder der Römer« datierte, beeindruckt auch heute noch die Archäologen.**
Ein Déjà-vu-Erlebnis hat man, wenn man erfährt, dass Seetzen, wie die heutigen Archäologen im Orient, auf Schritt und Tritt der Schatzsuche verdächtigt wird. Dass es ihm aber nicht nur um Funde, sondern mehr noch um Befunde geht, ist ein Hinweis auf sein geradezu modernes Verständnis von Archäologie.

Sein universales Wissen hatte Seetzen sich vor seiner Orientreise im Studium und auf Europareisen angeeignet. Seetzen war

---

* Vgl. H. Grotzfeld in dem im Literaturverzeichnis angegebenen Kolloquiumsband zu Seetzen von 1995.

** Heute werden die Bauten überwiegend in die Zeit Herodes des Großen oder etwas früher datiert.

kein Abenteurer oder Tourist, er war Forscher. Gerade die Reisen in Mitteleuropa hatten ihn geprägt. Hier wurde er geschult, den Blick auf das Besondere zu lenken, zugleich lernte er seine eigene Welt und Kultur gut kennen und erwarb sich ein ungeheueres naturwissenschaftliches Wissen. Die Naturwissenschaften waren für ihn ein Instrument der Aufklärung. Er wollte am Ort forschen und vorhandenes Wissen oder etablierte Hypothesen überprüfen und gelegentlich auch in antiklerikaler Manier den Ausgang des Menschen aus seiner selbst verschuldeten Unmündigkeit vorantreiben. Dass er dabei mitunter auch in geradezu drolliger Naivität sein Instrumentarium überspannte (wenn er beispielsweise über den Ort sinniert, an dem Josua die Leviten angewiesen haben könnte, einen Damm am Jordan zu bauen, damit beim Übergang der Israeliten über den Fluss der Eindruck eines Wunders entstand), ist nicht ihm anzulasten, sondern Zeugnis einer Zeit, die begann ihre Umwelt zu entzaubern und das Land der Bibel zu entdecken. Hierin war Seetzen zweifellos ein Vorreiter.

Eine weitere wichtige Eigenschaft Seetzens war essenziell für seine Reisen: die Fähigkeit, sich auf das Land und die Leute einzustellen. So schreibt er selbst bereits in den Vorsichtsmaßregeln zu seinem Reiseplan: »Eine Hauptregel besteht ohne Zweifel darin: mich in jenen Gegenden in allen Stücken denen, die mit mir umgehen, so viel es nur immer möglich ist, ähnlich zu machen. Kann der Reisende es dahin bringen, dass er in seinem Äußeren nicht von seinen Begleitern unterschieden werden kann: So gebührt ihm in Hinsicht der Maskierung der Siegeskranz. Seine Meinungen müssen bildsam sein wie das Wachs des Bossirers und immer sich den Meinungen seiner Gefährten anzuschmiegen suchen.« Und an anderer Stelle heißt es über den idealen Reisenden: »Als Lutheraner sei er unter Katholiken ein Katholik, unter Griechen ein Grieche, unter Nestorianern ein Nestorianer; als Christ sei er bald Mohammedaner, bald Brachmane, bald Fetischendiener. Als Mohammedaner werde ich den Koran mit mir führen und alle religiöse Vorschriften desselben auf das Genaueste befolgen; als Fetischendiener werde ich mich mit Amuletten behängen. Bei diesem offenen Geständnisse glaube ich in den Augen der Aufgeklärteren meinen Charakter nicht zu beflecken und in ihrer, mir so schätzbaren, Achtung zu verlieren, indem sie nur zu gut Zeremonien von einer guten Moralität, die Schale vom Kerne unterscheiden wissen. Ein Reisender, der diesen Grundsätzen nicht huldigt, hat unter anders denkenden Nationen mit unendlichen Schwierigkeiten zu kämpfen.«

Seetzen reiste häufig als Arzt, damit er mit dem Hinweis, er suche nach pharmazeutischen Mitteln, naturkundliche Beobachtungen durchführen konnte und zugleich weniger wohlhabend wirkte, als wenn er beispielsweise als Kaufmann gereist wäre. Auch die gelegentliche Verwandlung in einen griechischen Geistlichen oder in einen Bettler war eine Schutzmaßnahme vor Raub und Schlimmerem. Grundsätzlich aber war die alltägliche Assimilation Seetzens Eintrittskarte in eine andere Welt. Weil Seetzen wie die Einheimischen lebte, aß und schlief, erfuhr er ihre Lebensweise am eigenen Leibe und gewann ihr Vertrauen. Dabei soll keineswegs verschwiegen werden, dass Seetzens Verhältnis zu den Einheimischen und ganz besonders zu seinen einheimischen Reisebegleitern keineswegs spannungsfrei war. Oft genug klagt er über Streitereien, vor allem über nicht eingehaltene Abmachungen. Dennoch nimmt er sich in allem zurück, und wenn er berichtet, dass er in Damaskus während des Ramadan als Christ von einem Passanten verprügelt wurde und dann entschuldigend ausführt, dies liege an der Nervosität während des Fastenmonats, so weiß man nicht, ob es als Ironie oder als Verinnerlichung des Prinzips der Selbstrücknahme aufzufassen ist.

Diese Rücksichtnahme ist aber nicht nur Verstellung, sondern auch Seetzens freigeistiger Kern. Denn ihr zur Seite tritt eine Menschlichkeit, der jede abwertende oder rassistische Haltung gegenüber dem »Fremden« fehlt. Ganz im Gegenteil: Seetzen, der selbst Freimaurer war, bedauert beispielsweise, dass Juden in die Loge nicht aufgenommen werden durften, und in der Physiognomie der Bewohner des Hauran sucht er nicht etwa das »Andere«, sondern sie erinnern ihn an Bayern. Seine Feststellung in Aleppo, »dass die Orientalen eben sowohl Menschen sind als wir« ist nicht nur eine Banalität, sondern zeigt, dass Seetzen bereit war, sich auf die Menschen einzulassen.

Seetzen war ganz Aufklärer und er überlegte verschiedenenorts, wie eine gute Regierung oder Volksaufklärung die Zustände verbessern könnten. Andere hätten als Erklärung für Missstände vielleicht vom »Wesen« oder »Charakter« der Orientalen schwadroniert. Gleichwohl war er sich bewusst, dass er zu einer Aufklärung im Orient nicht wesentlich beitragen konnte, »indem für Reisende meiner Art, die ohne Einfluss sind und sich nur kurze Zeit an einem Orte aufhalten, kein Beruf vorhanden ist und keine Hoffnung übrig bleibt, eingewurzelte Vorurteile, zum Teil sogar in Systeme gebracht, auszurotten und das Licht der europäischen Begriffe diesen Völkern mitzuteilen, welches nur ihre Augen blenden, nicht aber sie die Gegenstände in ihrer wahren Gestalt erkennen lassen würde. Würden sie durch meine Aufklärungssucht wahrhaft glücklicher werden? Ich zweifle daran. Es wird mir immer wahrscheinlicher, dass alle vorhandenen Menschen eines gleichen Grades von Glück genießen und dass weder die Verschiedenheit des Standes, noch des Vermögens, des Alters, des Geschlechts, des Temperaments, der Meinungen, der wissenschaftlichen Kenntnisse u. s. w. hierein eine Abweichung hervorzubringen imstande sei. Neue Vorzüge sind die Mütter ebenso vieler Nachteile, und nur der Egoismus scheint uns seinen Maßstab zur Würdigung der verschiedenen Glücksgrade unvermerkt in die Hände zu spielen.«

Hier zeigt sich, wie sehr Reisen bildet, und Seetzen, sosehr er auch stolz darauf war, ein Europäer zu sein, eine eurozentrische Überheblichkeit abging. Wollte er unzweifelhaft auch Ruhm und Ehre durch seine Reise erlangen, so ging es ihm doch immer auch um die Sache und die zu gewinnenden Ergebnisse. Als Universalgelehrter, der keine Risiken scheute und Geistes- wie Naturwissenschaften vereinte, gehört er zu einer längst ausgestorbenen Art.

Seetzen kam aus dem Orient nicht mehr zurück, es war ihm nicht vergönnt, seine Schriften selbst zu veröffentlichen. Die lange Verzögerung der Herausgabe seiner Reisetagebücher führte zu einem gewissen Vergessen Seetzens. Erst in den letzten Jahren tritt er wieder in den Blick der Öffentlichkeit.

Seetzen äußerte selbst wiederholt die Befürchtung, er könne die Edition seiner Tagebücher nicht mehr selbst vornehmen, und so verfasste er »Notizen zu einer Vorrede zu meinem Tagebuch«, in denen es heißt: »Reisen müssen als Abschnitte aus der Lebensbeschreibung eines Mannes angesehen werden. Seine persönlichen Begebenheiten müssen daher den Hauptteil eines solchen Werkes ausmachen, und an sie muss man alle Beobachtungen anreihen. Nur dadurch, dass er seiner Person durch treue Darstellung der Reisevorfälle ein verdientes Interesse zu geben weiß, erhält sein Werk einen Reiz, den es ohne dieselben nie erhalten könnte. Beschränkt sich der Reisende bloß auf Darstellung geografischer Nachrichten, so wird sein Werk zwar immer viel Wert für den Kenner haben; allein der größte Teil der Lesenden wird es in der Länge trocken und langweilig finden. – Reisen in ferne Länder werden immer mehreren Reizes fähig sein, als in benachbarten, weil der Reisende mehreren und ungewöhnlicheren Vorfällen unterworfen ist. Der Reisende muss indes bei der Schilderung seiner Begebenheiten nie die Grenzen der Wahrheit überschreiten, oder die Nachwelt brandmarkt ihn mit unauslöschlicher Schande.« In diesem Sinne wurde das Tagebuch gekürzt, ein Schwergewicht auf den Reisenden gelegt und viele »trockene« und »langweilige« Informationen herausgenommen. Diese Kürzung hätte Seetzen sicherlich begrüßt, schreibt er doch in denselben Notizen: »Es würde nützlich sein, zwei Ausgaben von meiner Reise in den Orient zu veranstalten, eine größere und eine kleinere. Jene enthielte alles, selbst meine astronomischen Observationen, diese für das größere Publikum hauptsächlich nur meine vielfachen Schicksale und die allgemeine Ansicht der bereisten Länder und Gegenden.«

Da eine »größere« Ausgabe bereits seit 1854/55 vorliegt und einem breiteren Publikum weiterhin eher verschlossen bleiben wird, war es wohl höchste Zeit, Seetzens Worten zu folgen und eine »kleinere« Ausgabe seiner Schriften zu publizieren – eine Ausgabe, die Sie, verehrte Leserschaft, nun in Händen halten.

Achim Lichtenberger

ZEITTAFEL

1767	Geburt in Sophiengroden
1785–89	Studium der Medizin und Naturgeschichte in Göttingen
1789–92	Reisen in Mitteleuropa und intensive Publikationstätigkeit
1794	Erwerb von Fabriken und Handelsunternehmen
1795	Aufnahme in die Naturforschenden Gesellschaften zu Berlin und Jena
1802	Beginn der Orientreise. Von Jever über Gotha nach Wien, von dort mit dem Schiff über die Donau und den Balkan nach Konstantinopel
1803	Reise von Konstantinopel an der kleinasiatischen Westküste bis Smyrna und mit einer Karawane geradewegs nach Aleppo
1803–05	Aufenthalt in Aleppo
1805	Reise nach Damaskus, von dort in den Hauran, in den Libanon und die Ledscha
1806	Reise im Golan und im Ostjordanland bis nach Kerak und von dort um das Tote Meer nach Jerusalem. Von dort nach Hebron, Jaffa, Akko, den Karmel, Nazareth, Beth Shean, Nablos und wieder zurück nach Jerusalem. Reise an der Westseite des Toten Meers. Weihnachten in Betlehem
1807	Reise um die Ostseite des Toten Meers. Von Jerusalem über den Sinai und das Katharinenkloster nach Kairo
1807–09	Aufenthalt in Ägypten, vornehmlich in Kairo
1809	Reise nach Mekka und Medina
1810	Forschungsreisen im Jemen
1811	Tod unter ungeklärten Umständen bei Ta'izz im Jemen

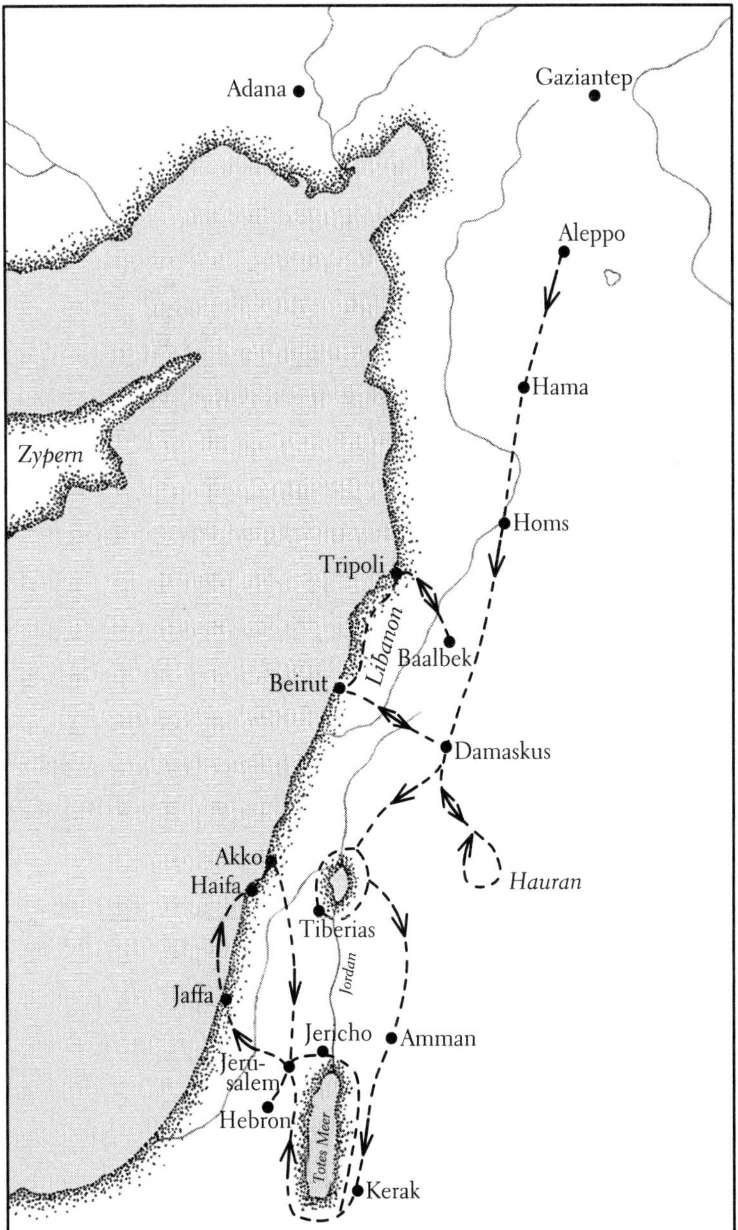

Ulrich Jasper Seetzen
Reisen in Palästina und angrenzenden Ländern
1805 – 1807

Erstes Kapitel:
REISE VON HALEP NACH DAMASK

9. April (Mittwoch) 1805. Heute ging es endlich vorwärts. Mein Mkery* heißt Hadsch Mohammed el Bsáay. Er ist ein halepinischer Janitschar**. Das Wetter ist ungemein schön. Meine treffliche Wirtin, Madame Magy, hatte mich auf ein paar Tage mit Lebensmitteln, einem gekochten Huhn, einem Hammelbraten, Zwieback, Apfelsinen, Wurst, Greïbe usw. versehen. Um Mittag reise ich allein bis Inszáry, wo ich mehrere Reisende antreffen werde.

Um zwei Uhr verließen wir Halep. Mr Magy begleitete mich eine Strecke. Der Bruder meines Maultiertreibers holte mich ab und in kurzem holten wir einige von unserer Karawane ein. Wir passierten Nzáry, wo viele Olivengärten. Nachher kamen wir über dünnerdigen Boden, und nach zwei Stunden erreichten wir unsere beträchtliche Karawane, die sich gelagert hatte. Hier blieben wir eine Stunde und zehn Minuten und zogen alsdann weiter. Es kam eine kleine Kamelkarawane. Um sechs Uhr erreichten wir Chân Tumán.

Er liegt am Goik und ist ein Gebäude mit ein paar Kuppeln und einem großen, mit einer hohen Quadermauer umgebenen Platz. Dabei ist ein Dorf am Goik (in Verfall) mit pyramidalen Häusern. Nach einer halben Stunde lagerten wir uns in einer grasigen Gegend am Goik. Diese Gegend ist hügelig. Man arretierte einen Araber, weil man ihn für verdächtig hielt; abends ward ein Feuer angemacht. Der Araber musste die ganze Nacht über im Arrest bleiben. Leider wurden keine Zelte aufgeschlagen. Mein Pferd erhielt auch keine Steigbügel und keinen Zaum. In solchen Stücken scheinen die Muslemîn gegen Christen ohne Gewissen zu sein.

10. April (Donnerstag). Fünf Minuten nach halb sechs Uhr brachen wir auf. Wir passierten eine schöne Ebene von rotbraunem Ton, aber ohne Kultur. Die Luft war neblig. Eine andere Ka-

---

* Wahrscheinlich der Maultiertreiber von türkisch Mekkâre »Lasttier«.
** Soldat der Kerntruppe des osmanischen Heeres.

Zeichnung aus dem Tagebuch Seetzens

rawane stieß zu unserer. Nachher um acht Uhr fanden wir Kultur, zumal schönen Weizen. Um halb neun Uhr kleine Berge von Kalkstein. Um zehn Uhr lagerten wir uns auf dieser Anhöhe. Ich traf einen gesprächigen griechisch-katholischen Christen von Damask. Er war in Bosra in Haurân gewesen.

Die Hitze war drückend. Zwanzig Minuten vor zwei Uhr ging es vorwärts. Zwanzig Minuten nach zwei Uhr kamen wir zu dem großen, aber verfallenen Dorf Madra, wo herrliche Felder waren, auf denen köstliches Getreide wuchs. Doch lag manches unbebaut; die Einwohner wohnen zum Teil unterm Schutt in Löchern. Zwanzig Minuten nach drei Uhr schlugen wir unser Lager neben einem hohen künstlichen Hügel auf. Am Fuße desselben ist ein zerstörtes und verlassenes Dorf, wovon bloß noch ein Haus nach Sfires Art stand.

Unsere Karawane besteht aus vielleicht vierhundert Pferden, Eseln und Mauleseln, und fast ebenso vielen Personen, worunter mehrere verschleierte Frauenspersonen sind, die wie die Männer reiten.

Vieh sieht man auf den schönen Weiden gar nicht. Welch ein Unterschied gegen Ungarn!

Die Gebirgsart besteht bis hierher aus Kalkstein. An dem künstlichen Hügel war die kleine schnelle Eidechse häufig.

Die Aussicht vom Hügel ist jetzt sehr angenehm. Auf allen

Seiten ist eine herrliche Ebene, welche südwärts unabsehbar ist, nord- und westwärts aber eine Reihe niedriger Berge hat. Rund um den Hügel weiden Pferde, Kamele etc. im buntesten Gemisch und man sieht viele Gruppen von Menschen, indem jeder Mkery sein Gepäck besonders aufgehäuft hat.

11. April (Freitag). Heute Morgen ging es wieder zwanzig Minuten vor sechs Uhr fort. Nach einer halben Stunde stießen wir auf das Dorf Táftanâs. Zehn Minuten nach acht Uhr trafen wir Olivenpflanzungen und sehr schöne Felder an. Das Ackern geschah mit zwei Ochsen zur künftigen Weizensaat.

In unserer Karawane waren vielleicht hundert Personen, Männer, Weiber und Kinder, welche Halep der Teuerung wegen verließen und nach Damask zogen, wo das Brot wohlfeiler ist. Es waren fast alle arme Fabrikanten, welche in Seide und Baumwolle arbeiteten.

Um Mittag sprangen auf einmal alle auf, weil die Wachen von der Anhöhe einen Haufen Araber in der Wüste gesehen hatten, an deren Rande wir waren. Alle griffen zu den Waffen, schrien und taten auch etliche Schüsse. Die Araber entfernten sich schnell; indessen war doch die Karawane immer auf der Hut. Obschon jetzt die Wüste mit kleinen stachligen Gewächsen besetzt ist, so zeigt sich diese unermessliche Ebene dennoch dürre, und auch dies wenige Grün wird ohne Zweifel in kurzer Zeit verschwinden.

12. April (Sonnabend). Bald nach Mitternacht kam auf einmal die Nachricht, dass sich Araber von Anäséh genähert hätten, um Pferde zu stehlen. Alles griff zu den Waffen und rannte nach der Seite und auf den Hügel und feuerte. Dies wurde nachher noch einmal wiederholt; indessen ging alles gut.

Die Araber fanden meinen Namen, um den sie mich befragten, lächerlich, indem er ihnen entweder Seïtün (Ölbaum) oder Scheïtân (Satan) klang. Solcher Witzlinge trifft man bei allen Nationen unter den Ungebildeten. Sie waren immer äußerst neugierig, meine Sachen zu sehen, die ich ihnen nicht verbergen konnte. Was ich aber verbergen konnte, verbarg ich sorgfältig. Von Süßigkeiten sind sie außerordentliche Freunde und ich konnte ihnen von Esswaren kein größeres Geschenk machen, als wenn ich ihnen eine Greïbe (ein gewisses halepinisches Zuckerwerk) gab. Meine vortreffliche Wirtin hatte mich ja mit einer großen Schachtel voll davon versehen.

Der felsige Grund, in dem wir gelagert sind, zeigte nichts als Kalksteinblöcke und Felsen, und auf dem ganzen Weg bis hierher habe ich bloß Kalkstein angetroffen. Der Boden war mehrenteils brauner Lehm. Unser heutiger Weg war größtenteils unfruchtbar und nur äußerst wenige Flecken waren kultiviert.

13. April (Sonntag). Der gestrige Abend war sehr schön; es war heller Mondschein. Wir blieben daher eine Zeit lang auf. Nach Mitternacht fiel ein starker Regen, der mein Bett halb durchnässte. Es war sehr kalt. Schon um fünf Uhr brachen wir auf. Wir kamen über ein wüstes Steinfeld, wo eine außerordentliche Menge Felsblöcke lag, weshalb unser Weg nur ein schmaler Pfad und beschwerlich war. Ich sah Spuren von alter Arbeit, große Quadern. Nachher kamen wir an kleine Gärten von Oliven und Feigen, die in einem kleinen Grunde lagen.

Um halb sieben Uhr waren wir in Kalaet Nömán. In dem kleinen verfallenen Schloss wohnen unter den Ruinen etliche Bauern. Es soll von den Franken erbaut sein, hat keinen beträchtlichen Umfang und ist von Quadern erbaut. Gleich daneben ist Maárra el Nömân. Das Tor war noch verschlossen. Es ist mit einer Mauer umgeben, die aber unbedeutend ist. Dies Städtchen mag etwa 1500 Einwohner haben. Es liegt, wie das erwähnte Schloss, auf einer Anhöhe. Die Straßen sind unregelmäßig und ohne Pflaster. Es sind hier ein paar Moscheen, aber nur eine hat ein Minarett. Auf einer Seite sind zwei ziemliche Châne*. Mein Mkery wollte mich nicht hineingehen lassen.

Man hatte viel von Soldaten in diesem Ort gesprochen; ich sah aber keinen. Ich glaube daher, dass alles dies Geschwätz der Mkery war, welche auf diese Art ihre Kaufleute prellen, indem sie versichern, der dortige Bähk** habe ihnen eine Auflage gemacht.

Um Maárra baut man viel Tabak an, dessen Samen man jetzt in kleine Beete neben dem Schloss gesät hat. Wasser sah ich nur in einen paar kleinen Teichen außer dem Ort. Von Maárra an

* Karawanserei.

** »Herr« (türkisch: Bey).

bleibt die Kultur eine Strecke gut und der hügelige Boden ist fruchtbar. Nachher wird er wieder unkultiviert und es finden sich viele Felsblöcke darauf.

Um zwanzig Minuten vor neun Uhr lagerten wir uns im freien Felde und fanden viel Gras. Das Wetter wurde jetzt etwas gelinder. In der Nähe unseres Lagerplatzes war das vormalige kleine, aber jetzt in Ruinen liegende Schloss Chân Mârhatât. Diese ganze Gegend ist arm an Wasser und ich begreife kaum, wie hier im Sommer Karawanen reisen können. Neben unserem Lager sprangen etliche wilde Schweine auf, welches natürlich zu manchen Spöttereien in Betreff meiner Gelegenheit gab. Man verfolgte sie zu Pferde mit Spießen und Gewehren, traf sie aber nicht.

14. April (Montag). Um ein Viertel auf sieben Uhr brachen wir auf. In der Nacht starker Regen und Blitz. Die Gegend war hügelig. Um halb acht Uhr kamen wir in das Dorf Chân Schechûn, dessen Namen von dem dort befindlichen beträchtlichen Châne herrührt. Mein Katirdschy* wollte mir nicht erlauben, hier, wie viele andere und er selbst, des vielen Regens wegen, einzukehren. Ich tat es dennoch, worüber er nicht wenig ungehalten war. Ich trank Kaffee, der mir sehr Not tat, und nach einer halben Stunde ritten wir der Karawane nach.

Zwanzig Minuten vor zehn Uhr lagerten wir uns an einem Hügel, der durch Kunst gemacht war und deren man mehrere sieht. Wir waren ganz durchnässt. Von Chân Schechûn bis hier war eine herrliche fruchtbare, aber wenig angebaute Gegend. Dieser Ort hieß Latmîn. Etliche Beduinenweiber brachten Keimák** zum Verkauf, allein leider kauften andere ihn vor uns weg. Obgleich dieser Hügel künstlich zu sein schien: so deuchte es mir doch nachher, nach oben zu an demselben geschichteten Kalkstein zu bemerken; ich konnte jedoch des vielen Grases wegen, womit er bedeckt war, hierüber nicht gewiss werden. Oben war ein tiefes Loch, welches ehedem vielleicht ein Brunnen gewesen sein mochte. Überdem war er rund umher an seinem Fuße mit einer Menge eingefallener Brunnen umgeben. Hier fand ich einige gerundete Stücke Basalt, und da ich südwärts etliche

* Türkisch »Maultiertreiber«.
**Rahm, Sahne.

konische kleine Berge bemerkte: so könnte es sich vielleicht finden, dass dort Basaltberge befindlich seien.

Es war ein wahres Glück für uns, dass, bald nachdem wir uns gelagert, die Sonne hervorkam und uns, so wie auch unsere Sachen, während ein paar Stunden trocknete.

Wir aßen Lebben oder dicke saure Milch, welches unser gewöhnliches Morgenessen ist. Wir aßen es mit Brotbrocken getunkt aus der Schüssel oder mit Wasser verdünnt mit großen hölzernen Löffeln. Zehn bis fünfzehn Personen setzen sich um die kupferne verzinnte Kumme, und acht bis zehn Löffel sind für alle hinlänglich. Also isst man oft gemeinschaftlich mit seinem Nachbar, mit dem nämlichen Löffel abwechselnd. Des Abends ist das Hauptessen, nämlich Búrgul (Weizengraupen) mit und ohne Fleischstücken von Hammeln. Diese isst man mit Löffeln. Man hockt entweder oder setzt sich auf ein Knie, und nach jedem Löffel voll legt man denselben auf den Rand der Schüssel oder lässt ihn in derselben stehen. – Mein Bleistift erregte fast bei allen die größte Verwunderung und einer erzählte dem andern, dass ich mit einer Feder ohne Tinte schriebe. Einige hatten sie in Halep gesehen, aber nie Gebrauch davon gemacht. Öfters kamen etliche zu mir und baten mich, ihnen die Feder zu zeigen, und alsdann versuchten sie damit zu schreiben. Ich tue alles, um meine Leute bei guter Laune zu erhalten; allein ihr Hass gegen die Franken muss außerordentlich sein, und ich muss beständig eine Menge Schimpfwörter hören. Indessen sind sie aber auch unter sich mit starken Worten nicht geizig, und daher verlieren ihre Schimpfwörter: Aib ala schuirrbak, Kelp ibn el Kelb, Tarihj* usw. vieles von ihrem Gehalt.

15. April (Dienstag). Um zehn Minuten nach sechs Uhr reisten wir ab. Es war ein herrlicher Morgen; Sonne und Mond standen zugleich am Himmel; die Luft war rein und klar, aber es war sehr kühl. Wir kamen über eine herrliche Ebene, wovon manche Stellen kultiviert waren. Indessen sah ich weiter nichts als zwei kleine Schafherden. Im besseren Europa hätte man hier viele herrliche Dörfer gesehen, Baumgruppen, Gärten etc. In dieser

* »Schande auf deinen Schnauzbart«, »Hund, Sohn des Hundes«, »Wegwürfling«.

ganzen Gegend könnten herrliche Landstraßen angelegt werden. Um neun Uhr langten wir bei der Moschee Téibe an; um halb zehn Uhr lagerten wir uns im Freien und aßen dünnen Lebben.

Die Sonne fing bald an warm zu scheinen. Mohammed Aga, der junge Kaufmann, dem fünf Ladungen zugehören, erzeigt mir manche kleine Gefälligkeiten, und diese suche ich wieder zu verdoppeln. Er ist feiner als die meisten Übrigen, aber jene verderben ihn durch ihr Beispiel.

Reisephilosophie im Orient

Mache dir den Schlimmen zum Freunde, damit er dir nicht schade; und den Guten um seiner Güte willen.

Nicht alle Milton'schen Teufel sind gleich. Auch unter ihnen gibt es Grade der Bosheit.

Nicht alle Wölfe sind gleich heißhungrig.

Wer das Gute schätzen lernen will, lerne zuvor das Böse kennen.

Grobheit schändet nur den, der sie sagt, nicht den, dem er sie sagt.

Was nur immer für Spaß angenommen werden kann, halte für Spaß; was es nicht ist: Stelle dich, als hörtest du es nicht.

Eine dir erzeigte Gefälligkeit erzeige doppelt zurück, aber erwarte für das Doppelte keine Bezahlung.

Ich benutzte die Zeit der Ruhe, die Gegend um Téibe zu untersuchen und Pflanzen zu sammeln. Ich fand auf den unbenutzten Feldern eine zahllose Menge Horn- und Feuersteine von grauer, gelber und schwarzer Farbe. Dies deutet auf eine Veränderung der Gebirgsart hin. Kalksteine waren verschwunden. Südwärts in der Nähe von uns waren etliche kleine ziemlich isolierte und spitzige oder scharfrückige Berge, und es ist mir sehr wahrscheinlich, dass dieses Basaltberge sind, weil man bei denselben öfters Feuer- und Hornsteine antrifft. Auch hatte ich gestern Gerölle von Basalt gefunden. Vielleicht habe ich morgen Gelegenheit, dies näher zu untersuchen. Das Feld war von gelben Blumen gleichsam wie vergoldet.

Die kleine schnelle Eidechse fand ich auch hier. Auch eine Menge Haufen des blinden Maulwurfs (Chuld) und einen Grashüpfer, kurz und dick, von gelbbrauner Farbe und warzig. Ein jeder Bauchring hatte oben einen rückwärts gekehrten kleinen Stachel. Auch waren die Hinterbeine unterwärts gezahnt. Der Bauch war gräulicht und braun punktiert.

16. April (Mittwoch). Um ein Viertel auf sieben Uhr brachen wir auf. Das Wetter war so schön wie gestern. Wir ritten jetzt nach Hama. Ich glaubte, wir würden neben Hama hinreiten, allein wir ritten hindurch. Mohammed blieb immer neben mir. Osman hatte mir zwar versprochen, mich mit sich hineinzunehmen; allein er hielt sein Wort nicht und war mit dem jungen Kaufmann voraus hineingeritten. Nachdem wir zur anderen Seite hinausreiten wollten, bestand ich darauf, dass ich durchaus hier einkaufen wolle. Mohammed verbot mir dies mit Grobheit und sagte, er wolle schon einkaufen. Ich stieg indes gefasst vom Pferd und ging zurück zum Basar. Nun war er stille, obgleich es ihn innerlich ärgern musste. Allein er fürchtete sich, Hand an mich zu legen, weil alle anderen mehr auf meiner Seite waren als er. Ich ließ mich rasieren, kaufte etliche Erfrischungen, trank Kaffee und ging dann zur Stadt hinaus. Der Weg führte wieder über eine fruchtbare Ebene, die jedoch nur wenig angebaut war. Ich sah die Karawane nicht mehr. Indessen ist der Weg breit, und ich fragte etliche kleine Karawanen, die mir begegneten. Nach $1^1/_2$ Stunden fand ich sie an einem Hügel gelagert. Die Sonne schien heiß. Die beiden Katirdschy nebst dem Kaufmann Mohammed waren noch in Hama.

Hama hat eine malerische Lage an den steilen hochhügeligen Seiten des Ashi, welcher mitten durch dieselbe fließt. Dieser Lage wegen sind die Straßen sehr uneben, manche auch ungepflastert, und an vielen Stellen sehr unrein. Zwischen den Häusern sind viele Gärten und in der Mitte der Stadt passierten wir eine Brücke, von der aus man eine herrliche Aussicht genießt. Man sieht zwei ungeheure Schöpfräder, welche vielleicht vierzig Fuß im Durchmesser haben. Sie tragen das Wasser auf hohen Aquädukten in die höheren Gegenden an der Hügelseite, wovon einer zwei Bogenreihen übereinander hat. Dies sind in der Tat schöne Anlagen. Der Ashi mochte jetzt so groß sein als die Hunte bei

Oldenburg oder die Leine bei Hannover; allein im Sommer ist er kleiner. Beim Eintritt in die Stadt war ein großes Kaffeehaus mit Säulen, und mitten in der Stadt ebenfalls ein paar. Es sind vier große Châne und etwa zwanzig Moscheen, auch eine armenische christliche Kirche. Juden und griechische Christen gibt es nicht; christliche Familien nur etwa fünfzig. Der Ort mag höchstens 12.000 Einwohner haben. Schöne, sehr ausgezeichnete Gebäude habe ich nicht bemerkt. Die Häuser in den äußeren Teilen sind mehrenteils mit Lehmwänden aufgeführt und man sieht viele konische Kuppeln. Weiter drinnen sieht man viele mit Quadern, aber nicht so hübsch wie in Halep. Überhaupt ist Hama ein Gemisch von Dorf und Stadt. Die Aussicht von dem Kirchhofe an der Südseite der Stadt, wo es eine artige Grabkuppel gibt, ist sehr reizend, indem man dort das kleine Tal mit den Terrassenhäusern übersieht.

17. April (Donnerstag). Wir brachen fünf Minuten nach fünf Uhr auf. Der Mond und die Sterne schienen klar und hell und nachher ging die Sonne herrlich auf. Die Ebene dauerte immer fort. Es war halb sechs Uhr, als wir den Ashi erreichten. Er fließt in einem engen tiefen Tal und hat steile felsige Ufer von Kalkstein. Wir verfolgten seine Krümmung und sahen auf der anderen Seite einige malerische Gärten, die zu Rustan gehörten.

In Rustan sind etliche wenige Christen.

Um neun Uhr lagerten wir uns an einem kleinen Hügel, wo die Ruinen eines Gebäudes waren. Auf diesem Hügel lagen viele Basaltsteine. Tell Bîss, ein Kála* und Dorf, lag eine halbe Stunde südostwärts von uns entfernt. Der Ort, wo wir uns gelagert hatten, hieß Maszurîn.

Man brachte mir einen Frosch, den man im Wasser gefangen hatte.

Zu meiner Verwunderung sah ich hier die Tiere den hier außerordentlich häufig auf dem Schutt wachsenden Schierling mit gefleckten Stängeln essen, und selbst mehrere Menschen schälten die Stängel, aßen sie und lachten über meine Besorgnis. Sollte das Gift in der Rinde stecken? Die Ärmeren suchen sich häu-

* »Festung«.

fig Pflanzenstängel, schälen sie und essen sie roh. Auch Salat wird roh ohne Zubereitung gegessen.

Um halb zwei Uhr brachen wir auf. Planmäßig kann man hier nicht reisen; alles hängt vom Zufall ab; man müsste denn eine eigene Karawane bilden.

Wir passierten eine herrliche Ebene und Getreidefelder. Viele pflügten. Ein Viertel auf vier Uhr kamen wir zu einem Dorf, dessen Mauern aus Basalt bestanden. Es liegt am Ufer des Ashi. Hier lagerten wir uns in einem Paradies für die Tiere, da hier Gras und Flusswasser in Überfluss vorhanden war.

Da es noch hoch am Tage war: So ging ich nebst einigen anderen in die Stadt, um mich ein wenig umzusehen. Der Weg führt immer über die schöne fruchtbare und kultivierte Ebene, in welcher Höms liegt, und wir erreichten dasselbe in $1^3/_4$ Stunden. Wir stiegen in einem Chân vor dem Tor ab, welcher aus drei beträchtlichen Höfen besteht und ganz von Quadern erbaut ist, die mehrenteils von Basalt gemacht sind. Man sieht darunter einige von beträchtlicher Größe. Der Kanal von dem Ashi fließt durch denselben und ist hier ausgemauert, aber nur etwa vier Schuh breit. In der äußeren Mauer bemerkte ich unterschiedliche eingemauerte Basaltsäulen, so wie ich in den hiesigen Kaffeehäusern, an den Stadttoren etc. mehrere von Basalt gemachte Säulen bemerkte. Viele große Quader sind gewiss aus älteren Zeiten.

Die Stadtmauer und Tore sind ziemlich gut erhalten und die Straßen für eine osmanische Stadt ziemlich breit und weniger krumm. Man sieht hier unterschiedliche Araber und Araberinnen mit unterer gefärbter Lippe; aber Ringe in der Nase sah ich noch nicht. Der Ort ist lebhaft und wohl bewohnt. Er ist beträchtlich kleiner als Hama, aber regelmäßiger. Das Straßenpflaster ist ebenfalls ziemlich gut. Das Fladenbrot zu zwei Para war sehr gut.

18. April (Freitag). Ich hatte im Chân auf hartem Lager ohne Bett unter freiem Himmel geschlafen. Wir gingen vor Sonnenaufgang ins Kaffeehaus, und dann ging ich zum Mausoleum. Dasselbe hat vierzehn Fuß ins Gevierte und liegt westwärts von der Stadt auf dem türkischen Begräbnisplatz. Es besteht ganz aus einem Guss von Steinen und Mörtel und ist oben inkrustiert mit runden Steinen. Es besteht aus drei Gewölben übereinander,

welche aber auf einer Seite eingestürzt sind. Die Form ist pyramidalisch oder konisch, weswegen es sich so lange erhalten hat. Die Inschrift sah ich nicht. Seine Höhe beträgt etwa sechsundvierzig Fuß. Die Leisten sind von Basalt.

Das Schloss liegt an der Südwestseite neben der Stadt auf einem runden Hügel wie in Halep, scheint aber verfallen zu sein.

Unsere Karawane kam schon mit Aufgang der Sonne hier an. Mohammed Bsaay wollte, ich solle jetzt mit der Karawane reisen. Allein ich sagte ihm, ich ginge mit den Übrigen, worüber er unzufrieden war. Allein ich kehrte mich nicht daran.

Die Einwohner bestehen aus Mohammedanern und Christen.

Auf den hiesigen Begräbnisplätzen hat man zu den Grabsteinen fast lauter Basaltpfeiler genommen, wovon die meisten viereckig. Ich weiß nicht, von wo man sie hergebracht hat.

Die hiesigen Kaffeehäuser sind ziemlich groß. Gestern konnten wir kein Fleisch zum Abendessen erhalten. Wir aßen bloß Lebben mit einem daringeschnittenen Kraute und Brot. Ich befinde mich bei diesen einfachen Gerichten außerordentlich wohl und besser als bei einer gut besetzten Tafel. Ohne Zweifel kommt dies von der täglichen Bewegung in freier Luft.

Man sprach hier viel von einem Haufen Araber von vierhundert Mann auf zweihundert Kamelen, alle mit Flinten bewaffnet, die die Straße nach Damask unsicher machen sollen.

Man verlangte heute Morgen am Tore den Gaffar* von mir. Ich verwies sie an Mohammed; sie wollten mit Gewalt dreieinhalb Piaster wie von den übrigen Rajahs**; allein ich zeigte ihnen meinen Ferman*** und nun ließen sie sich mit einem Piaster Geschenk abfinden.

Es sind hier etwa zwanzig kleinere und größere Moscheen, eine syrische und zwei griechische Kirchen. Juden gibt es hier nicht.

Ein musleminischer angesehener Einwohner versicherte mir, auf der Festung fänden sich noch Inschriften in einer Sprache, die niemand lesen könne. Wie sehr bedaure ich, dass es mir an

* Passagegeld.
** Bezeichnung für nichtmuslimische Untertanen im Osmanischen Reich.
*** Pass, vom Landesherren ausgestellt.

Zeit fehlte, sie aufzusuchen. Die Festung liegt an der Südseite der Stadt auf einem Hügel, wie in Hama und Halep, aber die Mauern sind gänzlich verfallen und jetzt wohnt niemand dort.

Höms ist kleiner als Hama und es mag höchstens fünf- bis sechstausend Einwohner haben. Die Stadt unterhält ziemlich vieles Rindvieh. Bäume gibt es hier nicht viele.

Nach eineinhalb Stunden sachten Reitens kamen wir bei unserer Karawane an, die sich im Freien gelagert hatte. Auch hier setzt noch die schöne Ebene fort. Rechts am Wege bemerkte ich ein großes offenes Feld mit Weinreben bepflanzt. Bei unserem Lagerplatz war ein mit einem Gewölbe überbautes Wasserbassin; es heißt el Szabihl el Rachtûân. Der Festungshügel ist auf dieser Seite durch einen Erdwall mit der Stadtmauer verbunden.

Abends Gesang und Tanz. Man setzte sich in einen Kreis; einer schlug den Dörrbecke und einer tanzte, während der Kreis sang und nach dem Takt in die Hände klatschte.

Man war auf seiner Hut wegen der Araber.

19. April (Sonnabend). Um halb sieben Uhr morgens fort. Nach zwanzig Minuten hatten wir ein wenig links das Dorf Schischâr. Die Ebene dauerte noch immer fort. Um halb neun Uhr langten wir bei dem kleinen Dorfe Schemszije an, wo viel Lebben, süße Milch und kleine frische Käse von allen Einwohnern der Karawane feilgeboten wurden. Alles war sehr gut. Alle Einwohner sind Mohammedaner.

Es begegnete uns eine Kamel- und Eselkarawane.

Um elf Uhr fünf Minuten lagerten wir uns.

Es gesellte sich ein angesehener damaskischer mohammedanischer Kaufmann zu uns, welcher uns mit Hammelbraten, der mit einer Eierrinde umgeben war, und mit Kaffee traktierte. Jenes Gericht ist auf der Reise gut, weil es sich länger erhält als das bloße Fleisch, und heißt Lahhm Mkámma. Der Kaufmann hatte drei Personen bei sich.

Um halb vier Uhr brachen wir auf. Rechts hatten wir Hügel neben uns. Zwanzig Minuten auf fünf Uhr erreichten wir das beträchtliche Dorf Hasséy. Es sind viele Christen dort. Um ein Viertel vor fünf Uhr kamen wir an einen isolierten Chân. Das Feld war eben, aber außerordentlich steinig und unfruchtbar.

Es war ein Viertel auf sechs Uhr, als wir uns an einer dürren

Stelle lagerten. Wir hatten aber die Vorsicht gebraucht, Gras mitzunehmen. Die Übrigen, die das Lokale weniger kannten, hatten nichts mitgebracht, worüber sie mit unseren Mkery einen Streit anfingen. Auch das Wasser musste fern hergeholt werden.

Wir sind jetzt Nomaden, nur dass wir weniger bequem sind als jene, weil wir des Nachts keine Zelte haben. Wäre man von Jugend auf an diese Lebensart gewöhnt, gewiss man müsste sie allen anderen vorziehen.

20. April (Sonntag). Zehn Minuten vor sechs Uhr zogen wir ab. Die unfruchtbare steinige Ebene dauerte noch fort. Nachher wurde der Boden hügeliger. Rechts und links hatten wir in einiger Ferne hohe Berge.

22. April (Dienstag). Um ein Viertel auf fünf Uhr brachen wir auf. Der Mond stand hoch; ein Taumeer umfloss die Berge und herrlich kam die Sonne hervor. Der Weg war ziemlich eben, führte aber nachher zwischen Berge mit Felskuppen, auf deren einer ich links ein zerstörtes Gebäude bemerkte. Alles war Kalk oder Marmor. Nachher fanden wir einen zerstörten Chân.

Gegen ein Viertel auf acht Uhr eröffnete sich die herrliche Ebene, die Guta.

Betuwijât sind vornehmere Frauenspersonen, welche bisweilen für eine Nacht hundert Piaster oder ähnliche Geschenke, erhalten. Auch sind sie bisweilen engagiert. Schlukât sind die gemeinen Huren für die Soldaten.

23. April (Mittwoch). Des Morgens um Mitternacht fort und mit anbrechendem Tage hier.

Bâb es Szalâm. In Damask sind zwei Kaffeehäuser: eines ein christliches, eines ein mohammedanisches am Fluss. Damask hat sieben Tore.

24. April. Man brennt in Damask fast bloß Ölbaum- und Aprikosenbaumholz; zum Bauholz bedient man sich der Pappeln, die hier in jedem Garten angetroffen werden und hoch und schlank wachsen. Die Kohlen aber werden aus der Ferne hergeführt.

Es regnete heute, welches in dieser Jahrzeit eine Seltenheit sein soll.

Ein katholischer Geistlicher (Mönch) und der französische Arzt Francis besuchten mich.

25. April. Heute machte ich mit Hrn. Chaboceau etliche Besuche. Das Wetter war außerordentlich schöner Sonnenschein.

Da es bald bekannt wird, wenn ein Arzt hier ankommt: So kamen bald unterschiedliche Personen, mich um Rat zu fragen, obgleich mir nichts mehr zuwider ist als die praktische Medizin und obgleich ich nur der Bitte meines gefälligen Wirtes nachgab. Unter anderen kam eine ungemein schöne Frau zu mir, von ovalem Gesichte, stark gebogener Nase, weißem Teint, großem seelenvollem Auge und reizendem Wuchs, um mich ihres angeschwollenen Zahnfleisches wegen zu befragen. Unter den Christen soll man zwar unterschiedliche hübsche Frauenspersonen antreffen, aber weit mehr unter den Mohammedanern, wovon mehrere eine idealische Schönheit haben sollen.

In unserem kleinen Hof stehen nach hiesiger Sitte ein paar Pomeranzenbäume, welche vom vorigen Jahr reife Früchte und jetzt zugleich duftende Blüten tragen. Auch bemerkte ich von unserer Hausterrasse in der Stadt etliche Dattelpalmen, die hier aber keine reifen Früchte bringen sollen, wahrscheinlich weil man sie nicht künstlich befruchtet. Die Häuser sind hier, wie in Halep, in ihrer Mitte mit einem kleineren oder größeren Hof versehen, welcher mit bunten polierten Steinplatten mosaivisch gepflastert ist. Mitten auf diesem Platze ist ein Marmorbassin, in welches sich aus kleinen Röhren beständig murmelnd fließendes Wasser ergießt. Aus diesem Bassin füllt sich ein kleineres Bassin in der Küche und von dort läuft das überflüssige Wasser durch unterirdische Röhren in das heimliche Gemach. Keine Stadt hat in dieser Hinsicht größere Bequemlichkeiten als Damask. Einige halten gar Fische in dem Bassin. Auf einer Seite des Hofplatzes ist der große offene Divan, auf dessen bunte und vergoldete Verzierung die Damaszener viel verwenden und wo man in der mittleren Jahreszeit den größten Teil des Tages zubringt. Auf der anderen Seite ist der Saal, der sehr hoch und luftig ist, herrliche Mosaive, Vergoldungen, Schnitzwerk und ausgelegte Arbeit und oft sogar einen kleinen Springbrunnen hat. Um den Hof herum an den Wänden stehen immer etliche Pomeranzenbäume, Jasmine usw., auch Weinstöcke, welche man öfters auf das Dach leitet und dort zur Laube bereitet, die außer dem kühlenden Schatten auch noch Weintrauben in Menge liefert.

Divanhaus in Damaskus

Zu diesen Annehmlichkeiten kommt noch, dass Damask in einem Walde von Obstgärten liegt, welche immer während eine so erstaunende Menge von Obst und Gemüse hierher liefern, als man nicht leicht in einer anderen Stadt von gleicher Größe antreffen wird. Mit Getreide wird man überdem aus den benachbarten Ebenen beständig im Überfluss versehen und der Weizen von Haurân und Dscholân ist von so vorzüglicher Güte, dass er vielleicht nirgend in der Welt vorzüglicher angetroffen wird.

Südwestwärts erhebt sich in ziemlicher Ferne über alle nahen Vorbergen des Antilibanon der alte Hermon, welcher jetzt unter dem Namen Dschíbbal es Schech oder Dschíbbal el Teltsch (Schech- oder Schneeberg) bekannt ist und dessen weißes Haupt beim Sonnenschein glänzt.

Indessen sind die Straßen von Damask entweder schlecht gepflastert oder in mehreren Gassen fehlt das Pflaster auch gänzlich, überdem sind die Gassen unrein und übel riechend. Auch die Häuser haben von außen ein ärmliches Ansehen, weil ihre Außenwände an der Gasse gewöhnlich aus ungebackenen Lehmsteinen bereitet sind, die man mit Lehm bewarf. Die Türen sind klein und sehr unansehnlich, und man ist oft nicht wenig erstaunt, nach einer sehr geringen Erwartung so viel Reizendes in dem Innern der Häuser zu finden.

So mir recht ist, so findet sich in der Bibel eine Stelle, wo schon Damask als eine Stadt angegeben ist, die wegen ihres gut bewässerten Bodens berühmt ist. Ich erinnere mich aber nicht mehr, wo.

Damask gehört zu den Städten, welche von jeher sehr reich an Gelehrten waren. Es gibt ein großes biografisches Werk, welches von hiesigen Gelehrten handelt. Der berühmte Arzt Ibn Bithâr war einer davon, der hier im Jahr 646 der Hedschra starb. In einem hohen Ruf steht der Schech Abd el Ganny el Nabülszy, der in den neueren Zeiten lebte. Auch der berühmte Geschichtsschreiber Achmed ibn Mohammed ibn Abdallah ibn Ibrahim ibn Schehâb el din el Schahîr b' Ibn Arab Schah war ein Damaszener, er schrieb unter anderen eine Geschichte der Kalifen.

Man nennt die hiesigen Hospitäler für Aussätzige auch bisweilen Kaâtly. Sie sind mit kupfernen Kesseln versehen, welche sie zum Gebrauch vermieten; auch besitzen sie Gärten und Kaufläden, wovon sie die Miete einnehmen. Überdem lassen sie, wenigstens die christlichen, in den benachbarten Distrikten Almosen sammeln.

In den Gärten um Damask erscheinen des Nachts viele Schakale, deren Geschrei man alsdann in der Stadt hört. Auch auf meiner Reise von Halep hierher hörte ich sie. Man nennt sie Wáuy.

30. April. Ich habe einen Mann zum Bedienten für Jerusalem angenommen, welcher ein hiesiger Seidenweber ist. Er reiste als Stallknecht mit einigen arabischen Pferden nach Paris, wo er drei Jahre blieb. Mr Chaboceau nennt ihn gewöhnlich Comte d'Artois, weil er viel von demselben zu erzählen wusste. Jedermann missrät mir die Reise nach Haurân, bevor nicht die Nachricht angekommen, dass der Pascha glücklich in der Nähe von Damask auf seiner Rückkehr von Mekka angelangt sei. Allein die Jahrzeit verstreicht und ich muss eilen. Freund Chaboceau ist nicht damit zufrieden. Ein hiesiger Negotiant, ein katholischer Grieche, wird mir einen Empfehlungsbrief nach Nablos und nach Jerusalem mitgeben. Auch der Superior des hiesigen Klosters Terra Santa verspricht mir einen Brief für Jerusalem.

Heute und am vorigen Tage besuchte ich Hrn. Chaboceau zu

Gefallen mit ihm mehrere Kranke, bei welcher Gelegenheit ich mehrere schöne Häuser sah und die Versicherung anderer Reisenden von der Schönheit des hiesigen weiblichen Geschlechts bestätigt fand.

Das hiesige Kloster Terra Santa ist recht hübsch und sehr gut unterhalten. Es sind jetzt acht bis neun Mönche darin. Den P. Superior lernte ich als einen gefälligen Mann kennen; er gab mir einen Brief nach Jerusalem. Auch von M. Chaboceau erhielt ich ein Schreiben.

Zweites Kapitel:
REISE IN DEN HAURÂN

1. Mai. Ich nahm den Namen Mûsza an und versah mich mit Ferman, Briefen, mit einigen Medikamenten, Pillen von Rhabarber, Honig, Mehl etc.

Schon vor Sonnenaufgang verließ ich die Wohnung meines guten Wirtes und ging mit meinem Bedienten Hanna Abu Ibrahim, dem Maroniten, in die Vorstadt Midân, wohin ich mein Gepäck mit einem Eseltreiber bringen ließ. Am Stadttor zahlte Hanna für mich zehn Para. Außerhalb diesem Tor ist ein mohammedanischer Begräbnisplatz, auf dessen Gräbern gewöhnlich am Ende eine Myrte gepflanzt ist. Dieser Begräbnisplatz ist der Anfang der langen Vorstadt Midân, welche vorzüglich aus einer sehr breiten Gasse besteht, die in ihrer Mitte gepflastert ist. An den Seiten bemerkt man einige Moscheen und Bäder, welche in Verfall sind, im Gleichen Kaffeehäuser und viele Getreidemagazine, wo die Hauraner und Dschaulaner ihr Getreide zum Verkauf feilbieten. Die Häuser sind auch alle von Lehm und Lehmsteinen. Der Mann, der mich nach Szannameïn bringen wollte, war schon abgereist. Ich fand bei einem in Midân wohnenden Christen eine freundschaftliche Aufnahme, weil ich einigen von ihrer Familie medizinischen Rat erteilt hatte. Ein Sohn war griechisch-katholischer Priester, vorher Kaufmann.

2. Mai. Schon vor Tage reisten wir ab. Es war das erste Mal, dass ich ein Kamel ritt, welches mein Wirt für drei Piaster für

mich bedungen hatte; Hanna bezahlte für ein anderes etliche Para. Unter allen Tieren hat das Kamel den unsanftesten Gang.

Wir kamen nachmittags in dem Dorf Szannameïn an, welches zehn Stunden von Schâm* entfernt ist.

3. Mai. Ich war gestern von der langen Reise sehr ermüdet, indem ich bei starkem Sonnenschein nicht einmal vom Kamel gestiegen war. Mein nacktes Bein war von der Sonne gebrannt und geschwollen.

Szannameïn war vorhin ein bedeutender Ort. Dies beweisen die vielen Ruinen, welche um die Anhöhe herum liegen, und die wohl drei viertel Stunden im Umfang haben. Unter ihnen müssen große Gebäude gewesen sein, wie die hohen Quaderhaufen beweisen.

Das eine ist ohne Zweifel ein alter Tempel. Inwendig sind mehrere Säulen von korinthischer und der einfachen Ordnung. Es war eine hübsche Nische mit einer schönen Muschel oben noch vorhanden. Auf jeder Seite derselben war eine hübsche Tür und über der Tür ein hübsches Fenster. Dabei ein ausgemauertes Bassin. Jetzt Balken von Stein, weil das Gewölbe eingestürzt war. In der schönen Nische war jetzt La illah el Allah** sehr roh gehauen.

Man sieht in gewissen Entfernungen noch viereckige Türme von den schönsten Quadern ohne Kitt und mit schönen Türen und etlichen anderen Verzierungen. Einer von diesen Türmen wurde in der Folge eine Kirche, wie noch ein Kreuz an der Mauer beweist; andere dienen zu Wohnungen, Viehställen etc. Die meisten Einwohner wohnen unter den Trümmern und man sieht eine Menge fester Gewölbe, Säulen, Karniese, Säulenknäufe usw. Inschriften würde man vielleicht noch etliche finden, obgleich ich alle Mühe anwandte, sie aufzufinden.

In dem Gebäude war noch eine Inschrift befindlich in der hübschen Nische, welche zu hoch war, als dass ich sie lesen konnte. Auch konnte ich die Charaktere nicht erkennen.

Neben diesem Gebäude ist ein anderes von zwei Reihen Säulen, wovon noch elf stehen, die einfach sind. Das Ganze besteht

---

* Damaskus.
** »Es gibt keinen Gott außer Gott«.

aus schönen Steinen ohne Kitt. Man sieht noch herrliche Karniese. Alles ist verschüttet.

Sweida, ein Dorf mit Ruinen, liegt zwei Tagereisen von hier auf dem Gebirge.

Der hiesige Schech, ein guter hübscher junger Mann, bezahlt keine Abgaben und hat acht Gespanne, welche für ihn pflügen. Dafür erhält er alle, die bei ihm einsprechen, wenn es auch hundert Reiter wären, mit den Produkten seines Gutes, nämlich: Burgul, Lebben, Milch, Brot, Dibs*, Eier, Fleisch, Honig, Butter, und kein Mensch zahlt ihm einen Para dafür. Die Kaffeekanne kommt nie vom Feuer. Der Schech versicherte, bei guten Jahren trüge ein Korn vierzig Körner. Er klagte über die häufigen Avanien, die alles verderben. Hier herrscht also der hohe Grad von Gastfreiheit wie zu den Zeiten der Patriarchen. Gestern waren hier vielleicht mehr als zwanzig Personen, zum Teil zu Pferde, die er versorgte. Der Dorfschech heißt Mohammed Aly.

Szerâdsche bezeichnet eine Krankheit der Pferde, die von den Beinen anfängt und so in die Höhe steigt bis zum Magen und woran manche sterben. Der Schech fragte mich um ein Mittel dawider.

Ich musste hier mehreren Leuten medizinischen Rat erteilen und Hanna verkaufte die Pillen, die ich aus Rhabarber, Honig und Mehl gemacht hatte, für sich, so gut er konnte. Ich benutzte diese Gelegenheit, um mich nach Inschriften zu erkundigen.

Des Nachmittags wurde eine Braut von einem anderen Dorf in das Dorf geholt. Eine Menge Einwohner ritten in vollem Galopp hinaus, um sie einzuholen. Das kleine Mädchen trug einen goldenen Ring im rechten Nasenflügel, von etwa eineinhalb Zoll im Durchmesser. Man scheint sie nicht häufig zu tragen und nur so lange sie noch jung verheiratet sind. Dies ist das erste Mädchen, das ich sie tragen sah. Die Weibspersonen und Kinder tragen viele gläserne Ringe und Glasschnüre um den Handknöchel. Auch haben manche ihre Unterlippen gefärbt und einzelne Flecken ins Gesicht tätowiert. Sie tragen sich unverschleiert.

Gegen Abend kam der Zug der Braut zurück, denn sie war für

---

* Traubensirup.

ein anderes Dorf. Allein unser Schech nahm ihren Zug gefangen, und führte sie in sein Dorf, um sie zu bewirten. Es wurden vier bis fünf Schafe geschlachtet. Zuerst kamen mehrere auf Pferden mit Flinten, Dsjerid* oder Lanzen. Dann kamen fünf Kamele hübsch verziert; auf dem ersten die Braut, verschleiert, nebst einer anderen Person. Auf den anderen Kamelen saßen auf jedem drei bis vier Mädchen, meistenteils mit wohl zwei Zoll großen goldenen Nasenringen und Zechinenschnüren an der Stirn, an den Schläfen und auf der Brust. Auf einem Kamel saßen drei Mädchen, welche Loblieder sangen und ein Tambour de basque schlugen. Im Dorf rief man ihnen »Li li li« entgegen etc. Alle stiegen bei uns ab. Diesen Abend wird Musik und Tanz sein, und ich muss gestehen, dass unter den Mädchen etliche ziemlich hübsche Gesichter waren.

4. Mai. Ich konnte gar nicht dazu kommen, um eine Leiter zu erhalten, damit ich die Inschrift in der erwähnten Nische hätte lesen können. Ich stieg daher auf Hannas Schultern und kopierte so in der peinlichsten Lage nachfolgende Inschrift:

ΘЄΟΔΟΤΟϹЄΚΓΟΡΟϹ
ЄΠΤΑΚΙΝȢΘΙΑΝΟϹΑΝ
ΑϹΥΜΒΙωΚΑΙΤЄΚΝΟΚ
ΤΗΝΤΥΧЄΑΝϹΥΝΤΗΚΟΝ
ΧΗΤΗΠΑΤΡΙ
ΔΙΧΡΥϹωЄΚΟϹΜΗϹЄΝ

Nie kostete es mich mehr Mühe, eine Inschrift zu kopieren, als diesmal. Der Stein war bogenförmig nach der Form der Nische. An einem Ende scheint derselbe abgebrochen zu, sein.

Es hatten Leute Getreide gestohlen. Kläger und Verklagter kamen vor den Schech. Ein Greis hatte die Stelle auf dem Felde besehen, und versicherte, sie sei nicht groß. Nichtsdestoweniger musste Strafe erfolgen. Der Schech saß mit Würde. Nachdem er alles still angehört hatte, warf er schnell seinen Abbäje** ab,

* Hölzerner Wurfspeer ohne Spitze.
**Mantelartiger Überwurf.

sprang auf und versetzte dem Verklagten vier bis fünf Schläge mit der geballten Faust, womit die Sache beendigt war. – Der Name Szannameïn bedeutet »Zwei Götzen«.

5. Mai (Sonntag). Hanna hatte nicht Lust abzureisen. Ich drang darauf. Endlich erhielt ich für drei Piaster ein Pferd bis Chabâb, welches zwei Stunden von hier liegt. Ein junger Mann, der sich durch Artigkeit und Freundlichkeit sehr auszeichnete, Schech Mohammed, war mir behilflich dabei. Er war ein Derwisch vom Kadry-Orden und trug unter seinem weißen Turban seine eigenen Haare. Er war ein Kürde, und vorhin am Hofe des persischen Regenten zu Schirâs. Er leistete mir manche Gefälligkeiten.

Der Glaube, dass wir Franken durch die Kopien alter Inschriften etwas anderes, Gold etc., suchten, ist auch hier verbreitet. Ein Verwandter des Schechs in Szannameïn machte mir im Geheimen den Vorschlag, mich an einen Ort in Haurân zu führen, wo es viele Altertümer gäbe; allein zuvor wollte er wissen, was ich ihm abgeben würde. Es war ein unnützes Subjekt, und ich wusste, dass er dadurch mein etwaiges Geheimnis herauslocken wollte. Er schien missvergnügt über seinen fehlgeschlagenen Plan. Man sprach häufig über meine Absicht, und manche glaubten, ich würde ihnen nachher alle Inschriftensteine durch Zauberei stehlen.

Wie wir ein wenig Schauérrijé passiert waren, begegneten uns sechs Araber zu Pferde. Es waren starke robuste Leute und zum Teil mit Lanzen bewaffnet. Sie hielten uns an und einer fing an, unsere Sachen zu visitieren. Er fand in einem Korbe meines Sattels Hannas Pillen in Masse, welche er erst mitnehmen wollte. Wie er aber hörte, dass es Arznei sei, und er und seine Gesellen dieser nicht bedurften: so ließ er sie uns. Kaum waren wir ein wenig entfernt: so kehrte einer schnell zurück, und wie er uns einholte, verlangte er von Hanna seinen Pfeifendeckel, welchen er ihm geben musste. Wir kamen diesmal sehr leicht davon. Sie hätten uns leicht ganz ausziehen können. Indessen, wie sie hörten, dass ich Arzt sei, änderten sie vielleicht ihren Entschluss. Es waren Arab Szerdíje.

Chabâb liegt auf einem Felshügel von Basalt und ist rund umher mit einer Menge Ruinen umgeben, die noch fast mehreren

Raum einnehmen als die von Szannameïn. Die Lage des jetzigen Dorfes ist an der innern Seite eines kleinen Grundes, und man scheint immer in Steinbrüchen zu wandeln. Man weiß oft nicht, ob man auf dem Dorfwege oder auf dem Hausdache ist. Es ist ein hässliches Ding. Es wohnen hier bloß griechische Christen, Kürd Mohammedaner und vielleicht auch etliche Drusen.

Der Priester versicherte, seine Gemeinde sei ganz katholisch. Er war sehr bange, wie es schien, und mit meinem Unternehmen nicht zufrieden. Es sei das Land der Araber, sagte er. Man raube und morde hier, und er machte Hanna Vorwürfe, dass er mich hierher geführt habe, woran er ohne Zweifel schuld sei. Kurz, jedermann prophezeite mir Übles.

6. Mai (Montag). Wir mieteten einen braven Kürden zu unserem Führer aus diesem Dorfe zu zwei Piastern.

Ich ritt einen Esel und saß auf meinem Gepäck. Der Kürde gab mir folgenden Gang der Landeskultur an: Im ersten Jahre pflügt man das Feld, im zweiten baut man Weizen, im dritten Gerste, im vierten Hömmus, Dschilbân, Pferdebohnen und Nöämáne (fast wie Bohnen, zum Futter für Rindvieh, Kamele etc.).

Mhádsche hat wiederum das Ansehen der übrigen Orte; alles ist schwarz, ohne Strauch und Baum. Es liegt auch auf einem felsigen Hügel, auf welchem man die Bruchsteine (Basalt von der in Haurân gewöhnlichen Art, d. h. bald dicht, bald klein, bald großlöchrig) nahm.

Wir traten bei einem Christen ab, welcher die Tochter des Priesters von Chabâh hatte. Hieraus sieht man, dass die hiesigen katholischen Priester verheiratet sein können. Dies Dorf wird von Mohammedanern und Christen bewohnt.

Unsere Logis bestehen immer aus Lehmboden, Balken von Basalt und Wänden von rohen Steinen oder mit Lehm beworfen. Man sieht hieraus, dass unsere und die friesischen und holländischen Kuh- und Pferdeställe im Vergleich mit diesen herrliche Paradezimmer zu nennen sind.

In Chabâb aßen wir gestern Abend Burgul mit Fleisch und Butter und heute Morgen Eier mit Butter und eine andere Schüssel mit Lebben und eingeschnittenem Kraut. Hanna war mit seinem Pillenabsatz wohl zufrieden, indem er für fünfzig Para und vier Eier verkaufte.

Össráa ist etwa zwei Stunden von hier entfernt.

In der ganzen großen Ebene von Haurân, welche westwärts der Dschíbbal es Schech und links (ost- oder südostwärts) der Dschíbbal Haurân einfassen, sieht man außer den niedrigen Basalthügeln, worauf die Dörfer gemeiniglich erbaut sind, auch andere, etwas höhere einzelne Hügel und pyramidalische Berge, welche wahrscheinlich alle Basaltberge sind. Nie habe ich eine ähnliche Gegend angetroffen.

In Chabâb trafen wir einen Nauâr, d. h. einen Trupp umherziehender Musikanten und Possenreißer, welche von einem Dorf zum anderen ziehen. Die hiesigen Landleute, zumal die Mohammedaner, sind von Natur lebhaft und zeigen viele natürliche Anlagen, obgleich gewöhnlich ihre Lebhaftigkeit durch einen erlernten Ernst und Gravität nur selten zum Ausbruch kommt. Man muss sich öfters über ihren Witz und ihren geraden Verstand wundern. Populäre Kenntnis und Aufklärung, wie in den protestantischen Staaten Deutschlands, muss man hier indes nicht suchen, da die meisten weder lesen noch schreiben können. Sie scheinen mir im Ganzen nicht schlimmer zu sein als die deutschen Landleute, und ihre Gastfreiheit muss man in einem Lande sehr schätzen lernen, wo man nichts zu Kaufe erhalten kann. Brot, Burgul und Milchprodukte, kurz alles, was ihr Boden erzeugt, scheint keinen Wert zu haben, wenn sie es Gästen vorsetzen. Auch erwartet der Wirt keinen Dank und die hier viel gereisten Leute erteilen ihn auch selten; kaum sagen sie ein Lebewohl.

Die Christen tragen auch hier häufig weiße Kopfbinden, welches ihnen in den Städten nicht erlaubt ist.

Man isst hier lauter Fladenbrot, ein bis zwei Linien dick und etwa von einem Fuß im Durchmesser. Es ist von schönem weißen Weizenmehl, durchgängig ziemlich gut gebacken und schmackhaft. Ihr Getränk ist gewöhnlich Wasser und des Tages etliche Tassen Kaffee. Wein trifft man vielleicht in Haurân nicht an. Man trinkt allen Kaffee schwarz, ohne Zucker, wie im ganzen Osmanischen Reich. Fleisch scheinen sie nur selten zu genießen, zumal die Geringeren. Alle ihre Gerichte drehen sich um Burgul, saure Milch und Brot. Löffel sind nicht allgemein und man isst sogar dünne saure Milch mit Brotbrocken, die man ein wenig krümmt, um ein wenig Flüssigkeit in den Mund zu bringen. Burgul isst man häufig mit bloßen Händen, indem man runde Kugeln davon formt; was an den Händen zurückbleibt, wirft man wieder in die Schüssel. Manche werden dies ekelhaft finden; allein der Reisende gewöhnt sich durch seinen guten Appetit bald an alle solche Kleinigkeiten; ich habe schon jetzt häufig auf diese Art gegessen und keinen Ekel verspürt. Dibs, mit Butter vermischt, wird auch bisweilen aufgesetzt und mit Brot eingetunkt gegessen. Das Brot ist mehrenteils frisch.

Auch hier bewunderte man beständig die Feder ohne Tinte, und immer musste ich sie zeigen und sie eine Probe selbst machen lassen. Ich schenkte dem jungen Schech Ibrahim el Kadry in Szannameïn eine Bleifeder, worüber er sehr zufrieden schien.

Die Einwohner sind in gewisser Hinsicht ungemein höflich. Sie widersprechen nicht leicht, scheinen ganz von der Wahrheit des Gesagten überzeugt zu sein, bringen aber nachher, nachdem der Erste ausgeredet, ihre Meinung, Zweifel usw. vor.

Ich finde in Haurân von der Landstraße entfernt weit weniger Grobheit als an der großen Landstraße. Auf dem Weg von Halep nach Schâm musste ich beständig Kelp ibn Kelp, Charra ala Schauârback* und dgl. m. Pöbelwörter und Beschimpfungen hören, hier hört man sehr selten ein solches Wort.

Haurân gehört zum Paschalik Damask. Man düngt den Boden dort nie. Ich sah mehrere Personen, selbst Mannspersonen, welche Schafwolle spannen. Kirchenbücher von Geborenen und Gestorbenen gibt es nicht, und daher wissen die meisten ihr Alter nicht genau anzugeben und stutzen, wenn man sie darum fragt. Indessen gibt es hier manche alte Personen. Die Mutter unseres christlichen Schechs in Chabâb mochte vielleicht über hundert Jahre alt sein, weil einer ihrer noch lebenden Söhne achtzig Jahre alt war. Sie ging noch allein in die Kirche. – Da es hier gar keine Sümpfe und Flüsse gibt und der Boden durchgängig fruchtbar ist, so muss dies Land eines der gesündesten auf dem Erdboden sein. Seine Einwohner sind auch mehrenteils sehr wohl genährt, muskulös und von schöner Form. Die Männer

* »Hund, Sohn des Hundes«, »Dreck auf deinen Schnauzbart«.

sind oft gebräunt, und die Weiber gleichfalls. Letztere sind sehr tätig, Erstere außer der Ernte und den Ackerarbeiten wenig. Man scheint eben nicht viele bedeutende Kranke zu finden. Man hält in vielen Krankheiten viel von Fontanellen; kennt aber kein Fliegenpflaster, sondern bloß das Brennen mit einem glühenden Eisen, und nachher hält man die Wunde durch ... * auf. Manche Männer zeigten mir sechs bis acht Stellen an allen Teilen des Körpers, wo sie sich hatten brennen lassen.

Der Himmel ist beständig wolkenfrei; bisweilen ist aber ein wenig Dunst in der Luft.

Wenn man ihr Land das Land Ibrahims nannte, so waren sie ungemein zufrieden darüber. Ihre Gesichtszüge sind von denen in Bayern wenig verschieden.

7. Mai (Dienstag). Wir mieteten von unserem Wirt ein Pferd für zweieinviertel Piaster für Össráa, zwei Stunden von hier.

In Schâm habe ich meinen Kopf wie ein Bedaui gekleidet. Ein buntes halbseidenes viereckiges Tuch wird um den Kopf mit einer kurzen Binde befestigt, sodass die Zipfel über die Schulter herunterhängen. Unterwegs bedeckt man mit dem einen Zipfel das Kinn. Obenauf ist eine kleine rote Kappe. Ich habe meinen Bart wachsen lassen. Mein halepinisches Siegel** bildet zwei weißliche dicke Krusten. Ich bin neugierig, mich unter diesen Umständen im Spiegel zu sehen, wovon ich in Haurân noch keinen angetroffen habe. Ich werde meine Bücher hier zurücklassen, um mein Gepäck zu erleichtern.

Össráa ist ganz offen. Es gibt hier nur drei bis vier Bäume. Die hiesigen Christen seufzen sehr unter dem Druck der Osmanen und können sich gar nicht vorstellen, warum die Franken nicht kommen, um den Türken ihr Land zu entreißen. Dies ist ihr größter, obgleich geheimer Wunsch.

Flöhe gibt es hier in unzähliger Menge und sie hinderten mich zu schlafen. Ich schlief daher im Hofe unter freiem Himmel, und dies war besser.

Wenn man die herrliche Ebene von Haurân bereiset, so muss man eine Regierung verwünschen, die die Bewohner so aussaugt,

* Lücke im Original.
** Aleppobeule, Hautkrankheit.

dass ihnen nichts weiter, als die notwendigsten Bedürfnisse übrig bleiben. Welche schönen Städte und Dörfer würden unter diesem milden Himmel, in diesem schönen gesunden Klima und in diesem fruchtbaren Fleck blühen!

Der hiesige mohammedanische Aga* hat für die Einwohner dieses Dorfes große Avanien bezahlt, weil er reich ist. Diese müssen sie nach und nach von dem Getreide abbezahlen.

Man sieht oft Knaben von neun bis zehn Jahren ganz nackt herumlaufen.

8. Mai (Mittwoch). Ein hiesiger griechischer Geistlicher führte mich diesen Morgen in Össráa herum, um mir einige Inschriften zu zeigen. Ich sah außer den abgeschriebenen noch ein paar, die ich aber nicht kopieren konnte.

Ohne Zweifel würde man noch mehrere Inschriften finden; allein die Furcht der hiesigen Christen ist außerordentlich groß. Es fand sich keine Leiter zur Kopie der drei Inschriften über dem Eingang in der Kirche Mar Juhanna. Ich wollte eine Leiter machen lassen, allein man bat mich um des Himmels willen, dies nicht zu tun, weil der Aga es übel nehmen könnte. Ich sagte, ich wolle zum Voraus den Aga um Erlaubnis bitten und sie nach deren Erhaltung abschreiben; allein mehrere drangen inständigst in mich, dies nicht zu tun. Seit dem Einfall der Franzosen seien sie in der gefährlichsten Lage und man bedrohe sie alle Augenblicke mit der Ermordung. Der Aga könne vielleicht glauben, ich sei gekommen, das Land auszukundschaften, und dass die Christen kommen würden, und dies könne ihn vielleicht so erbittern, dass er sie umbringen ließe. Die Bitten dieser armen Leute bewogen mich, meinen Vorsatz aufzugeben, um ihnen ihre Angst zu nehmen und nicht die Schuld ihres Unglücks zu sein. Diese Inschriften bleiben daher anderen Reisenden aufgespart.

Ich fragte sie, warum sie nicht von hier wegzögen? »Wohin?«, sagten sie. »Wir haben hier unser Haus und unser Feld, können wir dies verlassen?« Sie scheinen mir, ihr Vieh abgerechnet, sehr arm zu sein, indem kein Hausgerät, Möbeln u. dgl. vorhanden sind. Selbst ihren Gottesdienst müssen sie in der Stille begehen. Die geistliche Kasse ist auch sehr arm, denn der Geistliche er-

* »Älterer Bruder«. Türkischer Titel für Offiziere und Beamte.

suchte mich, ihm von Damask eine Bouteille Wein kommen zu lassen, weil er schon seit einiger Zeit nicht die Messe habe lesen können. Sein Haus war auch im höchsten Grade ärmlich und er arbeitete jetzt selbst im Feld bei der Ernte. Da er alle die Altertümer Haurâns kennt und sich erboten hat, mich zu begleiten: So wird er morgen mit uns abreisen. Er kann mir sehr nützlich sein, indem er alle Araber kennt etc. Er konnte sich gar nicht von dem Zwecke meiner Reise überzeugen, und selbst wie ich ihm versprach, aufs Evangelium zu schwören, dass ich keine Schätze u. dgl. suche: So schien er dennoch nicht überzeugt zu sein. Er versicherte mir im Ernst, mir schwören zu wollen, dass, wenn ich Geld höbe, er bloß ein Geschenk von mir verlange, und dass er es keinem Menschen sagen wolle! – Er hatte nach seiner Versicherung die Ostseite des Toten Meeres besucht, in Amman und Moab etliche Jahre verweilt und in erstem Ort das Feld geackert. In Nazareth war er mehrere Jahre im Kloster und ward nachher hier Chüri (Pfarrer). Sein Bruder wohnt in einem anderen Dorf, und ist Schemâss*. Er liest das Arabische mit Fertigkeit.

Diesen Abend wohnte ich dem Abendgebet bei, das im Hof einer elenden Kirche gehalten wurde. Ich machte mein Kreuz, wie die guten Griechen, und erwarb mir dadurch ein sehr freundliches Zulächeln. »Ihr seid uns verwandt!«, sagte einer. Wie leicht ist's doch, die gute Meinung der Menschen sich zu erwerben. Mein Maronit, ein eifriger Katholik, hatte zuvor einen heftigen Streit mit dem Geistlichen über religiöse Gegenstände, und einer der anwesenden Altgriechen schien Lust zu haben, ihn fühlbar zu überzeugen, dass er Unrecht habe. Allein der Priester war vernünftiger; er hatte seine Kirchengeschichte sehr gut inne.

Die Männer tragen alle Bärte in Haurân. – Man bedient sich des nämlichen Pfluges wie bei Halep. Zum Dreschen bedient man sich des Schlittens, welcher unten Flintensteine hat. Auch hier hat jeder Bauer seine Kamele, die hier zum Viehstande gehören.

9. Mai (Donnerstag). Der Priester hatte auf einmal gestern Abend seinen Entschluss geändert. Er konnte nicht mitreisen,

* Diakon.

weil er nach der Hadsch gehen müsse, um Kaffee einzukaufen. Ich sagte ihm, ich wolle auch gehen. Nun versprach er, als morgen zu gehen, weil er Brot backen müsse, um es der Karawane zu verkaufen. Ich versprach ihm, den Schaden zu ersetzen, wenn wir heute Morgen abreisen könnten. Er versprach es. Der Mann gefällt mir seiner Lügen wegen nicht. Will er uns dem Pascha vielleicht als Spione angeben? Ich bin darauf gefasst und hoffe mehr Gewicht beim Pascha zu haben als er.

Es regnete ein wenig. Ich akkordierte eineinhalb Piaster für das Pferd meines Wirtes und für den Priester täglich zwei Piaster und nachher ein Geschenk.

Wir ritten um Mittag ab. Die herrlichsten Weizenfelder umgaben uns wie ein Meer und wurden südwärts unbegrenzt.

Wir ritten südwärts etwas nach Westen. Die Berge erschienen in dem Getreidemeer wie Inseln. Der Weizen fängt an, sich zu gelben. Nach eindreiviertel Stunden waren wir beim Dorf Neámir, etwa eine Stunde vom Wege rechts war Schimmiskîn und Ötta.

Eine Wasserleitung Anátir pháraûn* hatte achtzehn Bogen. Das Wasser kommt von Chamman nach dem Wege der Hadsch. Dieser Aquädukt ist westwärts von dem folgenden Dorf Daleai, links sind unterschiedliche andere Dörfer.

Dies Dorf ist ganz verlassen. Eine Kirche mit Turm ist hier noch vorhanden, aber auch zum Teil eingefallen. Wir fürchteten Araber. Etwa zwanzig Minuten nachher kamen wir in Chürbet el Gasáleh an. Dieser Ort soll nach der Versicherung des Priesters vormals eine Stadt und der alte Sitz syrischer Könige gewesen sein. Jetzt ist es ein schlechtes ruiniertes Dorf, wo, außer etwa hundert mohammedanischen, fünfzehn griechisch-christliche Familien wohnen. Wir logierten beim Schech der Christen. Es sind hier drei Wasserteiche, welche im Winter ein Wuâdy anfüllt, der von Dschíbbal Haurân kommt. Man sieht hier noch die Wohnung der vormaligen Regenten.

Mein Priester versicherte, dies sei das alte Soría. Der Ort scheint noch armseliger als Össráa; auch hier ist alles Basalt.

Es liegt an einer kleinen felsigen Erhabenheit. Daneben

---

* »Die Bogen Pharaos«.

wohnten etliche Bedaui unter Zelten. Die Araber machen diese Gegend sehr unsicher. Oft verbirgt sich ein Trupp in den verlassenen Dörfern und fällt einzelne Vorbeigehende mit Steinen an, bis er sich auszieht. Als die Mekka-Karawane vor zwei Monaten in Mserîb war, kamen die Araber von Ammân hierher und stahlen hundertfünf Rinder von den hiesigen Einwohnern. Ammân ist vier Tagreisen von hier.

14. Mai. Bussra liegt noch in der großen Ebene Haurâns, welche sich von hier ostwärts unabsehbar erstreckt, voller Ruinen von Dörfern etc. ist und jetzt die Wüste heißt. In Bussra findet man eine Menge Altertümer.

Bussra soll nach der Versicherung meines Priesters Alt-Schâm sein und zugleich der Wohnort Hiobs. Ich zweifle noch an beidem. Man sieht es schon in der Entfernung von etlichen Stunden, weil es noch mehrere verfallene Türme hat. Man sieht etliche Tempel in Ruinen, auch herrliche Säulen von korinthischer und ionischer Ordnung, zum Teil in beträchtlicher Höhe, aber nicht aus einem Stücke, von Basalt; auch alte Gebäude mit fußdicken steinernen kleinen Türen von ewiger Dauer.

Die armen Bauern wohnen zwischen und unter den Ruinen.

Buttermilch heißt hier Schenîne. Man trinkt sie im Sommer mit Wasser vermischt, weil es den Durst sehr löscht. Die Einwohner von Bussra sind alle Mohammedaner.

Die Araber Anaséh kommen häufig hierher, um kleine Bedürfnisse einzukaufen, die in dem Fort feil sind, z. B. Tabak etc.

Ostwärts von Bussra ist jetzt zwar die Wüste, allein man versichert mir, dass man bis zwanzig Stunden lang ostwärts noch immer ruinierte und verlassene Dörfer antreffe.

Ich sah hier einen Tempel, von dem noch fünf herrliche korinthische Säulen und ein Teil des Mauerwerks stehen. Die Säulen halten unten vier Fuß im Durchmesser und ihr Piedestal ist von weißem Marmor. Außer diesem gibt es noch einen Tempel, wovon noch drei schöne korinthische Säulen stehen; indessen sind die Ruinen von jenem schöner.

Bei Bussra trifft man noch einige Ölbäume, Granatäpfel etc. als Reste alter Anpflanzungen; aber die Weinreben sind gänzlich ausgerottet.

In einer anderen Gegend sah ich eine eingestürzte große Kirche, welche eine Kuppel hatte. Man findet darin noch vierzehn Säulen von Basalt, deren Knäufe von Laubwerk, aber nicht so zierlich als die korinthischen sind. Auch sieht man al Fresco im Chor an den Wänden, verloschene bunte Gemälde aus griechischer Zeit.

Wenn man Bussra in einiger Entfernung sieht, so glaubt man, eine gute Stadt zu finden; allein wie sehr sieht man sich getäuscht, wenn man in sie eintritt. Man trifft hier noch viele Souterrains an; auch eine Gasse mit Buden auf jeder Seite. Man sieht eine Menge Säulenenden überall in und über der Erde, viele Säulenknäufe etc. Kurz, es ist, als wenn ein Erdbeben alles durcheinander geworfen hätte. Man würde bei mehrerem Nachsuchen wahrscheinlich hier viele Altertümer finden, die unter dem Schutt vergraben sind. Man sieht aus allem, dass diese Stadt vormals bedeutend und ihr Umfang gleichfalls beträchtlich war.

Auf der Südwestseite der vormaligen Stadt (denn jetzt ist es ein elendes Dorf von etwa hundert Familien) ist das Schloss befindlich, welches auch größtenteils eingestürzt ist. In der äußeren Mauer sieht man auch eine griechische Inschrift auf einem gelben Stein, die aber zu hoch ist, als dass ich sie lesen könnte.

Man sollte glauben, es sei nichts leichter, als Inschriften zu kopieren; allein man irrt sich. Oft sind sie mit Moos und Lichenen bewachsen, oft mit Staub bedeckt, oft fehlt es an Zeit, oft muss man es verstohlen tun, oft sind keine Leitern vorhanden, wie im ganzen Haurân, um die höheren Inschriften zu erreichen, und oft muss man die allerbeschwerlichsten Stellungen wählen, um sie zu kopieren. So musste ich die eine Inschrift über der Tür einer hiesigen Kirche auf die Art kopieren, dass mich der mit Flinte, Pistole und Keule bewaffnete Grieche, den ich mitgenommen, an seiner Schärpe, um mich geschlungen, halten musste, indem ich mit halbem Oberleib mich auswärts bog. Hätte er unglücklicherweise sich einmal vergessen: So wäre ich gestürzt und hätte auf dem steinernen Pflaster den Hals gebrochen. Oft sind auch die Inschriften durch Alter halb verlöscht oder abgekratzt etc.

Das Fort ist vorhin sehr bedeutend gewesen. Es ist mit einem trockenen ausgemauerten Graben umgeben, wovon das Mauerwerk aber fast überall eingestürzt ist. Jenseits des Grabens sieht man die Reste eines schönen großen Palais, wovon zwei Flügel mit mehreren halben Wandsäulen und etliche Säulen eines Säulenganges stehen. Man sieht daselbst mehrere außerordentlich große Quadersteine in dem Mauerwerk und ein paar Inschriften, die ich aber der Leute wegen, die hier in elenden Löchern wohnen und uns für Schatzgräber hielten, nicht kopieren konnte. Das Fort ist rundlich und man trifft auch darin mehrere Türen von schweren Steinen, die steinerne Angeln haben. Inwendig war vorhin ein beträchtlicher runder Platz, an welchem das vorhin erwähnte Prachtgebäude herumgebaut ist. Man sieht viele ganz und halb verschüttete Souterrains. Kurz, es ist wie ein altes deutsches Ritterschloss.

Neben dem Fort ist ein großes Wasserbassin, welches viereckig und mit einer hohen Quadermauer ausgemauert ist. Jede Seite dieses großen nützlichen Werkes hat etwa fünfhundertfünfzig Fuß in der Länge. Dies Bassin wird durch den Wuâdy gefüllt.

Wir waren hier bei einem Müslem abgetreten.

Den Bart wachsen zu lassen wird hier allgemein befolgt, und ein Mann ohne Bart wird für unfähig zu wichtigen Geschäften gehalten.

15. Mai. Das Dorf Era ist das erste, das zu dem Dschíbbal Haurân gehört, wo also die Ebene aufhört. Man nennt dies Gebirge auch wohl Dschíbbal el Drûs. Von Morgen bis Abend soll seine Breite wohl sechs Tagereisen betragen und seine Länge soll mit der Breite gleich sein. Die eigentliche Breite, wo man Quellen fließend hat, ist aber nur eine Tagreise. So sagte der Priester. Flüsse gibt es nicht. Die andere Seite geht in die Wüste über. Der Wuâdy el Era hat nur im Winter genugsames Wasser, um in den Jordan zu fließen. Er treibt in der Nähe dieses Dorfes neun Wassermühlen.

Von den Drusen versicherte mir der Geistliche, dass sie es sehr übel nehmen, wenn man sich nach ihrer Religion erkundige, und dass sie imstande seien, einen deswegen zu ermorden. Sie versammeln sich des Donnerstagabends in Kellern etc., die Männer besonders, und die Weiber auch; öffentliche gottesdienstliche Häuser haben sie gar nicht. Sie lieben die Christen mehr als die Mohammedaner.

Wir waren hier bei einem Christen abgetreten, der ein Hufschmied war. Er brannte den Pferden Merkzeichen auf, welches hier allgemein Sitte ist.

16. Mai (Donnerstag). Der Preis der Kamele ist sehr verschieden. Man kauft sie zu hundert, hundertzwanzig, hundertfünfzig, hundertachtzig bis zweihundert, ja zur Zeit der Mekkakarawane bis zu vierhundert Piaster das Stück. Sie begatten sich auf folgende Art. Das Weibchen hockt auf den Knien, und das Männchen auch. Man wirft beiden über den Kopf etliche große Filze, damit sie niemand sehen, weil sie sonst nichts machen können. Alsdann entfernt man sich. Das Männchen rückt alsdann vorwärts mit den Vorderbeinen über das Weibchen. Das Geburtsglied ist verhältnismäßig sehr klein und hinterwärts gerichtet, sodass es immer hinterwärts pisst. Wenn sich der Penis aber aufrichtet, so kommt er nach und nach vorwärts.

Vom Büffel versichert man, dass er nicht nahe Verwandte bespringe. Dies verdiente eine nähere Nachfrage.

Szweïde ist von Era zweieinhalb Stunden entfernt; es liegt an und auf ein paar hohen Hügeln und hat Quellwasser, welches ein tiefes Bassin füllt. – Nach allem zu urteilen, war dieser Ort vormals eine bedeutende Stadt, die aber jetzt gänzlich ruiniert ist. Man sieht noch etliche verfallene ansehnliche Kirchen mit Säulen und einen Tempel mit mehreren schön gearbeiteten Säulen. Man sieht hier und da das Straßenpflaster von platten Steinen; die Gassen waren eng, die Basare mit Buden usw., aber alles voll Schutt, zwischen welchem mehrere elende Häuschen oder Löcher, und mehrere Feigenbäume zwischen den Ruinen. Auch trifft man hier Birnen, Rümmân und Maulbeerbäume an. Alle diese sind von alter Zeit, denn jetzt wird nichts angebaut. In Szweïde ist ein kleines Kala.

In der Stadt ist eine beträchtliche Kirche, worin acht Säulen. Das Dach scheint aus Basaltbalken bestanden zu haben. Über der Haustür ist eine alte griechische Inschrift, gut erhalten, aber zu sehr mit Lichenen bewachsen. Daneben sieht man die Basare. Außer dieser ist noch eine größere Kirche, welche vermutlich die bischöfliche Kirche war. Sie hatte zwei Reihen hoher korinthischer Säulen, welche aber alle umgestürzt sind. Ein Gebäude daneben scheint gleichfalls eine Kirche gewesen zu sein. Noch ist eine andere Kirche vorhanden, welche aber weniger bedeutend ist. – Das Merkwürdigste in diesem Ort sind außer einem kleinen Gebäude, welches man Machkamé nennt und das ungemein sorgfältig gebaut und antik ist (fast das Ansehen von einem Diwân), die Ruinen eines schönen Tempels, wovon noch zehn Säulen stehen, die schön gearbeitet sind, fast mit korinthischer Schönheit; aber die Knäufe sind kaum halb so lang als an den gewöhnlichen, und unter denselben ist ein Perlenkranz. Mehrere sind zerbrochen. Auch von dem schönen Gebälke ist ein Teil erhalten. Die Quadern sind ungemein sorgfältig gearbeitet und groß. An einem Ende sind zwei Türen von schöner Arbeit. Ich bedauere sehr, dass ich keine Inschrift finden konnte. Die Wohnung des Schechs, eines Drusen, steht daneben. Es fließt eine kleine Quelle vorbei. – Es sind hier nur fünf bis sechs griechisch-christliche Familien, die übrigen sind alle Drusen, wovon ich des Abends unterschiedliche sah. Sie sind wohl gebildete und ramassierte Leute wie alle Hauraner. Vor einiger Zeit hatten sie ein Gefecht mit den Truppen des Pascha.

17. Mai (Freitag). Wir schlugen heute unseren Weg ostwärts ein und zur Vorsicht nahm ich einen bewaffneten Mann mit. Zuerst ging es immer bergan; der Pfad war außerordentlich steinig; ein Weg war nicht da. Man sieht aus den im Kreise aufgehäuften Steinen, dass selbst diese steinigen Bergseiten kultiviert waren. Die Luft war sehr angenehm; der Kuckuck und die Turteltaube ließen sich hören, im Gleichen auch andere Singvögel, weil viel kleines Gebüsch da war. Zwischen diesem Gebüsch waren abwechselnd herrliche Weiden, wie Wiesen voll von Gras, und hier und da Quellen.

Nach zwei Stunden erreichten wir [zu Kanuât] einen runden Turm, und nahe dabei die Ruinen eines herrlichen Tempels, von welchem noch acht etwa vierundzwanzig Fuß hohe korinthische Säulen stehen. Sie sind ungemein schön gearbeitet, wie auch ihr Piedestal.

Szaraï es Szultân liegt ostwärts an dem Ufer des kleinen Grundes (Wuâdy). Es ist ein großes Gebäude und scheint eine Kirche neben sich gehabt zu haben. Noch sieht man dort einundzwanzig meist gut erhaltene schöne korinthische Säulen, und viele zerbrochene unter den Ruinen. – Daneben sieht man in der Tiefe des Grundes eine zerstörte Wassermühle und daneben ein antikes kleines Gebäude, welches vielleicht ein Bad war. Ich habe es indes nicht nahe besehen.

Es erschien auf einmal bei uns unter den Ruinen ein mit zwei Pistolen und einem Gewehr bewaffneter Druse. Er hatte Vieh in der Nachbarschaft weiden, das er besuchen wollte.

Dichtes Gesträuch drängt sich zwischen den Ruinen hervor, die aus Quadern, Säulenenden, Karniesen, Kapitälern usw. bestehen, und auf welchen man mühsam herumsteigt. Dieser Ort ist in der Tat jetzt ein sehr angenehmer einsamer Aufenthalt, wenn er nur sicherer wäre. Die Ruinen sind ganz im Gebüsch verdeckt.

Kala es Szultân liegt dahinter. Es ist ein langes hohes Gebäude von Mauerwerk aus schönsten Quadern, mit einem herrlichen Portikus, wovon noch vier korinthische Säulen stehen. Der Ort ist ebenfalls sehr angenehm. Es ist nebst dem Szaraïi mit einer Mauer umgeben, und nahe dabei ein fester viereckiger Turm, welcher vielleicht vormals mit der Mauer zusammenhing, welche die Stadt umgab. Die Stadt war an beiden Ufern des Wuâdy erbaut, an und auf den steilen Seiten desselben. Szaraï und Kala es Szultân haben eine hübsche Lage, und man kann von dort aus die Stadt übersehen, wo jetzt kein Mensch wohnt.

Wir kehrten auf dem nämlichen Wege nach Sweda zurück als wir gekommen waren, nachdem wir uns unter den Ruinen mehrere Stunden lang herumgeschlichen hatten. Ein Reisender müsste hier ein paar Tage mit genugsamer Bedeckung verweilen, um alles aufs Genaueste durchsuchen und das Beste zeichnen lassen zu können.

In Sweda wurden wir mit Spiegeleiern in Butter schwimmend, Dibbs mit Butter und mit Lebben und frischem Brot bewirtet, welches uns eine herrliche Mahlzeit war. Nach einem kurzen Aufenthalt kehrten wir nach Era zurück, wo der Priester hingefordert war, um einer Gebärenden mit geistlichem Rate beizustehen. Der Priester ist ein sehr wetterwendischer Mann, und weiß kein Wort zu halten. Gestern Abend war er in Streit mit meinem Bedienten. Diesen Morgen wollte er nach Era wegen des Besagten zurückkehren. Allein ich war keineswegs damit zufrieden, und versicherte ihm, ich würde allein mir einen Mann wählen und hingehen. Endlich wurde er geschmeidiger und wir ritten erst nach Kanuât.

18. Mai (Sonnabend). Wir aßen zum Frühstück frisches Brot mit Butter getränkt. Wir ritten nordwärts, und kamen nach einer halben Stunde in dem mit einer kleinen Quelle versehenen Dorfe Kanakir an. Hier pflanzt man Sesam, Tabak, Batiech u. dgl. m.

Bei Bussur überwarf ich mich gänzlich mit dem lügenhaften Priester. Durch List hatte er mich Össráa nahe gebracht, und ich war jetzt gezwungen, dahin zurückzukehren. Dieser Mann machte seiner Religion und seinem Stand wenig Ehre, indem er täglich seine Sprache und sein Versprechen änderte. Ich war indessen fest entschlossen, noch etliche merkwürdige Orte von Haurân zu sehen.

19. Mai (Sonntag). Ich rechnete mit meinem Bedienten Hanna Abu Ibrahîm ab. Seine Furchtsamkeit, welche der Chûri immer zu erhalten suchte, machte ihn völlig ungeschickt, weiter mit mir zu reisen. Er sah überall nichts als Räuber und Mörder. Er war ein schwacher Kopf, der sich von jedem ins Bockshorn jagen ließ. Seine Furcht machte es, dass er öfters in Zorn wider mich auffuhr, wenn ich nach diesem oder jenem Ort reisen wollte, wovon der Chûri ihm vorgeschwatzt hatte, dass es unsicher sei. Aus diesem Grund musste ich vieles von seiner Mürrischkeit ausstehen. Außerdem war er so übel nicht, indem er mir treu war. Ich bezahlte ihm außer seinen dreißig Tagen noch drei Tage zur Rückkehr. Mit dem Schwiegersohn meines Wirtes akkordierte ich, mich nach Nidscherân, Schaka, Atîl und Schöhhba zu fahren, welcher letztere Ort viele Ruinen enthalten soll.

Er versprach, mir einen Esel zum Reiten zu geben, und selbst zu Fuß zu gehen. Nachher aber fand es sich, dass er zu viel haben wollte. Ich machte daher aufs Neue einen Akkord mit ihm, wonach ich für mein voriges Pferd, ihn und seinen Esel täglich drei Piaster zahlte. Heute war zu unserer Abreise bestimmt; allein er entschloss sich nachher wieder anders und nun ist unsere Abreise auf morgen früh festgesetzt. Die Leute rechnen hier wenig auf ihr Versprechen, und es zu brechen, ist bei ihnen keine Schande.

Einem der christlichen Einwohner war ein Kind geboren. Er lud uns in sein Haus und bewirtete uns mit Kaffee und butterreichem Búrgul mit Fleisch; zum Búrgul, Pilláu* und Fleisch isst man hier nie Brot. Man gab mir einen hölzernen Löffel, weil ich mit den großen Pillen nicht gut umzugehen wusste, die man auf folgende Art macht. Man nimmt mit der rechten vorher gewaschenen Hand eine kleine Hand voll aus der Schüssel, wirft dieselbe in der Handfläche auf und nieder, bis sie eine länglich runde Form erhält, von der Größe eines Hühner- bis Gänseeies. Diese artige Pille bringt man alsdann zu einem oder zwei Malen zum Munde, und was an den Fingern sitzen bleibt, schleudert man in die ungeheure hölzerne Schüssel wieder zurück. Einen Europäer, der dies nie gesehen, müsste das in Erstaunen setzen, wenn er vierzehn bis fünfzehn Personen auf die Art essen sieht. Die Fleischstücke werden von einem oder dem anderen in kleinere Stücke gerissen, und auf dem Burgul herumgeworfen. Das Essen ist sehr schnell beendigt. Noch muss ich bemerken, dass man die Butter erst nach aufgetragener Burgulschüssel auf den Burgul gießt. Über die heutige große Schüssel wurden zwei Pfannen Butter gegossen.

Noch muss ich hier einen Zug der Erziehung anführen. Der Schech des Dorfes, ein Mohammedaner und, wie es scheint, despotischer Mann, kam auch, und ihm wurde eine Schüssel mit Fleisch und Burgul vorgesetzt. Sein Sohn, etwa sechs bis sieben Jahre alt, aß nebst ein paar Christen mit. Der kleine Knabe war mit Fleisch versehen, allein er bemerkte in der Hand eines der Mitesser (eines Christen) ein größeres Stück. Sogleich fiel er über ihn her, zwang ihm dasselbe aus der Hand, und gab ihm sein schlechteres dafür. Der Vater nannte ihn zu seinem Lobe: Schech.

20. Mai (Montag). Hanna reiste diesen Morgen zurück. Mein wetterwendischer Grieche wollte mir jetzt kein Pferd, sondern nur einen Esel geben. Ich protestierte, aber es half nichts, und ich musste endlich dennoch zufrieden sein.

Wir ritten in drei Stunden nach Bussur, wo eine Moschee mit zwei Säulenreihen, die aber keiner Erwähnung verdienen.

Eine halbe Stunde weiter kamen wir in Nidscherân an, einem Dorf mit fünf christlichen Familien, die Übrigen aber Müslemîn. Hier ist nichts Merkwürdiges, denn die Moschee mit Säulen ver-

* Gedünsteter Reis mit heißem Fett übergossen.

dient nicht, gesehen zu werden. Man wünschte hier sehnlichst die Franken und klagte über die Avanien des Paschas.

Wir logierten hier bei einem griechischen Christen, dessen eines Zimmer sehenswürdig ist, indem es aus behauenen, dicht belegten Basaltbalken bestand, und ewig dauerhaft wie von Eisen zu sein schien.

22. Mai. Schöhhba war in alten Zeiten eine beträchtliche und schöne Stadt, deren Ruinen fast drei viertel Stunden im Umfange haben mögen. Sie lag an dem östlichen sanften Abhang eines der zwei Berge, welche auf der Südwest- und Westseite neben der Stadt befindlich sind. Man sieht noch etliche viereckige Türme, welche vielleicht in der Ringmauer waren. In dem Hofe meines Wirtes, eines Schusters, Mansur el Kasszîs, waren zwei schöne ionische Säulen, und in einem anderen Hof sah ich auch ähnliche. Säulenenden und Knäufe sieht man in Menge unter dem Schutt.

23. Mai (Donnerstag). Hier ist es Sitte, dass der, welcher den Kaffee einschenkt, eine Tasse zuerst trinkt. Die Männer haben durchgängig schwarze Bärte und ihre Arme tätowiert, so wie auch die Weiber die ihrigen nebst Lippen und Kinn tätowiert haben. Nasenringe sind in diesem Teil nicht Sitte. Die Einwohner kamen mir sehr bedrückt vor.

24. Mai. Ein Reisender, der das ganze Haurân, die Ebene und Gebirge bis an die eigentliche Wüste bereisen wollte, müsste wenigstens drei Monate darauf verwenden, um alle merkwürdigen Orte aufzusuchen. Er müsste einen Zeichner und Architekten bei sich haben, mit der alten Geschichte und Geografie vertraut sein, und in der Wüste wenigstens fünf bewaffnete Hauraner mit sich nehmen, welche ihn überall ohne Gefahr unter und bei den Arabern herumführen könnten. Hätte ich Zeit und nicht einen anderen Plan gehabt, ich würde ohne Bedenken auf diese Art zu den Arabern gegangen sein. Nur muss man sich sehr hüten, den Arabern und seinen Gefährten Habsucht einzuflößen, indem man vieles Gepäck und schöne Sachen mit sich führte. Bloß versehe man sich mit den unentbehrlichsten Sachen zum Schlafen, z. B. ein paar Decken, esse wie die Araber, und kleide sich auch so. Man setze sich ganz über europäische Vorurteile des Standes, Ranges und über europäische Bequemlichkeiten hinweg. Man

suche bei seinen Gefährten zuerst die Vorurteile zu verbannen, dass man Schätze suche. Dies bewirkt man am ersten dadurch, wenn man einen griechischen Priester von Haurân mit sich nimmt, den man gewinnt, da dann die anderen durch ihn sehr leicht überzeugt werden. Man nehme Christen, keine Mohammedaner und Drusen in die Wüste unter die Araber; die Ersteren sind zu unbiegsam und die Letzteren stehen mit den Arabern in sehr schlechten Vernehmen. Bereist man die Orte der Drusen, so kann man, wenn man keinen Christen hat, auch wohl einen Drusen nehmen. Sie scheinen mir völlig so treu als die Christen zu sein, die, wie ich aus Erfahrung weiß, das Üble in ihrem Charakter haben, dass sie ihr Versprechen sehr leicht nicht erfüllen. Man bringe die beiden englischen Werke über Tadmor* und Baálbäk mit, und zeige seinen Führern, dass schon von anderen Gegenden Beschreibungen existieren, welche man von diesem Lande auch machen will. Es gibt hier viele, welche Baálbäk kennen, und welche in den Abbildungen dasselbe wieder erkennen werden. Auch einige kennen Tadmor. Man versehe sich mit einem Ferman des Sultan und Pascha von Damask. Zwar sagte man mir, dieser helfe hier nichts; allein ich habe gefunden, dass man mir durch Vorzeigung desselben mehrere Achtung erweiset. Man versehe sich mit etlichen kleinen Geschenken für die Schechs, Emirs, die Kinder der Leute, wo man einkehrt, und man wird den besten Erfolg davon sehen. Für die Emirs nehme man Zuckerwerk, guten Schnupf- und Rauchtabak mit. Für die Kinder werden Konfitüren gleichfalls am besten sein, und sie haben das Gute, dass sie keinen sehr großen Platz einnehmen, und eben nicht sehr kostbar sind. Ein Engländer reiste nach Baálbäk, und der dortige Emir verlangte eine schöne Uhr von ihm, und war mit einer gewöhnlichen goldenen Uhr schlecht zufrieden; ein anderer Engländer brachte ihm zwei Rottl Konfitüren, Tabak etc. mit, und erhielt die beste Aufnahme. Will man die hiesigen Einwohner gewinnen: so prahle man ja nicht von seinem Vaterland oder von Europa; sondern versichere, ihr Land sei unvergleichlich, und man treffe darin so viele schöne und herrliche Sachen aus dem Altertum an, dass man kein Land in der Welt

* Palmyra.

damit zu vergleichen wisse. Und in diesem Letzteren wird man in der Tat auch nicht wider die Wahrheit mündigen. Die Abgelegenheit dieses Landes macht, dass ihre alten Ruinen von den Müslemîn nicht zu neuen Gebäuden, Moscheen etc. angewendet wurden. Man hüte sich, zu seiner Sicherheit Soldaten des Pascha oder andere Leute desselben mit sich zu nehmen, denn diese sind überall verhasst und für den Reisenden zu despotisch. Es ist freilich am besten, wenn der Reisende das Arabische versteht; versteht er es aber nicht, so ist es durchaus notwendig, sich mit einem braven, gebildeten und wissbegierigen Dolmetscher zu versehen. Hierin schone man kein Geld, denn sein Wohl- und Übelbefinden wird sehr von dem Betragen und der Freundschaft des Dolmetschers abhängen. Ist der Reisende Arzt, so ist dies das Allerbeste. Kein anderer Stand ist vorteilhafter für ihn; er erteilt medizinischen Rat, teilt Arzneien umsonst aus, und dadurch macht er sich Freunde, die er sich für Geld nicht erwerben könnte. Als Arzt sucht er Pflanzen, Amphibien, Insekten und Tiere aller Art ohne große Verwunderung, weil man glaubt, sie seien zur Medizin notwendig, und indem man Pflanzen sucht, beobachte man auch die Mineralien unvermerkt. Unvermerkt sage ich: denn eine zu große Aufmerksamkeit darauf würde ihn wieder in den Verdacht bringen, dass er Schätze sammle. Man sage seinen Gefährten, man habe kein Geld bei sich, sondern in Damask. Alle Christen trugen sich mit der Gewissheit, dass die Europäer kommen, und Syrien und also auch ihr Land nehmen würden. Sie schienen sehr froh darüber zu sein, und fragten mich in jedem Ort, ob dies wahr sei? Hätte ich ihnen vorgelogen: so hätte ich ihnen vielleicht Freude gemacht; allein der Müslemîn wegen hütete ich mich wohl dafür, indem irgendein treuloser Christ mich bei denselben hätte angeben können, wodurch ich in eine gefährliche Lage und in den Verdacht hätte kommen können, als wiegle ich das Land auf. Ich widersprach daher diesem Gerüchte aufs Nachdrücklichste, und versicherte, dass dies aller Wahrscheinlichkeit nach nie geschehen würde, da ein europäischer Sultan es dem anderen nicht gönne. – Der Reisende erkundige sich auch nach dem Landbau etc., und sei versichert, alles was er sagt und tut, werde von einem dem anderen wiedererzählt. – Man muss den Herbst und Winter zur Untersuchung der verlassenen Orte in der Wüste anwenden, weil dann die Araber, zumal die gefährlichen Anaséh, nach Nedsched zurückgekehrt sind, indem sie hier bloß ein halbes Jahr, Frühling und Sommer, zubringen. Anfangs September kehren sie zurück. Am besten ist es, wenn man zu seinen Begleitern auf die Gebirge und nach der Wüste zu ein paar kundige Drusen wählt. Man kleide sich in Leinwand und etwa in einen Schafpelz und zeige nichts Auffallendes von Europa, als bloß Bleifeder. Man nehme mit allen Speisen, die sehr einfach, aber gesund sind, vorlieb. Nie lebte ich einfacher, aber nie hatte ich auch besseren Appetit als hier.

Heute Vormittag kam ein Emir des arabischen Stammes F'hhély vor die Tür meines Wirtes geritten, und bat ihn um Brot und Tabak. Er war allein, ritt ein gutes arabisches Pferd, und soll nach der Versicherung meines Wirtes vierzig Berittene unter sich haben, und zwei- bis dreihundert Kamele, zweihundert Schafe und zweihundert Ziegen besitzen. Dies ist der Reichtum der Araber. – Dieser Stamm hat Brot, wozu sie aus Haurân den Weizen ziehen. Mein Wirt hat seine Frau bei diesem Schech. Er hatte eine auffallende Physiognomie, welche mir viel Ähnliches mit Sokrates zu haben schien. Er war schwärzlichbraun.

Ein Mann, der an Händen und Füßen den Aussatz hatte, fragte mich um Rat. Er hatte schon etliche Glieder verloren. Seit fünfzehn Jahren bereits hatte er diese Krankheit, die hier Sémman heißt.

Im Dorf ist eine Ölpresse, welche aus einem Balken besteht, der wie ein Hebel presst. Man benutzt sie zum Pressen des Buttm*, den man von den benachbarten Bergen sammelt und herholt. Vor der Presskammer ist ein runder kleiner mit Quadern gepflasterter Platz, auf welchem diese Früchte zuerst mit einem rundlaufenden Stein gequetscht werden.

Die Leute im Dorf sind mir alle gut geworden, und Männer und Weiber kommen, um mich zu sehen. Mehreren gab ich Arzneien, Drusen und Christen. Eine Drusin bat mich, ihr zu dem ihr gestohlenen Silber wieder zu verhelfen, welches ich aber ablehnte, da diese Kunst mir unbekannt war. Alle beeifern sich,

* Terebinthe.

mir das Merkwürdige ihres Dorfes zu zeigen. Heute Morgen führte man mich in ein kleines Haus, wo an etlichen hervorspringenden Steinen einige ziemlich erträglich gearbeitete nackte Figuren waren, wovon einer den anderen beim Kopfe fasste und ihn mit einer Keule schlagen zu wollen schien. Vielleicht Kain und Abel? Für hier ist dies eine Seltenheit; Reisende haben nicht nötig, es aufzusuchen.

Heute Morgen vor Tag fiel ein ziemlich starker Regen und es war empfindlich kühl. Ich schlief auf dem Dache und mein guter Wirt weckte mich auf, worauf ich mich in eine Kammer zurückzog.

Ein Druse versicherte mir, der Dschíbbal es Schech (Hermon) sei höher als alle anderen Berge des Libanon und Antilibanon. Das ganze Jahr hindurch bleibt der Schnee dort liegen, doch nur an den vertieften, nicht an den erhabenen Stellen. Auch dort wohnen Drusen mit Christen untermengt.

Obgleich mein Wirt gestern mit einem hiesigen Christen akkordiert hatte, mir seinen Sohn und seinen Esel täglich für eineinhalb Piaster zu überlassen: so war er doch diesen Morgen schon wieder anderer Meinung und wollte nicht gehen. Nachdem ich ihm endlich zwei Piaster geboten, versprach er mir, morgen mich nach Szehhueh und Kaffr zu führen. Heute ist schon der zweite Tag, dass ich hier stille liege. Dies ist zu viel und die kostbare Zeit geht verloren. Es ist ein Unglück, dass man den Leuten nicht trauen kann!

Heute Morgen aß ich warme Milch mit Butter und vielem eingebrockten Brot; bald darauf wurde mir in einem anderen Hause weiße, frische und reinliche Ziegenbutter vorgesetzt, in welche ich frisches Brot tunkte; zu Mittag aß ich Burgul. Nur des Morgens gibt mir der Wirt Kaffee, weil er selbst nur einmal trinkt.

25. Mai (Sonnabend). Mein verwünschter Grieche war wortbrüchig, und deshalb akkordierte ich mit einem braven Drusen von einem anderen Dorf, täglich für zwei Piaster.

Die Drusen verheiraten sich nie mit Christen. Sie scheiden sich bisweilen von ihren Weibern und nehmen eine andere. Die Weiber lassen bei Fremden nur ein Auge und zwar das linke sehen, mit welchem sie oft sehr zu ihrem Vorteil hervorschielen. Sie sind durchgängig blonder als die übrigen Religionsparteien in diesem Land. Dies rührt wahrscheinlich von der hohen Lage ihres eigentlichen Vaterlandes her.

In Atîl wohnen vier Drusenfamilien. Die weißbindigen Drusen rauchen nicht und essen kein Schweinefleisch. Die anderen tun alles. Jene trinken auch keinen Wein. Der Schech schmauchte.

Hinter Atîl ist wieder ein zerstörtes Dorf Messéki. Etwa zweieinhalb Stunden von Atîl ist das Dorf Ain el Mszâd, weil daneben eine Quelle ist. Dies Dorf hat nur fünf Häuser, die bloß von Drusen bewohnt werden. Wir blieben die Nacht bei einem Drusen, einem Bekannten meines Führers.

26. Mai (Sonntag). In diesem Dorf war keine Inschrift; man versicherte aber, dass in einiger Entfernung eine sei. Wir ritten gestern fast immer so, dass wir rechts die weite Ebene Haurâns und das Gebirge es Schech, Dschaulân usw. als deren Grenzen sahen. Wie diese Ebene noch blühend war, muss der Anblick über dieselbe Herz erhebend gewesen sein. Jetzt gleichen alle Dörfer nur Brandstätten.

Schon vor Sonnenaufgang verließen wir Ain el Mszâd. Die Aussicht ist frei und wird nicht durch Bäume gehindert. Nach etwa drei Viertelstunden kamen wir an das drusische Dorf Ráhha, welches sieben Häuser und auch einen kleinen Quellgrund neben sich hat. Die Schaf-, Ziegen- und Rinderherden sind sehr wohl genährt, weil Überfluss an Fütterung ist. Besonders sind die Schafe und deren Schwänze fett und wollreich. Man lässt das Gras auf den nahen Weiden jetzt unberührt, und besucht die höheren und entfernteren auf den Bergen. Nachher im Winter lässt man das Vieh das vertrocknete nahe Gras fressen.

Im Walde trafen wir einen Trupp Arab Méssaéid mit ihrem Vieh. Sie waren Freunde der Drusen. Sie erzählten, es seien Anasé in Kaffr, und daher sei es dort gefährlich. Wir lagerten uns eine Zeit lang auf einer schönen Waldwiese, um den Abgang der Araber zu erwarten. Nachher kamen drusische Viehhirten von Szehhueh, welche uns mit Ziegenmilch bewirteten. Ich hatte mein Geld in Söcklingen versteckt. Nachher fanden wir in Kaffr, zweieinhalb Stunden von Ain el Mszâd entfernt, vieles drusisches Rindvieh. Hier sind sehr fette Weiden, welche durch eine hiesige berüchtigte Quelle Ain el Mûsza befeuchtet werden, deren Wasser Szehhuéh mit Trinkwasser versieht, welches drei Viertelstunden westwärts von Kaffr entfernt ist. Bey Kaffr trafen wir eine beträchtliche Herde junger und erwachsener Kamele der Arab Szerdíje. In Kaffr, einem verwüsteten Dorfe, fand ich mich in meiner Erwartung sehr getäuscht.

Wir blieben die Nacht im Dorf Rahha bei einem Drusen und der Bruderstocher meines Ali, die recht gute Leute sind. Der Mann zeigte mir einen schön erhaltenen Echinit vom Dschíbbel es Schech und fragte mich, was er für eine Kraft habe.

27. Mai (Montag). Schon vor Tage ritten wir nach Ain el Mszâd, wo man mich in unser voriges Quartier rief, und mich ersuchte, den bösen Geist durch einen Zettel auszutreiben. Ich schrieb: »Entferne dich, Wahnsinn, aus der usurpierten Wohnung der Vernunft. Entweiche! Entweiche!«

Die Araber bringen das Salz vom Toten Meer. In Atîl ersuchte mich ein Druse, ihm zu sagen, welche von zwei Weibern er heiraten solle; allein ich lehnte diesen schweren Rat von mir ab. Auch sollte ich Schätze an allen Orten suchen.

Der Chûri wurde nach Tdûr eine halbe Stunde westwärts gerufen, um der Beerdigung eines Christen beizuwohnen, der plötzlich verstorben war. Wir ritten dahin. Die dortigen Christen scheinen sehr arm zu sein. Die Leiche wurde aus Mangel einer Bahre auf zwei Pflugbäumen, die man mit Stricken aneinander befestigt hatte, herbeigetragen. Sie war in ein weißes baumwollenes Gewand gewickelt, und mit einem Abbaje bedeckt. Die Witwe klagte und streute sich Erde vom Grab auf ihr Haupt. Nachdem der Priester lange gebetet, wurde der Abbaje abgenommen, und die Leiche in das kleine Grab gelegt. Nachher deckte man Steine über sie, fasste das Grab oben mit hohen Steinen ein, und füllte diese mit Erde aus. Nachher wurde im Hause Kaffee und Burgul mit Lebben gegeben.

Es sind hier unterschiedliche Inschriften, die aber schlecht gearbeitet sind. Die beste von allen ist an der Außenmauer der Kirche; sie war aber zu hoch, als dass ich sie kopieren konnte, und Leitern hat man nicht. Es ist hier ein gut erhaltener viereckiger Turm (Kassr) von alter Zeit und in einer Viertelstunde Entfernung sieht man noch einen im Feld.

Flöhe quälen ungemein und Läuse sind auch bisweilen; ich

habe nur ein einziges Hemd. Dem Chûri Ajûb wurde einst von einem Weibe der Pelz untersucht.

29. Mai. Ein Knabe war von einem Skorpion in den Fuß gestochen. Er klagte über Schmerzen, die, wie man mir erklärte, nach vierundzwanzig Stunden vergehen. Der Priester versicherte, es gäbe hier Schlangen, deren Biss tödlich sei. Er selbst habe ein paar Fälle gesehen, und ein alter Mann beteuerte, er habe diesen Fall etwa fünfmal erlebt. Die giftige Art konnte man mir nicht angeben.

Nach der Versicherung meines Wirtes in Kuffríllha, Ischâde, und meines jetzigen in Össráa, des Priesters Dschürdschy, scheint es nicht so außerordentlich schwer zu sein, von den Drusen Bücher zu erhalten. Jener hatte einst Gelegenheit, im Geheimen ein Religionsbuch von beträchtlicher Größe in dem Hause eines Drusen zu lesen, der ausgegangen war. Er versicherte, gelesen zu haben: Die Drusen erkennen nicht Jesus für den wahren Messias, sondern das sei ein anderer. Ferner die Jungfrau Maria stehe nicht bei ihnen in Ansehen, und man glaube keine Auferstehung. Mohammed nennen sie den Verfluchten. Der Stifter ihrer Religion heiße auch Mohammed etc. Dieser versicherte gleichfalls, zu Szwéda ein beträchtliches Buch über die Religion der Drusen mit Vorwissen seines Besitzers gelesen zu haben; man bete Kälber an etc. Jener meinte, arme Drusen würden einem Fremden wohl ihre Bücher verkaufen, und er versprach mir, wenn ich wieder zu ihm komme, mir dazu behilflich zu sein.

30. Mai (Donnerstag). Da heute das Palmenfest war: so ließ mich mein griechischer Priester zur Messe wecken. Ich ging auch hin und machte alles mit. – Am Ende aß ich von dem gesalzenen gebrochenen Brot etc. Man war ungemein mit mir zufrieden, und nannte mich einen braven Christiân.

Die Hauraner sind, so wie die Araber, sehr zeremoniös und haben eine Menge Fragen und Wörter, ihre Höflichkeit auszudrücken. Sie geben sich bei der Ankunft die rechte Hand und führen dieselbe (ihre eigene) zum Munde und Stirn, oder sie küssen sich den Bart, die Schultern, die Stirn, die Wange, den Mund etc., fragen mehrmals nach ihrem Wohlbefinden, nach dem Wohlbefinden ihrer Verwandten etc. Im Gespräch sagen sie öfters: Nimm es mir nicht übel (La tu achüdni)! Auch fangen sie ihr Gespräch damit an, wenn sie z. B. ein wenig in Hitze sind, dass sie »guten Morgen« oder »guten Abend!« sagen, da dann der andere stillschweigt und ihm das Wort lässt, um seine Beweggründe zu einer Handlung etc. anzugeben.

Die Weibspersonen färben ihre Nägel bisweilen auch rot, im Gleichen ihre Handflächen. Nach dem Dschíbbal Haurân zu habe ich bei den Weibern keine Nasenringe bemerkt. Sie tätowieren sich mit Indigo.

Ich wohnte dem Abendgebet bei, und speiste nachher mit einigen Griechen zu Abend. Ich musste mein Kreuz machen, und wie sie sahen, dass ich den Daumen und die beiden Finger zusammenhielt: so küsste mir einer vor Entzücken die Hände. Nun waren sie ganz offenherzig. Seit Bonaparte (gewöhnlich Berte) tragen sie sich beständig mit der Hoffnung, mit dem Gerücht und der Prophezeiung, dass die Franken kommen, und dem Osmanischen Reich ein Ende machen werden. Sie hoben ihre Augen zum Himmel, um diesen Augenblick beschleunigt zu sehen, und wollten mich mit Gewalt für einen Abgesandten der Franzosen ansehen. Ich hatte alle meine Beredsamkeit nötig, um ihnen dies vergessen zu machen. Manche von ihnen hatten Bonaparte bei Akke gesehen und ihm Lebensmittel u. dgl. zugeführt.

1. Juni (Sonnabend). Ich mietete ein Pferd und einen bewaffneten Mann bis nach Mhadsche für drei Piaster, weil die Anäsé noch in Naua waren. Auf diesem Weg ist rechts vom Weg etwa eineinhalb Stunden das berüchtigte Keráta, wo Altertümer sind.

2. Juni (Sonntag). Ich mietete für vier Piaster gestern ein Pferd nach Naua, welches etwa fünf Stunden von hier entfernt sein soll. Allein heute war der griechische Christ wieder wortbrüchig. Jetzt hieß es, der Weg sei äußerst gefährlich wegen der Anäséh, und man setze nicht bloß seine Kleidung, Geld und Gepäck, sondern auch sein Leben in Gefahr. Letzteres glaube ich nicht. Mein griechischer wortbrüchiger Christ verspricht mir, morgen früh mich hinzubringen, allein ich traue ihm nicht. Welch ein Unglück, an einem Ort still liegen zu müssen, wo man nichts Interessantes findet.

3. Juni (Montag). Was ich befürchtete, ist eingetreten. Auch heute erschien der verwünschte Kerl nicht. Man ist äußerst beschäftigt, das Getreide zu dreschen. Man nennt den Dreschplatz

Bédar. Jeder Bauer hat einen solchen Platz außerhalb dem Dorf, mehr oder weniger rund und mit einer niedrigen Steinmauer von rohen aufeinander gelegten Steinen umgeben. Diese Dreschtennen sind rund um das Dorf herum befindlich und jetzt sehr lebhaft. Es kommen beständig kleine Kamelzüge von vier bis sechs Kamelen, welche den Weizen von den Feldern hereinführen, so wie er dort kaum von den Schnittern geschnitten wird. Diese Kamele werden auf den Dreschtennen abgeladen und dann wird der Weizen auch sogleich mit dem Dreschschlitten gedroschen, der von einem Pferd gezogen wird. Solcher Dreschschlitten sieht man in jedem Platz einen bis drei. Ein Knabe, der auf dem Schlitten steht oder sitzt, treibt das Pferd, und ein oder zwei Männer schütteln das niedergedrückte und verworrene Stroh, bis endlich das Stroh fast in Heckerling verwandelt, und die Körner getrennt sind. Von hier führt man das Getreide nach Damask.

Jetzt habe ich mit meinem Wirt Abdallah akkordiert, welcher mich für sechs Piaster diese Nacht nach Naua bringen lassen will. Ich hoffe, dass er besser Wort halten werde.

4. Juni (Dienstag). Schon hatte ich halb wieder die Hoffnung aufgegeben, dass ich in der Nacht abreisen würde, als Musa kam und mich vor Tage weckte. Wir packten ganz still auf, und ritten vorwärts durch eine herrliche Ebene und Getreidefelder. Wir ritten westwärts das verwüstete Dorf Chtebbe vorbei, wo eine Quelle, welche mit Quadern eingefasst war und gutes Wasser hatte.

Es zeigten sich etliche Trupps Araber mit vielem Vieh, Schafen etc.

Nach zwei Stunden kamen wir zu dem Dorf Sreije. Es sind viele Quellen daselbst und in der Nähe sehr steinige Felder. Diese Quellen sollen in den See Taberia gehen. – Der Bach von Sreije bilde die Grenze zwischen Haurân und Dschaulân. Nachher kamen wir durch zwei wüste Dörfer und bei einem wüsten Kloster vorbei. Nach etwa vier Stunden kamen wir in Naua an. Ich stieg beim Schech ab. – Alle Einwohner daselbst sind Müslemîn.

Ungeduldig, das schöne Naua zu sehen, ging ich bald nachher aus. Allein wie sah ich mich betrogen! Zwar fand ich etliche Reste von christlichen ziemlich großen Gebäuden, aber doch nichts aus dem Altertum. Mitten im Dorf war eine ehemalige Kirche mit schlechten Säulen und einem viereckigen Glockenturm, vor dessen Tür noch der Rest eines hübschen Portikus, eine korinthische Säule und etwas altes Gebälk zu sehen war. Das ist alles und Inschriften sind nicht vorhanden. Es sind zwar viele Endensäulen, aber nichts Ausgezeichnetes.

Es begegneten uns im Dorf ein paar Haufen Anasé, die mich anhielten, und mich, woher? wohin?, fragten. Einer versicherte, Naua sei Nénauá (Ninive) des Propheten.

Unter den Ruinen von Naua sah ich einen Fuchs.

5. Juni (Mittwoch). Heute war Feuer im Getreide. Ich bin von zwei Arabern, die ihre Spieße vor die Tür gestellt haben, gleichsam belagert, denn sie verlangen bald dies, bald jenes. – Mein Wirt lässt mich nicht fortbringen, und vertröstet auf morgen. Ich erteile mehreren Anasé medizinischen Rat. Einer verlangte mich nach seinem Lager bei Harra wegen eines Kranken. Er isst sein Brot mit mir.

Alle Araber sind bewaffnet mit Lanze, Säbel, Luntenflinte, Pistole; auch mit Keule oder Hammer; aber gewöhnlich schlecht gekleidet. Die Zeit wurde mir lang.

Ich sah zwei Scherîfpferde ohne Sattel, wovon jedes fünftausend Piaster kostet.

6. Juni (Donnerstag). Die Anasé-Araber sind alle Wuhabi. Die hiesigen betragen sich gut gegen mich. Endlich ging es heute Morgen fort. Ich musste dem Schech vier Piaster für die zwei Stunden bis Tszîl zahlen, welches südwestwärts liegt. Ein bewaffneter Reiter von des Paschas Truppen, ein Maggrebbi von Tripolis, begleitete mich, weil der Weg sehr unsicher sei. Dieser betrog mich auch um eineinhalb Piaster.

Der Pfad führte erst über Getreidefelder, neben einzelnen isolierten Hügeln in der Hälfte des Weges, wo vieler Boden unkultiviert lag und wo etliche Araber sich zeigten. Nachher aber, nach Tszîl zu, war ein herrlicher fruchtbarer ebener Boden. In Tszîl logierte ich beim Chûri Mûsza, mit dem ich wegen einer Reise um den Toten See unterhandelte.

7. Juni (Freitag). Noch immer lässt mich der Priester in Ungewissheit, ob er mitreisen will oder nicht? – Tszîl hat außer diesem einen christlichen Hause, worin aber drei Familien wohnen, lauter müsleminische Einwohner. Auch hier wird Tabak gebaut.

Die Araber Anasé belästigen, außer der Regierung und den Soldaten, die Einwohner sehr, und behandeln sie auch wohl gelegentlich hart. Gestern sah ich einen jungen Mann, dem sie eine starke Wunde am Kopf geschlagen hatten. Sie lassen sich besonders Getreide liefern, auch sich Essen geben.

Die Weiber werden hier fast wie Sklavinnen gehalten. Sie sind schlecht gekleidet, tragen gemeiniglich nur ein blaues Hemd, das oft zerrissen und durchlöchert ist, und nackte Teile zeigt, und auf dem Haupt eine schwarze Tracht wie die Araber. Vom frühsten Morgen bis zum spätesten Abend, wenn alle ruhen, müssen sie arbeiten, Diden* bereiten, Feuer anmachen, Brot kneten und backen, Wasser tragen, Essen kochen, die Männer bedienen, sieben, mahlen, waschen, spinnen etc.

Männer und Weiber tragen wider die Kälte einen schmutzigen Schafpelz, und Letztere gehen gemeiniglich mit entblößten Füßen. Ihre Reize verwelken bald wegen schwerer Arbeiten und ihre Brüste sind bald welk und verdorrt. Beide Geschlechter sind durchgängig sehr wohl gebaut, und ich entsinne mich kaum, einen einzigen gebrechlichen Menschen dort gesehen zu haben. Weiße Flecken auf der Haut scheinen häufig zu sein.

Bonaparte war unter dem Namen Barte oder Berte überall bis an die Wüste bekannt und in jedem Orte erkundigte man sich nach ihm. Viele hatten ihn gesehen.

Die Christen sind hier außerordentlich gedrückt, und man merkt das sehr in ihren Äußerungen und in ihren Gesprächen, besonders der Weiber.

8. Juni. Gott verdamme alle Lügner! Er verdamme, verdamme sie! Welch ein Verdruss hat mir nicht heute Morgen der Priester gemacht, als er erfuhr, dass wir der Araber wegen nicht abreisen könnten. Er gab vor, er wolle einen Araber suchen lassen, der uns begleite. Allein wahrscheinlich ist alles dies nur deswegen, weil morgen Sonntag ist, da wir dann morgen nicht reisen können.

Es währte nicht lange, so kam ein verwünschter Kerl und stimmte alle wieder um, indem er die Gefahr zu groß schilderte. Er behauptete, ich müsse hier bis nach der Ernte, d. h. noch vier bis fünf Tage, bleiben, da sie dann alle bewaffnet mit mir ziehen

* Etwas in Fasern zerlegtes (z.B. Baumwolle oder Flachs).

wollten. Der Priester, dem ich bereits einundzwanzig Piaster gegeben, hatte sich weggestohlen, und da das Betragen der Leute verändert war, so ahndete ich hier eine Verräterei und hielt mich den Abend hindurch wach. Um Mitternacht kam endlich der Priester. Ich machte ihm Vorwürfe, aber er behauptete, wir gingen morgen ganz gewiss fort; doch gab er mir zwei venezianische Zechinen wieder zurück. Ich wachte die ganze Nacht wegen Läusen, Flöhen und Krâd*, und dachte der Sache nach. Endlich entschloss ich mich, nach Damask zu gehen, und zuvor den Libanon und Antilibanon zu bereisen, weil die heiße Zeit nahe ist; zugleich Neuigkeiten einzuziehen und mein Journal in Sicherheit zu stellen.

9. Juni. Ich kündigte heute Morgen dem Chûri an, dass ich nicht nach Jerusalem, sondern nach Damask reisen wolle. Er holte daher das Geld von den zwei Arabern wieder ab, und gab es mir, mit dem Versprechen, sogleich abzureisen. Er ging indessen aus, und kam nicht wieder. Ich suchte ihn im Bédar, wo man mir sagte, er sei beim Schech. Ich fand ihn dort, und nun erfuhr ich, dass ich eher nicht abreisen könne, als mit der ersten Getreide-Karawane. Ich wurde über das Lügen des Priesters sehr aufgebracht, und entschloss mich, sein Haus zu verlassen und zum Schech zu gehen. Auf dem Wege dahin wurde ich indes durch sein und anderer Zureden, dass ich ihm ja diese Schande nicht antun sollte, bewogen, noch zu bleiben, und den Abgang der Karawane zu erwarten, welche hoffentlich bald abgehen wird. Sie geht einen Weg, den man sonst nicht leicht passiert, weil man erst bei Késsuéh auf die Heerstraße kommt. Ich bin hier in einem Hamen gefangen, wie ein Fisch, indem mich niemand der Araber, eigener Geschäfte wegen, fortbringen will.

10. Juni (Montag). Täglich zogen viele Araber vorbei, heute aber eine ansehnliche Armee von mehreren tausend Kamelen, welche ostwärts zogen. Sie bedeckten die Ebene und der Zug dauerte ein paar Stunden; manche von ihnen kamen ins Dorf und nahmen Weizen. Sie bezogen bessere Weideplätze.

Man trage in diesem Lande weiße Kleider von grobem

* Tierläuse.

Châm*, damit man sie fleißig waschen lassen könne, welches des Ungeziefers wegen notwendig ist. Hierüber trage man einen Abbáje und den Kopf nach Sitte der Araber. Man kaufe für sich und seine Begleiter schlechte Pferde, und lasse übrigens nicht das Geringste von Kostbarkeiten bei sich finden, keine Ringe, keine goldene Uhr etc.

Meine drei Chattm Haleb** schmerzen mich jetzt und sind etwas mehr entzündet als gewöhnlich. – Spiegel und Glasfenster habe ich in ganz Haurân und Dschaulân nicht gesehen.

11. Juni (Dienstag). Jetzt heißt es nun wieder sicher, dass die Karawane morgen abgehen werde. Ich habe einen Esel für acht Piaster gemietet.

Die Einwohner Dschaulâns sind dem kalten Fieber sehr unterworfen. Die von Haurân sind weniger zart, wahrscheinlich daher, dass Dschaulân quellreicher ist.

Die Kamele haben bisweilen einen krätzartigen Ausschlag, welcher sich auch den Menschen an den Händen mitteilen soll. Man heilt die Krätze der Kamele mit Schwefel und Kattrame***. – Von Kamelpocken wusste man nichts zu sagen.

Die Pocken kommen hier alle fünf bis zehn Jahre; die Pest alle fünfzehn bis zwanzig Jahre von Damask.

Die Augenkrankheiten rühren ohne Zweifel daher, dass man des Nachts das Gesicht nicht bedeckt. Ich schlafe immer mit meinem Kopf unter dem Schanzläufer, und empfinde nicht die geringste Unannehmlichkeit meiner Augen, obgleich ich nicht gewohnt bin, unter freiem Himmel zu schlafen.

Wenn man mich nach unterirdischen Schätzen fragte, so sagte ich: »Diese Erde hat unendliche Schätze, denn wenn man sie gut kultiviert, so liefert sie alle Jahre reiche Schätze.« – Dies schmeichelte sie.

12. Juni (Mittwoch). Ich bin noch immer hier! Fast täglich ziehen viele Araber-Haufen vorbei, ostwärts.

Da der Basalt meiner Erfahrung nach bewundernswürdig dauerhaft ist, indem ich fast zweitausend Jahre alte gut erhaltene In-

---

* Leinen.
** Aleppobeulen.
*** Teer.

schriften gefunden: so wäre es zu wünschen, dass man in Europa zu Prachtgebäuden Gebrauch davon machte.

Heute speisten viele Araber mit uns, welche wahrscheinlich die Kamele zum Transport des Getreides gebracht hatten. Der Priester hatte zu diesem festlichen Mahl ein Schaf schlachten lassen; ferner Burgul, Kubbe und Kaffee.

Ich schenkte einem Araber für den Emir ein Fernrohr. Er will mich in sechzig Tagen mit einem Kamel nach Drahíja bringen.

Der Ausdruck Gaddi (morgen) ist zweideutig.

13. Juni (Donnerstag). Lange vor Tagesanbruch reisten wir ab. Der Priester gab mir einen kleinen Esel statt dem versprochenen Pferde für acht Piaster. Er verlangte aber noch vier Piaster! – Ein Müslem schien einen Anschlag auf meine Pistolen zu machen. – Es regnete ein wenig.

16. Juni (Sonntag). Heute speisten wir [in Damask] zu Mittag bei dem Kapuziner in seinem Kloster. Er ist ein gerader, munterer, obgleich bejahrter Mann, von Geburt ein Franzose. – Des Morgens besuchte ich ein Bad, welches ich sehr nötig hatte.

25. Juni (Dienstag). Ich machte einen Ritt nach Szalhhéije. Der Weg dahin ist gepflastert, ziemlich breit und gerade, und auf beiden Seiten sind Gärten bis an einen Ort, der eine kleine Stadt genannt werden kann. Es ist zwanzig bis dreißig Minuten lang, aber nicht breit, unten am Fuße des steilen Antilibanon oder eigentlich des Dschíbbal el Szalhhéije erbaut. Die Seite desselben ist nackt und felsig. Ein beschwerlicher Steig führt an derselben hinauf zu einigen mohammedanischen Wallfahrtskapellen. Dieser Berg müsste durch Kunst bepflanzt werden.

Es sollen in Szalhhéije mehr als zehn Moscheen sein, wovon aber viele eingestürzt sind. Unter ihnen sollen mehrere christliche Kirchen und Kapellen gewesen sein. Unter den ansehnlichen ruinierten Gebäuden sieht man auch den Palast des Malek Nâsser. – Szalhhéije hat einige Kaufbuden.

Es sind hier sehr wasserreiche köstliche Gärten, und wenn die Straße von Damask auf europäische Art verschönert wäre, die hässlichen Gartenwände fortgeschafft würden usw., so würde sie mit den reizendsten Gegenden Europas wetteifern können. Die Vegetation ist ganz fürtrefflich. Zwar gewährt der Berg oberhalb Szalhhéije eine unangenehme Ansicht; allein ich zweifle gar

Blick von Szalhhéije auf Damaskus

nicht daran, dass es der europäischen Kunst möglich sein würde, ihn nach und nach mit Baumgruppen zu verschönern. Da man von seiner Spitze die schönste Aussicht über die Ebene genießt: so würde, wenn der hinaufführende Pfad auch erleichtert würde, diese zu den besuchtesten Punkten von Damask gehören.

5. Juli (Sonnabend). Seit meiner Rückkunft von Haurân aßen wir täglich Aprikosen, deren Menge hier ungeheuer ist. Man bereitet davon Mardîn (diese Zubereitung hat die Form eines braunen zubereiteten Leders, und ist sehr gut auf Reisen mit sich zu führen); man trocknet ferner die Früchte; isst die frischen Kerne oder presst ein Öl daraus, dessen sich besonders die armenischen Christen zur Fastenzeit bedienen. Frische Aprikosen werden noch viele Tage in den Kaufhallen sein. Heute aß ich die ersten Trauben; sie waren von der schwärzlichen Art und noch nicht völlig zeitig, aber doch schon brauchbar. Mr Chaboceau versicherte mir, dass man Weintrauben acht Monate lang in den Kaufhallen feilbiete. Vielleicht hat kein Ort in der Welt einen größeren Überfluss davon.

Drittes Kapitel:
REISE VON DAMASK NACH DEM LIBANON UND ANTILIBANON

6. Juli (Sonnabend). Ich akkordierte mit dem Mkery Daher, einem Maroniten, mich nach Bscherre für zwanzig Piaster zu bringen, und versprach ihm außerdem für eine kleine Kiste etliche Piaster zu zahlen. Ich zahlte ihm abschlägig zehneinhalb Piaster, nämlich vier Stück à zwei Piaster fünfundzwanzig Para. Heute Abend ging ich schon zum Chân el Gümruck, da wir morgen vor Tagesanbruch abreisen. Ich bin mit mehreren Empfehlungsschreiben versehen, welche ich meinem gefälligen Wirt Dr. Chaboceau verdanke. Meine Wirtin versah mich mit einem Hammelbraten, Brot und Gurken.

7. Juli (Sonntag). Mit Sonnenaufgang zogen wir fort. Unsere Karawane war nicht groß. Wir kamen immer durch Gärten, bis wir das Dorf Möshe erreichten, in dessen Nähe die malerische Talöffnung ist, wo sich der Báradá in mehrere Arme teilt und die herrliche Ebene von Damask wässert. Wir ließen diesen Fleck rechts liegen, und zogen einen steilen Berg hinan, welcher aus Kalkstein bestand. Auf dem Berg war man mit der Ernte des Weizens beschäftigt, der hier sehr schlecht stand.

Rechts war der Fluss Báradá. Wir trafen kleine kultivierte Flecken, eine Ziegenherde und auf halbem Wege eine ansehnliche Quelle, Ain el râs. Nach sechs Stunden zeigte sich uns das Dorf Danuáy, welches rechts ein wenig vom Wege lag. Hier kamen wir in einen sehr felsigen Grund, worin eine Quelle floss, und eine Stunde weiter gelangten wir zum Chân Medschlûn, wo diese Quelle anfängt; sie ergießt ihr Wasser in den Báradá. Da der Chân zerstört ist, schlugen wir unser Quartier unter freiem Himmel auf, litten aber von der Sonne. Morgen haben wir zehn Stunden bis Sáchaléh. Vor uns sahen wir Felsen von Konglomerat.

8. Juli. Des Morgens war es kalt. Lange vor Tage brachen wir auf. Der Weg ging bergab. Hier war die Wasserscheidung zwischen Damask und dem Mittelländischen Meer. Nach eineinhalb Stunden zeigte sich ein wildes romantisches Felsental oder Grund. Die Felsen oben täuschten oft durch das Ansehen hoher

Der Báradá bei Damaskus

Mauern, alter Burgen mit Türmen etc.: Bogâs el Karre. Zwischen den Felsen ist vieles Gesträuch. – Kleine kaum sichtbare Mücken waren uns sehr beschwerlich.

Nach etwa fünf Stunden öffnet sich ein Tal, und man sieht vor sich einen Ort Meschdil, mit einem Turm, zwischen zwei niedrigen Bergen, auf deren einem ein Kastell und Weinberge sind. Im Hintergrund ist das sehr hohe Gebirge des Libanon. Es sind dort bloß Müslemîn.

Die Ebene Bkáa soll hier fünf Stunden breit sein und Merdsch in der Mitte ihrer Breite liegen. Man sollte glauben, sie sei nur eineinhalb bis zwei Stunden breit; so sehr täuschen die beiden hohen Gebirgsketten, der Libanon west- und der Antilibanon ostwärts.

9. Juli. Wir reisten vor Sonnenaufgang ab, und trennten uns. Ein Fluss Berduny hat eine Brücke von drei Bögen. Wir kamen zum Dorfe Táanéy. Links war ein Darf Schdîta. Auf dem Libanon links sieht man Kâb Elias, wo ein ansehnliches Kala.

Wir trafen zwei Ziegenherden von schwarzer Farbe und kleiner Gestalt. – Die Felsen waren ziegelrot; nachher fand ich starke Lagen von tonigem Eisenstein. – Wir hatten schlimme Felsenpfade; an ihnen Quellen und grünen Weizen. Ich fand Grauwacke. – Links hatten wir ein fürchterliches tiefes Tal voll grauer Felsen, worin der Beiruter-Fluss Bsibdîn. An den unermesslichen Bergseiten zeigten sich ein paar Dörfer: Sarroûn, Meschdîl el Terdschîs und Phörrs Elluân.

Wir wurden durch den Anblick des Meeres überrascht. Die über dem Meer schwebenden weißen Wolken hielt ich erst für Schneeberge. Nachher wurde die grenzenlose, bloß vom Horizonte begrenzte Ebene uns kenntlich.

Nach einer langen beschwerlichen Tour, die elf Stunden betragen hatte, kamen wir in dem Dorfe Besphéije an, wo mein Maultiertreiber wohnte. Ich war sehr ermüdet, weil ich des schlimmen Pfades wegen häufig gehen musste. – Ich aß hier Spiegeleier, Lebben und die dünne Art Fladenbrot. – Des Abends ließ sich die kleine Kirchglocke hören, denn es wohnen hier bloß Christen. – Die Weiber tragen hier alle hohe silberne Tâsse unter dem langen Kopftuch. Seiden- und Weinbau ist die Hauptnahrung. Der Ort ist von Beirût vier Stunden entfernt. Morgen haben wir acht Stunden zu machen. Auch Baumwolle spinnt man hier. Die Häuser haben hier einen anderen Bau als in anderen Gegenden.

Daher kleidete sich hier besser. Er trug einen Hándschar, dessen Griff von Elfenbein, die Scheide aber von Silber war, und der achtzig Piaster kostete. Die Scheide war hier verfertigt, das Übrige in Damask. Sein Weib trug an ihren langen Haarflechten silberne Schellen mit schwarzen Quasten. Auch er gewinnt Seide.

Wein war nicht mehr für Geld zu bekommen und Kaffee trinkt man auf dem Libanon nicht, sondern bloß Wein und Branntwein. – Ich schlief auf dem platten Dache.

10. Juli. Heute machten wir wegen der gestrigen beschwerlichen Tour einen Rasttag, womit ich wohl zufrieden war. Die hiesigen Dörfer haben vor denen in den fruchtbaren Ebenen sehr wesentliche Vorzüge und nehmen sich weit besser aus. Sie stehen fast immer in gewissen Entfernungen voneinander und jedes Haus hat seine Maulbeerpflanzung neben sich. Zwar sind die Maulbeerbäume verstümmelt und ihre Kronen jetzt wenig belaubt, weil man die Zweige zu den Seidenwürmern benutzte. Allein nichtsdestoweniger zeigt eine solche Pflanzung von Fleiß und Betriebsamkeit. Der Boden darunter wird sorgfältig umge-

hackt und von Unkraut freigehalten. Da Betphéije an einem felsigen Abhang liegt, so musste man eine Menge Terrassen anlegen, die durch rohe Steinmauern erhalten werden, damit die Erde nicht fortschwemmt. Man wässert mehrere dieser Anpflanzungen, um darunter jetzt Gartengewächse zu erziehen. Man sieht einige Quellbrunnen, die ihr klares Wasser auf Marmorblöcke plätschernd fallen lassen.

11. Juli. Da wir hier auch heute noch Rasttag hielten, so machte ich einen Ritt nach dem Kloster Mâr Eliâs und Mâr Schoweïr. Ersteres liegt zwei Stunden von hier auf einem Felsenberge. Man kommt erst durch Weingärten, durch Bekphéije, nachher aber über einen Felsengrund und dann den Felsenberg hinan. Mâr Eliâs ist auf einer steilen Felsenwand von Kalkstein erbaut. In der Nähe sind viele kleine Terrassen mit vieler Mühe gemacht, wo man Weizen gesät hatte, der meisteils kümmerlich wuchs, und den man jetzt erntete. Mâr Eliâs besteht aus zwei Klöstern, die nur ein Gebäude auszumachen scheinen. In einem sind griechische Mönche, Melchiten vom Basiliusorden, etwa zwölf. In dem anderen sind zehn katholische Maroniten.

Der Sohn meines Mauleseltreibers, Juszef, ein munterer Knabe, war mit mir. Er sang unterwegs ein Lied, welches auf mehrere hiesige Klöster gemacht ist. Die beiden Gebäude sind von Quadern fest gebaut, und für hiesige Gegend ansehnlich, obgleich sie nicht mit den europäischen prächtigen Klöstern zu vergleichen sind. Sie sind rund umher mit terrassenförmigen Maulbeerpflanzungen und Weingärten umgeben, welche von den Mönchen bearbeitet werden. – Hier sind also die Mönche, wie zur Zeit der ersten Klöster, nicht wie in Europa, wo sie oft Herren sind. Sie scheinen sehr zufrieden zu sein. Sie sind nicht alle auf dem Libanon oder Kesruân gebürtig, sondern zum Teil aus benachbarten Städten, Damask, Beirût, Seide etc. Sie sind gastfrei; es ist aber gewöhnlich, dass man in der Kirche, wo man nicht versäumt die Reisenden einzuführen, ein beliebiges Geschenk zurücklässt. Ich küsste dem griechischen Prior (Abuna Réjis) die Hand. Er war nebst ein paar anderen Reisenden eben beim Essen beschäftigt, und er lud mich sogleich dazu ein. Wir aßen Spiegeleier, Lebben mit eingeschnittenem Lauch, Käse und kleines, plattes und rundes, nicht weißes mittelmäßiges Brot, und tranken blassroten süßlichen Wein. Alles waren Produkte des Klosters.

Man führte mich darauf durchs Kloster, in die Kirche, den Weinkeller, wo man den Wein in großen irdenen Töpfen aufbewahrt, und wo ich einen starken süßlichen weißen Wein kostete. Zur Kellermauer hatte man die hervorragenden Felsen eingemauert. Man zeigte mir auch den Ort, wo man den Wein und Dibbs verfertigte. Man reichte mir Blumen und pflückte mir schwarze treffliche Maulbeeren.

Aus dem Zimmer des Priors sieht man das Meer von Beirût. Es scheint nahe, obgleich man bis dahin wegen des außerordentlich beschwerlichen Felsenpfades vielleicht vier Stunden hat.

Von den Terrassen ist der Anblick noch angenehmer.

Das griechische Kloster nebst der Kirche ist besser als das maronitische. Im Maronitenkloster fand ich einen Geistlichen, der in Rom gewesen war. Er hatte aber sein Italienisches größtenteils vergessen; indessen zeichnete er sich sehr durch Dienstfertigkeit aus. Der Prior zeigte mir seine kleine Bibliothek, worin aber die syrischen und arabischen zum Teil in Rom gedruckten Werke der Kirche nichts Besonderes waren. In der Kirche waren unterschiedliche Manifeste der Päpste angeschlagen.

Über Mâr Eliâs erheben sich südwärts hohe Berge, welche zum Teil mit Snaubar bewachsen sind. – Man sieht von hier Betpheïje an seiner felsigen Bergseite liegen, wo es sich in seinen Anpflanzungen lieblich ausnimmt. Im griechischen Kloster behauptete der Prior, Barte (Bonaparte) habe drei Jahre vor seiner Invasion in Ägypten den Libanon und Kesruân bereist, reich als ein Orientaler gekleidet.

Kaum hatte ich Mâr Eliâs verlassen, so hüllte sich das Kloster in eine Wolke und sie entzog mir dasselbe dem Auge. Vergleicht man das Gebirge mit der Ebene, so gewinnt es sehr für den Reisenden. Auf der Ebene ist alles in Verfall und die herrlichen Reste alter Baukunst erinnern einen beständig daran, was sie waren, und was sie unter einer besseren Regierung sein könnten. Das angenehme Grün der Bäume fehlt durchgängig, die Wohnungen sind außerordentlich vernachlässigt. In den Gebirgen hingegen trifft man selten Überreste aus dem Altertum an, und es scheint, dass wohl nie beträchtliche Bauten hier waren, weil sich ohne Zweifel sonst die Ruinen davon hier weit besser erhalten hätten und weit mehr als in der Ebene verschont geblieben sein würden.

Die Alten scheinen vorzüglich nur da gebaut zu haben, wo sie ernten konnten: in Bkáa, Haurân, Dschaulân, Gaur etc. Man sieht hier einen außerordentlichen Fleiß, welcher Felsen Fruchtbarkeit abzwingt, herrliche Pflanzungen, bessere reinlichere Wohnungen, und die Leute scheinen hier mit ihrer Regierung zufrieden zu sein, obgleich sie sich mit Trauer an die Avanien von Dsjessar erinnerten. Die Klöster tragen hier viel zur Verschönerung des Gebirges bei.

Vergleicht man den Libanon und Kesruân mit deutschen hohen Gebirgen, z. B. dem Harz oder dem Gebirge zwischen Sachsen und Böhmen: so steht er denselben weit nach. Welche herrlichen dunklen Wälder schießen dort selbst auf dem felsigsten Boden hervor. Dies gibt den dortigen Landschaften für den Maler einen großen Vorzug für den Libanon. Zudem geben Wälder immer die Idee von Fruchtbarkeit, statt dass der Libanon der grauen Felsen wegen, welche die Hauptmasse ausmachen, worunter sich die kultivierten Ortschaften fast verlieren, hier nur immer die Idee einer schrecklichen Unfruchtbarkeit erregt, obgleich die Anpflanzungen beweisen, dass der Fleiß wohl belohnt wird. Die Waldungen des Libanon mögen im Altertum ihren Ruf verdient haben; jetzt verdienen sie ihn nicht, und im Vergleich des großen Terrains sind sie wirklich ganz unbedeutend. Kann man indessen das Bild der Unfruchtbarkeit vergessen: so gewinnt das Gebirge ein heiteres Ansehen, statt dass dunkle Waldgebirge bei uns eher Trauer und Melancholie erregen.

Des Abends war eine Mondfinsternis.

12. Juli (Freitag). Gestern Abend fiel ein starker Tau, der von den Dünsten herrührte, die vom Meere heraufgestiegen waren. Da ich nun auf dem Dache schlief: so wurde meine Decke ganz feucht. Ohne Zweifel tragen diese beständig aufsteigenden Meerdünste vieles zur Fruchtbarkeit dieser westlichen Seite des Libanon bei, indem sie das Quellwasser vermehren und die Bäume und Pflanzen erfrischen.

Schon hatte ich heute wieder alle Hoffnung zur Abreise auf-

Im Libanon

gegeben, als es endlich auf mein Andringen nachmittags weiterging. Mein Mauleseltreiber blieb heute noch zu Hause, aber sein Kompagnon und sein Sohn gingen mit mir.

Der Weg führte erst immer an der Bergseite hin, und war bisweilen außerordentlich steinig, felsig und beschwerlich. Wir hatten rechts neben uns das tiefe Tal, worin der Nahhr Szalîb oder Nahhr el Kelb fließt. Dies ist ein herrliches Tal; seine Bergseiten sind überall, wo es nur möglich war, kultiviert. Aber über diese Berge erhebt der Libanon seinen ungeheuren grauen Scheitel. Auf der anderen Seite des Flusses zeigte sich am Bergabhang das ansehnliche Dorf Bêt Schebâb, an welchem seine Häuser terrassenförmig gebaut sind.

Beirût und Bucht. – Nach einer Stunde Dorf Ain el Alek. – Schlechte Wege. – Eisenschüssiger Sandstein mit Snaubar. Links auf einer Bergspitze zeigte sich das Kloster Mâr Tschája; darunter lag das Dorf Rumána, ein Maronitenkloster. Weiterhin links das Dorf Kurrnit el hamra; rechts im Grund das Dorf Meséрea bêt Schebâb. Die Wege gehen außerordentlich krumm, bald rückwärts bald vorwärts. Man sah die schäumenden Wellen am Strand und Beirût auf einer Art Erdzunge.

Diese in dem fast senkrechten Felsen in einem Winkel ausgehauene Straße ist sehr schlecht unterhalten, und zeigt gar nichts, woraus man schließen könnte, dass es ein großes schönes Werk gewesen. Man hatte bloß bei der Anlage auf die Notwendigkeit gesehen. Links hat man das Meer unmittelbar neben sich und man muss mit Vorsicht diesen holprigen Weg passieren. Ich sah hier ein eingemauertes Säulenende, und an der Felsenwand eine lateinische Inschrift, die aber zu sehr verloschen war, als dass ich sie kopieren konnte. Die Mündung des Nahhr el Kelb ist sehr malerisch; sein Bett ist zwischen hohen Felsenbergen eingezwängt, aus deren Spalten nur einzelnes Gesträuch hervorsprosst. Man sieht hier die Ruinen einer Brücke, die vor wenigen Jahren auf Verordnung des Emir Bschîr angelegt, aber schon wieder vom Strome niedergerissen wurde, bevor man noch die Arbeit vollendet hatte. Wir ritten durch den Fluss, der jetzt ziemlich seicht war, indem das Wasser unseren Tieren kaum bis an den Bauch ging.

Kolkâs. – Zwei bis drei Inschriften.

Wir passierten wieder ein enges Felsental, worin der Fluss. Wir gelangten zu einem Kaffeehaus und ich badete im Meer. Man soll hier Zuckerrohr (Kassab Mass) kultivieren, das in den benachbarten Orten verkauft und von den Kindern als Nascherei gegessen wird.

13. Juli (Sonnabend). Leider brach mein Maultiertreiber schon etliche Stunden vor Sonnenaufgang auf, weil wir heute bis Bodrûn zwölf Stunden zu machen hatten. Es fehlte mir daher an Zeit, die erwähnten Inschriften zu lesen.

Wir verfolgten erst eine Zeit lang das niedrige sandige Meeresufer, erreichten aber bald den Flecken Juni, der auf einem hohen Bergufer am Meer liegt, wo ein schmaler Felsenweg am Meer kaum Platz lässt, dass Reisende ihn ohne Gefahr passieren können. In geringer Entfernung hinter demselben liegen etliche Häuser am niedrigen Ufer, welche man den Hafen (Mína) von Juni nennt.

Wir hatten Sûk Mikéjil, einen Flecken am Meer, erreicht, als die Sonne aufging. Dieser Ort liegt auf einem kleinen Vorgebirge und zeichnet sich durch einen viereckigen Turm, und am südlichen Ende durch ein steiles Felsenufer von weißem Kalkstein aus. Der Weg führt neben dem Ort hin. Etwa eine Viertelstunde weiter ist eine kleine felsige Bucht, welche für kleine Küstenschiffe vielleicht einen sicheren Hafen abgeben dürfte.

Nachher bemerkte ich auf einer Anhöhe das Maroniten-Kloster Maschtíta. Weiterhin passierten wir ein trocknes Flussbett auf einer steinernen Brücke. Mein Maultiertreiber nannte diesen jetzt trockenen Fluss el Nahhr Phedár. Herrlich zierte die Lorbeerrose seine Ufer; dies ist eine köstliche Blume! Bei Dschbêl, einer kleinen Stadt am Meerufer, welche von anderen Dschibele etc. genannt wird, hielten wir bei einem Kaffeehaus außerhalb der Stadt still. Der Weg führt neben diesem Orte hin. Von außen hat diese kleine Stadt ein freundliches Ansehen und sie rief mir die kleinen österreichischen, bayrischen und mährischen Landstädte ins Gedächtnis. Dieser Ort muss vorhin bedeutender gewesen sein als jetzt; in etlichen Gebäuden, angleichen in der Stadtmauer bemerkte ich viele große Quadersteine, und Letztere war mit mehreren Türmen versehen. Auch sah ich in einem Gebäude viele Säulenenden eingemauert. An der Nordseite dieses Ortes zieht sich ein Felsenriff ins Meer, welcher die Reede wider den stürmischen Nordwind sichert. Dschbêl hieß vormals Byblus, und da sie Chronus zum Erbauer haben soll, so war sie die älteste Stadt in Phönice. – Zu Dschbêl ist ein kleines Schloss, welches in gutem Stand zu sein schien.

In Bodrûn blieben wir in einem Kaffeehaus am Strand. Dieser Ort ist jetzt nur ein kleiner Flecken, war aber, wie mehrere verfallene Gebäude beweisen, vorhin ansehnlicher gewesen. Die Einwohner sind alle Maroniten. In dem kleinen Hafen lagen nur zwei kleine Küstenschiffe. Der Strand ist hier ungemein felsig, und diese Felsen hat man ausgehauen, und benutzt sie zur Verfertigung des Meersalzes, wozu man das Meerwasser in die flachen Vertiefungen trägt. Indessen scheint die Gewinnung des Salzes von keiner großen Bedeutung zu sein. Ich sah nur einen kleinen Haufen weißen Salzes. Man nennt den Platz Melláhha (Saline). Diese Felsen sind vom Meerwasser sehr zerfressen und löchrig. Ich badete mich hier im Meer und sammelte etliche Meerprodukte. Unter den Felsen zeigte sich ein dünnes Lager von Kalkkonglomerat. Zwischen dem Meere und dem Gebirge ist gewöhnlich ein ebener schmaler Strich, der aber bisweilen fehlt.

Obgleich der heutige Weg im Vergleich mit europäischen

Maronitischer Priester

schlecht genug war, so ist er doch für dieses Gebirge der beste, den man vielleicht irgendwo daselbst antrifft. Obgleich man bisweilen ein flaches sandiges Meerufer hat: so ist es doch häufiger hoch, und an manchen Stellen sehr felsig. – Es ist für einen Reisenden sehr angenehm, in gewissen Entfernungen Kaffeehäuser anzutreffen, wo man auch Wein erhält. In anderen Gegenden des Gebirges ist es selten, dass man Kaffee erhalten kann. Man zieht Wein und Branntwein als eigene Produkte dem ausländischen Kaffee vor. Ich hingegen liebe den Kaffee weit mehr. Ich aß des Abends Pillau und Lebben.

15. Juli (Montag) bis zum 20. Juli. Schon vor Sonnenaufgang

zogen wir weiter. Mein Maultier war außerordentlich schwach, weil Müttry ihm kein Futter gegeben hatte. Daher ging es außerordentlich langsam. Wir ritten neben dem Dorf Hasrûn hin, welches auf einem ins Tal hervorspringenden Bergabsatz liegt, dessen Seiten aus steilen Felsenwänden bestehen. Eine große Menge Maulbeer- und andere Obstbäume nebst hohen schlanken Silberpappeln verstecken fast die Häuser, und geben dem Orte ein ungemein liebliches und malerisches Ansehen. Wasser ist hier in Überfluss vorhanden.

Gleich dahinter folgte das Dorf Bésaûd von etlichen Häusern, und ein anderes, Ain Káffra. Dann erblickten wir links in einem tiefen wilden Felsental das berühmte Maroniten-Kloster Kannobin in einer Felsenwand, und bald nachher das ansehnliche Dorf Bscherre, dessen Lage viel Ähnliches mit der des Dorfes Hasrûn hat. Neben demselben rauscht der Nahhr Kadîscha, welcher zahllose Fälle bildet. Eine elende Brücke führt hier über denselben, und nun ging es die Anhöhe heran, auf welcher Bscherre erbaut ist. Ich hatte hier einen Empfehlungsbrief an einen französischen Negozianten Mr Giraudin, erfuhr aber, dass er nicht im Dorf, sondern etwa eine Viertelstunde davon in dem Karmeliterkloster Mâr Serkîs wohne. Ich ließ mich also dahin bringen. Es ist nur durch einen kleinen Grund von dem Dorf getrennt, in welchem ein kleiner hübscher Wasserfall befindlich ist, welcher von einem Arm des Nahhr Mâr Seman (St.-Simons-Fluss) gebildet wird. Bei demselben steht ein Flöz von dunkelbraunem sehr eisenschüssigen Gestein zu Tage.

Der Pfad zieht sich unter einer sehr hohen Felsenwand von weißem brüchigen schichtlosen Kalkstein zum Garten des Klosters hin, wo man einen dunkeln schattigen Pfad betritt, der ins Kloster führt. Dies sonderbare Kloster ist unter einem weit überhängenden hohen Kalksteinfelsen erbaut, welcher sich in zwei Spitzen endigt, am Fuße eines sehr hohen felsigen Berges. Da die natürliche Grotte, die hier war, vielleicht nicht groß genug war: so erweiterte man dieselbe mit vieler Mühe, sodass jetzt die Kirche und ein paar Zimmer völlig im Felsen sind. Dies Kloster ist nichts weniger als ein hübsches Gebäude; allein man muss bedenken, dass es auch nur eine Grotte sein sollte.

Ich traf hier außer Herrn Giraudin und seiner Familie noch

eine andere Familie des Herrn Antoine, gleichfalls eines französischen Negozianten, und den einzigen hier jetzt wohnenden Karmelitermönch Pater Louis, einen Toskaner, an, und erhielt die beste Aufnahme. Jene beiden französischen Familien waren in Seide etabliert; wurden aber durch Dschessar Pascha verjagt, und mussten bei der Invasion der Franzosen in Ägypten von Tripoli aufs Eiligste ins Gebirge fliehen und dem türkischen Pöbel alles überlassen. Schon sieben Jahre lang wohnen sie hier, mit der täglichen Hoffnung, dass die Hohe Pforte ihnen die versprochene Entschädigung auszahlen lassen werde; bisher war ihre Hoffnung umsonst, indes ist es wahrscheinlich, dass, sobald ein neuer französischer Ambassadeur nach Konstantinopel kommen sollte, er dies Geschäft befördern und beendigen werde. Es ist in der Tat eine traurige Lage für tätige Männer, in ihren besten Jahren die Zeit so untätig und unbenützt vorbeistreichen zu lassen. Mr Giraudin ist ein wohl unterrichteter Mann, vorzüglich aber interessant ist der alte Karmelitermönch Pater Louis, der schon etliche dreißig Jahre Missionarius ist, und Indien, Bassora und andere Teile der Levante, im Gleichen die Barbarei besuchte. Er besitzt nicht gemeine gelehrte Kenntnisse, versteht mehrere Sprachen, und hat, was ich hier nie erwartet hätte, eine kleine treffliche ausgesuchte Bibliothek von europäischen Werken, worin unter andern die französische Enzyklopädie befindlich ist. Er beschäftigt sich mit der medizinischen Praxis, und ob ihm diese gleich kein Geld einbringt: so verschafft sie ihm doch wenigstens Lebensmittel, Eier, Käse, Milch, Früchte usw. Er ist schon über sechzig Jahre alt, aber noch völlig bei ungeschwächten Kräften des Geistes und des Körpers. Die wenige Zeit, die ihm seine geistliche und weltliche Praxis übrig lässt, verwendet er auf seine Studien. Alle zusammen leben in einer solchen Eintracht, dass sie nur eine heilige Familie auszumachen scheinen.

In Bscherre wohnt noch eine zahlreiche französische Familie des Mr Bertrand. Der ältere Bruder beschäftigt sich mit der Arzneikunde und ist gegenwärtig in Seide; der jüngere Bruder ist noch unverheiratet, und musste bei der Invasion der Franzosen in Ägypten gleichfalls aufs Schnellste Seide verlassen. Er ist ein junger freundlicher Mann, dem ich Verbindlichkeiten habe. Der älteste Sohn seines Bruders ist fast von gleichem Alter mit ihm.

Da Mr Bertrand die Tochter des Mr Antoine heiraten wird, kommen sie öfters zusammen.

Mr Bertrand teilte mir eine sehr schön erhaltene Terebratul mit, welche er im Bett des Nahhr Mâr Semán (St. Simon) gefunden hatte. Dieses kleine Flüsschen fließt durch Bscherre und vereint sich neben diesem Dorf mit dem Nahhr Kadîscha. In dieser Höhe Versteinerungen zu finden ist in der Tat sehr merkwürdig, umso mehr, da sie aus noch höheren Gegenden hierher gespült sein müssen. Ich habe bisher nicht das Glück gehabt, Versteinerungen in dieser Gegend zu finden.

Er teilte mir auch jene berüchtigte Pflanze mit, wonach so viele Levantiner vergeblich suchen, und wovon man versichert: Sie verwandle unedle Metalle in Gold. Man kam auf diese Idee, weil man bemerkt hatte, dass die Zähne der Ziegen zu gewissen Zeiten mit einem gelblichen Firnis überzogen werden, der einen Metallglanz hat. Auch von diesen Zähnen teilte er mir etliche mit. Er versicherte mir, dass es ihm viele Mühe und Ausgaben gekostet habe, um sich diese merkwürdige Pflanze zu verschaffen.

Die Beschreibung und die Eigenschaften nebst dem Standort derselben habe er in einem europäischen gedruckten Werke angetroffen, und nach dieser Anleitung sie gesucht und gefunden. Man findet sie hier bei den großen Zedern, zu welchen man von hier in fünf Viertelstunden gelangt. Man findet sie aber bloß im Frühling, indem sie nachher sogleich von den Ameisen verzehrt wird. Das Merkwürdigste ist, dass diese Pflanze einen phosphorischen Glanz von sich gibt, und daher des Abends und Nachts in Feuer zu stehen scheint. Mr Bertrand versicherte mir feierlich, er habe sie auch so angetroffen. Diese Pflanze erreicht höchstens die Länge einer Spanne. Die Wurzel ist schwarzbraun, einfach ohne Nebenwurzeln; oben aus derselben kommen viele kleine sich umfassende und dicht aneinander schließende Blättchen hervor, welche pfriemen- und lanzettförmig sind, und auf beiden Rändern einige steife etwas stechende Härchen haben. Diese Blättchen sitzen so dicht ineinander, dass sie zusammen fast das Ansehen eines Kelches von einer Centaurea haben. Aus diesen Blättern kommen kleine etwas steifhaarige Stängel hervor, auf welchen oben eine gelbe Blume von vier Blättchen und einem auffallenden Kelch von zwei Blättchen folgt, und die zu der Klasse Polyandria zu gehören scheint. – Ich habe noch zu sagen vergessen, dass einige von den erwähnten schuppenartigen Wurzelblättchen einen ebensolchen Metallglanz haben, als jene Ziegenzähne. Obgleich das Vorgeben, dass diese Pflanze alle Erze in Gold verwandle, lächerlich ist, so verdient sie doch ihrer Phosporeszenz und ihrer firnisgebenden Kraft wegen unsere Aufmerksamkeit.

Mr Bertrand zeigte mir einen von seinem Vater, einem gewesenen französischen Arzt in Seide, geerbten so genannten Schlangenstein, womit sein Vater sowohl als er und sein Bruder, der sich auch mit der Medizin beschäftigt, zahllose Menschen vom sicheren Tod errettet hätten. Er hatte die Größe und Dicke eines Ringsteines, und schien mir ein Knochen und kein Stein zu sein. Er war schwarz, hatte aber auf der einen Seite etliche graulichte Streifen. Vielleicht war er von einer Glossopetra geschnitten. Man legt ihn auf die Wunde eines Schlangenbisses, wo er sich festsaugt usw. – Mr Giraudin versicherte mir, er habe zufälligerweise eines von den gegossenen Kälbern erhalten, welches die Drusen feierlich verehren, und er besitze dasselbe noch unter seinen übrigen Sachen in Seide. Es bestehe aus Bronze, sei etwa eine Spanne lang, und mit ebensolchen unbekannten Charakteren versehen, als das im Borgia'schen Kabinett zu Rom befindliche Exemplar. Er habe es zur Zeit der Unruhen erhalten, als Dschessar Pascha von Akre die Drusen bekriegte. Ein Soldat hatte es unter anderer Beute geraubt, und ihm zum Verkauf gebracht. Dies ist also ein merkwürdiges Stück und verdient für Europa angekauft zu werden.

Steinkrankheit ist hier häufig bei beiden Geschlechtern und in jedem Alter. Auch Würmer gibt es viele und der Bandwurm scheint nirgends häufiger als hier.

Mr Giraudin fand hier eine Kartoffelpflanze im Klostergarten, welche wahrscheinlich in früheren Zeiten von Europäern hier angepflanzt war. Er vermehrte sie nach und nach, und jetzt machen die Kartoffeln einen Teil ihrer Winterkost aus. Er hat einige davon an benachbarte Klöster mitgeteilt, wo sie von den Mönchen wahrscheinlich weiter fortgepflanzt werden dürften. Das hiesige Klima ist dieser Pflanze gewiss sehr angemessen, und

Zedernwald im Libanon

es würde ein wahrer Gewinn für den Libanon sein, wenn man sie allenthalben kennte und anzöge.

Am Feste der Verklärung Christi begeben sich eine Menge Leute aus benachbarten und entfernten Gegenden am Abend zuvor nach den großen Zedern, wo eine beträchtliche Anzahl Priester am folgenden Tage auf den rohen Altären Messe lesen. Man bringt auch einige Kleinigkeiten zum Verkauf mit.

Unweit dem zwei Stunden von hier entfernten Dorf Hádet soll man eine Menge Zedern antreffen, aus deren Holz viel Teer gebrannt wird.

Die Bewohner der höheren Gegenden des Libanons, z. B. von Bscherre etc., gehen während der Monate Juli bis Oktober ungern an die Meeresküste, weil sie aus Erfahrung wissen, dass ihnen der Aufenthalt von ein paar Tagen daselbst sehr leicht eine tödliche Krankheit zuzieht.

Die Zedern werden geschont, und der ist in dem Bann, der eine alte fällt. Unter denselben sind Steinhaufen zu Altären. Nur der Ruf und die Heiligkeit macht die Zedern sehr merkwürdig. Sonst ist der Hain wenig angenehm, weil Wasser mangelt.

21. Juli (Sonntag). Tour nach den Zedern und der höchsten Spitze des Libanon. Ich nahm einen Mann mit einem Esel an, einen Maroniten, und der Bediente des Pater Louis begleitete mich.

Die Quelle des Kadîscha lag in einem fürchterlich tiefen Grund. Hier stand noch schöner Weizen, weil hier eine kleine Ebene war. Von hier erblickt man zuerst die Zedern, die man auch gleich darauf erreicht. Sie stehen auf sehr felsigen und steinigen Hügeln. Der Umfang dieses kleinen Gehölzes ist etwa eine Viertelstunde und die Zahl aller Zedern mag dreihundert sein. Die großen haben das Ansehen alter Eichen; sie stehen aber nicht etwa nahe beieinander, sondern zwischen den jüngeren zerstreut. In manche haben die reisenden Franken ihre Namen eingegraben. Ich verweilte etwas bei den Zedern, dann ging es wieder weiter. Zuerst ritt ich, aber nachher musste ich der Steilheit wegen gehen. Dies war sehr beschwerlich. Endlich kamen wir auf einem Absatz unmittelbar unter der höchsten Kuppe an, wo wir Ziegenhirten ihre Milch zu Käse kochend fanden. Hier blieben wir, und aßen von ihrem Wrungel. Es sind hier auf dem Libanon vier Plätze, wo Käse bereitet werden. Hier lag schon etwas Schnee, und da es an Wasser mangelte, mussten wir denselben essen. Der Wind wehte etwas kühl, aber angenehm.

Nachher stieg der Weg immer bergan und wir mussten gehen. – Westwärts oben, am Wege nach Baalbek, lag ein kleiner See, Birket Jammúne. Die höchste Kuppe bildeten kleine Kalksteine. Schnee lag in vielen kleinen Vertiefungen. Südwärts war vieles Gehölz und Waldung. – Ich sah das Meer.

Meine Leute versicherten, sie sähen Baalbek. – Süd- und südostwärts sieht man einen hoben Gebirgsrücken mit diesen fast parallel fortstreichen, und dies ist wahrscheinlich der Antilibanon. Der Zwischenraum schien von dieser Höhe eine Ebene, obgleich er aus großen Bergen und tiefen Gründen besteht.

Wir trafen Schaf- und Ziegenherden an. Ich trank Milch. Den Wrungel nennt man hier Karîscha.

Auf dem Rückweg, der sehr bequem war, und den wir auch beim Hinaufsteigen hätten wählen können, besuchte ich die Quelle des Nahhr Kadîscha. Man steigt mit Mühe den steilen Felsengrund hinab, wird aber auch für diese Mühe belohnt. Schon lange vorher hört man das Rauschen des Flusses, endlich sieht man unten eine tiefe große ungemein malerische Grotte unter einem hohen Felsen von brüchigem Kalkstein, welcher das Ansehen von Konglomerat hat. Nach innen zu verengt sich der

Eden

Grund, und hier sieht man einen starken weißen Wasserstrom hervorkommen, der nachher durch Felsen in zwei Teile gespalten wird, und rauschend aus der Höhle in sein Felsenbett fortläuft. Lange Gräser und Pflanzen hängen in Gruppen von den inneren Wänden der Höhle herab, und Moose von mannigfachem Grün überziehen die dem Wasser ausgesetzten Felsen. Neben dieser herrlichen Quelle ist eine hübsche Baumgruppe von Nussbäumen, und kleine Quellen daneben mit kleinen Kaskaden. Der Kadîscha bildet hier einen herrlichen Wasserfall, und nachher noch viele. Sein Wasser ist kalt.

Der Rückweg neben dem Fluss ist an manchen Stellen gefährlich, weil er bisweilen nur ein paar Hände breit ist, und neben einem steilen Felsenufer hinführt. Etliche Stellen am Flusse sind ungemein angenehm, und werden von den Einwohnern Bscherres an Festtagen besucht. Hier und da ragen hohe zum Teil überhängende Felsenwände empor. Mit Sonnenuntergang kamen wir wieder nach dem Kloster zurück.

23. Juli (Dienstag). Ich hatte mir vorgenommen, heute eine Reise von etlichen Tagen anzutreten, um die Merkwürdigkeiten des Libanons, die syrische Buchdruckerei, Eden, Kannobîn, die Eisenbergwerke bei Duma und andere Orte zu besuchen, in de-

ren Nähe es Altertümer und Inschriften geben soll, und hatte zu dem Ende meinen vorigen Begleiter nach den Zedern, Hanna, angenommen. Allein, sein Esel kam von der gestrigen Reise heute zu spät zurück und ich verschob daher meine Tour bis morgen früh.

24. Juli. Es ist wahr, Eden hat eine sehr angenehme Lage, doch scheinen mir seine Reize von Reisenden übertrieben zu sein, denn Wasser findet man bei Bscherre und anderen Orten ebenso gut und häufig; auch ist die Kultur bei anderen Orten ebenso fleißig als hier; nur südostwärts scheinen etwas flachere Bergabhänge zu sein, die eine größere Weizenaussaat möglich machten, der hier gewöhnlich gut stand. Bei allen diesen Orten erreichen die Nussbäume eine beträchtliche Größe und Dicke. Die hohen Felsen über den Quellen bei Mâr Serkîs bestehen wie gewöhnlich aus Kalkstein.

Nach etwa zwanzig Minuten erblickten wir das Kloster [Kannobîn] an der steilen Seite eines Berges auf der anderen Seite des engen Grundes unter ungeheuren steilen Felsen. Auch auf dieser Seite kommt man unter ähnlichen Felsen fort. Man gelangt durch terrassierte Maulbeerpflanzungen an eine Hütte, wo man Seide haspelt, dann über den rauschenden Bach, und nun geht es wieder zum Kloster hinauf. Häufige Quellen bilden kleine Wasserfälle. Beim Kloster trafen wir etliche Mönche damit beschäftigt, die Florettseide von den Kokons zu trennen. Man macht von Ersterer kleine Ballen von der Größe einer Kinderhand. Es waren nur sehr einzelne gelbe Kokons. Ein alter gesprächiger Mönch führte uns in die Kirche, die im Felsen eingehauen, seit kurzem aber modernisiert ist. Man hat nämlich die Felsendecke durch ein Gewölbe und Kalkbewurf verdeckt und schön weiß getüncht. Dies ist die hübscheste Kirche, die ich noch auf dem Libanon gesehen. Dann führte er mich zum Prior, der Fremden sehr gefällig ist. Er versicherte mir, ich sei hier willkommen; ich möge mehrere Tage bleiben und sein Kloster als meine eigene Wohnung ansehen. Er zeigte mir nun selbst das Kloster, die Kleiderkammer der Mönche, die sehr ordentlich war, indem so viele mit Namen beschriebene Fächer, als Mönche waren, wo jeder seine wenigen Kleider hatte. Zwei Mönche waren Schneider für das Kloster. Es sind hier siebzig Mönche und vierzig andere Arbeiter, die hier speisen. Das Kloster lehnt sich an die Felsenwand, ist zwei Treppen hoch, lang und von Quadern gebaut. Die Aussicht nach der anderen steilen terrassierten Bergseite mit unzähligen Terrassen ist erhebend. – Noch über dem Kloster stürzt aus einer Felsenwand eine Quelle herab. Das Speisezimmer war reinlich und weiß getüncht. Er zeigte mir ein paar Blätter Gebete als Proben der hiesigen Druckerei in syrischer Sprache. Es sind drei Schriftarten; vor vier Jahren wurde diese Anlage gemacht. Es fehlt leider des Krieges wegen an Papier; man hat jetzt aber nach Livorno geschrieben. Man scheint noch kein einziges Werk gedruckt zu haben. Der Stifter ist nicht hier.

Er hatte die Gefälligkeit, mir selbst ein kleines sehr reinliches Zimmer mit reinem Bettzeug anzuweisen; kurz, ich hatte die größte Ursache, mit seiner Höflichkeit zufrieden zu sein.

26. Juli (Freitag). Heute besah ich die große Höhle neben dem Kloster, worin man Wahnsinnige einsperrt. Es sind viele Gänge über- und nebeneinander, sodass man sich darin verliert, und sie bilden einen trefflichen Zufluchtsort. Wir hatten ein Licht, um alles genau in Augenschein zu nehmen. Inwendig sind hier und da weiße kleine hohle Stalaktiten.

Darauf besah ich die Buchdruckerei, die neben einem anderen etwas entfernten Gebäude, wo zwei Mönche webten und in welchem vorhin Würmer gefüttert wurden, in dem Felsen befindlich ist. Dies ist vielleicht die einzige in ihrer Art. Pater Seraphîn sah die Druckerei in Rom, und nachher legte er sie vor etwa sechzehn bis siebzehn Jahren in Mâr Mûsza an.

Der Buchdrucker hier heißt Abuna Spiridûn und der Superior Arnatius. – Das Kloster zahlt jährlich fünftausend Piaster an den Emîr Jusef zu Dschbêl. Es gewinnt aus seinen eigenen Gärten dreißig bis vierzig Rottl Seide, aber vom Meere bis zur höchsten Spitze des Libanons hat es viele Knechte, welche für dasselbe um die Hälfte Seide arbeiten, sodass das Kloster im Ganzen an zwei Cantar Seide erhält. Es kommen hier oft Emire, Türken und vornehme Reisende, welche viel verzehren, aber gewöhnlich ein Äquivalent zurücklassen. Der Weizen, den das Kloster auf dem Berge auf kleinen Flecken baut, reicht nicht zu, und es muss ankaufen.

Gerade als ich abreisen wollte, ließ mich der Superior aufs

Dringendste bitten, eine Kranke in einem eine Stunde entfernten Dorf, Bän, zu besuchen. So ungern ich darauf einging, so konnte ich es ihm doch nicht wohl abschlagen wegen seiner erwiesenen Höflichkeit. Pater Spiridûn ging mit mir. Ich traf ein junges schönes Weib, welches unpässlich war, und auch den Superior dort an. Man setzte uns Erfrischungen vor, und darauf ging ich mit dem Pater Spiridûn nach Medinet el râs, einer Spitze eines Felsenberges oberhalb Mâr Bulos. Ich fand eine Spur, dass ein paar Häuser dort gestanden, und etliche große Felsmassen. Dies verlohnte sich nicht der Mühe. Wir stiegen neben Mâr Bulos hinab.

Des Abends schien man Lust zu haben, mir ein Stück vom Knochen des großen Mâr Basilius zu verkaufen, und zeigte mir ein Beglaubigungsschreiben vom Episcopus Veglensis vor.

28. Juli (Sonntag). Ich besuchte die Messe, ließ Fleisch kaufen und alles war zur Abreise fertig, als Hanna sagte, er könne nicht weiter mitreisen, weil er unpässlich sei. Ich entschloss mich kurz, und kehrte nach Mâr Serkîs zurück, um eine andere Person aufzufinden, die die ganze Tour mit mir machen konnte. Ich fand hier die Familie Bertrand.

29. Juli (Montag). Mr Bertrand gab ein Diner. Ich war ein wenig unpässlich.

Seit etlichen Tagen ist mein Siegel von Halep geheilt. Nach der Entzündung, der ich gedacht habe, eiterten alle drei stark. Diese Eiterung hielt eine Zeit lang an, hörte nachher aber auf, obgleich unter der Kruste immer Eiter befindlich war. Sie scheint ein Jahr von dem Anfang der Trauben gedauert zu haben. Ich möchte wohl wissen, ob eine bestimmte Zeit des Anfangs und des Endes sei.

31. Juli (Mittwoch). Reise nach Baalbek. Mein Eseltreiber hieß Michael, und war ein Maronit aus Bscherre. Wir reisten erst lange nach Sonnenaufgang fort. Bei Bscherre fielen mir etliche Felsenmassen Konglomerat auf. Der Schnee auf dem Libanon hatte sich gemindert. Oben bildete derselbe eine kleine Quelle. Der Rücken ist hier schmal, und hat auf beiden Seiten höhere Kuppen.

1. August (Donnerstag). Ich reiste vor Tagesanbruch weiter und nahm einen bewaffneten Mann mit mir, einen lustigen

Die Ruinen von Baalbek

Bscherrer. Auch Michael war bewaffnet. Wir kamen durch einen Wald bis an das elende kleine Dörfchen Dêr el achmar.

Südwestwärts von Dêr el achmar sieht man auf einem niedrigen Berg die Ruinen von Dêr Jand, welche beträchtlich sein sollen. Ich sah eine Kirche von alten großen Werkstücken, aber nicht recht dauerhaft. Auch fand ich daselbst ein Säulenende.

Eine Staubhose, wie ein Palmbaum, erhob sich nach der Sonne zu; der Himmel war hell, der Staub verdunkelte ein wenig die Sonne, indem er eine Wolke bildete. Die Hitze war drückend, indem der Libanon den Westwind abhielt.

Die Ebene mag hier etwa vier Stunden breit sein. Sie ist im Ganzen fürtrefflich, größtenteils ohne Erhöhungen, und hat wenig Stellen, die zu viel Steine haben. Indessen war sie doch nur sehr wenig angebaut, und der noch stehende Weizen stand mittelmäßig. Sie hatte viele Pflanzen, welche jedoch jetzt größtenteils dürre waren. Merkwürdig ist es, dass es hier keinen Fluss, Bach noch Quelle gibt. Links und rechts war die Ebene unabsehlich. Nirgends sieht man deutlicher, wie auffallend diese Ebene die beiden Gebirge, den Libanon und Antilibanon, voneinander scheidet, als hier. Der Libanon zeigte von dieser Seite vielen Schnee auf seinen Kuppen.

Baalbek hat eine sehr gut gewählte Lage. Es liegt am nördlichen Fuße des Antilibanon, wo in der Nähe eine herrliche, reiche Quelle oberhalb der Stadt ist. Die hohen Berge des Antilibanon sind nicht steil. Man sieht einen langen Zug größtenteils Nussbäume, und in deren Mitte erhebt sich der Tempel, wovon man sechs Säulen sieht, von denen fünf noch die Architrave tragen. Man versicherte, das hiesige Klima sei dem von Bscherre völlig gleich, und nach dem Weizen zu urteilen, sollte ich fast dasselbe denken. Es muss hier also ein angenehmes Klima sein. Man sieht außer dem Tempel von Ferne sehr wenig von der Stadt. Der Stadt gegenüber ist der beschneite blendende Libanon. Auf der Ebene waren sehr viele kleine schnelle Eidechsen.

Es war eben Mittag, als wir hier ankamen. – Wir gingen in die Stadt, deren Mauer aus großen Quaderstücken größtenteils noch steht. Das Tor hatte nichts Ausgezeichnetes. Innerhalb war ein leeres Feld, wo Tabak stand und Getreide gewesen war. Der Weg führte uns gerade zu den großen Ruinen. Man sieht eine hohe Mauer, unten, von ungeheuren Steinen. Dies Gebäude ist halb von einem klaren kleinen Bach umflossen. Man geht in ein gewölbtes Tor und ein langes Gewölbe, welches oben an vier bis fünf Stellen Figuren von Menschen hat, die man aber der Dunkelheit wegen nicht deutlich erkennt. Von diesem Gewölbe läuft ein anderes in einem rechten Winkel aus. Ist man das erste zu Ende, so kommt man auf eine Art von Hofplatz, wo man auf der einen Seite eine Seite eines herrlichen Tempels mit neun Säulen, und auf der anderen von dem großen Tempel Säulen mit ihrem Gebälke einsam stehend sieht. Der Tempel bildet eine herrliche Säulenreihe korinthischer Ordnung von außerordentlicher Stärke ohne Piedestal. Der Säulengang hat oben die schönste Bildhauerarbeit in den ungeheuren Steinen, die die Tempelmauer mit den Säulen verbinden. Auf einer anderen Seite des Tempels sieht man zwei kannelierte korinthische Säulen.

Inwendig im Tempel, welcher durch eine neuere Mauer vermauert war, durch die eine Öffnung ist, erblickt man eine große viereckige Tür von der schönsten Verzierung. Der mittlere Stein oben ist gesunken, und droht den Einsturz. Auf demselben ist unten ein noch gut erhaltener römischer Adler in Basrelief, und auf einem anderen Stein rechts daneben das Bildnis Merkurs oder irgendeines anderen Genius. Links war wahrscheinlich auch ein

Basrelief, aber der untere Teil dieses Steins ist abgespalten. Inwendig im Tempel sieht man an beiden Seiten eine Reihe kannelierte Wandsäulen, auf jeder Seite sechs, und im Winkel zwei aneinander. Zwischen jedem Paar Säulen unten eine oben gewölbte flache Nische, oben eine flache Nische, mit einem verzierten Dache darüber, wie über Türen. Wahrscheinlich standen dort die Bildsäulen. Die Architrave sind köstlich gearbeitet; mein Begleiter sagte, der Stein sei wie Teig gewesen. Zu Ende war eine einspringende Säule, welche mit der einen Seitenmauer durch einen Bogen verbunden ist, und unter diesem Bogen ist in der Erde der verschüttete Eingang zu den unterirdischen Gewölben. Auf der anderen Seite war eine ebensolche Säule, aber umgestürzt. Dahinter, gleichsam im Chor, sind Wandpilaster, und unten bloß flache Nischen. Oben ist alles offen und man sieht nichts vom Dache. Der Stein ist weißlicher fester Marmor.

Die erwähnte Mauer vor der viereckigen Tür des Tempels ist neu. Hier war der herrliche Peristyl befindlich, wovon noch zwei kannelierte Säulen stehen, die mit anderen glatten Säulen in Verbindung stehen. Auf der anderen Seite des Tempels war eine ebensolche Säulenreihe als auf der vorhin erwähnten, allein die meisten Säulen sind umgefallen, und die Architrave meist herabgestürzt. In einer Säule bemerkte ich unten ein Loch.

Eine kannelierte Säule besteht aus einem Stück, andere Säulen aber aus zwei etc. Stücken. Alle diese ungeheuren Steine waren ohne Mörtel, dicht wie geschliffen. In den Ruinen des großen Tempels lagen auch etliche zerbrochene Granitsäulen. Man sieht noch das Fundament des großen Tempels, welches mit einem herrlichen Gebäude umgeben war. Die Arbeit der Türen, Nischen, des Gebälkes etc. ist bewundernswürdig. Man sieht noch Souterrains, in die man aber jetzt nicht wohl gehen kann; oder vielleicht sind es die, durch die man geht, [sic!] was mir wahrscheinlicher zu sein dünkt. Endlich sieht man dort auch ein Bad.

Die Granitsäulen gehörten ohne Zweifel zu den größten Seltenheiten, weil sie vielleicht von Ägypten hierher transportiert waren, indem es in Syrien und Palästina, soviel ich weiß, keinen Granit gibt. Sie sind fleischfarben und schwarz gesprenkelt; denn der Hauptbestandteil ist fleischfarbiger Feldspat, der Quarz ist weißlich, und der Glimmer schwarz.

Noch sah ich eine Rotunde und einen Tempel, rund umher mit korinthischen Säulen und Nischen, mit Piedestalen. Er bestand aus großen Steinen. – Keine Inschrift war zu finden.

2. August (Freitag). Ich schlief diese Nacht auf dem Dach eines Bauernhauses in Dêr el achmar unvergleichlich gut. Gestern Abend hatten wir nichts zu essen als ein wenig dünnen schlechten Lebben und Brot, weil die meisten sich schon zur Ruhe begeben hatten. Dies Dorf wird von maronitischen Christen bewohnt. – Heute Morgen kamen unterschiedliche Kranke, mich um Rat zu fragen. Dies ist fatal für einen Arzt, der keine Prozession von seiner Wissenschaft macht. Der Dorfgeistliche bewirtete uns zum Frühstück mit Honig und frischem Brot. Man tunkt die Brotbrocken in den Honig. Weil es der gewöhnliche Fasttag war, durften heute Milch, Käse etc. nicht gegessen werden. Ein Mann klagte mir, er habe viele Würmer, und unter anderen auch den Bandwurm. Dieser scheint auf dem Libanon sehr gemein zu sein. – Der Geistliche träumte auch von unterirdischen Schätzen, führte mich außerhalb dem Dorfe zu einem Stein, worauf seiner Meinung nach eine Inschrift war. Ich konnte aber nichts darauf bemerken. – Ich ritt spät von hier, wie die Hitze schon anfing. Wir gingen jetzt geradezu nach dem ruinierten Dorf von Ainette, obgleich mein Michael gerne bei seinen Landsleuten diesen Tag zugebracht hätte. Den Besuch des kleinen Sees Birket Jammúne musste ich aufgeben, weil ich einen Tag länger hätte unterwegs bleiben müssen. Wir hatten ein wenig den Rücken des Libanon überstiegen, als die Sonne schon unterging. Zum Glück schien der Mond hell, sonst hätten wir schwerlich den Weg finden können, der an vielen Stellen, zumal nach Bscherre zu, sehr gefährlich ist, indem der Pfad sich häufig neben Präcipicen hinzieht und steil ist. Ermüdet von dem Ersteigen des Libanon kam ich nach dem Abendessen im Kloster Mâr Serkîs an.

5. August (Montag). Reise nach Tennurîn, Akura etc. Ich akkordierte mit einem Alten, namens Küssheá, täglich einen Piaster für ihn und seinen Esel.

Hûp ist ein ziemliches Kloster, das mit Küsheija gleichsam nur eins ausmacht, indem die Mönche wechseln. Es liegt in einem engen Tal und zum Teil an einem niedrigen Felsen. Die Kirche ist ziemlich groß, aber schlecht verziert. Man begegnet hier Europäern höflich, zumal Katholiken, wie ich. Auch hier erkundigte sich jedermann nach Berte, und ob nicht die Christen kommen und dies Land nehmen werden. Dass ich das Eisenbergwerk besehen wolle, fand man sehr auffallend, und alle Mönche glaubten, ich suche Schätze. – Man entschuldigte sich, dass man mir keinen Wein geben könne, weil keiner mehr vorhanden. – Auch hier schien der Seidenbau etc. den Haupterwerb auszumachen. Wasser ist in Überfluss und es fließt in dem engen Tal ein Bach.

6. August (Dienstag). Heute war das Zedernfest und daher wollte mein Eseltreiber nicht fort.

Ein sehr gefälliger Mönch führte mich zu einer etwa zehn Minuten vom Kloster entfernten Quelle, Ain el Kürssy, wo man an einem Felsen Buchstaben las, welche groß waren, und das Ansehen von hohem Alter hatten. Indessen weiß ich sie nicht zu entziffern, und es wird wahrscheinlich mehreren in Europa so ergehen. Man hielt sie für eine Anweisung zu einem verborgenen Schatz.

Ich ritt einen Maulesel des Klosters. – Von hier gingen wir zum Eisenbergwerk Biâr el hadîd (Eisenbrunnen), wo zehn bis zwölf griechische Bergleute waren. Der Ort, wo das Eisenbergwerk ist, heißt Moóreá und liegt eine Viertelstunde von Dêr Hûp. Man kommt erst in einen verlassenen Schacht, und nachher höher in einem kleinen Grund hinauf an drei dicht nebeneinander befindlichen Schächten, deren Stollen jedoch nicht kommunizieren. Hier traf ich die Arbeiter an, die dort ein paar Laubhütten errichtet hatten. Sie stehen im monatlichen Verding und erhalten monatlich zehn bis fünfzehn bis zwanzig Piaster. Einer hat als Meister die Aufsicht über sie. Die Schächte sind etwa zwanzig Fuß tief.

Ich war neugierig, das Innere dieser Mine zu sehen, und trat daher diese etwas gefährliche Fahrt mit einem munteren Burschen an. Er ließ sich zuerst am Seil in die Grube hinab, indem er sich mit Rücken, Füßen und Kopf an die Wände stemmte. Alsdann ließ er eine brennende Öllampe in dem Korb hinabwinden. Endlich folgte ich seinem Beispiel, nach vorher ausgezogenen Schuhen, und es ging gut. Der Schacht war ohne Verzimmerung, so wie der Stollen unten, und doch war das Erdreich nichts weniger als fest. Bloß am Eingang des Stollens hatte man ein paar dünne gebogene Äste eingesteckt, welche wahrlich wenig helfen konnten. Der Stollen war sehr eng und niedrig und ging ein wenig unterwärts. Nach etlichen Schritten stießen wir aber schon auf einen tiefer führenden Schacht ohne Verzimmerung, und wir konnten nicht weitergehen. Es schien mir daher gefährlich, hinabzusteigen und auch nicht der Mühe wert. Man sieht, dass man hier noch sehr roh verfährt. Wasserstollen kennt man nicht. Den inneren Stollen oder Strecken nennt man Derb (Weg), den Schacht Bîr (Brunnen). Die leicht gewonnenen Eisenerze werden in Körben zu dem Schachtmundloch getragen und aufgewunden. Man breitet sie dann auf der Erde aus, um sie zu trocknen; nachher schlägt man sie mit einem Scheit Holz, um die Erde von dem Erze zu trennen: darauf siebt man sie, da dann das Erz zurückbleibt.

Hierauf werden sie zu einer Quelle nahe beim Kloster getragen, und daselbst gewaschen und getrocknet. Und nun sind sie zum Transport nach der Eisenschmelze oder Mésbek hadîd fertig, welche oberhalb dem Dorfe Tennurîn auf einem Berg befindlich ist. Das dort geschmolzene Erz wird größtenteils in Duma verarbeitet, wo dreißig bis vierzig Meister Nägel, Ackergerät, Messer etc. verfertigen. Die Nägel werden ihrer Zähheit wegen geschätzt. Dies Bergwerk gehört dem Emîr zu Dschebêl. Ein anderer Emîr heißt Hassan; dieser, der zu Dschebêl, und der zu Dêr el Kammar sind jeder für sich.

9. August (Freitag). Mein alter Eseltreiber wollte nicht nach dem Kloster Kfischân; auch ein anderer Alter wollte heute nicht, daher musste ich nach Akúra. Der gute Superior gab mir ein Maultier, das mich dahin bringen sollte. Es soll nur vier Stunden von hier entfernt sein. Man versah mich mit einigen Lebensmitteln, und ich drückte dem Superior vier Piaster, acht Para in die Hand, die er nach geringer Weigerung annahm.

Wir ließen die Dörfer Mischmüsch und Ähhmidsch zur Seite liegen, sahen sie aber nicht. Wir kamen durch einen Wald von Laubbäumen, welche hier dichter standen als ich sie bisher auf dem Libanon angetroffen habe. Daher hatten sie auch einen besseren Wuchs und riefen mir unsere Waldungen ins Gedächtnis zurück. Da dieser Wald schattiger wie gewöhnlich war, so zeigte sich an den Baumästen eine Menge Lichenen. An den Eichen wachsen häufig Schwämme, woraus man hier einen sehr guten Zündschwamm bereitet. Der Klosterknecht versicherte mir, es gebe viele Wölfe in diesem Gehölze.

Auf einer wilden Felsenbergspitze lagen die Ruinen von Kalat el Nimrûd. Die Felsenspitze ist nackt und schroff. Es ist ein wilder romantischer Sitz für einen wilden romantischen Namen. Man versicherte, dass viel altes Mauerwerk oben sei. In dem Grunde liegt schwarzes Gerölle. Gleich dahinter hört der Wald auf, und die nackten grünen Berge fangen hier an, wo Araber Ziegen und Schafe weideten. Mein Alter durfte ihretwegen nicht allein nach Akúra gehen, als wir einen Umweg nahmen, um die Ruinen von Mâr Dschürdschus zu sehen.

Wir stiegen in dem Hause einer christlichen Familie ab, der einzigen hier vorhandenen, da die übrigen Metáuli sind. Ich ritt sogleich zu den Ruinen, die eine Viertelstunde entfernt sind. Man nennt sie Mâr Dschürdschus el Esrak, wegen der bleigrauen Farbe eines kleinen Gebäudes, wovon noch zwei Mauern stehen. Dies Gebäude ist unverkennbar aus den Zeiten der Römer. Der bleigraue Marmor ist sorgfältig bearbeitet, und die zwei Türen von hübscher Verzierung. Auch sieht man ein Säulenende. Inschriften fand ich nicht. Daneben ist ein Fundament von einem anderen etwas größeren Gebäude von schlechten gelblichgrauen großen Steinen, vermutlich ein Gemisch von Kalk und Sand. Dies ist alles, was man hier findet.

10. August. Wir brachen des Morgens auf, und zogen im Tal hinauf. – Der Fluss bildet rauschende Wasserfälle; schwarze Steine lagen im Bett desselben. Steile Felsenwände ragten empor. Das Tal wird nach Akúra zu ein enger Grund, an dessen einer Seite ein steiler Felsenberg ist, an welchem die Häuser zerstreut gebaut sind. Akúra ist eineinhalb Stunden von Mgeiri entfernt.

Auf dem Libanon muss der Maler wilde romantische Partien suchen und studieren.

Ich ging zum Schech, traf ihn aber nicht zu Hause. Ich fand ihn nachher unter einem Baume mit einem Steuereinnehmer in Amtsgeschäften. Er nahm mich geheimnisvoll auf die Seite, und sagte mir: »Wir sind Christen, ich will Ihnen alle Inschriften zeigen lassen, sagen Sie keinem ein Wort von deren Inhalte: Dieser soll zwischen uns ein ewiges Geheimnis bleiben. Die gefundenen Schätze wollen wir teilen.« Ich versicherte ihm, ich hätte noch nie in einer Inschrift eine Geldanweisung gefunden; er meinte aber, hier sei die Sache anders. Ich begab mich auf einen Berg, wo ich seinen Cheio* traf, welcher mich zu dem Stein führen sollte. – Er war auf der Dreschtenne beschäftigt.

Auf dem Libanon sollen Ausschweifungen und venerische Krankheiten sehr häufig sein. Aber was merkwürdig ist, sie zeigt sich dort gewöhnlich nicht durch Tripper etc., sondern sie geht ins Blut über, und die Kranken kränkeln bloß; da hingegen an der Seeküste diese Zufälle häufiger zu sein pflegen, und oft Kranke daran sterben. – Auri sacra fames ist nirgends heftiger als hier auf dem Libanon; jedermann ist von der Krankheit, hier Schätze zu suchen, befallen.

11. August (Sonntag). Ungeachtet der Mann des Schechs mir versprochen hatte, mich heute Morgen zu den Inschriften zu führen: so ließ er sich jetzt doch nicht sehen, und der Maulesel war fortgeführt. Ein anderer verlangte für eine Tour nach Wottal Breidsche und Magaret Afka fünf Piaster. Ich ging zum Pfarrer Dschürdschy. Sein Sohn versprach, mich umsonst hinzuführen. Seine Brust war voll von dem Gedanken der zu hebenden Schätze und seine Stimme versagte fast die Sprache. So ging es fast allen. Jedermann wusste große Geheimnisse, Geld, Gold und Dukaten von der Größe der Öffnung, die sie mit dem Daumen und Zeigefinger machten. Jeder machte den Kontrakt, mit mir zu teilen. Nachher kam dieser und jener, und nun verlosch das Feuer etwas. Er machte Schwierigkeiten, sodass ich endlich aus Überdruss an der menschlichen Narrheit und für Ungeduld mit dem Vorsatz fortging, diesen Ort schnell zu verlassen. Als ich fortritt, kam er und bat mich inständigst, doch die Tour zu machen. Ein anderer wollte mich zu einem anderen Platz führen; allein ich ging fort. Schon hoch am Berge kam mir des Pfarrers Sohn nebst einem anderen nachgeritten, und bat mich im Namen der drei Götter, die nur einen ausmachen, ich möchte den Handdruck in Afka sehen.

13. August (Dienstag). Da mir mein Alter unausstehlich geworden war: so ließ ich ihn reisen und nahm einen hiesigen Bau-

* Stellvertreter.

ern für eineinviertel Piaster an, um mich nach Kniset el Aúamîd bei Sise zu führen. Sise ist etwa eine Stunde von hier entfernt. Der Weg dahin ist zumal in der Ebene sehr gut. Wir kamen Kalat Noûs vorbei, unter welchem eine Quelle befindlich, aus welcher die hiesigen Einwohner ihr Wasser holen. In der Ebene stand Baumwolle und weiße Durra.

Die große Nische der Säulenkirche ist, wie unsere Chöre, gerade nach Osten; das Peristyl des Eingangs aber nach Norden. Inwendig steht eine große alte Sindschân. Neben der großen Nische links an der Erde ist eine kleine Nische. Beim Eingang rechts ist oben in der Mauer eine Nische unten mit einem Vorsprung, worauf vielleicht eine Bildsäule stand. In einiger Entfernung davon war eine andere flache Nische gleichfalls unten mit einem Vorsprung. An derselben Seite sind zwei Wandpfeiler; zur Seite der großen Nische ist eine etwas kleinere Nische, größtenteils eingestürzt. Die Steine waren sehr nahe gebrochen.

Das schöne Peristyl ist von ionischer Ordnung und es stehen davon noch drei Säulen mit dem Gebälk; eine ist niedergestürzt und man sieht sie zertrümmert liegen. Die Säulen sind aus einem Stück und mit dem Gebälk im Ganzen zweiundzwanzig Fuß lang; die zwei Seitensäulen sind viereinhalb Fuß unten voneinander, die zwei mittleren acht Fuß. Die Entfernung des Peristyls vom Tore neun Fuß, die Breite der Türöffnung acht Fuß. Das Tor ist oben sehr schön verziert und ohne Bogen. Neben diesem Tor ist links eine kleine hübsche verzierte Tür. Rechts ist man ungewiss, ob eine Tür gewesen oder nicht. Die Länge der Westseite vom Anfang des Peristyls ist dreiundvierzig Fuß. Auf den Ecken sind dorische Pilaster, in der Mitte eine Türöffnung, die aber nachher gemacht zu sein scheint. Oben südwärts ist eine sehr niedrige kleine Fensteröffnung. Die Breite ist vierundzwanzig Fuß bei dem Peristyl.

Da die zwei großen Nischen eine schiefe Stellung haben, und sich nicht zum ganzen Stile schicken, da sie überdem ostwärts gerichtet sind: so möchte ich fast glauben, dass sie nachher gebaut worden, als die Christen diesen Tempel zur Kirche machten. Doch lässt sich mit Gewissheit nichts darüber entscheiden, da sie gut gebaut sind. Doch haben sie Mörtel, den man bei dem unbezweifelten alten Teile dieses Gebäudes nicht findet. Der Baustein besteht aus einem weißlich grauen festen Kalkstein, wovon ich eine Probe mitgenommen. Das Peristyl ist aus einem bleigrauen Kalkstein oder Marmor. Es steht auf einer kleinen Anhöhe fünf Minuten südwestwärts von dem Dorfe Sise. Inschriften waren nicht da. Die Marmorquader des Tempels gaben einen hellen Ton von sich, wenn man ein Stück davon abschlug.

14. August (Mittwoch). Ich ließ mein Hemd und Futterhemd waschen, und suchte kleine Insekten, deren Jagd leider sehr ergiebig war. – Der böse Alte! – Um Mittag reiste ich nach Mâr Serkîs vier bis fünf Stunden zurück.

Ich kam etwa eine Stunde nach Sonnenuntergang im Kloster an, wo ich alle wohl antraf, und die Gesellschaft durch den Bruder des Hrn. Antoine und dessen Familie vergrößert fand. Ich fand einen Brief von Mr Chaboceau und Mr Magy vor. Letzterer war eine Kopie von dem schon erhaltenen Brief, mit der Nachricht, dass mein auf Gotha ausgestellter Wechsel von eintausendfünfhundert Piaster akzeptiert sei, und dass Hübsch mir einen Kredit von viertausendfünfhundert Piaster in Cahira bei Rossetti und Mac Ardl eröffnet habe. – Die abgesandten sechs Kisten sind glücklich in Zypern angekommen, aber von der Ankunft derselben in Venedig ist noch keine Nachricht da.

19. August (Montag). Mein Habbt es Színneh*, welches fast ganz geheilt war, scheint seit ein paar Tagen wieder aufs Neue anfangen zu wollen. Es ist etwas inflammiert, geschwollen, schmerzt und gibt Eiter.

22. August (Donnerstag). Ein vormaliger Bedienter des Hrn. Giraudin, den ich hier öfters sprach, schien eine Anlage zum Aussatze zu haben. Er musste sich beständig kratzen etc. Er versicherte, seine Mutter habe ihm gesagt, er sei zur Zeit ihrer monatlichen Reinigung empfangen. Sollten daher vielleicht die Aussätzigen in diesem Lande herrühren, und das mosaische Gesetz in dieser Hinsicht sehr lobenswert sein? Allein, warum findet man denn in Europa diese Krankheit nicht häufiger, da daselbst gewiss auch wider dies Mosaische Gesetz gesündigt wird? Warum findet man sie wieder im nördlichen Europa, in Norwegen? – Ganz allein rührt der Aussatz gewiss nicht davon her.

* Aleppobeulen.

Ich hatte zwanzig Zederndielen bestellt, die gestern hier angekommen sind.

23. August (Freitag). Nach langen vergeblichen Bemühungen, den hiesigen Maulwurf zu erhalten, brachte man mir heute endlich ein lebendiges Exemplar, welches man hier bei Bscherre gefangen hatte. Ich gab dem Überbringer zwei Piaster dafür, welche ich versprochen hatte.

Heute machte ich mich fertig, um morgen abreisen zu können. Da die Luft in Tripoli, zumal im Herbste, im Oktober und November, höchst ungesund ist: so gab mir Mr Giraudin folgenden Rat: keine Pfirsiche zu essen, wenig oder gar keine Melonen, wohl aber Pasteken; nie auf den platten Dächern, sondern im Hause bei verschlossenen Türen und Fenstern zu schlafen; nie das Flusswasser allein, sondern mit Eis zu trinken. – Der Hafen von Tripoli soll zwar gesünder als die Stadt sein, aber auch nicht ganz gesund.

24. August (Sonnabend). Die Leute, mit denen ich wegen meiner Reise nach Tripoli akkordiert hatte, waren wieder wortbrüchig. Ich nahm daher für mein Gepäck einen Maultiertreiber von Ehhdîn (Eden) an, und für mich auf morgen einen Eseltreiber von Bscherre, namens Tobias, täglich für eineinviertel Piaster. Dem anderen akkordierte ich für den Rottl vier Para Transport bis Tripoli.

26. August. Das Schloss von Trablos sieht man schon in einiger Ferne, da es hoch liegt, aber von der Stadt sah ich eher nichts, als bis ich fast darin war, denn sie liegt hinter dem Schlossberge gänzlich versteckt. Die Häuser nehmen sich sehr gut aus, haben alle platte Dächer, und scheinen bläulich. Viel Leben bemerkte ich von dieser Seite nicht. Die Häuser sind alle von Stein und wie in Halep gebaut; ebenso ist auch das Straßenpflaster, die Türen etc.

Ich ging zum ansehnlichen Kloster Terra Santa (el Kodsy), traf aber einen sehr unhöflichen Bedienten, der nicht aufmachen wollte. Man meldete es endlich dem Superior, der beim französischen Konsul war; dieser kam, ein junger sehr gefälliger Italiener von Lucca, empfing mich sehr höflich und entschuldigte sich wegen seines Bedienten. Dies war leicht vergessen. Es wurde ein gutes Abendbrot in der Eile zugerichtet und wir speisten allein. Der gelbliche Wein war sehr gut. Nach beendigtem Nachtmahl wies er mir ein paar Zimmerchen an.

27. August (Dienstag). Auffallend vermehrte sich gestern die Wärme, so wie wir immer tiefer kamen, und dies würde noch auffallender gewesen sein, wenn ich gegen Mittag die Ebene erreicht hätte. Auch heute Morgen merkte ich einen beträchtlichen Unterschied. Diese Nacht schlief ich bei verschlossenen Fenstern ohne Hemd unter einem blassen Bettlaken und blieb überflüssig warm.

Alle Orte müssen in üblen Ruf kommen, wo die Einwohner jährlich zufälligerweise gewohnt sind, im Sommer ein kälteres Klima aufzusuchen. Sie werden so nie an das warme Klima gewöhnt, und der bisweilen bei Geschäftsreisen etc. eintretende schnelle Übergang von der Bergkühle zur Hitze der Ebene ist sonach öfters sehr schädlich, daher Tripoli, Sgórta, Alexandrette etc. verrufen sind.

Noch eine Gesundheitsregel ist hier: des Abends leicht und wenig zu speisen. Gleich ratsam ist es, in einem höheren oberen Stockwerk zu schlafen.

Die Aussicht von Trablos von der Meerseite am Halepiner Weg ist ziemlich hübsch, und würde sehr hübsch sein, wenn die Reihe niedriger Berge oder Hügel hinter Trablos beholzt wären.

Da mein Gepäck noch nicht angelangt war und ich daher den Konsuln meinen Besuch nicht abstatten konnte: so machte ich heute Nachmittag einen Ritt nach el Mina, dem Hafen von Tripoli, welcher eine halbe Stunde von der Stadt entfernt ist. Der Weg führt über eine Ebene, ist breit, an vielen Stellen, besonders zu Anfang, sandig, und hat größtenteils an beiden Seiten Gärten, in welchen man einige ungemein dicke Stämme von indischen Feigen sieht. Beim Bâb el Hmîr (Eseltor) trifft man immer Esel, die einen für vier Para hintragen. Ich ließ meinen Esel gehen, wohin er wollte, und so kam ich glücklich in el Mina an, denn man wird von niemandem begleitet. Kommt man nach el Mina, so steigt man ab, und bekümmert sich nicht weiter um den Esel; es dauert nicht lange, so findet der Eigentümer wieder jemand, der für vier Para zurückreitet. Dies ist eine gute Einrichtung.

Der Strand von el Mina ist ganz eben, und man sieht daselbst in einiger Entfernung sechs starke viereckige Türme, in deren Mauern Säulenenden eingemauert sind, die von alten Ruinen des dreifachen Tripoli herrühren mögen. El Mina ist ein nicht unbedeutender Flecken; es hat Basare, ein paar Kaffeehäuser, Barbierstuben, mehrere Töpfereien, wo Wasserkrüge verfertigt werden, einen ansehnlichen Chân, und man baut hier auch Küstenschiffe. Auf der Reede, aber in geringer Entfernung vom Strand, lagen etwa dreißig Küstenschiffe, größtenteils Griechen von den Inseln etc. Indessen war jetzt kein einziges europäisches Schiff auf der Reede. Auf der Südseite läuft ein langes Felsenriff ins Meer. Die Einwohner von el Mina holen ihr Trinkwasser aus einem etwas entfernten Brunnen. Die dortigen Häuser sind auf städtische Art gebaut, doch ist kein eigentliches Pflaster in den Gassen. Am Strand wuchs Salsola Kali. Ich sammelte hier unterschiedliche Seeprodukte, kleine Conchylien, die unter den kleinen Strandgeschieben versteckt lagen, Schwämme etc. Indessen ist jetzt der Strand wenig reich an Produkten, ohne Zweifel eine Folge der Jahreszeit. Das Meer war ruhig, wie ein ebener Spiegel, weil völlige Windstille war. Gegen Abend kehrte ich zu Fuß zurück, weil nun der Eselverleiher statt vier Para dreißig forderte, die ich ihm zu geben nicht willens war.

1. September (Sonntag). Der Gouverneur hatte gestern zum Konsul gesandt und ihn ersucht, mich zu bewegen, ihn zu besuchen, um ihm medizinischen Rat zu erteilen. Ich war gern zufrieden, eine Gelegenheit zu finden, ihn kennen zu lernen. Sein Name ist Mustapha Barbar; er war ein Janitschar und noch vor wenigen Jahren ein ganz unbedeutender Gärtner; in diesem Stande kannten ihn mehrere meiner Bekannten. Durch besondere Glückszufälle, die hier häufiger sind als in Europa, schwang er sich zu seinem jetzigen angesehenen Posten empor, und machte sich seit vier Jahren zum unabhängigen Gouverneur einer beträchtlichen Provinz. Zwar erhielten die benachbarten Paschas den Befehl von der Pforte, ihn zu befehden; allein, alle ihre Bemühung war umsonst und sie mussten mit Schande bedeckt wieder abziehen. Man sollte glauben, es sei eine beträchtliche Truppenzahl nötig, um sich in seinem Posten zu erhalten; allein nichts weniger als dies. Er mag im Ganzen etwa sechzig Mann haben, die immer bei ihm auf der Festung sind. Heute Nachmit-

tag ging ich in Begleitung eines Sohnes des Konsuls und zwei anderer Franken dahin. Er trug eine kleine halepinische Mütze, einen weißen unansehnlichen Schal um dieselbe, ein Dschübbe von einem blauen Piquée, ein Entary von gestreiftem halbseidenen Zeug und große blaue Schariwáry. Seine Füße waren nackt. Sein ganzes Äußeres verriet nichts weniger als einen Mann, der sich durch Rebellion in der Stelle eines Paschas erhält. Er bezahlt weiter nichts als eintausendsechshundert Beutel für die Mekkakarawane. Er bewirtete uns mit einer Schale Kaffee, und ließ uns neben sich sitzen. Wir trafen ihn unter dem äußeren Tor seines Schlosses an. Der orientalische finstere Ernst wurde nur bisweilen durch einen lächelnden Zug gemildert. Er war von allen seinen Leuten umgeben. Er litt an einer Nierenkrankheit schon seit fünfzehn Jahren, und ich musste ihm medizinischen Rat erteilen. Meine vorgeschlagene Kur schien ihm zu einfach, und er verlangte eine künstlichere. Ich schrieb ihm daher ein zusammengesetzteres Rezept, welches in der Folge zuerst ins Französische und dann ins Arabische übersetzt wurde. Ich bestand darauf, dass es in Haleb oder Damask von einem fränkischen Arzte bereitet werde, weil hier nur ein paar levantinische Pfuscher befindlich sind, und dass ich nur in diesem Falle für die gute Wirkung desselben stehen könne. Ob man meinen Rat befolgen werde, weiß ich nicht, obgleich man es mir versprach.

2. September (Montag). Heute Morgen machte ich einen Ritt nach Bedauíhje oder dem mohammedanischen Kloster der Bedauíh, welches eine starke Stunde von hier nordwärts entfernt ist. Es liegt an der Landstraße nach Hama und Halep unweit dem Meer in der Ebene, und am Fuß einer Reihe von Hügeln. Ich wählte zum Hinritt den Weg neben dem Meer und zur Rückreise jene erwähnte Landstraße. Die Ebene würde ungemein fruchtbar sein, wenn man sie sorgfältiger kultivierte; denn in der Tat scheint die Kultur an manchen Stellen vernachlässigt zu sein. Besonders sichtlich ist dies an den Maulbeerpflanzungen, welche auf dem Gebirge gewöhnlich weit besser sind. Man kultiviert hier auch ein wenig Baumwolle, aber schlecht; vielen Mais, welcher auf gut kultiviertem Boden unvergleichlich, auf anderen aber schlecht stand. Auch Ölbaumpflanzungen findet man und man scheint durch Umhacken des Bodens Sorgfalt darauf zu ver-

wenden. Am Strand bemerkte ich wenige Meerprodukte. Die ganze Ebene ist mit fließendem Wasser gewässert. El Bedauíhje ist ein einziges Gebäude, wie gewöhnlich von Quadern erbaut. Es ist jetzt nur ein Derwisch dort befindlich. Vorhin war es weit reicher und es bildete mit anderen jetzt verfallenen und verlassenen Häusern ein kleines Dorf. Unmittelbar neben dem Kloster ist ein Wasserbassin, welches voller Fische ist, deren Natur man hier trefflich studieren könnte, indem das Wasser bei geringer Tiefe eine Kristallhelle hat. Man erzählt viele Fabeln von diesen Fischen. Die Mohammedaner nennen sie el Asker el Bedauíh (die Soldaten der Bedauíh), indem sie glauben, diese Fische seien Heilige, welche diese Mönche in den Krieg begleiteten und ihnen unsichtbaren Beistand leisteten. Man wirft ihnen Brot zum Futter in das Bassin; sie wollten jetzt aber nicht fressen, und der Müslem versicherte im Ernst, sie fasteten jetzt. Allein, wahrscheinlich ist es ihrer Natur gemäß, dass sie gegen Abend Futter suchen, wie auch der Mann versicherte, obgleich er einen anderen Grund angab. Die Müslemîn halten es für eine große Sünde, sie zu fangen, zu verkaufen und zu essen. – Der Aufseher präsentierte Kaffee.

23. September (Montag). Heute Morgen kam ich in Damask an.

Viertes Kapitel:
IN DAMASK (DER AUSZUG DER MEKKAKARAWANE)

1. Oktober (Dienstag). Heute zog eine Prozession vorbei mit kleinen Knaben, die beschnitten werden sollten. Voran wurden etliche reich geschmückte Kamele gezogen, welche mit Musikanten und einigen Fechterpaaren abwechselten. Dann kamen die zu beschneidenden Knaben auf Pferden, hinter welchen eine Menge kleiner und großer Fechter (mit türkischen Säbeln und kleinen runden Schildern) den Zug beschlossen.

3. Oktober. In Damask gibt es sieben ansehnliche Seifensiedereien. – Heute hatte ich einen kleinen Auftritt, welcher mich

erinnerte, dass ich nicht mehr in dem polierten Halep sei. Ich trug eine große Halepiner Janitscharenmütze und einen bunten Schal. Kaum einige hundert Schritte von meinem Logis entfernt, wurde ich von einem jungen Menschen »Maállim«* gerufen. Da ich nicht wusste, dass mir dies Maállim galt: so ging ich weiter. Dieser kam mir aber schnell nachgesprungen, und indem er mich anfasste, fragte er mich, ob ich ein Müslem oder ein Jauer** sei? »Ein Franke«, sagte ich. »Das ist gleich«, versetzte er. »Herunter mit der Mütze und dem Schal.« Er riss mir beide vom Kopf und warf sie auf die Erde. Meine Entschuldigung, dass ich ein Fremder sei, und hiesige Gebräuche nicht kenne, half nichts, und ich konnte nur froh sein, dass man keine Misshandlung verübte, wozu man sehr geneigt schien, wenn ich getrotzt hätte. Von wem wäre hier Genugtuung zu erhalten gewesen? Ich setzte eine kleine Mütze auf und einen blauen Schal.

Vorgestern hatte ich wieder das Unglück, dass meine Uhr aus der Brusttasche fiel, und stillstand. Doch der freundschaftlichen Bemühung des Hrn. Chaboceau verdanke ich einen guten Uhrmacher, der sie wiederherstellte.

18. November. Mit verwichener Nacht fing endlich die Regenzeit an, und von der Mitte Aprils bis jetzt, also in sieben Monaten, war kein Regen gefallen, denn der Regen vor etlichen Tagen war nur ein Staubregen und war fast kein Regen zu nennen, da nicht einmal der Staub in den Gassen dadurch getötet wurde. Jetzt ist es aber sehr schmutzig in den Gassen. Heute ist die Luft bezogen und es regnete zu verschiedenen Malen. Auf den höheren Bergen fiel Schnee.

19. November. Gestern Abend, in der Nacht und heute Morgen fielen mit dem Regen öfters Schneeflocken, welche aber sogleich schmolzen, sobald sie die Erde berührten, sodass sie dieselbe nicht einmal weiß machten. Allein der Antilibanon war in der Nacht vom Fuß bis zum Scheitel von gefallenem Schnee weiß geworden. Die Kälte ist für die Levantiner stark; für uns aber wie im Anfang und in der Mitte des Oktober. Ich schreibe in einem Saale, ohne das geringste Kohlenfeuer nötig zu haben.

* »Meister«.
** »Ungläubiger«.

Der Pascha Abdallah hat vor zwei Tagen fünfundzwanzigtausend Piaster von den Christen zur Mekkakarawane verlangt.

22. November (Freitag). Heute Nachmittag zeigten etliche Kanonenschüsse vom Schlosse an, dass der Ramadân seinen Anfang nehme. Ich bemerkte heute auf meinem gewöhnlichen Spaziergang viele fremde Gesichter, weil schon zahlreiche Fremde angekommen sind, welche die Pilgerreise nach Mekka machen wollen, die gleich nach geendigtem Ramadân von hier angetreten wird. Man sieht viele Daláty etc.

Der Schnee auf dem Antilibanon bleibt selten einen Tag oder ein paar Tage liegen; bloß auf den höchsten Gipfeln desselben sieht man noch Schnee. In Damask ist noch keiner gefallen; des Morgens sind bisweilen die hölzernen Geländer auf den Terrassen bereift.

25. November. Jûszef hat in Syrien, Palästina und in der Wüste nie etwas von Löwen gehört. Bloß in el Sor nordwärts von el Róhhbeh, auf der Straße nach Damask, Arrd el Gârabât, wo am Ufer des Frât viel Gesträuch ist, sah er einen Löwen, und die dortigen Araber versicherten, dass er sich dort aufhalte, und dass sie bisweilen mit Schild und Spieß Jagd auf ihn machen. Man nennt ihn dort Assad.

Schîbe, Szälúhe, Dschinníje ist ein fabelhaftes Tier. – Kelb Messoûr oder Maglût ist ebenfalls ein fabelhaftes Tier, wie ein Wolf, das das Fleisch von Toten frisst, und wenn es einen Menschen beißt: so bellt der Mensch, will andere Menschen beißen und stirbt bald darauf. Dies scheint ein toller Wolf zu sein; unser Werwolf.

Das vorhin angeführte fabelhafte Geschöpf führt dreierlei Namen. Jûszef, den ich sonst wahrliebend gefunden, versicherte mir, er habe es gesehen, und erzählte mir sein Abenteuer auf folgende Art: Er war zu Maân, und reiste von dort über das Gebirge es Scharáh nach el Tophíla, wo er einige Sachen kaufte. Er hatte die Verabredung mit einem Araber in Maân getroffen, dass er ihm in ein paar Tagen nachkommen solle mit etlichen Kamelen, um seine Waren aufzuladen und nach Maân zu bringen. Mehrere Tage lang wartete er vergeblich auf ihn. Die Zeit wurde ihm zu lang und er kehrte nach Maân zurück, um den Araber zu holen. Er beschrieb mir den Weg als sehr beschwerlich, bergig, buschig und felsig. Der Araber entschuldigte sich mit einer gehabten Krankheit, machte seine Kamele aber zurecht und ging nebst seiner Frau und einem Sohn mit ihm. Jûszef ritt ein Pferd und weil er den Weg kannte, so ritt er etwas voraus. Auf einmal hörte er ein sonderbares Rufen: »Lu lu lu etc. Jûszef, links!« Er schaute sich um, und ritt dahin. Gleich darauf hörte er dasselbe wiederholen: »Lu lu, lu etc. Jûszef, rechts!« Er ritt rechts und erblickte eine schreckliche weibliche Person, die ihren Schleier öffnete. Er sah einen von Haaren starrenden Kopf, ungeheure aufgesperrte Augen, ungeheure Brüste, weiter nichts. Ihn fasste ein so fürchterliches Grausen, dass er fast sinnlos wurde und sich kaum auf dem Pferd halten konnte, welches gleichfalls für die Gestalt erschrak und schnell umkehrte. Zu seinem Glück sah er jetzt seine Araber ihm nachkommen. Er war das Bild des Schreckens, und als er auf die Frage des Arabers: was ihm fehle?, die Geschichte erzählte, tröstete ihn dieser und sagte, er möge sich beruhigen; diese Erscheinung sei von keiner Bedeutung, es sei der Schîbe. Jûszef versicherte mir, nie habe er zuvor davon gehört. Nach seiner Rückkehr von Tophíla nach Maân habe er die Geschichte den Arabern erzählt. Alle haben ihn getröstet, und ihm einen Jüngling gezeigt, der den Tag vor der gehabten Erscheinung von dem nämlichen Schîbe sei angefallen worden, welcher ihm die Haut von dem Innern der Hände und Füße und die Nägel abgerissen habe. Jûszef sah diesen Jüngling selbst, der bald nachher starb. Natürlich konnte ich ihm keinen Glauben beimessen, obgleich er mir bei dem Kreuze schwur, dass ihm dieses begegnet sei.

1. Dezember. Heute übergab ich den Söhnen des Hrn. Negozianten Raph. Picciotto ein kleines Paket, mit der Bitte, es bei ihrer Rückkunft in Halep auf die Post zu geben. Ich adressierte es an den Legat. Sekretär v. Hammer zu Konstantinopel. Es enthält 1.) einen Brief an v. Hammer nebst der Anzeige einiger arabischer Manuskripte; 2.) einen großen Brief an v. Zach mit der Nachricht von meiner Reise nach Haurân und dem Libanon, und astronomische Beobachtungen, in Damask gemacht; 3.) einen Brief an Baron v. Hübsch mit drei Wechseln an v. Zach, jeden zu achthundert Taler Sächs., in Duplo. Ich habe v. Hübsch gebeten, an v. Hammer hundert Piaster auszuzahlen, um mir da-

für den neuen türkischen Atlas anzukaufen. Dem Brief an v. Zach waren zwei Aufsätze beigefügt: a) über die geografischen orientalischen Werke. Fortsetzung; b) über orientalische astronomische Werke. Fortsetzung.

Es gibt hier drei Hospitäler für Aussätzige, wovon zwei den Christen gehören und Hadérit Éhhuéh genannt werden. Das eine von diesen ist für Maroniten und das andere für Katholiken bestimmt, und enthält etwa fünfzig männliche und weibliche Aussätzige. Diese Aussätzigen nähren sich von Geschenken, Vermächtnissen, Almosensammeln in der Stadt, in Haurân usw., auch vom Ausleihen kupferner Kessel, die ihnen vermacht wurden. – Das mohammedanische Hospital heißt Dschámeá Aâtleh. Es liegt außerhalb der Stadt, nordwärts von Bâb es schérky, hat einen Garten und mehrere Einkünfte von Grundstücken. Hier sind zwanzig Kranke.

Die hiesigen Einwohner behaupten, dass von ihnen nie jemand vom Aussatz befallen werde, und dass alle in den Hospitälern befindlichen Kranken aus Palästina, von Haurân, Nablos, vom Dschíbbal es Schech, dem Libanon usw. hierher gebracht würden.

4. Dezember. Ich sandte eine Kiste mit Büchern, für Gotha bestimmt, mit dem Maultiertreiber Mefareiy nach Tripoli an den französischen Negozianten Mr Barthelemy Mazoillier, mit der Bitte, sie nach Zypern an Hrn. Ant. Vondiziano und von dort nach Venedig an Alvise Vittorelli zu übersenden.

10. Dezember (Mittwoch). Heute Nachmittag war ich zum Pascha Abdallah gerufen. Ein Grieche, ein reicher Gold- und Silberarbeiter, führte mich ein. Der Pascha war in dem Szaráy außerhalb der Stadt, dem Schlosse gegenüber, wo er öffentliche Geschäfte abmacht, obgleich er einen großen Szaráy in der Stadt hat. Dies öffentliche Szaráy ist ein ansehnliches Gebäude, welches einen großen länglich-viereckigen Hof umschließt, welcher ungepflastert ist, wo ein paar Kanonen standen und auf welchem die Pferde angebunden stehen. Ein Tor führt auf denselben. Der Teil dieses Gebäudes, wo der Pascha ist, ist abwechselnd rot und weiß gefärbt, weil die Damaszener das Bunte sehr lieben, in welchem Stücke sie wahre Sineser sind. Man steigt eine Treppe hinauf. Ich hatte des Hrn. Chaboceaus Dolmetscher bei mir. Wir

kamen durch einen ansehnlichen Vorsaal, wo einige von den vornehmen Bedienten des Pascha saßen. Dieser Saal hatte ein schönes Pflaster von buntem Marmor an einem Ende. Dann kamen wir in einen Gang, welcher zu dem Zimmer des Pascha führte. Der Grieche meldete mich und ich wurde sogleich hineingelassen. Dies Zimmer war von mittlerer Größe und mit reichen Polstern und Teppichen geschmückt. Abdallah Pascha saß in einer Ecke des Zimmers, und hatte ein kleines Kind neben sich sitzen. Einige Personen standen in einer ehrerbietigen Stellung in einiger Entfernung vor ihm; man hält die Schöße des Benîsches oder Oberkleides zusammen, und lässt so die Hände auf der Magengegend ruhen. Sobald der Pascha mit einem sprechen will: so macht man eine tiefe Verbeugung, geht auf ihn zu und küsst den Schoß des Pelzes. Alsdann tritt man wieder einige Schritte zurück, und macht seine Geschäfte ab, worauf man wieder den Pelz küsst und sich ehrerbietig entfernt. – Abdallah ist ein Mann zwischen fünfzig und sechzig Jahren, von ziemlich großer Statur. Seine Gesichtsfarbe war blass und welk und seine Miene etwas grämlich oder kränkelnd. Er stammt von einer großen alten arabischen Familie ab, und mehrere von seinen Vorfahren und Verwandten bekleideten die Würde eines Pascha. Er selbst bekleidete diese Würde an vielen Orten. Seine Vorfahren waren Herren von Hamáh, sie traten aber ihr Eigentumsrecht an den Großherrn ab, unter der Bedingung, dass das Paschalik von Damask immer in ihrer Familie bleibe. Lange hatten sie dies Vorrecht und Abdallah bekleidete diese Würde hier in Damask schon zweimal. Das letzte Mal sogar behielt er die Regierung ein Jahr länger wider den Willen der Pforte, weswegen er für einen Rebellen erklärt und von Dschessár Pascha verjagt wurde, der seitdem bis an seinen Tod diesen Posten bekleidete. Abdallah flüchtete nach Bagdad in den Schutz des dortigen mächtigen Pascha, welcher ihm bei der Pforte seine Begnadigung bewirkte. Allein, er musste nichtsdestoweniger mehrere Jahre dort bleiben, weil Dschessár ihn ohne Zweifel hätte ermorden lassen, wenn er nach Damask zurückgekehrt wäre. Gleich nach Dschessárs Tode kam er wieder nach Damask, und verdrängte in kurzem den Pascha Ibrahim von Halep, der die Stelle von Damask nach Dschessir erhalten hatte, aus seinem Posten. Abdallah soll ein sehr ansehnliches Privatvermögen besitzen und karg sein. Man versichert, er besitze eine große Belesenheit, eine ansehnliche Bibliothek, ausgezeichnete Kenntnisse, sei aber sehr bigott. Sein Charakter ist sanft. Er liebt die Weiber sehr, deren er eine Menge hat, und soll dadurch seine Gesundheit geschwächt haben.

Nachdem einer oder zwei der Anwesenden abgefertigt waren: so fragte er, ob ich der Franke sei? Man bejahte es. Hierauf ging ich auf ihn zu, und küsste seinen Pelz, worauf ich wiederum etliche Schritte zurücktrat. Er fragte mich hierauf: ob ich ein Franke sei? Von welcher Nation? Wie viele Zeit ich von Konstantinopel entfernt sei? Endlich ob ich ein Arzt sei? Er reichte mir seine Hand dar, um den Puls zu fühlen. Er klagte über schwachen Magen und Vapeurs, und fragte mich, ob ich nicht Mittel dawider hätte? Man sagte ihm: Ich wolle morgen abreisen. O, sagte er, ich könne seinetwegen wohl einen Tag länger bleiben. Ich erwiderte: »Ala râszy wu ainy!«*, und versprach ihm am folgenden Tage ein Rezept zu geben. Man gab mir hierauf einen Wink, dass ich mich entfernen könne.

Die Veranlassung zu diesem Besuche gab ohne Zweifel mein Ferman vom Großherrn, welchen ich dem Pascha hatte vorzeigen lassen, als ich um einen Bujurdíh** von ihm anhielt. Ich war in demselben als Arzt aufgeführt und meiner Reise nach Jemen gedacht; wahrscheinlich war es bloße Neugierde, mich zu sehen. Denn am folgenden Tage, als ich ihm etliche Medikamente und ein Rezept überbringen wollte, erfuhr ich von dem Goldarbeiter, es sei nicht nötig, dass ich selbst hingehe, er wolle es schon besorgen. Ich war wohl damit zufrieden.

11. Dezember. Heute erhielt ich meinen Pass von Abdallah Pascha durch einen griechisch-katholischen Christen, einen reichen Silberarbeiter, namens Jûszef. – Ich bezahlte bloß zwei Piaster für das Siegel. Ich bin darin als Mûsza Hakîm aufgeführt, und er lautet sehr ehrenvoll für mich. Ich teilte zuvor meinen Ferman von Konstantinopel mit. Ein Glas *Oleum anisi* und ein anderes Glas mit Hofmanns *liquor anodynus* übergab ich dem Silberarbeiter, welcher sie dem Pascha überreichen wird.

---

* »Auf meinen Kopf und mein Auge!«
** Pass.

An diesem Tag hatte ich wieder einen unangenehmen Vorfall. Auf meinen Wanderungen durch die Stadt lenkte ich in der Nähe der großen Moschee el Amauíh in eine kurze Gasse, die zu einem der Eingänge in dieselbe führte. Ein Kerl, der hier mit seinem Esel stillehielt, und der mich wegen meines blauen Schals für einen Christen erkannte, rief mir zu: wohin ich wollte? Ich antwortete ihm nicht, weil ich glaubte, dass er kein Recht habe, mich darum zu befragen. Hierüber geriet er auf einmal in so heiligen Eifer, dass er in der Meinung, ich wolle in die Moschee gehen, auf mich zusprang, und mir wütend mit einem Stock auf die Magengegend einen Schlag gab, welcher mir indessen nicht schadete, weil ich dort nach orientalischer Sitte mein Taschentuch trug. Es kamen sogleich etliche andere Bürger herzu, die mir rieten, fortzugehen, welches in der Tat auch das Beste war, da ich hier allein und in einem einsamen Gässchen war. In dem Fastenmonat Ramadân sind die Mohammedaner mürrischer Laune und sehr jähzornig, und ich zog aus diesem Vorfall die Regel: Hüte dich, in diesem Monat einer Tür der heiligen Moschee el Amauíh dich zu nähern, wenn du kein Müslem bist!

28. Dezember. Fast zum neuen Jahr erhielt ich heute mit einem Tatar einige Briefe, die mir die größte Freude machten: 1.) einen Brief von Hrn. v. Hammer, 2.) einen Brief von unserer gnädigen Fürstin, 3.) einen Brief vom Bruder, welcher mir vorzüglich interessant war. Er teilte mir unter anderem die Nachricht mit, dass der regierende Herzog von Gotha mir jetzt jährlich zum Ankauf zweitausend Taler auszahlen lasse. Mögen diese angenehmen Nachrichten ein glückliches Omen für das künftige Jahr sein.

31. Dezember. Auf einem meiner gewöhnlichen Spaziergänge um Damask wurde ich heute in einem Garten außerhalb dem Bâb Dúma hinter dem türkischen Begräbnisplatz von einigen Mohammedanern angehalten; ihre Gesellschaft bestand aus etwa zwanzig Personen, wovon sich aber ein Teil entfernte, als ich ihnen nahe kam. Einer von den Zurückgebliebenen kam zu mir, und verlangte etliche Para von mir. Ich versicherte, ich hätte keine bei mir, welches auch wahr war, obgleich ich zufälligerweise viele Goldstücke bei mir hatte. Er drang heftiger in mich, und wie ich mich weigerte, fuhr er in meine Brusttasche. Ich riss seine Hand schnell zurück, und sagte ihm, ich sei ein Franke, und

zeigte ihm meinen Pass vom Pascha vor. Er nahm ihn und presste ihn mit der Hand zusammen und wollte seinen Säbel ziehen, als von den anderen einige herbeigeeilt kamen, welche, sobald sie meinen Pass sahen, ihn bei dem Arme ergriffen und mit Gewalt fortführten. Sie schienen alle mehr oder weniger betrunken zu sein. Der Mensch, der mich anfiel, war ein Kürrdy (aus Kürdistân). Da die große Karawane in ein paar Tagen nach Mekka abgehen wird: so sind hier eine Menge Fremde und unter ihnen manches Raubgesindel. Vor ein paar Tagen wurde eine christliche Leiche auf den Begräbnisplatz der Christen getragen, welcher eine Viertelstunde außerhalb dem Bâb es schérky befindlich ist; die Folger wurden von einigen Moggrebinern, die, weil keine Pilgerkarawane von Kahira nach Mekka geht, hierher gekommen sind, angefallen, nahmen schnell die Flucht, und ließen die Leiche im Stich, die nachher von armen Leuten hingetragen wurde. – Soeben erzählt hier ein Mann, dass er auch von einigen Vagabunden angehalten sei.

Es durchstreifen jetzt viele Mohammedaner, welche den Trunk lieben, die Stadt, und namentlich das Quartier der Christen, um Wein oder Branntwein zu erpressen. Sie sind schon viermal zu dem französischen Arzt Francis gekommen, und heute haben sie ihm beim Weggehen zwei Bettlaken gestohlen. Es ist jetzt gefährlich, nachmittags auszugehen. Die Regierung muss sehr schwach sein, wo solche Ausschweifungen geduldet werden.

Damask hat einige wenige jüdische Familien von der Sekte der Arraîn, Kárraîn (Karaiten), welche etwa in allem aus vierzig Seelen bestehen. Sie wohnen südwärts vom Bâb es schérky neben der Stadtmauer, zum Teil in elenden ungesunden Löchern. Sie sind, wie die talmudischen Juden, die sie sehr hassen, unreinlich. Armut und Verachtung brachte manche von ihnen dahin, die mohammedanische Religion anzunehmen. Sie haben eine kleine elende Synagoge ganz versteckt. Sie nähren sich von der Seidenweberei. Außer ihnen soll es keine von ihrer Sekte in ganz Syrien geben. Sie tragen sich wie die übrigen Juden, haben dunkelrote Kopfbinden wie sie etc. Sie sollen das mosaische Gesetz aufs Strengste befolgen und sich besonders für Verunreinigung durch eine Leiche hüten, und daher nicht in das Haus gehen, wo eine Leiche ist, zu deren Behandhabung und Transportierung sie

Fremde nehmen. Sie versicherten mir, in Russland gäbe es viele ihrer Sekte, die zum Teil sehr reich seien, und die bisweilen, auf ihrer Wallfahrt nach Jerusalem, Damask passierten. Die Samariter in Nablos, die sie Szâmry nennen, sind nach ihrer Versicherung keine Juden, sondern eine besondere Sekte.

Jahr 1806

2. Januar. Man sieht jetzt vor mehreren Häusern der Christen einen Soldaten des Pascha auf Exekution, weil viele nicht bezahlen wollen. Da außer Abdallah Pascha noch ein Pascha für Dschidda bestimmt ist, so kostet die jetzige Pilgerkarawane eine große Summe. Man versichert, das hiesige Paschalik müsse zweitausend Beutel oder eine Million Piaster dazusteuern. Von dieser Summe sind etwa fünfzig Beutel (fünfundzwanzigtausend Piaster) auf die christlichen Einwohner von Damask gefallen. Aber auch die Mohammedaner müssen eine starke Steuer dazu liefern, und viele mohammedanische Kaufleute halten sich in ihren Häusern verschlossen, weil teils der Pascha ihnen Waren aufdrängt, die sie ihm drei- bis vierfach über den Wert bezahlen müssen. Auch die Juden steuern dazu. – Mehrere Christen sind ins Gefängnis geführt und geprügelt worden, weil sie nicht bezahlen wollten. – Soeben kommt Mr Chaboceau zurück, welcher mir versichert, der äußere Hof des reichen jüdischen Bankiers des Paschas werde geplündert, und in verwichener Nacht seien unterschiedliche Häuser mit Gewalt aufgebrochen.

4. Januar (Sonnabend). Prächtiger Auszug des Pascha mit einem Teil der Pilgerkarawane. – Eine breite drei Viertelstunden lange Gasse vom Schloss bis zum Ende der langen Vorstadt Midân war mit vielen tausenden von Zuschauern angefüllt. Der Aus- und Einzug der Pilger ist ein wahres Fest für die Einwohner. Die Zuschauer waren von jedem Stand, Geschlecht und Alter, und eine Menge von Weibern und Kindern hatten sogar die Dächer eingenommen, um den Zug desto besser sehen zu können. In der breiten Gasse von Midân zeigten sich etliche Bänkelsänger mit dem Schellensieb oder Tambour de Basque. Zwei Männer sagten mit bewundernswürdig geläufiger Zunge

Stanzen (Mauál) zum Lobe dieses oder jenes her, wofür sie ein kleines Geschenk erhalten; ein anderer teilte zur Ehre des Propheten Mohammed wohlriechende Raute aus, wofür er gleichfalls ein kleines Geschenk erhielt. Ein anderer spielte einen Dudelsack etc. Eine Menge Soldaten, besonders Daláty oder Kavalleristen mit ihren langen Zylindermützen, eröffneten den Zug zu Pferde. – Dann kamen lange Züge von Kamelen, die mit Zelten, Fourage und Lebensmitteln beladen waren. Dann kamen wieder viele Daláty. Dann kam ein Trupp usbekischer Derwische zu Fuß, und diese wurden von einem Trupp Arnaûten gefolgt, welche die Infanterie ausmachen, und sich durch ihre besondere Tracht auszeichnen. Hierauf folgte ein Trupp Paukenschläger, welche zwischendurch mit lauter Stimme den Pascha hochleben ließen. Dann kamen wieder Daláty auf Kamelen, wovon jeder vor sich eine Art langer Drehbassen hatte, die Súmburá genannt werden, die sich leicht nach allen Seiten drehen lassen und die öfters von ihnen abgefeuert werden. Dann kam ein zahlreicher gedrängter berittener bunter Haufen von Vornehmen, Negern, Mulatten und Weißen, und gleich dahinter der Pascha zu Pferde, mit einem köstlichen Pelze bekleidet und beständig das Volk mit vielem Anstand grüßend. Hinter ihm waren wieder eine Menge von seinen Hausleuten, Kaufleute, Pilger, Gepäcks etc. Der Zug dauerte von Aufgang der Sonne bis Mittag. Einer von den Arnaûten sang mit lauter Stimme vermutlich ein Kriegslied, welches seinen Haufen in schnellerer Bewegung setzte.

Die Kaffeehäuser in den Gassen des Zugs waren gedrängt voll. Ich war in einem Kaffeehaus in der Nähe am Himmelstor, am Ende von Midân.

In dem Zug waren noch Leute, die Schilde trugen. Schön gezierte Paradepferde, zwei Trupp Musikanten. Ein sehr schönes Tachtruân* auf einem Kamel. Im Anfang ein Kamel, das das reiche Zeug für das Heilige Grab trug, dem alle Zuschauer ehrfurchtsvoll grüßten usw.

Die Agas der Kapikúly und Janitscharen kehrten mit ihren Leuten wieder in die Stadt zurück. Mannigfaltige Trachten. Es

* Bedeckte Sänfte.

passierten etwa viertausend Mann, wovon aber manche wieder zurückkehren.

6. Januar. Heute ziehen die Hâdschy ab.

7. Januar. Heute zogen gleichfalls Hâdschy ab und zwar mehr als gestern. Ich ging gleich nach dem Mittagessen nach der Vorstadt Midân, wo ich wieder eine Menge Zuschauer, Männer, Weiber und Kinder, antraf. An den Seiten der breiten Gassen waren ein paar Schaukeln. Eine große Menge Bedürftiger hielt den vorbeiziehenden Hâdschys eine runde an einem Stock befestigte Schachtel zu, und erbettelten von dem Hâdsch Aga einen Para. Der heutige Zug oder vielmehr die heutigen Züge, denn der Zug ist bisweilen unterbrochen, war sehr angenehm. Die Hâdschys saßen fast alle auf Kamelen auf ihrem Gepäck, weswegen sie einen sehr hohen Sitz hatten. Viele hatten ein kleines Fähnchen an dem Sattel befestigt. Solcher Fähnchen von verschieden gefärbten Seidenzeugen sieht man eine erstaunende Menge an den großen Sänften, die von zwei Kamelen getragen werden, und an den kleineren Sänften, die ein Kamel trägt, usw. Auch sind die Köpfe und langen Hälse der Kamele mit zahllosen bunten Schnüren, seidenen Quasten, Schellen, Glocken, Conchylien etc. geschmückt. Kurz, jeder Europäer, dem es möglich ist, den Abzug dieser Karawane zu sehen, versäume es ja nicht. Das Wetter war sehr schön. Auch der Pascha von Dschídda, der sich durch die Bezwingung der Rebellen auf Zypern bekannt gemacht hat, aber ein großer Trunkenbold sein soll, zog nebst seinem Hârim vorbei: Er ritt vor seiner prächtigen Sänfte; sein Hârim, das heißt seine Weiber, saßen in der kleineren Art Sänften, die alle mit Vorhängen versehen und sehr bunt geschmückt waren. Auch einige Kanonen von sechs bis zwölf Pfunden waren im Zug, von Kamelen gezogen. Es ist ein auffallender Anblick, eine Menge Leute auf den Kamelen beständig starke Verbeugungen wegen des unsanften Ganges dieser Tiere machen zu sehen. Man sieht unter den Hâdschys Servier, Bulgarier, Bewohner aus allen Teilen Griechenlands, aus der Tatarei, von Bagdad, Moggrebiner usw. Dieser Zusammenfluss von Fremden, die nötige Vorbereitung derselben zu der vorhabenden weiten Reise und dergleichen muss notwendig viele hiesige Einwohner beschäftigen und guten Gewinn geben. Man kann die Zeit

der abgehenden und kommenden Hâdschkarawane eine Messe nennen, weil alsdann alles Mitgebrachte feil ist.

8. Januar. Ich weiß nicht, wie irgendein Europäer, der europäische Wasserkünste gesehen, etwas Besonderes an dem Springbrunnen vor einer der Haupttüren der großen Moschee, Dschámeá el Amauíh, finden kann. Er springt höchstens zehn Fuß hoch und sein Strahl hat nur die Dicke eines Mannsarms. Ein Reisender, der diese Kunst merkwürdig findet, was würde derselbe sagen, wenn er den Weißenstein, Versailles usw. besuchte? Ich weiß nicht, wohin Schulz, der so viel Aufhebens davon macht, gesehen hat, wenn er sagt, dass der Springbrunnen vierzig Schuh tiefer als der Boden der Moschee ist.

13. Januar. Hâdsch. Wenn jemand in diesem Jahr nach Mekka reist: so zahlt er für zwei Kamele eintausendzweihundert Piaster Miete. Dafür hat er Cháschab, d. h. zwei Sitze mit einem Vorhang, eine Kiste mit Lebensmitteln, Kleidungsstücken etc. – Ein Stuhl mit Vorhang heißt Mhâra und kostet etwa die Hälfte von jenem. Jener hat gewöhnlich noch einen Mann zur Aufwartung, der ihm die Leiter gibt usw. – Wenn jemand bloß ein Kamel reitet auf anderer Gepäck, so heißt dieser Nottât und zahlt dreihundert bis vierhundert Piaster. Wenn jemand ein Pferd reitet: so kostet ihn die Gerste, Wasser etc. achthundert bis eintausend Piaster. Im Tachtruân kostet die Reise zwölf bis fünfzehn Beutel. Der Führer des Tachtruâns, Tachterwándschy, erhält an tausend Piaster; der hintere Tebbáa Tachterwân erhält vierhundert bis fünfhundert Piaster, und zu Mserîb, Maân, Tbûk, Heddije, Mekke und Medine beträchtliche Geschenke an Kleidungsstücken.

Fünftes Kapitel:
REISE VON DAMASK DURCH DAS OST-JORDANLAND NACH JERUSALEM

Ich erhielt folgende Empfehlungsschreiben:

1.) Von dem hiesigen Färber Dschürdschus einen Brief an den griechischen nichtunierten Bischof Kyrius Antimus zu Hâswéia. Er führt den Titel Bischof zu Szûr und Seide.

2.) Von dem Schreiber des Dschérde-Pascha zu Tripoli, Elias Abu Hanna, an den Schech eines arabischen Stammes in Belka, Auâd el Kajin.

3.) An einen griechischen Negozianten Dschibraîl in Nablos.

4.) Meinen Bújurdíh von Abdallah Pascha.

5.) Von einem hiesigen Rabbinen einen Brief an einen Rabbinen in Taberia.

6.) Noch einen Brief an den Kaufmann Dschebûr (Nr. 3), vormals in Nablos, jetzt in Nasareth, von einem seiner hiesigen Verwandten.

7.) Von einem hiesigen Kaufmann an einen seiner Verwandten, einen Maroniten im Dienst des Emîrs zu Raschéija oder Hasbéïa, el Schech Abu Hássan el Mürray.

8.) An el Schech Mkariûs Asîs zu Raschéja.

9.) An den Schech Eliâs zu Hâsbéïa. Beide von einem hiesigen Kaufmann.

17. Januar (Freitag). Heute ließ ich meine Sachen, zwei Reisekörbe und ein großes Pack für Jerusalem einballieren, welche Mr Chaboceau mit erster Karawane dahin abgehen lassen wird. – Jûszef el Milky el Mobszûd, der Maronite, entschloss sich endlich, mit mir zu gehen. Ich akkordierte mit ihm täglich zweieinhalb Piaster, freie Rückkehr von Jerusalem nach Damask und ein hinreichendes Trinkgeld, wenn ich mit ihm zufrieden sein würde. Ich nahm einen Maultiertreiber von Haswéija an und zwei Maultiere, zu zwanzig Piaster zusammen. Ich gab Jûszef hundert Piaster auf Abschlag.

Das Wetter bleibt sich seit vorgestern gleich; nur heute Morgen fiel ein kleiner Staubregen, der aber nur zwei Minuten anhielt. Es ist heute kühler als vorhin.

21. Januar. Raschéija hat zwei griechische und eine syrische Kirche, beide für nichtunierte. Ferner zwei Chélluéh oder drusische Bethäuser, und etwa vierhundertfünfzig Häuser. Der hiesige Emîr ist vom Hause Schauhâb und heißt Emîr Efendy, welches Letztere sein wirklicher Name ist. Man redet ihn mit Efendina an. Er ist noch jung.

Im Sommer hält sich der Bischof von Szûr und Seide hier auf, weil die Luft kühler und das Wasser besser ist als in Hasbéïa, wo er sich im Winter aufhält.

Die hiesigen Einwohner sind sehr kriegerisch und scheuen sich im Geringsten nicht für die Osmanen. Die Müslemîn, die hierher kommen, sind das, was die Christen in den übrigen Orten unter ihnen sind.

Es ist den Christen nicht erlaubt, in den Chélluéh der Drusen zu gehen; man würde einen solchen Verwegenen ermorden. Sie sind alle beschnitten, aber nur die Okâl bekümmern sich um den Glauben. Diese rauchen nicht, schnupfen nicht, und trinken weder Wein noch Branntwein. Weibliche und männliche Verwandte schlafen nie in einem Zimmer, wenn sie nahe verwandt sind. – In dem hiesigen Szaráy soll eine Inschrift sein.

Die Einrichtung der hiesigen Häuser ist wie auf dem übrigen Libanon, aber die Mauern sind schlechter; auch die Terrassen der Gärten sind bei weitem nicht so sorgfältig als dort.

Sechshundert Rascheier und Hasbeier schlugen einst zweitausend Soldaten des Dschessár Pascha.

23. Januar (Donnerstag). Da es heute ein wenig heller zu werden schien: so verließen wir Raschéïa und setzten unsere Reise nach Hasbéïa fort. Es war etwa neun Uhr. Die Wege gehen immer bergauf und ab; sie sind aber nicht so beschwerlich als auf dem Libanon. Ihr Boden ist ein bräunlicher Lehmboden, der fruchtbar zu sein scheint, und ich bin überzeugt, die fleißigen Kesruaner würden hier die herrlichsten Terrassengärten haben. Allein die hiesigen Einwohner stehen ihnen an Fleiß weit nach und man sieht nur wenig kultiviert. Man sieht aber noch aus den überall umherstehenden Ölbäumen, dass diese Gegend vorher weit kultivierter war. Dies beweisen auch die vielen ruinierten Dörfer.

Links war der hohe Hermon in undurchdringliche Nebelwolken gehüllt und verborgen. Rechts ist ein langer Berg, an welchem man die Ruinen von Tillthátha sieht. Gleich nach unserem Abritt fing es an zu regnen, bisweilen mit Hagel, und diese Schauer dauerten bis Hasbéïa und den ganzen Tag fort.

24. Januar. Noch immer fielen häufige Regenschauer und es zeigten sich nur einzelne Sonnenblicke.

Die Asphaltbrunnen sind zwanzig bis dreißig Fuß tief. Man arbeitet die zwölf Brunnen auf zehn bis dreizehn Ellen tief in der Lage von Asphalt, macht dann Gänge von zehn bis zwanzig Ellen zu den Seiten unter der Erde, und lässt Pfeiler stehen. Nie ist man durch die Flöze gekommen. Man haut unten zwei bis drei Fuß große Stücke, die, sowie sie an die Sonne kommen, zerfallen. Sie glänzen wie schwarze Spiegel. Man schmelzt sie nachher, und macht sie in Ringen um die Weinrebenstämme. In Europa soll man ihn zu Gefäßen verwenden. Die kleinen Kinder kauen beständig Stücke davon. Es schmilzt auf Kohlen, brennt aber nicht. Ein Rottl gilt zwanzig Para.

25. Januar. Gegen Abend ritten wir fort und nahmen zwei bewaffnete Männer mit uns. Der Weg ging wieder über Berg und Tal, worin viele alte Ölbäume standen. Nach einer halben Stunde gelangten wir an das Dorf Ain Schérpha, und wieder nach einer halben Stunde zum kleinen Dörfchen el Phördîs, wo eine Quelle ist. Ganz im Dunkeln kamen wir in dem Dorf Raschéïa Phuchâr an, wo etwa fünfzig Häuser sind, die alle von griechischen Christen bewohnt werden. Wir ritten durch einen Winterbach.

27. Januar (Montag). Um halb zehn Uhr heute Morgen reisten wir fort und kamen durch eine angenehme Gegend, wo viele Ölbäume standen. Der Boden war steinig. – Es begegnete uns eine arabische Familie vom Stamme Phoddel, die alle Landbauern sind, aber unter Zelten wohnen. Wir rasteten hier drei Viertelstunden.

Wir kamen bei dem verwüsteten Dorf Halta vorbei. – Es begegnete uns hier noch ein Trupp el Naur-Araber von Szóffat, welche alle arm sind, die Trommel schlagen, Possenreißer und Landstreicher sind. Sie haben weder Kühe noch Kamele, noch Schafe, sondern bloß Pferde und Esel. Sie bauen kein Land.

Rechts lag das von Christen und Drusen bewohnte Dorf Szérradá nordwärts vom Hhûle. Um zwölf Uhr wurde die Gegend immer offener und die Berge rechter Hand zogen sich etwas westwärts. Links blieben die Berge dicht neben uns. Unser Weg ging südwärts. Wir kamen jetzt in eine wellige Ebene, in welcher das Dörfchen Nchély liegt. Am See Hhûle sind die Arab Schâm. Ihr Emîr heißt Asbe. Auch diese sind ackernde Araber, die aber unter Zelten leben. Die Berge linker Hand wurden nachher sehr nackt und felsig. Alles ist Kalkstein. – Der Weizen stand grün und ein paar Zoll hoch.

Es begegnete uns jetzt ein Trupp Nasséiry von Ainschît in Dschaulân. – Nahe vor Bänjás drehte sich der Weg östlich. Die Bergseiten waren sehr steinig und felsig und größtenteils nackt. Das Schloss von Bänjás zeigte sich auf einer hohen Bergspitze. Bänjás liegt an der Ostseite des erwähnten Tals in einem Winkel, der mit hohen Bergen umgeben ist. Wir passierten über den Bänjásfluss, welcher bei der Brücke ein paar rauschende Wasserfälle bildet, und wo alles voller Ruinen, zerbrochener Säulen etc. ist. Das elende Dorf nimmt nur einen kleinen Teil von den Ruinen ein, und wird von Mohammedanern bewohnt, die zum Teil die Felder für Reichere in Hasbéia pflügen. Die Häuser sind von Steinen, aber sehr niedrig und unansehnlich. Wir traten in dem Mensil ab, der dem Emîr von Hasbéia gehört.

Nur etwa hundert Schritte nordwestwärts vom Dorf ist die herrliche Quelle des Nahhr Bänjás, welche unterhalb einer hohen senkrechten Felsenwand entsteht. Zahllose Quellen rieseln von allen Seiten aus dem Steinschutt hervor, und bilden ein kleines Bassin. Gleich oberhalb der Quelle ist eine große Grotte in der Felsenwand, aus welcher vormals das Wasser hervorbrach, wie Josephus sagt, deren Mündung aber jetzt durch herabgefallene Felsenmassen halb verschüttet ist. Sie dient jetzt zum Ziegenstall. Ostwärts, dicht neben dieser Höhle, sieht man etliche Nischen, und zwar nur von zweien den Oberteil, welches beweist, dass der Tempel des Pans, dem sie den Inschriften nach zugehören, tiefer lag, und dass der herabfallende Schutt sie zum Teil verdeckte. Stand hier vielleicht der prächtige Tempel des Herodes? Aber wie ist es möglich, dass man jetzt nicht das Geringste mehr davon sieht; keine Quadern etc.? Oder stand er vielleicht bei der Brücke über den Bänjásfluss, wo viele zerbrochene Säulen sind? Links neben der Höhle und zwar auf einer vorspringenden Felsenterrasse ist eine kleine Moschee, worin ich ein paar Säulen von grauem Granit fand.

29. Januar. Heute machten unsere Mkery einen neuen Akkord mit uns, worauf wir um neun Uhr abritten. Der Weg führte westwärts nach Charnûb, das an demselben liegt. Nach Verlauf von einer halben Stunde gelangten wir an einen verwüsteten Chân. Links lag das Dorf Asäsiat. Ein Fuchs und ein Schakal sprangen auf, und gleich darauf etliche Gazellen. Die Gegend hat vieles Gebüsch und isolierte Bäume, und ist eine große Ebene. Unser Weg ging jetzt westwärts. Der weiße Hermon schien über die anderen Berge in einer Vertiefung hervor.

Um zwei Uhr kamen wir bei einer oberschlächtigen Wassermühle am Ain el Dahab vorbei, und gleich nachher zu einem Haufen von dreißig Zelten von wandernden Bauern, die Châlsza heißen. Ihre Zelte sind von denen der Béddauíh etwas verschieden, neun Fuß breit, achtzehn Fuß lang und sechs Fuß hoch. Sie stecken schwanke Äste in die Erde, drehen ihre oberen Enden in einem Bogen zusammen, und erhalten sie durch einen Zweig auf jeder Seite an alle angebunden aufrecht. Über den Bogen spannen sie ein gewöhnliches Zeug von schwarzen Ziegenhaaren, und an den Seiten umher setzen sie Binsendecken, welche sie aus den Binsen des Hhûle verfertigen. Sie stehen unter der Gerichtsbarkeit von Kalát Honîn auf einem Berge, welcher nach Akke gehört. Sie hatten ihre Zelte neben der Ain el Dahab aufgeschlagen auf einer schönen fruchtbaren Ebene, welche sich bis an den See Hhûle erstreckt. Dieser Teil wurde von ihren Vorfahren seit undenklichen Zeiten bewohnt; im Sommer aber ziehen sie auch nach Dschaulân und Haurân. Sie führen eine gemischte Lebensart, indem sie teils Ackerbau treiben, teils mit ihrem Vieh herumziehen. Sie bauen unter anderen Darra* und Reis, von welchem Letztem in der Ebene von Hhûle ziemlich viel gezogen wird. Ihr Vieh besteht aus Büffeln und Rindvieh; Pferde und Esel sind sehr selten bei ihnen, und Kamele halten sie gar nicht.

Wir bezogen das Zelt, welches man das Wirtshaus (el Ménsil)

* Hirse.

nennt. Es hatte die Einrichtung der übrigen; hatte aber außer zwei Matten und einem großen eisernen Löffel zum Kaffeebrennen, einem hölzernen Kaffeemörser, einer Wasserkruke und ein paar Kaffeetassen kein anderes Gerät. Mitten im Zelte wurde ein Feuer angezündet, wozu jedes Mal das Holz frisch gehauen wird, welches vielen Dampf gibt. – Alle Bauern sind Mohammedaner.

Meine beiden Maultiertreiber von Hasbéïa hatten heute zweimal ihren Kontrakt geändert, und ich war ihrer überdrüssig. Ich ließ sie daher fortgehen, zumal sie nicht nach der Brücke Benât Jakûb etc. gehen wollten. Ich hoffte bei dem Schech, der die Reisenden immer umsonst in dem Wirtshauszelte beherbergt, Pferde zu erhalten; allein er machte gleich nachher Schwierigkeiten, und versicherte mir, für kein Geld wären Pferde nach jener Brücke und nach der Ostseite des Jordans und des Sees von Taberia zu erhalten. Dies war für mich eine unangenehme Nachricht. Jûszef fürchtete sich für diesen von mir vorgenommenen Weg so sehr, dass er sich weigerte, mit mir zu reisen, und lieber nach Damask zurückkehren wollte. Da er auf der Reise sehr brauchbar ist, und ich ihn wegen seines vernünftigen Betragens schätze, ich aber durchaus meinen Vorsatz ausführen wollte: so beschloss ich, ihn nach Taberia reisen zu lassen, während ich allein die andere Tour unternehmen wollte.

30. Januar. Heute war weder Pferd noch Wegweiser zu bekommen. Die Abreise wurde auf den folgenden Morgen festgesetzt. Ich bezahlte für Jûszef bis Taberá zehn Piaster.

Es kamen etliche Fremde und unter anderen ein gleichfalls unter Zelten lebender Bauer von der anderen Seite des Jordans, welcher der gottesdienstliche Schech seines Zeltdorfes war. Da es heute der Abend vor dem Freitag war, wo der Mohammedaner wöchentlicher Festtag anfängt: so sang er ein Gebet zu Ehren Mohammeds und Allahs, und unterhielt nachher die Gesellschaft mit abwechselnden Liedern und Erzählungen, welche Letztere auch mit Versen untermischt waren, und dadurch ein besonderes Interesse erhielten, dass sie Stücke aus der Geschichte dieser Gegend enthielten.

Wir bekamen heute keine Pferde, weil das Dorf versetzt wurde und zwar zweihundert bis dreihundert Schritte weiter. Innerhalb ein paar Stunden war das alte Dorf verschwunden, und wieder neu erbaut. Die Weiber trugen die Binsenmatten, die Männer die Äste usw., und diese Letztern bauten sie wieder.

31. Januar. Ich übergab gestern Abend all mein Geld und alle nur einigermaßen entbehrlichen Kleidungsstücke, im Gleichen meine Pistolen Jûszef, weil ich natürlicherweise in beständiger Gefahr war, beraubt zu werden. Er ritt schon vor Anbruch des Tages ab. Ich erhielt bald nachher einen Béddauíh-Araber zum Wegweiser nach der Brücke Benât Jakûb.

Die Ebene nordwärts und an einigen Stellen des Hhûle (Merom) ist von vortrefflicher Güte. Der See hatte auf diesem Ende große Flächen Schilfrohr, und war hier mehr ein Sumpf als See. Etwas später sollen aber auch diese Stellen unter Wasser stehen. Diese Gegend muss ungesund sein. An diesem Ende und an dem anderen Ende stieg ein dicker Rauch auf und in der Nacht sah man Feuerflammen. Dies kommt von den Jägern.

Ich ging zu Fuß. Mein Araber trieb einen Esel mit Durra beladen, wovon der Müdd einen Piaster kostete. Wir kamen immer unter den Bergen hin, die aus Kalkstein bestanden. Wir gelangten an eine starke Quelle, die eine Mühle trieb, und wo ein Zeltdorf der Luêse-Araber befindlich war, deren Zelte durch Seile ausgespannt waren, doch mit Binsendecken umsetzt. Von hier führte der gerade Weg nach Szóffat. Ein Araber von hier machte Anschläge auf meinen Abbáje. Wir schlugen einen Weg links ein, der neben dem Ufer des Sees hinführte, der hier weit weniger mit Binsen und Schilf besetzt ist, obgleich sein Wasser nicht rein ist. Seine Ufer hatten kleine Kalksteingeschiebe. Etwas weiter kamen wir an einen Hügel am See, und nun zeigte sich auf den Feldern zwischen dem Kalkgeröll viel Basalt, welcher weiterhin den Kalkstein gänzlich verdrängte. Eine kleine halbe Stunde vor der Brücke zeigten sich vier Araber, und begleiteten uns eine Zeit lang. Zum Glück für mich hatte ich einen Araber zum Begleiter, sonst wäre ich ohne Zweifel geplündert worden.

Noch etwas weiter hörte die Ebene von Hhûle auf, und das Ufer des Jordans ist auf beiden Seiten hügelig und mit vielem Gesträuch besetzt. Zwischen demselben saß ein Haufen Béddauíh am Wege, die mich meinen Weg ungestört fortsetzen ließen, weil ich der Brücke nahe war. An dem hügeligen Ufer auf der Westseite der Brücke war ein Haufen arabischer Zelte, wo mein arabischer Führer stillehielt. Ich ging über die Brücke zum Chân. Die Brücke ist in sehr gutem Stande, breit, hat drei Bogen, und ich fand jetzt hier die Breite des Flusses fünfunddreißig Schritte, obgleich die Brücke fast um die Hälfte länger ist. An dem Westende der Brücke ist eine Wassermühle. Der Chân auf der anderen Seite liegt an dem hohen Ufer, etwa hundert Schritte von der Brücke entfernt. Er ist ganz von Basaltsteinen erbaut, aber inwendig fast ganz ruiniert, welches vielleicht zum Teil von den Franzosen unter Bonaparte herrühren mochte, wovon ein Korps ein osmanisches Korps im Chân angriff und verjagte. Es liegen hier etliche wenige Soldaten vom Mützellim von Szóffat, welcher das hier zu erlegende Passagegeld von dem Pascha von Damask gepachtet hat. Es ist hier eine elende Kaffeeschänke und Boutique mit den notwendigsten Lebensmitteln. In der Mitte des beträchtlichen Hofplatzes ist ein zerstörtes Wasserbassin, welches von schönen Basaltquadern erbaut war, und von alter Architektur zu sein scheint. Da hier alles aus Basalt besteht: so ist auch die Brücke und der ganze Chân davon erbaut. Von der Brücke bis zum See Hhûle ist etwa eine halbe Stunde. Ist der Hhûle ganz voll, d. h. so weit, als Binsen und Schilf gehen: so dürfte er fünf Stunden im Umfange haben. Der schilflose südliche Teil hat etwa die Größe des Zwischenahner Meeres im Oldenburgischen, d. h. etwa drei Stunden im Umfange.

Nach den Nachrichten der Reisenden soll sein Umfang im Sommer aber sehr gering sein. Wilde Säue halten sich hier häufig auf, und die benachbarten Christen glauben, Jesus habe hier die Teufel in die Säue verbannt. Vom Ausfluss aus dem Hhûle fließt der Jordan sehr ruhig und langsam bis zur Brücke, auf deren anderen Seite aber floss er außerordentlich schnell, mit Strudel. Er fließt von dort bis westwärts von Tellauíhje immer zwischen niedrigen Basaltbergen in einem Grunde. Das Passagegeld muss hier im Jahr eine beträchtliche Summe betragen. – Sobald man wusste, dass ich ein Arzt sei, fragte mich jedermann um Rat. Der Kaffeeschenker, ein junger Soldat, hatte einen großen Schanker, den er sich von den Huren in Damask geholt usw. Ich erkundigte mich, ob hier niemand sei, der mich längs der Ostseite vom Jordan und dem See von Tiberias nach Taberia führen wolle? Allein, ein Maultiertreiber wollte sich gar nicht darauf einlassen, sondern wollte bloß den gewöhnlichen Weg nach Szóffat an der Westseite gehen, ein anderer verlangte eine zu große Summe. »Warum gehst du nicht den gewöhnlichen Weg?«, fragte er mich. »Ich suche Kräuter zur Arzneikunde, die ich in Städten ausübe.« Ich hatte weiter nichts mit mir genommen als ein paar Buch Löschpapier, worein ich etliche Pflanzen gelegt hatte, um ihnen dies augenscheinlich zu machen. Man hatte mir die Soldaten als Teufel geschildert, und mir versichert, ich würde vielleicht zwanzig Dukaten Gáffar bezahlen müssen. Allein, ich zahlte am folgenden Tage nur fünfundzwanzig Para, und obgleich die Soldaten Taugenichtse waren; so taten sie mir doch nichts zu Leide.

1. Februar (Sonnabend). Heute Vormittag reiste ich mit dem Araber Hösseïn fort. Alles war Basalt. Wir erblickten den Taberia-See, kamen durch einen kleinen Grund und an einen Bach, wo sieben Zelte standen. Hier bewirtete man mich mit Milchreis und Brot. – Es kamen Jäger von Hasbéia.

2. Februar (Sonntag). Wir ritten heute zu Pferde fort zu dem kranken Schech. – Das Meer von Taberia ist auf drei Seiten mit niedrigen nackten Bergen umgeben, die nur mit wenigem Gesträuch bewachsen sind. Die Gegend ist angenehm. Unser Pfad ging über steinige Hügel. Alles war poröser Basalt. – Wir kamen an eine Mühle. – Ich verlor hier mein Papier, daher konnte ich nur wenig aufschreiben.

4. Februar. Taberia hat jetzt nur ein Tor. Sein ganzer Umfang ist etwa eine halbe Stunde. Juden versicherten mir, es seien hundert jüdische Häuser in ihrem Quartier. Mohammedaner haben weniger und die Christen zwanzig Häuser. Es steht unter der Gerichtsbarkeit des Pascha von Akke, der hier einen Mützellim hält, der etwa hundert Soldaten hat.

Diese Nacht konnte ich der vielen Wanzen wegen nicht schlafen. Bak ist hier der Name der Wanzen. – Eine kleine Sorte Läuse heißt Szibân; eine etwas größere Nemnûm. – Krâd sind Tierläuse. – Eine große Sorte der Kamelläuse Hállem; Kaml Tathéh Filzläuse. – Namûs und Bargásch sind zwei Sorten Mücken; Letztere klein. Assra sind sehr kleine Mücken im el Gôr, die ich auch auf dem Gebirge zu meiner Last sah.

In den Chanen, Kellern und Ruinen ist eine Art Wurm, Dél-

Tiberias und der See Genezareth

lem, welcher pockenähnliche Pusteln auf der menschlichen Haut macht. – Dübbân sind Fliegen; – Bragât Flöhe. – Sulkta sind die Wespen; – die großen Debbur zwischen den Weintrauben stechen heftiger. – Akaráb sind Skorpione, von denen es schwarze und braune gibt. – Schlangen heißen: Hánnasch, Háije und Belgîl. – Döb ist bei den Béddauéh der Hánnasch.

Von den Heuschrecken gibt es gelbe und schwarze; die Araber von Nedsched essen bloß erstere Sorte. Jûszef aß sie und fand sie vom Geschmack einer kleinen Sorte von Fischen, Kabbadíje, gleich. Man isst sie bloß gebraten, entweder allein oder nachher zerstoßen mit Datteln gemischt, oder auch mit Käse.

5. Februar (Mittwoch). Heute regnete es mehrmals. – In der Stadt stehen etliche Palmbäume. – Wir gingen nach dem Bade, und sahen am Strande Schnecken, so wie altes Gemäuer und Höhlen in den Felsen. – Die Mauer, von Schech Dáher erbaut, besteht ganz aus Basaltquadern, und hat viele runde Türme. Einiger Basalt ist dunkelbraun. Schech Dáher baute auch das Schloss und die Moschee.

Das Badehaus liegt dicht am Ufer des Sees am Fuße ziemlich hoher Berge mit steilen Seiten. Es ist ein kleines festes von Basalt erbautes und mit einer Kuppel geziertes Gebäude, welches Dschessar Pascha von Akre anlegen ließ. Es besteht aus zwei Abteilungen, eine für Manns-, die andere für Weibspersonen. Jede Abteilung besteht aus zwei gewölbten Zimmern, wovon das äußere zum Aus- und Ankleiden bestimmt ist; in dem Innern ist das Bassin, acht Fuß lang und breit, und drei bis dreieinhalb Fuß tief. Dies ist ganz dunkel. Auf einer Seite ist ein Hahn zum Einlassen des frischen Wassers, welches täglich oder nur alle zwei Tage erneuert wird, weil es zu heiß ist, als dass man darin aushalten könnte. Ich probierte das frisch gelassene Wasser mit der Hand zurückzuhalten; allein ich konnte wirklich die Hitze kaum drei bis vier Sekunden ertragen, welches in dem Bassin aber sehr möglich war. Es war voll von einem feuchten Dunst, welcher durch die oben in der Kuppel befindliche Öffnung seinen Ausgang suchte. Wir trafen hier etwa zwanzig Personen männlichen Geschlechts von jedem Alter an, die des Badens wegen hier waren; sie waren aber alle geringen Standes. Auch waren ein paar Juden unter ihnen. In der weiblichen Abteilung traf ich nur ein paar Knaben, aber keine Weiber an, in welchem letzteren Falle es nicht erlaubt gewesen wäre, hineinzugeben. So wenig diese als jene haben die geringsten Bequemlichkeiten und Verzierungen. Man hat bloß auf die erste Notwendigkeit gesehen. Nichtsdestoweniger verdient der grausame Dschessar für dies kleine Gebäude allen Dank, weil vorhin kein Obdach vorhanden war. Man bezahlt für das Bad nichts. Nur ist in der männlichen Abteilung im Außenzimmer gewöhnlich ein Kaffeeschenker, der die Kommenden mit höchst schlechtem Kaffee bewirtet, den man aber auch nicht höher zu bezahlen nötig hat, als die Tasse mit einem Para, wenn man nicht will. Er nimmt auch die Kleider der Badenden in Empfang, die es verlangen, und bewahrt sie in einem kleinen Nebenzimmerchen, wo auch ein Kranker sein Bett haben könnte, wenn es ihm gefiele, im Badehause zu bleiben, und er nicht für nächtliche Überfälle bange ist.

Dicht neben diesem Brunnenhaus ist auf der Südostseite eine heiße Quelle im Freien, worin ich meine Hand nicht halten konnte. Ein glaubwürdiger Mann aus Taberia versicherte mir, dass man öfters Eier mit sich dorthin nehme und nach seinem Gefallen im Wasser weich oder hart sieden lasse. Das Wasser dieser und noch einiger anderen Quellen läuft in den See und setzt eine braune Kruste an die Steine an. Überdem sieht man in diesen Rinnen häufig die *Tremella thermarum* (?) von grüner oder schwarzer Farbe, und oft mit einer Menge kleiner Blasen bedeckt. Von beiden nahm ich Proben mit. Der Geruch sowohl in als außer dem Badehause ist unangenehm und schwefelig.

Die herrliche Lage dieses Bades würde es zu einem der besuchtesten Badeorte in Europa machen. Man würde an den Bergabhängen schöne Pflanzungen anlegen; man würde zum Vergnügen der Gäste Gondeln auf dem See halten, welche nach allen Richtungen seinen schönen Spiegel durchkreuzen würden, und die Lustfahrer die mannigfaltigen Reize von steilen und flachen Bergen, herrlichen Ebenen, niedlichen Vorgebirgen und Buchten, rauen Felsenpartien und niedlichen umherliegenden Landsitzen genießen lassen. Eine schöne Straße würde den See umgeben und eine reizende Wagenfahrt von zwei Tagen gewähren.

Palm- und Feigenbäume, die große herrliche Mimose, Limonien usw. würden der Landschaft neues Leben gewähren. Doch – wo ist hier Europa!

Taberia hat jetzt nur einen einzigen Weingarten und keine Obstbäume. Tabak wird viel gebaut. Es ist hier jetzt alles sehr teuer und nichts zu bekommen. Vormals war hier noch etwas Gewerbe; jetzt ist Taberia wenig mehr als ein geringes Dorf. Bei der Ankunft der Franzosen in Syrien waren die hiesigen Christen einen ganzen Abend in Gefahr, alle Augenblicke von den Mohammedanern ermordet zu werden. Glücklicherweise kam noch dieselbe Nacht ein Korps Franzosen; alle Türken entflohen in der Eile und die Furcht der Christen war vorbei. Ein Korps der Franzosen war abwechselnd hier, und während der Zeit waren Juden und Christen im Himmelreich. Kaum aber waren die Franzosen fort aus Syrien: so kamen die Mohammedaner wieder, misshandelten die Christen sehr, und nahmen ihnen fast all ihr Hab und Gut.

7. Februar (Freitag). Wir erstiegen den beschwerlichen Weg von Gamala, auf welchem oben eine Quelle und der von Basalt gebaute Chân el Akkabeh Fîk war. Die Berge hier bestehen größtenteils aus Basalt, aber der Berg von Gamala aus Kalkstein; es war hier ein ungemein tiefer, enger und trockener Grund. – Im Chân bemerkte ich etliche hebräische Lettern auf einer schlechten Säule; auch über einer Tür Basreliefs von zwei Kindern. Der Chân war sehr verfallen und kein Mensch dort.

9. Februar (Sonntag). Gestern hatten wir Regen, und heute Morgen auch noch, nachher besserte sich das Wetter. Ich ging mit einem Begleiter nach Kallat el Hössn, drei Viertelstunden westwärts [sic!] am See auf einem konischen Berg von Kalkstein, Basalt und Konglomerat, worunter viel Feuerstein. Rechts hatten wir auf dem Wege dahin einen Grund mit Ölbäumen. Südwärts von el Hössn liegt ein Berg, dessen Seiten voller Höhlen sind. Bei Hössn waren viele Sarkophage; oben Säulen von grauem Granit und viele Trümmer; aber nichts Schönes. In den Kellern nisteten wilde Tauben. Die Aussicht über den See ist sehr angenehm. Die Seiten sind überall sehr steil und tiefer Grund.

10. Februar. Der hiesige Schech hatte einen Bandwurm, welchen er dadurch vertrieb, dass er das Wasser der Verzinner trank,

womit sie die verzinnten Geschirre abwaschen. Ein anderer hatte gleichfalls einen Bandwurm. Augenkrankheiten, graue Stare etc. sind außerordentlich häufig vom Rauch, der Dunkelheit der Zimmer etc.

Dieberei gehört zu einer der Künste, wozu die Bédauíh ihre Kinder schon unterrichten, wenn sie noch an der Brust sind. Sie sagen ihnen: Schilo (d. h. nimm das weg), prügle ihn etc.

Die Gesetze der Bédauíh sind alle durch Überlieferung erhalten. Hat jemand einen anderen im Spaße gekratzt, sodass Blut kommt, und dieser führt ihn deswegen vor den Schech: so muss er dem Gekratzten ein Lamm geben. – Hat jemand des anderen Hund erschlagen: so hält er ihn beim Schwanz in die Höhe, so dass seine Nase auf die Erde reicht, da dann der Mörder so viel Gerste oder Weizen über ihn schütten muss, bis der Haufen bis an die Schwanzspitze reicht. – Schlägt einer das Auge eines Kamels aus: so muss er den halben Wert desselben bezahlen. – Wirft einer des anderen Kamel, und es stirbt auch erst über ein Jahr nachher, und er versichert »bei Gott«, dass ihm vorher nichts gefehlt habe: so muss der andere das Kamel bezahlen. – Wenn einer den anderen stark verwundet oder schlägt, dass er auch über ein Jahr erst davon stirbt: so muss der Töter auch sterben, oder wenn die Verwandten des Verstorbenen es zufrieden sind: so muss er Blutgeld geben, nämlich fünfzig Kamele, ein Schnell-Kamel (Dellûl), eine Flinte, Pferd und Neger. Fehlen an der Zahl der Kamele etliche, so kann er diese, das Stück durch acht Piaster, ersetzen. – Wenn jemand einen anderen draußen erschlägt, und es sieht es jemand: so führt ihn sein nächster Verwandter zum Kady*, klagt ihn deswegen an und stellt Zeugen dar. Allein die Zeugen gelten bei einem Mord nichts und er muss die Feuerprobe machen. Man legt den großen eisernen Kaffeebrennlöffel ins Feuer und lässt ihn glühend werden, dann nimmt ihn der Bíscheá** in die Hand, bläst ein paarmal darauf, spült alsdann seinen Mund aus, und beleckt auf beiden Seiten einmal das glühende Eisen. Brennt es seine Zunge nicht: so ist er frei; brennt es aber: so muss er sterben oder das Lösegeld von 50 Kamelen etc. zah-

* »Richter«.
** Unklar, offensichtlich der Angeklagte.

len. Der Kady erhält ein Kamel von dem Ankläger, wenn es brennt, und von dem Angeklagten, wenn es nicht brennt. – Wenn jemand eine Schuld ableugnet, und kann Zeugen bringen, dass er bezahlt habe: so muss er von jedem Görsch zehn Para dem Richter geben. – Hat ein Araber einen Gast, und ein anderer kommt in der Nacht und stiehlt dem Gast seinen Pelz etc., und man erfährt ihn: so wird er vor den Kady geführt, und er verliert seine Hand, oder muss fünf Kamele zahlen. – Wenn jemand einen Kontrakt mit jemand gemacht, ihn nach einem Orte zu führen, und sie werden unterwegs uneins miteinander, und der eine fordert das Geld für den Weg von dem anderen, dieser hat aber kein Geld bei sich, sondern sagt: er wolle ihn an dem Ziel ihrer Reise bezahlen, und jener ist nicht damit zufrieden, und es kommt ein anderer darüber zu, der Gedungene macht in seinen Keffíeh einen Knoten und sagt: Tarrány B'allah wu Phîk*: so muss ihm der andere alles auszahlen, wenn er sich auch ausziehen sollte. Dieser Knoten ist von großer Wichtigkeit. Einer hat einen oder ein paar Leute ermordet, und er macht den nächsten Verwandten einen Knoten mit jenen Worten im Keffíeh: so erhält er drei Tage und vier Stunden Zeit, sich zu flüchten, ohne dass ihn der Bluträcher verfolgen darf. – Wenn jemand des anderen Auge ausschlägt, oder ihm seinen Arm oder sein Bein entzweischlägt: so muss er dafür die Hälfte von dem Wert für einen Totschlag bezahlen. – Wenn von einer anderen arabischen Horde einer auf der Tat eines Diebstahls ertappt wird: so führt ihn derjenige, der ihn gefangen genommen, in sein Zelt, macht dort ein tiefes Loch, wie ein Grab, legt darein den Dieb an Händen und Füßen gebunden, und legt Stücke über das Grab und all sein Hausgerät, Bett, Weizen etc. darauf. Man gibt ihm zu essen, und so bleibt er ein bis zwei Monate, auch wohl ein halbes bis ein Jahr liegen, bis seine Verwandten es erfahren, und ihn mit seinem gehabten Vermögen loskaufen, indem sie dasselbe überbringen.

12. Februar (Mittwoch). Heute Morgen war das Wetter sehr schön und wir reisten ein Viertel vor zehn Uhr ab. Wir ritten durch eine herrliche Ebene ostwärts. – Nach Norden waren die

* »Du wirst mich rücksichtsvoll behandeln, bei Gott, und ich stelle mich unter deinen Schutz.«

niederen Berge von Hîsch el Hárra, dahinter der von der Sonne erleuchtete prächtige weiße Hermon, und seitwärts links davon in weiter Ferne der weiße Libanon. Rechts in der Nähe waren enge Täler, die mit dem Mandûr in Verbindung stehen.

Wir erreichten die Stelle, wo der Rockâd mit dem Mandûr sich vereint. Das Wasser des Ersteren ist ziemlich klar, das des anderen aber, das von Haurân kommt, rotbraun und trübe. Beide fließen zwischen hohen steilen Ufern, besonders Ersterer, der senkrechte Ufer von weißem mürben Kalkstein und Basalt hat. Das Bett ist sehr voller Geröll von Basalt und wenigem Kalk. Gleich beim Zusammenfluss ist eine Mühle. Der Rockâd ist klein, aber schnell.

15. Februar (Sonnabend). Der Unsicherheit wegen nahmen wir einen Mann mit zwei Eseln an, und reisten im Finstern noch vor Tagesanbruch mit einem Mohammedaner ab. Die Gegend ist fruchtbar. Nach einer halben Stunde gelangten wir nach Irbid, welches auf einer kleinen Anhöhe liegt, und jetzt nur aus zwei Häusern und einem Kalla besteht. – Eine Stunde weiter liegt Edûn an einer Hügelseite, dessen Rand oben eine Felsenwand bildet. Alles ist hier Kalkstein. Die ganze Gegend von hier bis Hössn ist hügelig und an vielen Stellen nacktfelsig.

Hössn ist zweieinhalb Stunden von Barrahha, um einen Hügel und eine Art Festung auf einem Hügel, von einem Sohne des Schech Daher erbaut, und Häuser darin. Die Einwohner bestehen aus dreißig griechisch-christlichen Familien, die übrigen sechzig sind mohammedanische Familien. Bei Abdallah el Gannemi ist ein Zimmer an einer überhängenden Felsenwand, daher es eine halbe Grotte bildet.

16. Februar (Sonntag). Heute besuchten wir die Kirche von Hössn, die aber zu den Elendesten gehört, die ich je sah. Zum Frühstück und Mittagsessen waren wir ausgebeten, wo man uns nach hiesiger Art gut bewirtete, weil man uns für Griechen hielt. – Für morgen ist ein Mann angenommen, der mich nach Draá führt. Ich muss mich fast nackt kleiden, wie der elendeste Bettler (méslach). – Abdallah hatte einen ungeheuren pechschwarzen Bart, eine krumme Nase und das Gesicht eines Italieners.

17. Februar (Montag). Tour nach Draá. Ich nahm einen Verwandten des Abdallah zu meinem Führer an. Kein Pferd, Esel etc.

war zu erhalten, aus Furcht für die Araber, besonders die Beni Szahhar. Ich musste mich also entschließen, méslach zu geben, d. h. in so schlechter Kleidung, dass es nicht möglich ist, dass die Araber etwas von einem nehmen können. Auf mein weißes Unterkäppchen legte ich ein altes zerrissenes Tuch und band es mit einem Leinwandfetzen um den Kopf fest. Ein gutes Hemd und einen Entary verbarg ich unter ein altes gänzlich zerrissenes Hemd, und eine gute leinene Unterhose unter einer alten zerfetzten. Über diese zog ich einen alten Abbáje an, der ebenfalls zerrissen war, und den ich mir von einem jungen Menschen geliehen, der den Schullehrer machte. Über die Fußsockel zog ich ein Paar alte zerrissene Schuhe an, wovon ich einen vermittelst eines Fetzens um den Fuß festband. In die Hand nahm ich einen starken Stecken. So war ich in meinem Leben noch nicht ausstaffiert worden, und es möchte schwer gehalten haben, einen Bettler bei uns zu finden, der elender bekleidet war. Mein Bart bedeckte meinen Hals, und mein Schnurrbart meinen Mund. In der Tat, eine Vogel- und Kinderscheuche für mein Vaterland.

Der Weg von hier nach Ramta ostwärts führte über herrliche Felder. Eine halbe Stunde von hier liegt das Dorf Szaríehh am Wege, und weiterhin noch ein zerstörtes Dorf, wo Basalt und Kalkstein. – Ramta ist etwa drei Stunden von hier entfernt, und Draá von Ramta zweieinhalb Stunden ostnordostwärts. Ramta liegt auf einer Anhöhe von Kalkstein. Es ist ein ziemlich beträchtliches Dorf, obgleich man dies nicht vermuten sollte, da die meisten Häuserdächer mit der Erde gleich sind und die Zimmer um den vertieften kleinen Hofplatz herumgebaut sind. Auf dem höchsten Teil des Hügels steht eine mohammedanische kleine Moschee mit einer Kuppel, das Haus des Schechs und ein Haus zur Rossmühle, welche für hiesige Gegend ansehnlich sind. Wir kehrten bei einem Mohammedaner ein. Alle Einwohner sind Mohammedaner, etwa siebzig bis achtzig Familien. Ich war nicht gewohnt, in so schlechten Schuhen zu gehen, und daher wäre es mir nicht möglich gewesen, heute nach Draá zu gehen, hätte ich nicht glücklicherweise einige Bauern gefunden, welche dorthin zogen, um von Haurân Weizen zu holen. Ich mietete ein Kamel und ritt nach Draá.

Draá, vorhin eine bedeutende uralte Stadt, liegt am südlichen

Ufer eines Wuâdy, Wuâdy el Middán genannt, der eng und ziemlich tief ist, und in welchem jetzt fließendes Wasser war; im Sommer und Herbst ist er aber trocken. Draá liegt auf einer kleinen Anhöhe. Von der Stadtmauer sieht man jetzt nichts mehr. Man sieht nur eine ziemliche Anzahl elender Häuser, größtenteils aus rohen Basaltsteinen gebaut, welche noch vor etlichen Jahren von einigen Bauernfamilien bewohnt wurden, die diesen Ort wegen der Bedrückung des Hakim und der Araber verlassen mussten, welche Letzteren von Jahr zu Jahr ihr Gebiet auf den Ruinen und Schutt verlassener Orte erweitern. Überhaupt ist Haurân, Dschaulân, el Botthîn, el Belka und Edschlûn das Paradies der Nomaden, und ostwärts auf ihren Winterzügen finden sie nie eine ähnliche Weide. Es ist hier ein viereckiger kleiner Turm und die Ruinen eines Gebäudes, was vorhin vielleicht eine Kirche war. Ein ausgemauerter Teich ist ohne Wasser. Man sieht hier nichts Merkwürdiges, als eine gute Brücke von Basaltquadern von fünf Bogen über den Wuâdy, welche auf einem Rand eine höhere Mauer hatte, die vorhin vielleicht zur Wasserleitung diente, um das erwähnte Bassin zu füllen. Neben der Brücke war bei dem Brunnen ein hübscher Basaltwassertrog befindlich, der vormals vermutlich ein Sarkophag war. Obgleich hier alles Mauerwerk aus Basalt besteht: so habe ich doch keine Brüche und Felsen davon gesehen, doch muss er nahe sein. Nordwärts sieht man eine Stunde entfernt einen beträchtlichen Hügel. – Bedeutender als Draá sollen die Ruinen der Stadt Üm ed Dschemâl sein, das vier Stunden von dort südostwärts, und die von Üm es Szurrab, welche zwei Stunden ostwärts liegen. An beiden Orten, besonders in Üm ed Dschemâl, soll man Inschriften finden.

Von Draá kehrten wir wieder nach Ramta zurück, wo ich des Abends äußerst ermüdet ankam. – Etwa eine Stunde vor Ramta stießen wir auf einen Araber der Beni Szahhar; er sprach mit Aaser, indes ich weiterging. Kaum hundert Schritte weiter eilte ein Araber, mit Flinte und Säbel bewaffnet, vom Hügel herab auf mich zu, und rief mir zu: stille zu stehen. Er hatte sein Kopftuch vorgezogen. »Woher? Wohin?« – Ich ging mit ihm zu den anderen. Man durchsuchte meine Taschen, fand aber bloß einen leeren Tabaksbeutel und ein wenig trockenes Brot. Sie sahen meine Pflanzen. Aaser gab ihnen jedem ein Brot. Nun öffnete der eine Araber sein Gesicht. Er war jung und lächelte, dass er mich, einen Arzt, ohne Furcht sah. Jetzt sah ich auffallend, welchen Vorzug der Bettler vor Reichen hat, denn nie befürchtet er Plünderung, Diebstahl etc.; hat er nur so viel, seinen Hunger zu sättigen, so ist er glücklich; Ehrgeiz kränkt ihn nie etc. Unglück ist in der Tat nur scheinbar und alle Menschen sind gleich glücklich.

18. Februar (Dienstag). Wir kehrten wieder bei dem nämlichen Müslem ein, denn es waren gute Leute, und gingen des Morgens nach Hössn zurück. Ich wurde bisweilen als ein wirklicher Armer angesehen und zurückgesetzt. Dies war mir ungewohnt und bisweilen unangenehm, wenn ich meine Rolle vergaß. Kleider machen Leute!

Wir fanden nach diesen zwei Räubern noch drei Araber am Wege, wovon zwei eine Schale Kamelmilch verzehrten; sie hüteten eine Kamelherde, die zerstreut auf dem Hügel graste.

19. Februar (Mittwoch). Reise nach Mkês und Abîl. Ich kleidete mich wieder wie zuvor, oder noch schlechter; doch hatte ich mir bessere Schuhe von Jûszef geborgt.

Wir hatten einen näheren Weg nach Irbid gewählt, der über fruchtbare Felder führte. Links blieb Edûn liegen. Nach etwa zwei Stunden kamen wir in Irbid an, wo fünfzig bis sechzig mohammedanische und zwei griechisch-christliche Familien wohnen. Von hier bis Mkês rechnet man vier bis fünf Stunden.

20. Februar (Donnerstag). Da es heute kalt, stürmisch und regnerisch war, so blieben wir hier. Ich besah das Dorf.

21. Februar (Freitag). Obgleich die gestrige Witterung fortdauerte: so gingen wir doch nach dem eine halbe Stunde entlegenen Bárhha, wo wir bei einem griechischen Christen einkehrten, welcher dort der Einzige ist. Ich erwärmte meine halb durchnässten Kleider, worauf wir nachmittags weitergingen. Wir kamen durch einen Grund, und flüchteten uns unter eine Felsengrotte des heftigen kalten Regens wegen, wo wir zwei Leute fanden. Da der Regen nicht aufhörte: so gingen wir weiter, und kamen bei einem zerstörten Dorfe vorbei, wo noch ein paar mohammedanische Bauern unter der Erde wohnten, und kamen völlig durchnässt in Kuffr Rachta an. Da der Weg über Getreideäcker ging, deren Boden lehmig ist: so hatte ich alle Mühe, mit

den Schuhen fortzukommen. In Kuffr Rachta sind vier griechische Familien, bei deren einer wir einkehrten. Die Übrigen sind Mohammedaner. Auch hier waren Kellergewölbe. Ich hatte alle Mühe, meine Kleider zu trocknen, indem das Holzfeuer schlecht brannte, weil man das Brennholz draußen liegen lässt und die Äste völlig nass waren.

22. Februar (Sonnabend). Da Aaser nicht allein gehen wollte: so nahm ich von hier noch einen bewaffneten Mann mit. Wir kamen durch eine hügelige, mit einzelnen wilden Bäumen und auch einigen Ölbäumen besetzte Gegend, die das Äußere des Elkpherât hatte. Ich musste mich gleich bei dem Ausgang aus dem Dorf entschließen, mit entblößten Füßen zu gehen, weil in dem Lehmboden durchaus mit den Schuhen nicht fortzukommen war. Dies war eine wahre Pönitenz, die mir von keinem Geistlichen diktiert war. Die Kälte des Wassers und Schlammes, und noch mehr nachher der griesige Boden waren mir sehr beschwerlich, und oft hätte ich vor Schmerz aufschreien mögen; allein ich musste fort.

Gegend Abend kehrten wir, wiederum durchnässt, in eine große Höhle ein, welche von einer zahlreichen mohammedanischen Familie bewohnt wurde. Diese Gegend ist voller Höhlen, wovon viele künstlich sind, und manche bewohnt werden. Dieser Höhlenort heißt Dschedûr. Die Höhle bildete einen Halbkreis, und war auswärts offen. An einem Ende saßen ein paar Weiber und Kinder um ein massiges Holzfeuer, worauf ein Topf mit Graupen befindlich war, wozu man noch gesammelte wilde Kräuter warf. Wir drei setzten uns auf einer Binsenmatte gleichfalls zum Feuer, das mich aber nur sehr mäßig wärmte. Der Hausvater, ein Greis, gesellte sich zu uns, und bald nachher kamen die Übrigen mit dem Vieh zur Höhle, welches aus ein paar Kühen, einem Esel und anderthalb hundert schwarzen Ziegen bestand. Die Zickel erwarteten ihre Mütter und sprangen froh um sie herum und auf den Felsenstücken; der Esel aber war in metaphysische Spekulation vertieft und kümmerte sich um die Welt nicht. Die Mutter nahm ein wenig in einen hölzernen Löffel aus dem Topfe, tat es in eine kleine hölzerne Schale, nahm mit den Fingern etwas davon und gab ihrem kleinen Kind dasselbe in den Mund.

23. Februar (Sonntag). Am folgenden Tage ging es endlich nach Mkês. Ich wollte wieder versuchen barfuß zu gehen, aber es war mir nicht möglich, weil der Boden griesigt war. Glücklicherweise blieb er so und ich konnte mit Schuhen fortkommen. Die Gegend wurde immer zerrissener und bergiger, endlich ging es einen sehr engen tiefen Grund hinab, Wuâdy el Arab genannt, worin ein Bach fließt, der auch im Sommer Wasser behalten soll. Es ist eine Mühle an demselben. Auf der anderen Seite ging es nun wieder steil den Berg hinan, worauf Mkês liegt. Er besteht an seinen Seiten meistenteils aus einem weißen mürben Kalkstein oder Kalkmergel mit vielen schwarzen dünnen Feuersteinschichten. Ganz oben ist wieder fester Kalkstein. Mkês liegt auf dem Bergrücken. Es sind hier etwa sechs bis sieben mohammedanische Familien, in künstlichen Höhlen wohnhaft, die ganz in Felsen ausgehauen und sehr geräumig sind, sodass sie auch für ihr Vieh dienen. Man sieht oben nur wenig Mauerwerk. Es sind hier eine Menge Eingänge zu Höhlen, welche Türen haben, und eine Menge Sarkophage von Basalt, mit ihren Deckeln, die davon abgesondert sind. Man hat sie um etliche Eingänge zu Höhlen in die Mauer gestellt. Manche haben artige Verzierungen, z. B. Genien, Blumenkränze haltend und Girlanden, einzelne Köpfe en face und andere Verzierungen, woraus man sieht, dass sie aus den Zeiten der Blüte dieses Ortes herrühren. Auch fand ich manche Säulenenden von Marmor, und eines von Puddingstein. Die Sarkophage betragen vielleicht etliche hundert, und beweisen den ehemaligen Wohlstand der Einwohner. Die Höhlen dienten vielleicht zu Familienbegräbnissen. Ich habe in etlichen benachbarten Dörfern in den Höfen der Scheche Wassertröge gesehen, welche wahrscheinlich Sarkophage von Mkês waren. Es ist zu bewundern, dass sich der Basalt so lange und so gut erhalten. Die meisten Sarkophage sieht man auf der Westseite des Dorfes, wo auch viele Säulenenden. Dort sieht man auch die Trümmer eines sehr ansehnlichen Gebäudes aus dem Altertum, wovon noch ein wenig Mauerwerk steht, welches aus großen Marmorquadern ohne Mörtel besteht. Man sieht noch einen gewölbten Gang in demselben, welcher in den oberen Teil führte, und worin eine Treppe war. Dies Gebäude scheint ein altes Palais gewesen zu sein.

Wir begaben uns in eine der bewohnten Höhlen zu der Familie eines Mohammedaners. Sie war, wie die zweite Höhle in Dschedûr, etwa acht Fuß hoch und oben ganz flach. Wir aßen hier ein wenig und darauf ging ich mit dem bewaffneten Mann an der Nordseite des Berges ins Tal von Scheriât Mandûr oder Mcheddi hinab, um die schon früher erwähnten heißen Quellen zu besuchen, die vormals Gadára so berühmt machten. Denn obgleich Gadára auf der Charte auf der Nordseite des Scheriât Mandûrr steht, so weiß ich doch dort keinen Ort, wo bedeutende Ruinen wären, und ich glaube, Mkês sei das alte Gadára. Es liegt auf einem hohen Bergrücken, welcher hier durch zwei Wasser gebildet wird, nordwärts durch den Mandûr und südwärts durch den Wuâdy el Arab, welcher sich gleich unterhalb Mkês mit dem Mandûr vereint. Die Bäder sind jedes nur eine Stunde davon entfernt, und zwar Hammet es Schech nordnordwest, Hammet Kibbrid nordwärts, und noch eine andere Quelle, welche am wenigsten heiß ist, ostnordost. Sie liegen alle in der Entfernung von etwa einer Stunde voneinander, an dem nördlichen Ufer des Mandûr. Ich wollte zur ersten Quelle gehen, welche völlig so heiß sein soll als die zu Taberia. Der Weg führt eine steile Bergseite hinab bis an das Ufer des Scheriât Mandûr, zur Furt. Wir fanden dort einen kleinen Haufen Zelte der Mandûr-Araber, und beim Zelte des Schechs einen Haufen Araber um eine Schüssel sitzend, welche Brot mit Milch gemengt aßen. Wir wurden zum Reste eingeladen. Ich erfuhr zu meinem Missvergnügen, dass des Regens wegen es in drei bis vier Tagen nicht möglich sei, den Mandûr zu passieren. Das Hammet es Schech liegt gleich auf dem anderen Ufer, und man sieht dort noch einen ruinierten Chân. Dies Bad mag zwei Stunden von Fîk entfernt sein. Völlig durchnässt kamen wir wieder in Mkês an. Der Bewaffnete ging fort und ich mit Aaser nahm einen anderen Weg, um in dem Gebiet der Beni Szahhar zu bleiben. Auf dieser Seite von Mkês sind etliche schöne künstliche Höhlen. Es waren auch Araber mit Schafen und Kamelen da. Ein berittener Araber, mit einem Speer bewaffnet, raubte mir das Pfeifenrohr. Lange nach Sonnenuntergang kamen wir äußerst ermüdet in dem mohammedanischen Dorfe Szammar an, wo wir im Mensil blieben.

25. Februar (Dienstag). Ich hatte mit drei Mohammedanern Kontrakt gemacht wegen meiner Reise nach Abîl; aber alle logen. Ich ging ganz allein in Regen und stürmischer Witterung nach Bêt er Râs eineinviertel Stunde lang zum Schech. Es liegt auf einem Berg und es wohnen etwa vierzig mohammedanische Familien in Gewölben und Höhlen. Auf dem Weg dahin traf ich viel Basaltgerölle an. Bêt er Râs war vormals eine Stadt und man sieht dort noch viele Säulenenden. Der Schech verschaffte mir einen jungen Führer. Abîl liegt nordwärts von hier zwei Stunden. Wir verfolgten einen einsamen Grund und kamen an einem verlassenen Dorf vorbei, das meist aus Höhlen bestand. Ein Araber der Beni Szahhar kam mit seinem Speer auf uns zugaloppiert von der Anhöhe herab, allein er kannte meinen Führer und zog daher, mich begrüßend, ab. Noch kamen ein paar andere Araber, welche Kamele hüteten. Wir verirrten uns in dem engen Talgrund des Mandûr, dessen Seiten ungemein steil sind und viele dünne schwarze Schichten Feuersteine zeigten. Endlich fanden wir Abîl. Es liegt in der Nähe des Mandûr, und zwar südwärts davon auf einer großen Anhöhe, welche ostwärts einen Grund hat, worin eine Quelle fließt, und westwärts einen trocknen Grund, welche sich unter Abîl vereinigen. In den Bergseiten von mürbem Kalkstein sind viele Höhlen, die für Verstorbene dienten, wie man aus den Abteilungen inwendig sah. Man sieht dort noch viele Fundamente, Stücke von der schönen alten Stadtmauer, Gewölbe, Säulen von schmutzig-weißem Marmor, Basalt und grauem Granit. Die von Basalt schienen ionischer Ordnung gewesen zu sein.

Über das kleine Wasser führt eine steinerne Brücke von einem Bogen in die Stadt, die gänzlich zerstört ist, und wo keine Seele wohnt. Die beiden Gründe wurden durch einen tiefen Quergraben miteinander an der Südseite vereint; und über diesen führte auch eine steinerne Brücke, wovon noch ein Bogen steht. Die Lage machte diesen Ort ziemlich fest. Auf der Südseite dieses Grabens in der Entfernung von etwa hundert Schritten sieht man unterschiedliche Säulen, worunter ein paar sehr große von grauem Marmor, wovon das Kapitell eine besondere Verzierung hatte. Vielleicht stand hier ein Tempel auf dieser Anhöhe.

Wir kehrten nun bei beständigem Regen nach Bêt er Râs zurück, wo wir völlig durchnässt ankamen. Da wenig Holz vorhanden war: so konnte ich meine Kleider nicht trocknen.

26. Februar (Mittwoch). Der Bruder meines Wegweisers nach Abîl ging mit nach Hössn. Das Wetter war für hiesige Gegend ungemein rau. Es wehte ein heftiger Südostwind, und es regnete abwechselnd den ganzen Tag, oft mit untermischtem Hagel, der sich aber auf der Erde nicht sehen ließ. Es war dabei empfindlich kalt. Wir kehrten bei dem guten Schmied ein, und nachher in Edûn beim Schech, um uns ein wenig zu erholen. Überall mangelte es an Brennmaterialien, weil man keinen Vorrat davon macht, und jetzt nicht ausgehen konnte, um Holz zu holen. In Edûn sind auch viele Häuser in Felsengrotten. Man findet in dem härteren Kalkstein bisweilen viele Abdrücke von Bivalven. Der Schech fragte mich, ob ich ein Schuhflicker sei, wahrscheinlich, weil ich Schuhe von Damask hatte. In Hössn war alles voll; Abdallah war des Regens wegen noch nicht zurück. Gegen Abend kamen vielleicht zweihundert Araber von Belka ins Dorf, welche sich verteilten. In unser Quartier kam einer zu Pferde und sieben zu Fuß. Sie suchen Raub. Das letzte Holz wurde verbrannt. Jûszef machte den Erzähler, und alle hörten ihm aufmerksam zu, weil er gut erzählte. – Ich hatte meine Kleider gewechselt und dies machte mir nach langer Entbehrung ein großes Behagen.

3. März. Die arabischen Bauern sind im Ganzen genommen eine schöne Volksrasse. Sie sind wohl genährt, muskulös und wohl gewachsen. Man sieht viele gebogene Nasen, und manche große Leute unter ihnen. Sie stehen in diesem Stücke den Béddauíh weit vor, die schlechter gewachsen, von schlechteren Gesichtszügen, dunkelbraun etc. sind.

Im ganzen Paschalik kaufen die Männer ihre Weiber; die Bauernweiber kosten jetzt etwa fünfhundert Piaster, welche der neue Ehemann in Getreide, Vieh, Gewehr etc. nach und nach abträgt. Die Béddauíh Anaseh und Beni Szahhar zahlen für ihre Frauen nichts, vielleicht weil sie weniger Arbeit haben als die Bauernweiber, die wahre Sklavinnen sind.

Heute war es wieder ziemlich kalt. – Ich verkaufte meine Pistolen zu dreißig Piaster und nahm den Schulmeister Chalîl in Dienst.

Die Ruinen von Gerasa

6. März (Donnerstag). Mit Sonnenaufgang reisten wir ab. Das Wetter war schön, aber kalt.

8. März. Bei Szûf sind viele rauschende Quellen im Tal, die aus den Felsenseiten quillen.

9. März. Es gibt hier in Szûf viele Sarkophage mit hübschen Verzierungen.

Nach einer halben Stunde kamen wir zu einem zerstörten Dorf, und eine halbe Stunde weiter nach el Dêr ibn Lieh, das ebenfalls zerstört ist. Dann kamen wir nach Dscherrásch, dem alten Gerasa. Hier sieht man noch die Reste eines herrlichen Amphitheaters in einer Vertiefung. Es stehen noch zwei herrliche Säulenreihen vor demselben, zum Teil mit ihrem Gebälk, korinthischer Ordnung von einem rötlichen herrlichen Marmor und noch trefflich erhalten. Einige dieser Säulen sind umgefallen.

Das Amphitheater hat zwei Abstufungen von Bänken. In der unteren zählte ich fünf, in der oberen acht, und an dem Absatz waren Nischen, vielleicht Ehrenplätze für die Vornehmeren. Unten sind Gewölbe und vier Eingänge dazu. Dies waren vermutlich die Tierställe.

Ostwärts von diesem Gebäude, etliche Schuhe vertiefter, war eine lange Reihe Säulen ionischer Ordnung, größtenteils mit ihrem Gebälk. Außerhalb der Reihe sieht man eine gepflasterte

Gasse von Quadern und sechsundzwanzig Säulen ionischer Ordnung. Auf jeder Seite einer schön gepflasterten Gasse war eine Kolonnade. – Auch sahen wir noch andere Reste von Gebäuden, und an einer anderen Stelle große umgestürzte Säulen korinthischer Ordnung.

Von einem schönen Tempel standen noch in einer Reihe sieben korinthische Säulen mit ihrem Gebälk, und nach dem Chorende zu lag eine umgestürzte Säule von schön poliertem ägyptischen roten Granit. Ich kopierte hier einige Inschriften.

Auf einer höheren Lage stand ein ziemlich erhaltener schöner Tempel, wo vor der Türe ein Peristyl von zwölf großen korinthischen Säulen, wovon noch elf stehen, vom größten Fleiße.

Eine bewundernswürdig schöne gerade Kreuzstraße hatte auf beiden Seiten schöne korinthische Säulen, wovon noch fünfzig bis sechzig stehen. Auf dem Durchschneidungspunkt standen vier große Piedestale, unten mit Nischen auf jeder Seite, vielleicht zu Statuen.

Zu Ende einer dieser Gassen an dem Südende ist ein runder Platz mit sechzig ionischen Säulen umgeben mit ihrem Gebälke, und am Ende davon an der Seite einer Anhöhe die Ruinen eines großen Palais, welches die Aussicht durch diese lange gerade Gasse hatte. Dieser Palast oder Tempel hatte vorn ein Peristyl von sehr großen korinthischen Säulen, wie die zu Baalbek, aber alle umgestürzt. Der Tempel zur Seite hat noch etliche Säulen, und an der Außenmauer mehrere Nischen. Westwärts davon stand noch ein schön erhaltenes Amphitheater. Man zählt vierzehn Stufen unten, und in der zweiten höheren Abteilung noch vierzehn. In dem Absatz sind vier Zimmerchen. Die Sehne des Bogens ist durch ein herrliches Säulengebäude von korinthischer Ordnung geschlossen. Weiter nach Süden oder Südwest sieht man ein trockenes Bassin, und weiterhin ein jetzt einsam stehendes Stadttor von schöner Form. Das mittlere Tor ist hoch und hat auf jeder Seite ein niedrigeres Tor.

Die halbrunden Pflaster in- und auswendig haben zum Piedestal Säulenknäufe von besonderer hübscher Verzierung. Man nennt es Bâb Ammán, weil in dieser Richtung Ammán liegen soll. Das Mitteltor ist achtzehn Schuhe weit.

In Dscherrásch stehen noch jetzt wirklich über zweihundert

gezählte Säulen; aber die Zahl der umgefallenen ist unendlich größer.

11. März (Dienstag) Wir reisten heute vor Sonnenaufgang ab. Bis zum Wasser der Serka ging es fast immer bergab, eine kleine Stunde lang. Das Serkatal, wie das des Mandûr, ist mit steilen Bergen auf jeder Seite eingeschlossen, unten ohne Bäume und höher als am Mandûr. Unterwegs traf ich bittere Mandeln, die so groß waren wie Taubeneier.

Es Szalt ist fünf Stunden südwärts von der Serka. Von es Szalt bis Rihha ist eine Tagreise. Die Kinder Israel sollen dort durchgegangen sein.

Wir kamen in einen steinigen Grund, der sehr sorgfältig kultiviert war. Die steilen felsigen Seiten waren terrassiert, und ich wurde durch eine Kultur überrascht, die fast der auf dem Libanon gleichkam. In diesem Grunde ist ein hoher steiler Hügel, auf welchem das Schloss, und an dessen Seiten die Häuser von Szalt liegen, die alle platt und von Kalkstein sind. Wir kehrten bei dem Schech Bulus Abu Scheitît ein.

13. März (Donnerstag). Tour nach Amman. Unser heutiger Weg führte uns durch einen engen felsigen Grund. Wir fanden Terrassen, eine Grottenkirche, Öl- und Feigenbäume. Oben lagen Horn- und Feuersteine. Auf dieser Höhe wehte ein kalter Wind, übrigens war das Wetter schön.

Rechts liegt Abdûn, welches verwüstet ist. Im Grund trafen wir Zelte von Arabern, Kamele und zwei Schafherden. Nachher kamen wir an einen Bach im Grund, worin viele Frösche waren.

Wir sahen eine zerstörte Brücke von drei Bogen, Säulenenden, auch ein schönes viereckiges kleines Gebäude mit einer massiven Kuppel und mit Eckpilastern korinthischer Ordnung. Auch eine ruinierte große Kirche, von welcher noch viel Mauerwerk und der von Quadern erbaute halbe Turm steht. Außerdem sahen wir noch Reste eines großen Gebäudes, welches schön und mit etlichen starken Säulen von Kalkstein verziert war. Hier war der Bach ausgemauert. Weiterhin sahen wir einen ruinierten schönen Tempel mit korinthischen Verzierungen. Es stehen außerdem noch etliche Säulen. Das Chorende war westwärts. Ein herrliches Amphitheater, dessen Bogensehne vierzig Schritte hielt, stand auch noch. Die Treppensitze bestanden aus

Das Theater von Amman

drei Absätzen; über dem zweiten sind kleine Zimmerchen. – Ganz oben ist eine Tür in der Mitte und unten auf der Arena sind ebenfalls zwei große Türen zu Gewölben. Alles ist von weißlichem Marmor gebaut. Davor steht noch eine Reihe von acht korinthischen Säulen mit ihrem Gebälk ohne Piedestal. Ich zählte zweiundvierzig Sitze übereinander. Das Obere ist ein blasses gewölbtes Zimmer, eine Art Alkoven auf beiden Seiten mit einer niedlichen Nische. Alle Sitze sind unterwölbt und vor dem Theater stehen noch vier andere Säulen ohne Gebälk. Neben dem Amphitheater steht noch ein anderes zerstörtes ansehnliches Gebäude, das vielleicht eine Kirche war.

An den Seiten dieses engen Grundes sieht man viele Eingänge zu Grotten und Gewölben. Auf der Nordwestseite des Grundes auf dem Berge sieht man gleichfalls noch viele Ruinen, vorzüglich aber einige umgestürzte ungeheure Säulen korinthischer Ordnung. Dies Säulengebäude bildet eine Rotunde und muss sehr ansehnlich gewesen sein. Der rot- und weißbunte Marmor ist ungemein schön und dauerhaft. Von der Stadtmauer sieht man noch einige Spuren, und man sieht daraus, dass ihr Umfang bedeutend war.

Der Boden umher ist meistens dürr, steinig und griesigt, und das Wasser ist nur vier bis fünf Schritte breit. Der Oberteil der Stadt war, gerade wie Abila, mit einem tiefen Grunde umgeben. Oben stand noch eine Moschee (?).

Vor sechs Zelten weideten Schafe und Kamele. Wir wurden mit Kaffee und frischem Brot bewirtet.

14. März. In es Szalt sind sechzig bis siebzig christliche Häuser, und das Dreifache von mohammedanischen. Es sind hier zwei Pfarrer und eine Kirche. Die Einwohner genießen einer seltenen glücklichen Verfassung, indem sie durchaus keine Abgaben zu bezahlen haben. Es sind etliche Scheche im Schloss, welche aber nur insofern Scheche sind, als sie Fremde und Gäste bewirten. Aber sie haben im Geringsten nichts über die Übrigen zu sagen und Abgaben von ihnen zu heben. Bloß wenn vornehme Gäste kommen, so trägt jeder ein wenig zur Bewirtung derselben bei, und überdem ist ein Mensil vorhanden, worin über alle Ausgaben Rechnung geführt wird, die nach einem Jahr summiert und die Bezahlung verteilt wird, die sich auf jedes Haus zu etwa drei bis vier Piaster beläuft. Weder Kopfgeld noch Grundsteuer etc. bezahlen sie. Vor etwa zwanzig Jahren schwang sich einer von der arabischen Familie Aduân zum herrschenden Schech auf. Allein Ibrahim Pascha von Damask, Vater des jetzigen Paschas Abdallah, belagerte die Burg, und auf sein Verlangen erhielt er das Haupt dieses Schechs, worauf er abzog, und seitdem ist es Szalt ohne Haupt. Es sind hier die Überlieferungen der Béddauíh, Blutrache, und die zu ihnen Entflohenen werden mit Gefahr des eigenen Lebens beschützt und nicht herausgegeben.

18. März (Dienstag). Heute machten wir Kontrakt mit einem Mann, um uns nach Kárrak zu führen. Da aber der morgige Tag, der Mittwoch, hier immer zum Anfang der Reise für unglücklich gehalten wird, so wurde der Donnerstag zu unserer Abreise festgesetzt. Man hatte uns mehrmals belogen.

21. März (Freitag). Reise nach Kárrak. Nach vielem vergeblichen Harren ging es heute endlich vorwärts. Ein bewaffneter Christ, namens Hassan, brachte uns fort. Chalîl und ein Mann von Akke gingen zu Fuß mit. Wir zogen südwärts einen beträchtlich hohen und steilen Berg hinan und ließen Wuâdy Schoáib rechts liegen.

Nach etwa fünftehalb Stunden von es Szalt kamen wir an ein

Dutzend Zelte der Araber Beni Száhhar, wo wir die Nacht blieben. Es kamen bald nach uns noch etliche Bauern von es Szalt und etliche Araber, die gleichfalls hier übernachteten. Es kam ein kleines Gewitter. Es wurden zwei Feuer im Zelt angezündet und zwei Kreise gebildet. Der Fasten wegen wurden wir bloß mit Kaffee und Brot bewirtet, sonst hätte man ein Lamm geschlachtet. Die Araber aßen Kamelmilch, die etwas dick war, das Ansehen einer Creme hatte, und die uns unsere Fasten schwer fühlen ließ, so einladend war ihr Anblick.

22. März (Sonnabend). Des Morgens herrschte ein dicker Nebel und die Berge fingen nach aufgegangener Sonne zu dampfen an. Wir zogen mit Sonnenaufgang weiter, weil wir heute einen starken Marsch vorhatten. – Wir kamen über guten Boden, der aber völlig ohne Kultur lag, und größtenteils mit der stachligen kleinen Bullân bewachsen war, die der Gegend das Ansehen eines Heidefeldes gab.

Nach einer halben Stunde kamen wir an Chürbet Naûr, wo der Wuâdy Naûr mit Wasser fließt. Man zeigte mir links am Wege einen Hügel, worin in einer Grotte alte Zeichnungen befindlich sein sollen. Etwa drei Viertelstunden weiter erreichten wir die Ruinen von el Eale, wahrscheinlich Eleale auf der Karte, das aber irrig südwärts von Hüsbân gezeichnet ist. Es liegt auf einem Hügel an einer Bergebene, die weiterhin hügelig und wellig ist.

Eine halbe Stunde dahinter kamen wir an Hüsbân, das auf einem hohen Hügel liegt, der fast ganz aus nacktem Kalkstein besteht. Außer einigen umgestürzten Säulen findet man hier nichts Bedeutendes. Am Wege links war hier ein ausgemauerter Teich, neben welchem wir einige Rinder nebst etlichen arabischen Hirten antrafen. Westwärts von Hüsbân entspringt in dessen Nähe der Nahhr Hüsbân, welcher sich in den Jordan ergießt. An diesem kleinen Flüsschen sollen etliche Mühlen befindlich sein.

Gleich dahinter begegnete uns ein Trupp Araber von zehn Mann, welche zum Teil mit Luntenflinten bewaffnet waren. Hassán kannte einige davon und daher ließen sie uns ungehindert ziehen. – Der Boden ist in dieser Gegend ungemein gut, aber er liegt völlig ohne Kultur, und dient bloß den kleinen Schaf-, Ziegen-, Rinder- und Kamelherden der Araber zur Weide. Die offene wellige und hügelige Gegend wurde hier zu einer fast unabsehlichen Ebene. Links vom Wege, etwa anderthalb Stunden entfernt, zeigten sich die Ruinen von Schelûl auf einem Hügel. – Es gibt hier überall sehr häufig Maulwürfe, wie die zahlreichen Hügel beweisen. – Jûszef wollte aus dem Vorhandensein einer gewissen kleinen Pflanze wissen, dass hier Trüffeln angetroffen werden.

Nach einer Stunde auf dieser Ebene kamen wir an drei verwüstete Orte. Eine halbe Stunde weiter erreichten wir die Ruinen von der vormaligen Stadt Mádabá, welche, wie Hüsbân, auf einem felsigen Hügel liegt. Außerhalb der vormaligen Stadtmauer westwärts fand ich noch die Reste eines ansehnlichen Gebäudes, wovon außer zahlreichen Mauern noch zwei Säulen von Marmor mit ihrem Gebälk standen, die sehr alt zu sein schienen. Die eine war ionischer, die andere schien mit der korinthischen Ordnung am meisten übereinzustimmen. Unter und neben diesem Gebäude waren viele in Felsen ausgehauene Grotten. Man sieht hier noch am Fuße des Hügels einen großen mit Quadern ausgemauerten Teich, der aber jetzt trocken ist.

Um ein Nachtquartier zu erhalten, suchten wir arabische Zelte auf. Wir fanden endlich fünf in einem kleinen einsamen Grunde völlig versteckt. Sie gehörten den Arabern Beni Száhhar. Unglücklicherweise hatte man kein Wasser und in der Gegend war keines vorhanden. Sie trinken in solchen Fällen die Milch der Kamele und Schafe, und können auf diese Art das Wasser entbehren, weil sie oft keine andere Speise zu sich nehmen. Auch wir wären gern damit zufrieden gewesen, wenn uns die Fasten nicht gehindert hätten. Da auch kein Brotkorn vorhanden war, und auch Mehl ohne Wasser nicht hatte bereitet werden können: so mussten wir, ohne im Geringsten etwas genossen zu haben und ohne dort übernachten zu können, wieder aufbrechen, um andere Araber aufzusuchen. Die Gegend war hier sehr bergig und felsig. Wir kamen ein ruiniertes Dorf vorbei, namens Libb, und gleich darauf erblickten wir in einem kleinen felsigen Grund zweiundzwanzig Zelte, welche von den Arabern el Hattabíje bewohnt waren. Da Hassán mit ihnen bekannt war: so blieben wir daselbst über Nacht, nachdem wir heute sieben bis acht Stunden zurückgelegt hatten.

24. März. Kárrak zeigt sich beinahe von ferne wie es Szalt, vorzüglich in Hinsicht des Schlosses.

Man sieht von der Anhöhe bei der verfallenen Moschee einen Teil vom Toten Meer und das Gebirge von Jerusalem. Dies ist ein hübscher Anblick. Man würde in zwei Tagen in Jerusalem sein können, wenn man über den See gehen könnte. – Nach dem Südende zu passiert man im Sommer den See in fünfeinhalb bis sechs Stunden. Das Wasser geht bis an die halben Schienbeine, aber die Füße schmerzen unten von dem Salz, sodass es sehr beschwerlich ist. Man richtet sich, wenn man durchgehen will, nach gewissen Merkmalen am beiderseitigen Ufer.

25. März (Dienstag). Heute früh fielen Regenschauer. Die Leute hier sind ungemein gastfrei und zanken sich freundschaftlich, wer den anderen bewirten soll; dieser Streit soll bisweilen ernsthafte Folgen gehabt haben. Das Brot scheint hier nicht so wohlschmeckend zu sein, als in es Szalt. – Heute Morgen bewirtete uns der junge Priester auch mit Oliven und vielem Kaffee.

Die Araber von Hebron passieren am sichersten unter den Arabern um den Toten See. Fische gibt es in diesem See keine. Der Bischof zog im vorigen Jahr einige Stunden neben demselben hin und ließ das Wurfnetz auswerfen, fing aber nichts.

Die hiesigen Einwohner sind ohne Gesetze, und daher ist es umso rühmlicher für sie, dass sie noch so gut sind als sie sind. Ein Mann von etwa vierzig Jahren versicherte mir, er wisse sich nur eines Falles zu erinnern, dass ein Einwohner den anderen in der Hitze durch einen Schlag getötet habe. In den Fehden mit den Arabern aber seien sie sehr blutdürstig, und sie hörten nicht eher auf, alle ihnen vorkommenden Araber vom vorhin mächtigen Stamme Beni Hamíde zu ermorden, Kind und Greis etc., bis dieser Stamm völlig geschwächt war, da die Christen dann ihren Boden um Róbba in Besitz nahmen. Sie wünschten hier Christen, besonders Russen her, um die Mohammedaner schlachten zu können!

30. März (Sonntag). Heute ist das Wetter warm und ungemein schön. Nach der Kirche besuchten wir die alte Festung, welche zwar gänzlich verfallen, aber sehr sehenswürdig ist. Sie ist auf dem höchsten Teil des Berges erbaut, auf schroffen Felsen, und hat zwei hohe starke Mauern nebst großen Gewölben unter

der Erde übereinander. Die Gebäude scheinen aus den Zeiten der griechischen Christen zu sein. Es ist hier noch eine verfallene griechische Kirche mit halb erloschenen Gemälden an den Kalkwänden. Vor dem Schlosstor steht eine Säule von poliertem ägyptischen Granit. Jetzt dient die Kirche und das Souterrain zu Schaf- und Ziegenställen, denn es wohnt niemand darauf.

An der Ost- und Südostseite von Kárrak auf der anderen Seite des tiefen Grundes gibt es eine große Menge Grotten in den Felsen. Die Aussicht von dem Schloss nach dem Toten See ist sehr angenehm. Meine Gefährten, der Priester etc., sahen Jerusalem, das gerade westwärts von hier liegt; Betlehem aber sahen sie nicht, und Hebron kann man nicht sehen, weil es tief liegt. Jerusalem zeigte sich weiß. – Auch Ain Dschiddi sieht man von hier auf der Westseite des Sees.

31. März (Montag). Heute war schönes Wetter. Morgen wird es hoffentlich fortgehen. Ich zahle für einen Maulesel bis Jerusalem fünfundzwanzig Piaster, und etwas zwei Piaster für Gerste. Von es Szalt bis hierher zahlte ich für ein Pferd und einen Esel gleichfalls fünfundzwanzig Piaster. Wir müssen uns mit Brot und einem Wasserschlauch versehen.

Die Einwohner von es Szalt sind wohlhabender, gesitteter und gastfreier als die Karraker. Wir aßen in den Fasten weder Eierspeisen noch Milchspeisen (Käse, Butter, Lebben etc.) noch Fleisch. Auch Fische gab es nicht, weil die Araber sie nicht essen und weil sie auch verboten sind.

2. April (Mittwoch). Abreise von Kárrak nach Jerusalem um das Südende des Toten Sees. Eine halbe Stunde vor Tagesanbruch reisten wir fort. Es war ein starker und so äußerst empfindlicher kalter Wind, dass ich ein paarmal absteigen musste, um durch Gehen mich wieder zu erwärmen. Wir kamen weiterhin etliche schöne Felder vorbei, auf und an den Bergen. Dies waren aber heute Seltenheiten.

3. April (Donnerstag). Heute Morgen vor Sonnenaufgang reisten wir ab. Wir kamen erst über ein Steinfeld und dann über Sand. Hierauf passierten wir den Karâhhy oder das untere Ende des Wuâdy Hössa. Er ist etwas wasserreicher als der Mûdschêb oder Arnon, und bildet drei bis vier Kanäle. An dem Fluss standen viele Gesträuche und Gräser; nachher, etwas vom Toten See

entfernt, kommt man in eine weite herrliche Ebene von trefflichem Lehm, aber so gesalzen, dass keine Spur von Vegetation sichtbar ist. In den Wasserrinnen sieht man dünne Salzkrusten, wie Eis. Dies ist ohne Zweifel das Salztal in der Bibel.

Wir zogen quer über dieselbe westwärts etwa drei Stunden lang bis zu einem völlig nackten, gänzlich pflanzenlosen zerrissenen Berg, welcher starke Schichten von Steinsalz enthält, und das Tote Meer so salzig macht. Er ist voll Höhlen, Spalten, Risse, Zacken, Ausleckungen, und seine Farben sind weißlich, pfirsichblütenrot und erdfarben. Alles ist Lehm und mürbes Gestein. Nie sah ich einen so gänzlich zerrütteten Berg. Viele Stellen sind senkrecht, überhängend. Dieser Berg zieht sich von Norden nach Süden, ist zwei bis zweieinhalb Stunden lang, und von den anderen Bergen auf der Westseite ein wenig getrennt. An seinem Fuße sind viele Rinnen, worin Salzkrusten, auch Steinsalzblöcke.

Wir zogen nun immer neben ihm nordwärts in einiger Entfernung vom Toten See, der jetzt rechter Hand war, und dessen Ufer hier sehr niedrig ist. Zu Ende des Salzberges, etwa eine halbe Stunde nordwärts davon, ist die Furt im See, und gleich dahinter sprang das westliche Ufer beträchtlich zurück, und der See wurde breiter. Kurz vor der Furt war am Fuße des Salzberges ein künstlicher Steinhaufen von etwa zwanzig Fuß Höhe und beträchtlichem Umfang. Einer unserer Araber bestieg ihn. Ist dies etwa die so genannte Salzsäule?

Nachher ritten wir immer längs dem Ufer, wo alles Steingerölle und die Berge neben uns ganz nackt, zerrissen, unfruchtbar und steilseitig waren. Es ist nur ein schmaler abhängiger Raum zwischen ihnen und dem See. Um Seegewächse und Salzwasserconchylien zu sammeln, stieg ich ab, und verfolgte eine Zeit lang das Ufer. Allein ich fand zu meinem Erstaunen auch keine Spur davon, denn einzelne Conchylien, die ich sah, waren Schnecken und Erdschnecken. Am Ufer lagen Baumäste und Wurzeln vom Jordan. Dieser See ist bei weitem nicht so schön als der See von Tiberias. – Man könnte die vorhin erwähnte unfruchtbare Salzebene durch Gräben kultivieren. – Das Seewasser hat einen außerordentlichen Salzgeschmack, wie eine fertige Sole.

Um zwei Uhr etwa kehrten wir links in einen Hohlweg mit

hohen steilen nackten Mergelwänden; hier hielten wir still, um zu essen und Wasser zu trinken, welches hier den Hohlweg etwa zehn Minuten höher in einer Quelle befindlich ist. Auf der Nordseite dieser tiefen Schlucht sieht man am Berge ein zerstörtes griechisches Kloster.

Weiterhin ging es an einem hohen steilen Felsenberg hin, indem wir das Ufer des Sees verließen. Von einigen Stellen sieht man beim Hinaufsteigen den größten Teil des Sees.

5. April (Sonnabend). Heute litten wir Mangel an Brot und hatten daher Hunger. Um Mittag reisten wir fort, und suchten wilde Kräuter zum Essen. Jûszef graste den ganzen Nachmittag. Wir trafen endlich zwei Zelthaufen von zwölf und sechzehn Zelten; sie hatten bloß Kühe, Schafe, Ziegen, Esel, aber wenig Kamele. Berge und Gründe sind alle wie bisher. Zwei Stunden vor Sonnenuntergang trafen wir etwas Wasser in einem kleinen Felsengrund; die Wasserfläche war eineinhalb Quadratfuß groß, voll Froschlarven und übel riechend. Dies wurde schnell zum Anmengen des Mehls genommen und der Teig in dicken Kuchen in Asche von zusammengelesenen trockenen Stauden gebacken. Eine Stunde nach Sonnenuntergang lagerten wir uns auf einem Berg, machten ein Feuer an und buken Brot. Leider war aber kein Wasser da, denn die nahen Brunnen waren trocken, welches man nicht erwartet hatte.

6. April (Sonntag). Gestern Abend ruhten wir nur ein paar Stunden und setzten dann unsere Reise bei hellem Mondschein in der Nacht fort. Wir hatten noch sechs bis sieben Stunden bis Jerusalem. Der Wassermangel war für uns sehr drückend; endlich aber fand einer in einem Brunnen Wasser, worüber laute Freude entstand; aber es war leider zu wenig, um den hinabgelassenen Schlauch zu füllen. Zum Glück war etwas weiterhin mehr Wasser in einem Brunnen. Es wehte ein sehr kalter feuchter Wind, der einen kleinen Regenschauer brachte. Unsere Leute standen in Furcht vor einem Haufen Araber, die wir noch vor Tage passieren mussten.

Vor Betlehem war der Boden sehr felsig, um Betlehem aber sehr gut angebaut. Es liegt auf dem steilen Rand eines felsigen Berges von bläulichem Kalkstein, wie auf dem Libanon, und nimmt sich gut aus. Die Bergseiten haben Terrassen, viele Ölbäume, Weingärten mit niedrigen Türmen und Schießlöchern, auch mehrere Felder. Kurz, das Ganze gefällt. Wir passierten bloß durch, weil wir gerade nach Jerusalem gingen.

Wir gingen zum Kloster Terra santa, wo ein paar Mohammedaner uns den Eingang verwehrten. Wir wurden zum Dolmetscher geführt, welcher mich zum griechischen Kloster verwies, wogegen ich protestierte. Man hielt mich für einen Beduinen. Endlich ließ man mich ins Kloster und nach manchen angestellten Erklärungen überzeugte man sich, dass ich wirklich der Eigentümer des Passes etc. sei. Der Prokurator generale zeigte sich sehr gefällig, und man wies mir ein Zimmer an.

Ich hatte mit Jûszef das Maultier abwechselnd gebraucht.

Sechstes Kapitel:
AUFENTHALT IN JERUSALEM UND UNTERSUCHUNG DER UMGEGEND

Jerusalem, 12. April 1806. Heute Morgen schien das Wetter regnerisch werden zu wollen; allein es klärte sich nachher wieder auf.

Ich hatte gestern durch den Dolmetscher des Franziskanerklosters dreiunddreißigeinhalb Piaster an den Einnehmer der Gefälle, welche die christlichen Pilger bezahlen müssen, wenn sie zum ersten Male in die Kirche des Heiligen Grabes gehen, auszahlen lassen, um heute dem Fest des heiligen Feuers beiwohnen zu können. Das Feuer fällt nach der Versicherung der griechischen Mönche unmittelbar vom Himmel, und wird von dem Vicarius des Patriarchen, welcher deswegen den Namen des Licht-Bischofs erhält, in Empfang genommen. Der Glaube an dies jährlich erneuerte Wunder trägt nicht wenig dazu bei, das fromme Feuer bei der zahlreichen griechischen Glaubenspartei zu nähren und die Fortdauer der Pilgereisen nach Jerusalem zu erhalten. Die Mönche waren so glücklich in der Unterhaltung dieses Vorurteils, dass ein levantinisch-griechischer Christ sein Leben in Gefahr setzen würde, wenn er öffentlich seinen Zweifel darüber zu erkennen geben wollte.

Ich ging mit dem P. Generalprokurator, dessen Adjunkt, zwei Dolmetschern und einigen anderen Personen zur Kirche des Heiligen Grabes, die etwas von dem Franziskanerkloster entfernt ist. Vor uns ging ein Janitschar dieses Klosters. Wir trafen vor der Tür einen Volkshaufen an, welcher sich drängte, stieß und allerhand Unanständigkeiten beging. Auf einer Erhöhung neben dem Eingang saßen der Gouverneur, der Kady und das Haupt der Scherife oder der Nakîb, unter einem Zelt, welche unseren Gruß freundlich erwiderten. Vor der Tür war ein Querbaum angebracht, damit sich das Volk bei ihrer Öffnung nicht in Masse hineindrängen konnte. Zwei Bediente des Gouverneurs trugen eine Geißel, womit sie einzelne Drängende schlugen. Diese und etliche andere Mohammedaner benutzen diese Gelegenheit, sich einen artigen Verdienst zu machen, indem sie einigen Pilgern für ein Geschenk behilflich sind, sie in die Kirche zu bringen, welches Geschenk jedoch immer weit weniger beträgt als sie dem Einnehmer hätten bezahlen müssen, indem die Abgabe an denselben für einen Levantiner fünfundzwanzig Piaster beträgt.

Wir wurden ohne Umstände hineingelassen, und fanden schon eine Menge Menschen darin versammelt. Wir gingen neben dem kleinen Grabgebäude hin, welches mit reichen Hautelissen behangen war, und welches in der Mitte unter der oben offenen Kuppel steht, womit dieser Teil der Kirche, der eine Rotunde bildet, versehen ist. Diese Rotunde hat zwei Galerien übereinander, aber ohne Symmetrie, woran es überhaupt der übrigens reichen und ansehnlichen Kirche des Heiligen Grabes gänzlich fehlt. Man hat so viele Kapellchen und dergleichen in derselben angebracht, dass dadurch ihre innere regelmäßige Form fast ganz verdeckt wird. Die Kuppel ruht auf mehreren Pfeilern und Säulen. Die Galerien waren mit Teppichen und Gemälden geschmückt.

Da die levantinischen Christen heute den Platz um das Grab besetzt hielten, so ging ich mit dem Generalprokurator durch die Kapelle, die zu dem Kloster gehört, das an der Kirche zum Heiligen Grabe befindlich ist, auf den Teil der Galerie, die in den Händen der Franziskanermönche ist. Diese Kapelle ist ungemein reich mit Gemälden, Vergoldungen und Marmor geziert. Der

Eingang ins Kloster ist eng und dunkel. Die Zahl der hiesigen Mönche betrug jetzt zwölf. Sie werden nach einer gewissen Zeit von anderen aus dem großen Kloster St. Salvator abgelöst, und einem Mönch, der nicht ungemein devot ist, muss diese Ablösung sehr angenehm sein, weil sie hier in einem traurigen Gefängnis leben, indem, die Feste ausgenommen, der Eingang zur Kirche des Heil. Grabes immer verschlossen gehalten wird, und ihnen alle Bedürfnisse täglich durch eine Öffnung in der Tür vom großen Kloster überbracht werden. Ebendies gilt auch von den übrigen christlichen Religionsparteien, welche sich in Jerusalem aufhalten, von welchen immer etliche Mönche in dieser Kirche in besonderen Gebäuden befindlich sind. Etwas an diesen Gebäuden ausbessern zu lassen, ist ohne Erlaubnis der Obrigkeit verboten, und diese Erlaubnis kann nur durch große Geldsummen erkauft werden. Die Franziskanermönche versicherten mir, dass sie aus diesem Grund die sehr nötigen Ausbesserungen ihres Klosters an der Grabkirche von einer Zeit zur anderen verschöben.

Von der Galerie hatte ich das Vergnügen, die Versammlung unten eine Zeit lang ungestört zu beobachten. Das kleine Grabgebäude hat die Größe eines großen Zimmers. Es bildet ein längliches Viereck, ist mit Kupfer bedeckt, und hat an einem Ende eine kleine Laternkuppel. Die Griechen nehmen den Platz auf der einen Seite dieses Grabgebäudes, im Gleichen den Hauptteil der Kirche ein, wo sie ihren Gottesdienst verrichten. Die Armenier hatten sich auf der anderen Seite des Grabgebäudes versammelt. Diese hielten sich ruhig, die Griechen hingegen betrugen sich im höchsten Grade unanständig und machten einen Lärm, dass mir die Ohren gellten. Dieser Haufe, der sich beständig vermehrte, bestand aus männlichen Personen von jedem Alter. Die Jüngeren stießen und drängten und balgten sich; drei bis vier von ihnen überfielen einen anderen und trugen ihn, er mochte wollen oder nicht, um das Grab herum, währenddem ein anderer Haufe ihnen mit wildem Geschrei nachrannte. Kaum hatte man die Runde gemacht, als man mit einem anderen das Nämliche vornahm. Es war ein Karneval, und man schien nicht ein christliches Fest, sondern Bacchanalien zu feiern. Junge Mohammedaner mischten sich zwischen diesen ausgelassenen Haufen, und trugen traulich das ihrige dazu bei, um den Tumult allgemein zu machen. Die Griechen scheinen keine Wallfahrten ohne solche wilden Ausbrüche der Freude begehen zu können. Auf der Galerie bemerkte ich mehrere Pilgerinnen.

Obgleich die Galerie der Franken nur für sie und ihre katholischen Religionsgenossen bestimmt ist: so wurde sie doch kurz vor dem Anfang der Prozession voll von Mohammedanern, welche sich sehr unbescheiden und herrisch betrugen, die Christen von ihren Plätzen verdrängten, die sie einnahmen. Der Generalprokurator hatte neben dem Chor der Kirche, welcher den Griechen gehört, eine verschlossene Galerie, und er war so gefällig, mich mit sich dahin zu führen. Hier hatten wir zwar völlige Ruhe; allein wir sahen die Prozession nicht so gut als von der großen Galerie.

Das Lärmen hielt etwa bis nachmittags um halb vier an, währenddem die Menge der Zuschauer immer mehr zunahm. Auf einmal wurde es still; die Prozession der Griechen nahm ihren Anfang, und wildes Geschrei machte griechischen Hymnen Platz. Die Mönche zogen aus dem Chor der Kirche aufs Köstlichste gekleidet, und umzogen dreimal in folgender Ordnung das Heilige Grab. An der Spitze des Zuges waren zwölf Fahnenführer, worauf Heiligenbilder gemalt waren; auf sie folgten vierunddreißig Geistliche; dann kamen zwanzig Kirchendiener, große Wachslichter auf hohen Leuchtern tragend; ihnen folgte der Bischof von Kárrak, welchem als Vicarius des Patriarchen die Ehre vorbehalten war, das heilige Feuer in Empfang zu nehmen; hinter ihm wurde eine große Fahne getragen; den Zug beschlossen die zahlreichen griechischen Pilger, welche aber kaum Raum fanden, sich an den Zug anzuschließen. Die Versammlung glich einem dicken Ring, welcher sich um das Grab drehte. Nachdem man so sehr langsam dreimal um dasselbe gekommen war, ging der Bischof des Lichts nebst seinen Assistenten in das Grab. Man versicherte mir, dass er vor dem Eintritt in dasselbe von etlichen Mohammedanern untersucht werde, ob er auch Feuer mit sich hineinnehme? Andere versicherten mir, diese Zeremonie finde nicht statt. Nachdem er etwa eine Viertelstunde in dem Grabe gebetet hatte, und alles in der gespanntesten Erwartung war, erhellte plötzlich ein Licht das dunkle Innere, und auf zwei Seiten wurde eine angezündete Fackel durch eine schmale Öffnung herausgereicht, zu welchen sich die Pilger, auf der einen Seite die Griechen, auf der anderen die Armenier, mit der größten Anstrengung hinzudrängten, um ihre mitgebrachten Wachslichter, die in und außer der Kirche in Menge feilgeboten werden, daran anzuzünden. Ein lautes Jubelgeschrei erfüllte die Kirche, manche zündeten auf einmal eine ganze Hand voll Wachslichte an, und eilten in schnellem Lauf durch die Hallen der Kirche, um sie anderen Pilgern mitzuteilen, oder sie ihre Lichter daran anzünden zu lassen, welche alsdann wieder ihren Nachbarn ihr Licht mitteilten. In wenigen Augenblicken waren alle Teile der Kirche, die Galerien usw. mit mehreren tausend Lampen und Lichtern illuminiert. Dieser Augenblick hatte wirklich etwas Interessantes.

Die Erscheinung des heiligen Feuers ist ein Triumph für die Griechen, indem auch die Armenier, Kopten usw. davon überzeugt sein sollen. Die Griechen brüsten sich nicht wenig damit, und um ihre Hauptfeinde, die Armenier, zu erniedrigen, erzählen sie folgende Geschichte. Einst erhielten die armenischen Mönche durch eine große Geldsumme von dem Statthalter die Erlaubnis, dass sie das heilige Feuer in Empfang nehmen sollten. Schon war der armenische Bischof mit seinen Assistenten am Grab, schon war alles in der gespanntesten Erwartung, die Armenier in Hoffnung, die Griechen in Furcht, als man endlich die armenische Geistlichkeit nach langem Warten wieder mit Angst und Scham hervortreten sah und sie erklären hörte, dass sie nicht imstande seien, das heilige Feuer durch ihre Gebete zu erhalten. Nun ging der griechische Bischof hinein und in wenigen Minuten war das heilige Feuer da. Voll Zorns über die Vermessenheit der Armenier ließ der Statthalter sie ergreifen und zwang sie, ein Gericht zu essen, welches die Sittsamkeit nicht zu nennen erlaubt. Dies ist der Grund des Schimpfnamens, der Dr–kfresser, womit der griechische Pöbel die Armenier zu benennen pflegt. Man muss erstaunen, wenn man bedenkt, zu welchen Ausschweifungen der höllische Sektengeist die Menschen verleiten kann!

Nachdem die Griechen ihren Zug beendigt: so fingen die Armenier die nämliche Prozession an. In ihrem Gefolge waren die Kopten, Habessynier und Syrer. Obgleich ihr Zug gleiche Einrichtung wie die der Griechen hatte, so will ich ihn doch bestimmter angeben. Den Anfang der Prozession machten zwölf Fahnenführer; auf sie folgten vierunddreißig Mönche und Weltpriester, wovon manche rötlichviolette Mäntel trugen; dann kamen zehn Kirchendiener mit großen Wachslichtern; nun folgte der Bischof, ein köstliches Kreuz in der Hand tragend, und hinter ihm wurde eine große Fahne getragen. Nun kamen sechs koptische Fahnenführer, auf diese ein Dutzend koptische und habessynische Geistliche, dann der koptische Bischof, ein Kreuz tragend, und hinter ihm eine Fahne. Den Schluss machten vier syrische Kirchendiener mit Wachslichtern, der syrische Bischof mit dem Kreuz, vor welchem zwei singende Personen gingen und hinter welchem eine Fahne getragen wurde. Diese Prozession ging auch dreimal um das Heilige Grab.

Nach beendigten Prozessionen drängten sich die Pilger zum Besuch des Innern vom Heiligen Grabe. Da dies eine reiche Quelle von Einkünften ist, so sind einige Mohammedaner an der Türe postiert, um das Geld für die Erlaubnis, ins Innere des Grabes zu gehen, in Empfang zu nehmen. Man setzt zuerst einen Preis von mehreren Dukaten, und so wie sich die reicheren Liebhaber nach und nach verlieren, setzt man immer niedrigere Preise, sodass die Ärmeren zuletzt nur etliche Para zahlen. Dies dauert einen beträchtlichen Teil der Nacht hindurch. Ein paar Mohammedaner gingen immer vor der Tür hin und her, um den Herzudrängenden, und auch denjenigen, die zu wenig boten, mit ihren Geißeln einen Schlag zu geben, der freilich mehr schimpflich als schmerzhaft war. Im Grunde ist es eine wahre Torheit, dreiunddreißigeinhalb Piaster für die Erlaubnis, solche Unanständigkeiten sehen zu können, zu bezahlen. Wie unendlich schöner dagegen sind die Prozessionen in so vielen katholischen Ländern Europas!

Da des Nachts viele Leute in der Kirche blieben, so hatte dies ein Grieche benutzt und in einem Zimmerchen eine Kaffeeschänke errichtet.

Die Kirche des Heiligen Grabes ist mit Marmor von verschiedenen Farben gepflastert. Die griechische Kapelle, welche das Chorende einnimmt, ist die größte und gezierteste von allen. Ein Mann, welcher ein brennendes Licht in der Hand hielt, saß neben einem Stein, welcher daselbst ein wenig über den Fußboden hervorragte, und welchen man den Mittelpunkt der Welt nennt. Obgleich mancher diese Benennung lächerlich finden dürfte: so muss ich gestehen, dass ich diese Lehre weit glaubwürdiger fand, als vieles andere, was ich in der Kirche des Grabes von heiligen Raritäten hörte. Denn jenes ließe sich noch wohl mathematisch beweisen, obgleich das Nämliche, auch von einem jeden Punkt auf der Erde gelten würde, da hingegen viele andere Traditionen wider Geschichte und wider gesunde Vernunft streiten.

13. April (Sonntag). Da ich das Innere des Heiligen Grabes noch nicht gesehen hatte: so begab ich mich des Morgens wieder dahin. – Nachdem die Armenier eine Messe in demselben gehalten, hielten sie auch die Franziskanermönche, und nach deren Beendigung ging ich hinein. Es ist in zwei Zimmer geteilt, wovon das hinterste sehr klein, und worin das eigentliche Grab befindlich ist. In jenem hingen vierzehn und in diesem vierundvierzig silberne Lampen, von deren Dunst eine drückende Hitze darin herrschte.

Nachmittags stattete ich dem griechischen Bischof von Kárrak, welcher jetzt der Vicarius des abwesenden Patriarchen von Jerusalem ist, einen Besuch ab. Ich hatte einen Brief an ihn abzugeben und wurde sehr gut von ihm aufgenommen. Ich habe schon bemerkt, dass man ihn gewöhnlich den Lichtbischof, nennt. Ich fand in ihm einen Mann von mittleren Jahren, dem es nicht an Talenten und Kenntnissen in seinem Fache zu fehlen schien. In seiner Kleidung unterschied er sich gar nicht von den übrigen Mönchen. Das Hauptkloster, welches er bewohnt, ist ein großes, aber sehr unregelmäßiges und unansehnliches Gebäude. Er sowohl als die meisten griechischen Mönche in Syrien und Ägypten, ist kein geborener Syrer, sondern aus einem osmanischen Land, wo man das Türkische und Griechische spricht, und es gibt aus diesem Grunde wenige griechische Mönche, welche das Arabische fertig verstehen. Ich musste mich also durch einen Dolmetscher mit ihm unterhalten, der außer seiner italienischen Muttersprache auch die griechische verstand. Ich wusste, dass der Bischof vor ein paar Jahren einen Teil des Toten Sees und dessen Umgebungen bereist hatte, und hoffte daher einige interessante Nachrichten von ihm einzuziehen. Indessen erfuhr ich wenig von ihm. Ich erkundigte mich nach den Bädern von Callirrhoë; er wusste mir aber nichts davon zu sagen. Von Petra sagte er mir nur so viel, dass es zwei Stunden vom Südende des Toten Sees entfernt sei, er sei aber nicht da gewesen. Es ist sehr selten, dass man einen Mönch antrifft, welcher an Untersuchungen Vergnügen findet. Ihr Ideenkreis ist ungemein beschränkt, und ihr Kloster ist das Zentrum desselben. Gewöhnt an einen blinden Glauben, und erschöpft durch die zahlreichen geistlichen Übungen, liegt das Gebiet des Nachdenkens bei ihm gänzlich ohne Kultur. Ohne Welt- und Menschenkenntnis huldigt er den abgeschmacktesten Vorurteilen, und man muss in die Nachrichten, die man bisweilen noch von ihnen erhält, nicht wenig Misstrauen setzen.

Unser Dolmetscher war ein interessanter Mann. Er erzählte mir, er sei ein Schiffskapitän gewesen und habe sich ein ansehnliches Vermögen erworben gehabt. Zweimal sei er verheiratet gewesen, habe aber am Ende gefunden, dass alles in der Welt eitel sei, und sich daher entschlossen, von ihr auf immer Abschied zu nehmen. In dem einsamen Kloster Mar Szába habe er einen Aufenthalt gefunden, der ganz seinen Wünschen angemessen sei. Von einer wilden Öde umgeben, den Lockungen der Weiber und starker Getränke gänzlich entzogen, sich mit einer immer währenden Fastenkost begnügend, habe er dort vor neun Monden den Mönchsstand erwählt, um seine Fehler zu bereuen und ferner bloß Gott zu dienen. Mit Vergnügen sähe er den Zeitpunkt herannahen, wo man ihn zum Priester weihen werde. Er sei jetzt ganz ruhig und mit seiner neuen Lage sehr zufrieden. Er kannte die neueren Weltbegebenheiten genau, und versicherte mir, es würde den Franzosen nicht so leicht fallen, die Dalmatier unter ihre Botmäßigkeit zu bringen.

Unser Gespräch kam beiläufig auf das heilige Feuer, und er fand es unbegreiflich, wie man es wagen könnte, an der Wahrheit dieser Erscheinung zu zweifeln. Diese Äußerung bestätigte mich noch mehr in der Überzeugung, dass es den Menschen ungemein schwer falle, auch bei erlangter größerer Menschen- und Weltkenntnis jugendliche Vorurteile zu bekämpfen und das Zerrglas zu zerbrechen, womit diese uns alle Gegenstände, welche die Religion betreffen, betrachten lassen.

15. April (Dienstag). Auf dem kleinen Platz vor dem Eingang

Vorplatz der Grabeskirche in Jerusalem

zur Kirche des Heiligen Grabes wird beständig ein kleiner Markt von allerhand Kleinigkeiten gehalten, welche die Pilger zum Andenken mit in ihr Vaterland nehmen, und wovon sie ihren Anverwandten und Freunden sehr angenehme und teure Geschenke machen, weil man alles, was von Jerusalem kommt, als etwas Heiliges ansieht, mit dessen Besitz Segen verbunden sei. Außer einigen Zeughändlern sieht man hier mehrere Personen männlichen und weiblichen Geschlechts, welche Heiligtümer aller Art verkaufen, besonders Rosenkränze aller Art, auch aus Knochen von Kamelen und Büffeln, Kreuze u. dergl.; Kruzifixe von Holz, Perlmutt usw.; Modelle vom Heiligen Grab von Holz mit Perlmutt ausgelegt, Heiligenbilder in Perlmutter graviert, allerhand Glaswaren von Hebron, als Rosenkränze, Halskorallen, Armringe, Fingerringe und Mundstücke zu Pfeifenröhren; Tassen von Fayence und Porzellan usw. Unter den selteneren Heiligtümern findet man Figuren von Heiligen, der Madonna usw. auf Scheiben von einem Horn gegraben, welches man Korn Hantît nennt, und mir vom Nashorn zu sein scheint. Man versicherte mir, es käme aus Habbesch nach Kahira, von wo man es hier erhalte und vorzüglich in Betlehem verarbeite. Man verlangte für eine kleine Scheibe, die etwa zwei Zoll im Durchmesser hielt und etliche schlecht geschnitzte Heiligenfiguren zeigte, siebzehn Piaster. Einige Weiber von Betlehem verkaufen hier auch die so genannte Rose von Jericho, welche hier unter dem Namen Hand Mariens bekannt ist, und nach ihrer Versicherung von Arabern von der Ostseite des Jordans hierher gebracht wird. Da die Pilgrime aus fernen Ländern oft Münzen mitbringen, die hier nicht im Gange sind, so halten sich hier auch ein paar Wechsler auf, welche ihnen dieselben in gangbare Münzen umsetzen.

16. April (Mittwoch). Da es mir gänzlich an Geld fehlte, meine Reise fortzusetzen, so sandte ich heute einen Expressen von hier nach Akre an den dortigen Negotianten Ant. Catafago ab, und ließ ihn ersuchen, mir gegen einen Wechsel tausend Piaster zu zahlen. Er kam aber nach mehreren Tagen unverrichteter Sachen wieder zurück. Hr. Catafago entschuldigte sich mit der gewöhnlichen Entschuldigung des Geldmangels, versprach aber, falls ich nach Akre käme, dass er sich bemühen wolle, meine Wünsche zu erfüllen. Ich war sehr missvergnügt über diese fehlgeschlagene Hoffnung, und umso mehr, da ich jetzt vor der Hand nicht imstande war, meine Reise nach dem entworfenen Plan fortzusetzen. Da ich nicht auf die gewöhnliche Art der meisten Reisenden reiste, die meistenteils vorausberechnen können, wie viel Reisegeld sie nötig haben, und die auch nicht nötig haben, sich zu fürchten, eine beträchtliche bei sich führende Geldsumme zu verlieren, indem sie immer mit Karawanen reisen: so kam ich öfters mit meinem Geld zu kurz, und da ein Reisender in diesen Ländern gewöhnlich gänzlich kreditlos ist, sobald er nicht bestimmte Geldanweisungen hat, so geriet ich mehrmals auf eine Zeit lang in Geldverlegenheit, und war genötigt, meine Zeit fast unbenutzt vorbeistreichen zu lassen, bis ich endlich meine Geldanweisungen erhielt.

Jerusalem zählt fünfzehn Moscheen in seinen Mauern, wovon die Hauptmoschee, el Hárram, auf der Stelle steht, wo der vormalige jüdische Tempel stand. Mit diesem Gebäude stehen zwei andere in Verbindung, welche el Száhhará und el Acksa heißen. Diese Gebäude sind sehr ansehnlich, und es ist daher zu bedauern, dass es bloß Mohammedanern erlaubt ist, das Hárram zu besuchen. Indessen wird man in der orientalischen Sammlung zu

Der Felsendom in Jerusalem

Gotha mehrere Werke finden, wo man ausführliche Nachrichten davon antrifft, wie z. B. in der Reise des Schechs Cheïáry, in der Reise des Schechs Abd el Ganny el Nábolszy von Damask nach Jerusalem usw. Denn zu dem ausgebreiteten Nutzen, den die Reisen von Mohammedanern stiften, gehört auch der, dass sie mit den berühmten Moscheen bekannt machen, wovon uns europäische Reisende natürlicherweise keine Beschreibung liefern konnten. – Außer diesen Moscheen trifft man noch fünf mohammedanische Privat-Bethäuser, und außerhalb der Stadtmauer noch drei Moscheen, worunter aber die Moschee Nébbi Daûd bei weitem die Vorzüglichste ist. – Ich vermute, dass etliche von den vorhin genannten Moscheen unbenützt stehen. Im Hárram ist ein Kloster für indische Mönche, welche aus den entferntesten Gegenden hierher wallfahrten und hier eine gastfreie Aufnahme finden. – Zu den wohltätigen Anstalten der Mohammedaner gehört auch ein Gasthaus beim Tor Szítte Mérriém, wo täglich gekochte Speisen an Arme ausgeteilt werden.

Die Juden haben fünf Synagogen, und die Karréiten, deren Anzahl sich nur auf ein Dutzend Seelen beläuft, gleichfalls eine. Ich habe von keiner gehört, die nicht den Stempel der Unbedeu-

Die Klagemauer in Jerusalem

tendheit an sich trüge, an einem Orte, wo sie zur Zeit der Blüte ihrer Nation einen der berühmtesten Tempel in der Welt hatten, dessen heiligen Standort sie noch täglich sehen, ohne es einmal wagen zu dürfen, durch die Tore zu schauen, die zu demselben führen. Diese unglückliche Nation, welche auch hier, so wie überall, zu dem verachtetsten Volke gehört, gleicht dem Tantalus, welcher bei dem nahen Genusse des Ersehnten, nie zum wirklichen Genusse kommt, oder dem Wanderer in der Wüste, der bei dem vor ihm scheinbar wallenden Meer von Dunst vor Durst verschmachtet.

Ansehnlichere und sehenswürdigere religiöse Gebäude als sie haben die Christen, obgleich sie dieses Vergnügen beständig durch große Geldsummen erkaufen müssen. Die Griechen haben neun Mönchsklöster, welche aber größtenteils fast bloß zur Aufnahme von Pilgern dieser Religionspartei bestimmt sind, indem die meisten nur ein paar Mönche haben, welche aus dem großen Kloster, dem eigentlichen Sitz des griechischen Patriarchen von Jerusalem, dahin versetzt werden. Außer diesen gibt es noch fünf Nonnenklöster, wovon zwei für Witwen bestimmt sind, welche ihre letzten Lebenstage in frommer Ruhe zubringen wollen. Jedes von diesen Nonnenklöstern hat einen Prokurator, welcher die ökonomischen Angelegenheiten desselben besorgt, und einen Pfarrer, welcher täglich den Gottesdienst versieht. Der Patriarch von Jerusalem hält sich schon seit vielen Jahren in Konstantinopel auf. Der jetzige heißt Antimus. Er ist einer der wenigen Gelehrten der griechischen Geistlichkeit und machte sich durch den Druck zweier großer theologischer Werke bekannt, welchen er in Wien auf seine Kosten besorgte, durch deren Bekanntmachung indessen die Wissenschaften wenig gewonnen haben dürften.

Die Armenier haben zwei Klöster, wovon das große, Mâr Jakûb, für Mönche, das kleinere, Dêr Seïtune, für Nonnen bestimmt ist, die Witwen sind. Letzteres führt seinen Namen von einem heiligen Ölbaum, welcher noch jetzt sorgfältig gepflegt wird.

Die Kopten haben ein unansehnliches ärmliches Kloster, Mâr Dschürdschus (heiliger Georg), und überdem haben sie im Dêr es Szultân neben der Kirche des Heiligen Grabes einen Hof, wo etliche verheiratete Geistliche oder Weltpriester wohnen.

Die Syrer haben bloß ein Kloster, Dêr el Addra genannt.

Nestorianer und Georgianer sind nicht mehr vorhanden und die Griechen haben sich in den Besitz ihrer vormaligen Klöster gesetzt.

Nach der Menge geistlicher Gebäude zu urteilen, sollte man hier viele wahre Religiosität erwarten. Allein ich fand, wie man mir schon vorher gesagt hatte, gerade das Gegenteil. Die christlichen Einwohner erhielten alle ihren Jugendunterricht in den Klöstern, aber dieser Unterricht bestand bloß in dem Herplappern von sinnlosen Gebeten, wobei Geist und Herz vernachlässigt wurden. Sie halten es für eine große Sünde, den Besuch der Kirche zu unterlassen und die Fasten zu brechen. Allein übrigens schienen sie mir Menschen ohne Charakter, niederträchtig, falsch und lügnerisch, auf die man durchaus nicht bauen kann. Eine unüberlegte Mildtätigkeit der Klöster macht sie faul und das Beispiel der Pilger macht sie dem Vergnügen bis zur Verschwendung ergeben. Daher ist ein begüterter Mann unter den Christen eine große Seltenheit. Den meisten Wohlstand soll man noch unter den Armeniern antreffen.

Jerusalems Einwohner treiben unterschiedliche Fabriken und

Gewerbe, welche jetzt den Besuchen der Pilger ihre Fortdauer verdanken. Es sind hier vier große Seifensiedereien, welche ein gutes Fabrikat liefern und welches daher teils durch Pilger, teils durch Kaufleute in andere, oft weit entfernte Provinzen verführt wird. An Öl fehlt es in dieser Gegend nicht, und die Soda wird von den Beduinen aus der Gegend des Toten Sees in Menge hierher geführt.

Eine Kattundruckerei beschäftigt etwa zwanzig Arbeiter, die alle Christen sind. Man bedient sich bloß der blauen Farbe.

Neben der Kirche des Heiligen Grabes ist eine ansehnliche Saffianfabrik, wo Saffian* von allen Farben bereitet wird, welcher einen Artikel des Ausfuhrs abgibt. Es sind dort etwa zwanzig Meister und ebenso viele Gesellen beschäftigt, die alle Mohammedaner sind. Diese Fabrik füllt die Nachbarschaft mit den hässlichsten Gerüchen an, weil es an Wasser fehlt, den überflüssigen Unrat, das faulende Blut usw. aus einer engen Gasse fortzuspülen, die ein wahres Scheusal abgibt. Die Christen versichern, die Mohammedaner hätten diese Fabrik aus Verachtung neben der erwähnten Kirche, dem größten Heiligtum dieser Stadt, angelegt, und wenn diese Beschuldigung auch ungegründet wäre: so muss man gestehen, dass man nie etwas Passenderes hätte erfinden können, um diesen Zweck zu erreichen. In dem Quartier der Juden ist die Schlächterei befindlich, welche aus gleichem Grunde ebenso hässliche Dünste von sich gibt, und wovon daher die Juden versichern, dass ihre mohammedanischen Mitbürger diesen Platz aus Hass gegen sie dazu erwählt hätten.

Die Franziskanermönche sind die einzigen Europäer, die in Jerusalem ansässig sind.

Die hiesige Festung ist klein; sie liegt neben dem Tor von Hebron (Bâb el Chalîl), und die Stadtmauer dient ihr auf der Außenseite zur gemeinschaftlichen Mauer. Innerhalb ist sie durch einen trockenen ausgemauerten Graben von der vorbeigehenden Gasse getrennt, wo eine Zugbrücke in dieselbe führt. Beim Eingang sind ein paar Kanonen aufgepflanzt. Ein Aga liegt nebst etlichen Soldaten zur Wache darin. Der Turm einer darin befindlichen Moschee wurde vor einem Dutzend Jahren vom

* Ziegenleder.

Blitz getroffen, und sein oberes Ende zertrümmert. Also auch diese heilige Stadt ist für die schrecklichen Wirkungen der Naturkräfte nicht gesichert, obgleich die frommen Christen ernstlich versichern, dass ein solcher Fall nie die Kirche zum Heiligen Grabe traf, noch je treffen werde.

Vorstädte sind nicht vorhanden, sondern alle Häuser liegen in dem Umfang der Stadtmauer. Einige wenige Hauptstraßen sind ziemlich gerade, und haben ein erträgliches Pflaster. Allein bei weitem der größte Teil der Gassen ist ohne Pflaster, enge, winklig, krumm und schmutzig. Schon an den Hauptgassen sieht man mehrere vernachlässigte und zum Teil eingefallene Gebäude und Wohnhäuser; in den übrigen Quartieren aber findet man weit mehr in Schutt und Trümmern liegen, welche zum Teil mit elenden Häusern, die Dorfhäusern gleichen, und vernachlässigten Gärten bedeckt sind. Wäre Jerusalem durchaus bebaut, so müsste die Volksmenge bedeutend sein, da ich eine Stunde weniger acht Minuten brauchte, um die Stadt zu umgehen. Bedeutende öffentliche Plätze sind in Jerusalem nicht vorhanden; denn die Plätze vor der Festung und vor dem Eingang zur Grabkirche sind ihrer Kleinheit wegen zu unbedeutend, und der schöne große Platz, welcher das El Hárram umgibt, und der zu den schönsten im Osmanischen Reiche gehört, verdient aus dem Grunde nicht den Namen eines öffentlichen Platzes, weil Christen und Juden ihn bei Lebensstrafe nicht besuchen dürfen.

18. April. Schweinigel und Stachelschweine sind um Jerusalem nicht selten und man speist sie, zumal die Beduinen. Diese legen den Schweinigel ins Feuer, bis seine Haut hart und schwarz geworden ist, da dann das fette Fleisch zart und wohlschmeckend sein soll.

20. April. Des Morgens ging ich außer der Stadt, um den Ölberg zu besuchen, welcher hier allgemein unter dem Namen Dschíbbel el Thûr bekannt ist. Ich hatte einen Mann aus dem Kloster mit mir genommen, damit er mir alle merkwürdigen Gegenstände zeigen möchte.

Wir gingen zum Tor Bâb Szittna Márriém hinaus, welches der kürzeste Weg ist, den man nehmen kann. Der Berg, worauf Jerusalem erbaut ist, ist bloß durch einen engen felsigen Grund von dem Ölberg getrennt.

Mein Cicerone war sehr geschäftig, mich auf alles aufmerksam zu machen, was einen frommen Pilger interessieren kann. Beim Hinabsteigen in den Grund zeigte er mir die Stelle, wo der heilige Stephan seinen Enthusiasmus mit dem Tode bezahlen musste. Weiter unten im Grund eine griechische Kapelle, welche der Madonna gewidmet ist. Von hier fängt man den Ölberg zu ersteigen an, wozu man eine Viertelstunde braucht. Der Pfad ist an einigen Stellen steil und beschwerlich. Das Erste, worauf man aufmerksam gemacht wird, sind eine Gruppe von acht alten Ölbäumen, welche den Franziskanermönchen zugehören und ›der Ölgarten‹ genannt werden. Man hält sie für sehr heilig, und die aus ihrem Holz und ihren Fruchtkernen verfertigten Kreuze und Rosenkränze werden sehr geschätzt. Ihre Früchte sind die gewöhnlichen Oliven, die man im Kloster speist. Weiterhin kamen wir zu einem Gewölbe, worin nach der Sage die Apostel sich verbargen, als Jesus von Nazareth verraten und gefangen genommen wurde. Etwas höher hinauf die Stelle, wo derselbe Jerusalems künftiges Geschick beweinte.

Oben auf dem Berg steht das kleine, größtenteils zerstörte Dörfchen el Thûr, welches von Mohammedanern bewohnt wird. Man kann es vom Kloster an gerechnet in einer halben, vom Stadttor aber in einer Viertelstunde erreichen. Neben demselben ist ein Gebäude befindlich, wovon der größte Teil zu einer Moschee dient, neben der aber eine sehr verfallene christliche Kapelle ist, dessen Fußboden aus dem natürlichen Felsen besteht, worin man eine kleine wunderbare Vertiefung zeigt, welche den Fußeindruck des Heilands bezeichnet, den er beim Hinauffahren zum Himmel zurückließ. Denn von hier aus, glaubt man, sei diese Fahrt vor sich gegangen, obgleich seine Biografen einen anderen Ort angeben. Da diese Kapelle häufig von Pilgern besucht wird, und sie also die Quelle zu einem kleinen Einkommen abgeben kann: so hat ein Mohammedaner in Jerusalem den Schlüssel dazu, welcher indes für wenige Para einem jeden den Eintritt verstattet, und ihm einen Trunk Wasser zukommen lässt. Derwische sind jetzt oben nicht wohnhaft. Ein paar alte Bauern aus dem Dorfe bieten den Pilgern etliche kleine würflige Steine und irgendeine Pflanze an, die sie zuvor in das wunderbare Fußmal hielten, und wofür sie eine milde Gabe verlangen. – Die Pilger nehmen dergleichen Kleinigkeiten, des damit verbundenen Segens wegen, wie sie sagen, mit sich.

Sowohl von hier als von der ganzen Seite des Ölberges, welche Jerusalem zugekehrt ist, genießt man einer angenehmen Ansicht über die ganze Stadt, die sich von hier im vorzüglichsten Licht zeigt, und eine Ansicht derselben von dieser Seite würde eine sehr gute Wirkung tun, indem der Boden, den sie in ihren Mauern einschließt, nach dem Ölberg zu sehr stark abhängig ist, und würde eine weit ansehnlichere Stadt erwarten lassen, als man findet, wenn man sie näher kennen gelernt. Die Berghöhe, worauf sie erbaut ist, ist auf dieser Seite steil, und in geringer Entfernung von dessen Rand zieht sich die ansehnliche Stadtmauer hinein, unmittelbar hinter welcher sich die sehr ansehnlichen Gebäude des Hárram erheben, welche einen Teil des Platzes einnehmen, wo vor alters der jüdische Tempel stand, und von dort ziehen sich die Häuser, Moscheen und Kirchen allmählich die Anhöhe hinan. Links zeigt sich die ansehnliche Davidsmoschee außerhalb der Stadtmauer auf dem Teil des vormaligen Stadtplatzes, welcher der Berg Zion hieß. Diese Benennung ist indessen ganz unpassend, indem der so genannte Zionberg durchaus nicht von dem übrigen Stadtboden durch ein Tal oder eine merkliche Vertiefung getrennt ist, und andere Teile des sehr unebenen Bodens derselben noch ein wenig höher als derselbe sind.

An und auf dem Ölberge stehen noch unterschiedliche Ölbäume, und man trifft hier mehrere Gerstenfelder, welche zum Teil recht gut standen.

Der Ölberg hat, von Jerusalem angesehen, eine liebliche und fast regelmäßige Form. Er bildet oben drei Erhabenheiten, wovon die mittlere am höchsten ist und worauf das Dörfchen Thûr liegt. Hat man indessen dies Dorf erstiegen: so sieht man einige Minuten weiter nach Osten noch eine Erhabenheit, worauf ein mohammedanisches Grabgebäude steht, welches die Form einer Kuppel hat, und worum mehrere Begräbnisplätze liegen. Ich fand hier in dem nackten Felsenboden, welcher, so wie der ganze Ölberg, aus Kalkstein besteht, eine große Menge schwarzer Feuersteine eingeschlossen. Sowohl von der Moschee in Thûr als besonders von hier genießt man einer weiten Aussicht nach den östlichen Gegenden von Palästina; man sieht die Gebirge von

Edschlûn, el Belka und Kárrak deutlich; um aber den Spiegel des Toten Sees zu sehen war, es heute zu dunstig. Nach anderen Seiten ist die Fernsicht weniger interessant; denn selbst das nur zwei Stunden ferne Betlehem verbirgt sich hinter dem Bergrücken, worauf das griechische Kloster Mâr Elias erbaut ist. Indessen ist die hohe konische Bergspitze el Pherdéïs, ein paar Stunden ostsüdostwärts von Betlehem, hier sichtbar.

Ich kehrte von hier auf einem anderen Pfad nach der Stadt zurück, der etwas weiter südwärts den Gräbern der Juden vorbeiführt, welche einen beträchtlichen Teil vom Fußabhang des Ölberges einnehmen. Die Juden haben nämlich den Gebrauch, welchen auch die Mohammedaner beobachten, dass sie ihre Toten immer in ein neues Grab legen. Überdem rührt die große Menge der jüdischen Gräber von einer ihrer allgemein angenommenen Lehren her, dass nämlich nach der tausendjährigen Totenruhe, welche dem Ende aller Dinge folgt, alle Toten der Erde, sein sie, von welcher Religion sie wollen, sich hier versammeln müssen, sobald sie durch die Posaune des Engels erweckt werden. Hatten sie das Unglück, einzelne Glieder zu verlieren: so muss ihr verstümmelter Körper sie aufsuchen, und müsste er auch alle Weltteile durchrollen. Ich sage durchrollen; denn die Juden glauben, dass die Toten unter der Erde hinrollen, bis sie das Tal Josaphat erreichen. Diese sichere Überzeugung, anderer Gründe nicht zu gedenken, macht, dass hier jährlich mehrere, oft reiche, Juden aus entfernten Gegenden ankommen, in der Absicht, hier ihre letzten Lebenstage zu beschließen und im Josaphat-Tal ihr Grab zu erhalten, um jener Unbequemlichkeit beim Erwachen überhoben zu sein.

Neben diesem Begräbnisplatze wurde ich durch den Anblick einiger kleiner Gebäude überrascht, welche ein hohes Alter zu haben scheinen, und soviel mir bekannt ist, bisher nicht von Reisenden beschrieben sind. Sie gehören in architektischer Hinsicht zu den merkwürdigsten Gegenständen, die man hier findet. Am Fuße des Ölberges und dicht am Ufer des jetzt trockenen Kidrons oder Wady Jûschphat standen ansehnliche Felsen von schmutzig weißlichem Marmor zu Tage, welcher fast gar keine Schichten zeigte. Diese Felsen behaute man zu einer senkrechten Wand. Aus einem Teil derselben, der nordwärts gekehrt ist,

Gräber im Kidron-Tal in Jerusalem

bildete man ein kleines, ungemein zierliches Gebäude, welches jetzt unter dem Namen Tantûr Phâraûn* bekannt ist und höchst wahrscheinlich im Altertum zum Mausoleum diente. Der untere Teil desselben ist viereckig, besteht aus dem natürlichen Felsen – und war ohne Tür. Er ist mit Wandpilastern ionischer Ordnung geziert, wovon auf jeder Ecke eine gekuppelte und auf jeder Seite zwei einzeln stehende befindlich sind. Auf den Säulen ruht ein artig geziertes Gebälk. – Auf dies untere Viereck ist ein zweiter viereckiger Aufsatz von großen Quaderstücken ohne Mörtel, und auf diesen ein hoher Kegel aufgesetzt, welcher aus einem Stück zu bestehen scheint. – In diesem kleinen Gebäude ist, wie gesagt, keine Tür befindlich; allein gleich daneben sieht man den Oberteil einer schön gearbeiteten antiken Tür in einer Felsenwand; wenigstens Dreiviertel davon ist verschüttet, und man kann nicht mehr in die Höhle gehen, in die sie ohne Zweifel hineinführte. Da der Tantûr Phâraûn keine Tür hat: so vermute ich fast, dass man aus dieser Höhle zu dem Innern des Tantûrs gelangte. Indessen konnte ich des Schuttes wegen, welcher den Fußboden des Kämmerchens bedeckte, mich von jener

* »Spitzmütze des Pharaos«.

Vermutung nicht vergewissern. Der aus einem Felsen gehauene Unterteil hat inwendig ein kleines Zimmerchen, welches, wie ich vermute, zur Aufnahme der Leiche diente. Die Raubgier, die auch die ehrwürdigsten Denkmäler nicht unverschont lässt, brach auf zwei Seiten durch die Wand, und so fand man das Zimmerchen und vermutlich auch den Sarkophag. Die eine Öffnung fand ich groß genug, dass ich hineinkriechen konnte. Aus diesem Zimmerchen führte eine kleine Treppe in die Höhe; die Stufen dieser Treppe waren unten in den Felsen gehauen, oben aber gemauert. Sie war jetzt fast ganz unbrauchbar, weil die Quadern des oberen Vierecks aus ihrer Lage gewichen sind. Ich drang indessen bis an die Basis des Kegels vor, in welche man gleichfalls ein Loch hineingebrochen hatte. Von der Steinart dieses Monuments findet man in der orientalischen Sammlung zwei Proben.

Auf der Südseite des Tantûr Pháraûn, und zwar in geringer Entfernung davon, sieht man in der nämlichen senkrecht gehauenen Felsenwand drei Fensteröffnungen gehauen, welche durch zwei Säulen getrennt werden und welche ein beträchtliches Grottenzimmer erleuchten, aus welchem man in andere kleine Grotten gelangt, die vermutlich auch zu Gräbern dienten. Der Eingang dazu ist auf der Südseite unten in der Felsenwand, aber so niedrig, dass man fast hineinkriechen muss. Diese Grotten scheinen teils durch die Natur, teils durch Kunst gemacht zu sein. Die Christen nennen sie Magáret el Tállamîd, oder die Grotte der Jünger des Nazareners, oder auch Chabba el Rüssul, der Zufluchtsort der Apostel.

Nur ein paar Schritte davon südwärts steht ein kleines Felsengebäude, völlig von der Natur und der Verzierung des Tantûr Pháraûn, nur mit dem Unterschied, dass statt des Kegels dasselbe mit einer kleinen viereckigen Pyramide bedeckt ist. Jede Seite dieses Gebäudes, so wie das Tantûr Pháraûn, hat eine Länge von fünfzehn Fuß, und man sieht nicht die geringste Öffnung in den Wänden. Es muss bei den Juden in großer Achtung stehen; denn ich sah eine Menge hebräischer Namen an die Wände geschrieben. Nur zwei oder drei Schritte davon sieht man in dem Felsen dahinter einen engen, unterirdischen Gang, wovon man glaubte, dass er von unten in dies Monument führe, welches jetzt aber verschüttet war. Einige nannten es Kabbr Mûsza, das Grab

Mose, andere gaben ihm einen anderen Namen. Nach der Architektur zu urteilen, vermute ich, dass diese merkwürdigen Monumente aus den Zeiten Herodes des Großen oder der Römer herrühren.

Eine kleine steinerne Brücke führt hier über das trockene Bett des Kidron, welcher Name indessen nur Christen und den aus ihren heiligen Schriften, keineswegs aber den Mohammedanern bekannt ist. Neben dieser Brücke zeigt man die Stelle, wo Jesus von Nazareth von den Sbirren des Statthalters Pilatus ergriffen und gefangen genommen wurde. Ein kleiner unförmlicher Eindruck in den Felsenboden wird von den Gläubigen für den Eindruck seines Fußes gehalten!

Zur Seite des Hárram ist ein Gebäude befindlich, welches den frommen christlichen Pilgern ein sehr interessanter Gegenstand ist, obgleich es bei manchen nicht wenig ihre Galle in Bewegung setzen dürfte. Dies ist der so genannte Palast des Pilatus. Der vormalige Eingang ist vermauert, aber der marmorne Türrahmen erhält im Vorbeigehen noch manchen frommen Kuss. Obgleich es ein ziemliches Alter zu haben scheint: so möchte es doch schwer sein, die Identität dieses Gebäudes mit dem ehemaligen Palast eines verrufenen römischen Gouverneurs zu beweisen, indem bei der späteren Zerstörung der Stadt auch dieser Palast ohne Zweifel nicht verschont wurde. Da man indessen alle Gegenstände, deren die Biografen des Nazareners gedenken, hier bis jetzt den Pilgern noch vorzeigt: so dürfte auch dieses nicht fehlen. Dies Gebäude macht einen Teil der Wohnung des jedesmaligen Statthalters aus. Wenn auch kein religiöses Interesse den Reisenden bewegen könnte, dies Gebäude zu besuchen: so verdient es diese Aufmerksamkeit doch aus dem Grunde, weil man von einem oberen Zimmer, welches man für den Saal hält, worin Pilatus durch ein gezwungenes Urteil das Schicksal des Jesus von Nazareth entschied, den großen schönen Platz übersieht, worauf die ansehnlichen Gebäude des Hárram stehen, und welcher, wie schon gesagt, zu den ansehnlichsten im Osmanischen Reich gehört. Auf der einen Seite steht die geräumige Wohnung des Statthalters nebst einigen anderen Gebäuden. Einige Bäume auf dem Platz dienen ihm zu einer nicht geringen Zierde. Ich fühlte mich sehr geneigt, diesen Platz und das Hárram zu besuchen; allein ein

Nichtmohammedaner setzte sich dadurch einer zu großen Gefahr aus; entweder Muslim oder – Tod! Ich verwünschte in diesem Augenblick den Religionshass und Sektengeist der Menschen, welche uns so viele Genüsse verbittern und verwehren.

24. April (Donnerstag). Obgleich mein bisheriger Bedienter Júszef mir versprochen hatte, dass er mich bei der vorhabenden Reise um den Toten See begleiten wolle: so kündigte er mir heute doch ganz unerwartet an, dass er seinen Entschluss aufgegeben habe. Als Grund führte er an, dass in verwichener Nacht ein armenischer Einwohner in seinem Haus von Räubern angefallen und tödlich verwundet worden sei, dass er dadurch so sehr in Schrecken gesetzt sei, dass er seinen Vorsatz aufgegeben habe, und dass er jetzt willens sei, wieder nach Damask zurückzukehren.

Da ich auf meiner Reise nach Jerusalem Betlehem, das man hier nur unter dem Namen von Bêt Lahhm oder Bêt Lachm kennt, nur im Vorbeigehen gesehen hatte, und dieser Ort für einen christlichen Pilger zu viel Interesse hat, als dass ich mich daran begnügen könnte: so beschloss ich mich dorthin zu begeben und mich dort etliche Tage lang aufzuhalten. Ich ritt also nachmittags dahin. Der Weg führt zum Bâb el Chalîl (Hebrons-Tor) hinaus.

Es begegneten uns etliche Beduinen, welche ihre Esel mit Gurken beladen hatten, die sie nach Jerusalem zum Verkauf brachten. Sie hatten dieselben zu Ain Dschíddy oder Engeddy der Hebräer am westlichen Rand des Toten Sees gezogen, wo sie früher groß werden, als auf den Bergen um Jerusalem.

Unterwegs sah ich einen dicken Rauch aus dem tiefen Kessel des Toten Sees aufsteigen, welcher Erscheinung indessen nichts weniger als etwas Ungewöhnliches zum Grunde lag, obgleich mancher dadurch ältere Nachrichten bestätigt zu sehen glauben möchte. Dieser Dampf rührte, wie man mir hernach versicherte, und wie ich späterhin selbst erfuhr, von den Beduinen her, die am Ufer des Sees Soda brennen, oder Kohlen und Kalk bereiten, oder die auch zufälligerweise oder absichtlich das Gesträuch oder Schilf am Seeufer anzünden, welches alsdann mehrere Tage lang brennt und raucht.

Der Magnet, welcher seit dem Entstehen der christlichen Religion die Verehrer derselben mit wunderbarer Kraft nach Betlehem hinzog, ist die Grotte, worin nach der Legende der Stifter derselben geboren wurde. Sie ist nur etwa einen Steinwurf von diesem Dorf und zwar auf dessen Ostseite befindlich. Sie ist unter dem Chor der prächtigen Kirche, welche von Kaiser Justinian erbaut wurde. Drei Klöster, das der Franziskaner, das der Griechen und das der Armenier, stoßen an dieselbe, und diese Gebäude zusammengenommen bilden ein einziges unregelmäßiges Ganzes aus, welches seiner äußeren starken Mauern wegen eher ein Fort als ein der Gottesverehrung gewidmetes Gebäude erwarten lässt. Eine ansehnliche Tür führte vor alters in die Kirche; sie ist jetzt aber größtenteils zugemauert, und der Eingang ist so klein, dass man sich stark bücken muss. Und doch ist sie der einzige, der in die Kirche und die anstoßenden Klöster führt. Durch sie gelangt man unmittelbar in das Westende des Schiffs der Kirche, wo man durch den Anblick von vier Reihen hoher korinthischer Säulen von festem rötlich und gelblich gewölktem und geadertem Marmor überrascht wird, welche das Dach des Schiffs tragen, und wovon auf jeder Seite zwei Reihen dicht aneinander stehen. Ich zählte hier vierundvierzig, die alle aus einem einzigen Stücke sind. Der Marmor dazu wurde ohne Zweifel hier gebro-

Die Geburtskirche in Betlehem

chen, denn man sieht an mehreren Stellen des Berges, worauf Betlehem erbaut ist, die nämliche Steinart hervorragen. Die Säulen haben keinen Piedestal. Das Dach besteht jetzt aus einem starken Gebälk, vorhin aber ohne Zweifel aus einem Steingewölbe, durch dessen notwendig gewordenen Abbruch diese Kirche den größten Teil ihrer Schönheit verlor. Was die Verunstaltung dieser Kirche noch mehr erhöht, ist der Umstand, dass man den Chor durch eine Quermauer von dem Schiff der Kirche gänzlich getrennt hat, sodass man in Letzterem gar nichts von jenem sieht. Eine Verunstaltung, die nicht größer sein könnte, und die man dem gänzlichen Mangel an Geschmack der Griechen zuschreiben muss; denn die Griechen sind im Besitz der ganzen Kirche, mit Ausschluss der Grotte unter dem Chor, welche in den Händen der Franziskaner ist, obgleich die Griechen auch die Erlaubnis haben, sie zu gewissen Zeiten mit ihren Pilgern zu besuchen. Ihren täglichen Gottesdienst verrichten sie im Chorende, und das Schiff steht völlig unbenutzt. Von dem Mosaik, womit es vormals geziert war, sieht man nur noch mehrere Überreste oben an den Wänden, aber zu hoch, als dass ich die Gegenstände unterscheiden konnte. Das hölzerne Dach der Kirche ist mit Blei bedeckt. Obgleich die Geschichte beweist, dass der Kaiser Justinian diese Kirche bauen ließ: so schien man hier doch allgemein zu glauben, dass der Kaiserin Helena die Ehre, ihre Erbauerin gewesen zu sein, gebühre. Diese Dame ist das Idol der Mönche, und die Sage schreibt ihr die Erbauung so vieler Kirchen und Klöster zu, dass es schwer hält, sich davon ganz zu überzeugen.

Einer der Mönche, der Sakristan, führte mich nachher in das Heiligtum oder die berühmte Grotte unter dem Chor der Kirche. Sie ist tief, und man steigt auf mehreren marmornen Stufen in dieselbe hinab. Man wird überrascht, wenn man, statt einer ärmlichen Grotte, eine kleine prächtige Kapelle erblickt, die mit Marmor und großen silbernen Lampen geschmückt ist, wovon fast jede ein gekröntes europäisches Haupt oder eine Republik zum Geber hatte. Es fiel mir auf, unter ihnen die französische Lampe mit dem Wappen der französischen Könige zu erblicken, welches mich überzeugte, dass die Revolution nicht bis in dies Heiligtum gedrungen sei.

25. April. Des Nachmittags wohnte ich dem Gottesdienst in

der Kirche des Franziskanerklosters bei. Diese Kirche ist von der alten erwähnten Hauptkirche verschieden, und ob sie gleich keine Säulen hat: so kann man sie doch mit Recht hübsch nennen. Sie ist geräumig und hat ein steingewölbtes Dach. Einige Ölgemälde zieren die Wände. Nach Verrichtung der verordneten Religionsübungen ging ich mit den Mönchen in Prozession in die heilige Grotte. Jeder von uns trug ein brennendes Wachslicht. Sowohl in der Grottenkapelle, als in einem unterirdischen Gang, den wir nachher im Zuge verfolgten, und aus dem man wieder in die Klosterkirche in die Höhe steigt, sind etliche Altäre in gewissen Entfernungen, wo von dem Dienst habenden Geistlichen etliche Gebete hergelesen werden, währenddem die Übrigen niederknien. Man findet darin die Josephskapelle oder Grotte, die Kapelle und das Grab des heiligen Hieronymus, das Grab des heiligen Eusebius, das Grab zweier weiblichen Heiligen, deren Namen mir nicht beifallen, und endlich die Grotte der unschuldigen Kinder, unter welcher noch eine tiefere Grotte ist, die durch eine eiserne Tür verschlossen gehalten wird, zu welcher der Generalsuperior und der Generalprokurator nur die Schlüssel haben, und welche nur jährlich einmal am Tag der unschuldigen Kinder geöffnet wird. Vor dem Altar der Krippe wurde von zwei kleinen Knaben das: *hic natus est* mit besonderem Ausdruck gesungen, und ich bin überzeugt, diese Worte müssten von einem frommen Pilger, der die lateinische Sprache versteht, mit einem tiefen innern Gefühle empfunden werden. – Die Klosterkirche ist mit einer Orgel versehen, die man in allen Kirchen von Terra Sancta in der Levante antrifft. Die Syrer nennen die Orgel el Örgon und lieben diese große musikalische Maschine, die man bei keiner anderen Religionspartei antrifft.

26. April. Ritt nach Hebron. Da ich die Absicht hatte, von Jerusalem über Hebron auf einem neuen, von Europäern bisher unbesuchten Weg gerade durch die Wüste des peträischen Arabiens nach dem Sinaï zu reisen, und ich in Jerusalem nicht erfahren konnte, ob dieser Weg, der vor alters im Gebrauch war, es auch noch sei, und ob ich in Hebron Beduinen erhalten könne, die mich sicher dorthin bringen könnten: so nahm ich mir vor, selbst nach dieser Stadt zu reiten, und dort Erkundigungen hierüber anzustellen. Ein Betlehemite, namens Hanna Schíkamán,

ein Katholik, den ich in el Szalt hatte kennen gelernt, wurde mein Begleiter. Er schaffte zwei Pferde für uns beide an, und am 26. April des Morgens um sechs Uhr ritten wir nach Hebron ab.

Der Weg dahin führt immer bergauf und ab.

Alle Berge zwischen Betlehem und Hebron bestehen aus Kalkstein, und man sieht nur wenige Landeskultur auf diesem Weg. Das Gebiet von Hebron war vorhin voller Dörfer, die aber fast alle in Ruinen liegen, und deren Anblick den Reisenden mit Trauer füllt. Sie führen noch alle ihre vormaligen Namen, und man würde darunter noch viele wieder erkennen, welche in den hebräischen Schriften als Städte genannt sind. Nomaden ziehen jetzt auf den wüsten und mit Gebüschen bedeckten Feldern vormaliger Bauern umher; aber wie unbedeutend ist die Anzahl derselben im Vergleich mit der Volkszahl der Vorzeit! Der Ruin seines Gebiets musste natürlicherweise auch den Verfall von Hebron verursachen.

Wir erblickten die Stadt nicht eher, bis wir ihr schon sehr nahe waren, weil sie in einem engen Tal liegt und fast auf allen Seiten mit Bergen umgeben ist. Es war ein Viertel nach ein Uhr, als wir daselbst anlangten. Da hier keine Christen ansässig sind (einen einzigen ausgenommen, der aber seine Familie in Betlehem hat): so kehrten wir bei einem Mohammedaner ein, welcher ein Bekannter von meinem Begleiter war; er hieß Hösséïn, und ich fand bei ihm eine gute Aufnahme.

Der alte Name dieser Stadt, den die Europäer beibehalten haben, ist in Syrien und Palästina so ganz außer Gebrauch gekommen, dass ihn nur höchstens Christen und Juden aus ihren heiligen Schriften kennen. Der jetzt gebräuchliche Name ist Chalîl, und diese Benennung rührt von Abraham her, dessen Grab in der Hauptmoschee vorhanden sein soll, und welchen die Mohammedaner Chalîl Allah (Allahs Freund) nennen.

Das Schloss liegt in dem oberen Teil des Schlossquartiers Háret el Kalla, ist klein und hat so wenig in- als auswendig etwas Merkwürdiges, wie mir mein Wirt versicherte. Es war mir nicht erlaubt, in dasselbe zu gehen. Gleich daran stößt die Hauptmoschee el Hárram (das Heiligtum), welche wegen Abrahams Grab bei den Mohammedanern in außerordentlicher Achtung steht, und wohin sie aus weit entfernten Ländern wallfahrten. Diese

Moschee hat zwei viereckige Türme ohne die geringste Schönheit, zeigt von außen überhaupt nichts Imposantes, und da sie mit engen Gassen umgeben ist: so fällt sie auch wenig in die Augen. Eine Marmortreppe führt auf den Hofplatz. Mir war es als einem Christen nicht erlaubt, denselben zu betreten; und obgleich Hösséïn mir versprach, für etliche vierzig Piaster mir diese Erlaubnis von dem Oberaufseher dieses Tempels zu verschaffen: so glaubte ich doch diese Summe nützlicher anwenden zu können, indem ich doch nur wenig davon sehen würde, da ich, wie Hösséïn sagte, nicht das Innere der Moschee um keine Geschenke in der Welt betreten dürfte. Überdem wird man in mehreren arabischen Werken, die in der orientalischen Sammlung befindlich sind, ausführliche Beschreibungen davon antreffen, worin man auch historische Nachrichten davon finden dürfte. Diese Moschee ist weit kleiner und unendlich unansehnlicher als die Hauptmoschee oder das el Hárram in Jerusalem. Indessen versicherte mir Hösséïn, dass es ihr inwendig nicht an Zierde fehle, und dass sie unter anderen mehrere Säulen habe. Vorhin reisten die christlichen Pilger auch nach Hebron, allein dies ist schon seit langen Jahren nicht mehr in Gebrauch. In dem Schlossquartier findet man die Basare; sie sind weder groß noch schön, aber ich fand sie ziemlich lebhaft.

In dem Glasquartier, Háret el Ksásy, fand ich vier Glasöfen zu grünen Gläsern, zwölf zu Armringen und zehn zu Korallen. Es arbeiten bei jedem Ofen vier bis neun Leute, wovon viele kleine Knaben sind. Den Sand dazu holt man zwei Stunden weit von hier; die Soda von den Beduinen. Das Tausend weiße Korallen kostete jetzt anderthalb Piaster oder sechzig Para, woraus man sieht, dass die Fabrikate sehr wohlfeil sind. Man verfertigt hier Korallen und Armringe von weißer, gelber, schwarzer, blauer, grüner, brauner und roter Farbe. Der Fritte setzt man Blei und Zinn zu. In einer der Glashütten, worin Gläser verfertigt werden, blies einer der Arbeiter ein großes, sehr dünnes Glas, welches er vor mir zerplatzen ließ. Da dies eine Art von Ehrenbezeugung ist, so musste dieselbe mit einem kleinen Trinkgeld erwidert werden. – Außer dem Glas bereitet man in Hebron auch Seife.

Auch hier wohnen die Juden in einem Quartier beisammen, welches, so wie gewöhnlich, sehr enge Winkelgässchen hat. Sie sind Talmudisten und ihre Anzahl beträgt fünfundfünfzig bis sechzig Familien. Unter sich sprechen sie spanisch, mit anderen Religionsparteien aber arabisch. Ich traf indessen einen an, welcher ein schlechtes Deutsch sprach, welches er auf seinen Wanderungen in Deutschland erlernt hatte. Auch Holland und mehrere europäische Länder durchreiste er, wahrscheinlich als Betteljude, wenigstens schienen seine Vermögensumstände nichts weniger als glänzend zu sein. – Die Juden haben einen Schech, welcher seine Nation vertritt.

Ich hatte das Vergnügen, von meinem Wirt zu erfahren, dass der Weg, den ich nach dem Sinaï wählen wolle, möglich sei, obgleich er gänzlich außer Gebrauch gekommen sei. Denn die Mekkapilger von Hebron, die vor alters diesen Weg nahmen und sich bei einer gewissen Station auf der Pilgerstraße, die von Kahira nach Medina und Mekka führt, an die große Karawane von Ägypten anschlossen, reisen jetzt zu diesem Ende entweder nach Maân oder über Jericho nach Mserîb in Haurân. Der Bruder meines Wirts hatte eine Reise nach Sues, Tôr, el Kszêr (Kossair) gemacht. Obgleich er in Akabáh gewesen war, so hatte er doch von dem alten Namen desselben, Aïleh, nichts gehört. Akabáh sei ein kleines Schloss, das am östlichen Arm des arabischen Meerbusens liege, und zugleich eine Station der Pilgrime, die von Ägypten nach Mekka reisen.

27. April. Obgleich die Mohammedaner versichern, dass Abraham, der bei ihnen in außerordentlicher Achtung steht, in der Hauptmoschee zu Hebron begraben sei: so streitet doch dieses gänzlich mit der so genauen Angabe desselben in den hebräischen Schriften. Weit wahrscheinlicher ist es, dass man das Grab dieses berühmten Schechs, so wie das Grab seines Weibes Sara und seines Enkels Jakob, nordwärts von Hebron in einem Tale suchen müsse, welches jetzt Wady el Ráme oder Némra heißt, und in jenen alten Zeiten Mamre hieß. Da mein Begleiter diese Stelle nicht kannte, so war mein Wirt so gefällig, mich dorthin zu begleiten.

Wir schlugen zuerst den nämlichen Weg ein, den wir gekommen waren, ließen ihn aber nachher links liegen. Nach etwa einer halben Stunde kamen wir zu einer kleinen Quelle, welche Ain Némra heißt, und gleich darauf in das flache Tal Wady el

Ráme oder Némra und zu den Ruinen einer großen Kirche, welche der Kaiser Konstantin erbauen ließ. Hösséïn versicherte mir, dies seien die Überreste des alten Hárram, welches nachher durch eine besondere Veranlassung in die Stadt verlegt worden. Von der Außenmauer der Kirche hat sich nur noch wenig mehr als das Fundament erhalten, weil man vermutlich die Baumaterialien zu dem neuen Hárram in Hebron benutzte, dessen Mauern auch zum Teil aus großen Steinen bestehen. Die Quadersteine von den Überresten der Kirche sind sehr sorgfältig gearbeitet, liegen ohne Mörtel aufeinander und sind bei einer verhältnismäßigen Höhe und Breite zum Teil drittehalb Klafter lang. Man sieht daraus, dass damals noch der alte römische Geist in der Architektur webte, der späterhin immer mehr und mehr verloren ging. Die Steine bestehen aus einem sehr festen Kalkstein oder Marmor, und etliche fand ich voll von versteinerten Ostraciten. Die Kirche bildete ein langes Viereck. Ich fand in derselben noch eine sehr sorgfältig gearbeitete Zisterne, welche aber jetzt ohne Wasser war. Diese merkwürdige Ruine liegt an dem abhängigen Fuß eines mittelmäßigen, flach ansteigenden Berges auf der Nordseite des Tals, an welchem man höher hinauf mehrere Ruinen findet, welche man Chürbet el Bóttrach nennt. Sollte hier vielleicht der Sitz eines griechischen Patriarchen gewesen sein, wie der Name anzuzeigen scheint?

Eine Höhle fand ich hier nicht, allein diese konnte leicht durch die Last von mehreren Jahrtausenden eingestürzt oder durch den Schutt der darüber gebauten Gebäude verdeckt geworden sein.

Beim Abschied verlangte Hösséïn ein Geschenk von mir, und als ich ihm eines gab, was ihn hinreichend entschädigte, so verlangte er doch noch dies und jenes. Ich habe die Dienstfertigkeit eines Mohammedaners gegen einen Christen fast ohne Ausnahme sehr eigennützig befunden.

Die Sonne war schon untergegangen, als wir wieder im Kloster [in Betlehem] ankamen.

Da ich mit meinem Begleiter [Hanna] keinen Kontrakt wegen unserer Reise geschlossen hatte: so musste ich ihm jetzt beträchtlich mehr bezahlen als es sonst nötig gewesen wäre. Ich warne alle Reisenden, sich in dieser Hinsicht für die Betlehemiten, hier gewöhnlich Télhaméh genannt, in Acht zu nehmen. Meine eigene und die Erfahrung der Reisenden, die mit ihnen zu tun hatten, beweisen, dass sie zu den habsüchtigsten und lügenhaftesten Menschen gehören, obgleich sie wegen ihres Umgangs mit den europäischen Mönchen etwas mehr Kultur in ihrem Betragen zeigen, als man sonst bei den Bewohnern von anderen Dörfern findet.

28. April. Ich hatte mir vorgenommen, von hier nach Ain Kérrim zu reisen, wo das berühmte St.-Johannis-Kloster ist, und das nur zwei Stunden von hier entfernt liegt; allein es fand sich niemand, der Lust gehabt hätte, mich dahin zu begleiten. Schon seit anderthalb Jahren stehen die Betlehemiten in Fehde mit den dortigen Einwohnern, mehrere Personen von beiden Seiten verloren bereits ihr Leben in den einzelnen Gefechten; sie beschränken sich aber nicht bloß hierauf, sondern ihre Rache dehnt sich auch auf das Eigentum aus, indem sie sich Pferde töten, Öl- und Feigenbäume umhauen usw. Welch eine fast anarchische Regierung muss es sein, wo dergleichen Fehden ungeahndet jahrelang fortdauern können!

Heute wehte ein stürmischer kalter Wind aus Südwesten.

Nachmittags kehrte ich wieder zu Fuß nach Jerusalem zurück. Man zeigte mir bei dieser Gelegenheit nahe bei Betlehem, ein wenig ostwärts vom Wege, den so genannten Davidsbrunnen, welcher aber demjenigen, dessen Namen er führt, wenig Ehre macht.

9.–23. Mai. Da ich noch keine astronomischen Beobachtungen zur Längenbestimmung von Jerusalem genommen hatte: so wandte ich heute dazu an. Diese Arbeit wurde mir indessen sehr verderblich. Schon vor Beendigung der nachmittägigen korrespondierenden Beobachtungen fühlte ich mich so unpässlich, dass ich sie aufgeben musste. Meine seit mehreren Wochen geführte sitzende Lebensart, mein vieles Schreiben beim Mangel an Bewegung und reichliche animalische Kost und Wein kontrastierten zu sehr mit den Anstrengungen auf der letzten Reise und der großen erzwungenen Frugalität im Genusse, dass dies natürlicherweise einen nachteiligen Einfluss auf meine Gesundheit äußern und meinen Unterleib gänzlich in Unordnung bringen musste, und ich glaube, die heute ausgestandene Hitze tat den letzten Ausschlag. Ich litt heftige Schmerzen im Unterleib, welche von Verstopfung in den Gekrösen herrühren mochten, die sich hart und stark geschwollen anfühlten. Sie wurden entzündet, und diese Entzündung teilte sich auch der Leber mit, die sich gleichfalls hart anfühlte und manchmal so schmerzhaft war, dass ich nicht liegen konnte, und kaum eingeschlummert, durch schreckende Träume wieder erweckt wurde. In der Nacht nach dem 13. und 14. hatte ich ein starkes Fieber. Nur in einer Stellung konnte ich ruhen, nämlich sitzend an ein Kissen mit dem Rücken gelehnt. Ich hatte diese zwei Tage zur Ader gelassen und dann purgiert. Vom *Liquor anodynus*, äußerlich auf die rechte Weiche gegossen, empfand ich eines Abends eine plötzliche schmerzstillende Wirkung; er half nachher aber nichts. Eine dauerhafte Wirkung empfand ich von etlichen Klistieren, die mich vielleicht wieder vom Rande des Grabes zurückführten. Der hiesige Klosterarzt Fra Francisco stand mir mit seinem guten Rat bei. Den 15. Mai machte ich eine ganz auffallende Bemerkung. Seit einigen Jahren hatte ich fast ununterbrochen einen Fluss auf mein linkes Ohr, welcher mich etwas schwerhörig machte. Wie erstaunt war ich, als an diesem Tag mein Ohr das Schlagen einer Taschenuhr mehr als einen Fuß weit hören konnte. Ob dies von dem äußerst geringen Genuss von Nahrungsmitteln während meiner Krankheit, oder vom *Liquor anodynus*, oder endlich von dem Klistier herrührte, weiß ich nicht gewiss, ich vermute indessen, dass Letzteres die Hauptursache dieser Veränderung war. Am 16. Mai des Abends erhielt ich wieder ein Klistier, und hatte in der Nacht wenig Schmerzen und wenig Fieber. Jetzt fing ich an, mich außer der befürchteten nahen Gefahr zu halten. Am 21. Mai dauerte mein Übel noch immer fort; der Geschwulst im Unterleibe, den ich für einen Skirrhus hielt, hatte fast die Größe eines Gänseeies, war hart und schien mit der Basis an die innere Seite des rechten Hüftbeins befestigt zu sein. Obgleich ich die genaueste Diät beobachtete: so wollte doch das Stechen und Reißen in demselben noch nicht aufhören, und die Nacht brachte ich besonders sehr unruhig zu. Schon fünf bis sechs Tage lang fühlte ich Schmerzen in der Leber, die durch Mitleidenschaft zu kränkeln schien, und es war mir nicht möglich, weder auf der rechten noch linken Seite zu liegen. Schon in Halep und Damask rührte sich dies nämliche Übel des Unterleibes, und ohne Zweifel aus gleichen Ursachen. Die Maschine geht so lange, bis sie bricht.

Das Kloster der Franziskanermönche ist für einen Fremden ein trauriger Aufenthalt, sobald er erst seine Neugierde befriedigt hat. Mein kleines Zimmer mit gewölbter Decke hat nur ein mittelmäßig großes Gitterfenster, aus welchem ich gar keiner Aussicht auf eine Gasse oder ins Freie genieße. Für mich ist es daher wegen meiner jetzigen, hypochondrischen Stimmung unerträglich geworden, und ich wünsche nichts mehr, als dasselbe aufs Schnellste zu verlassen, sollte ich auch in Gefahr geraten, unterwegs umzukommen. Die größte Schwierigkeit, die sich meiner Abreise entgegensetzte, war der Mangel an Reisegeld, weil ich hier, ungeachtet ich noch viertausend Piaster in Ägypten stehen habe, von niemand auch nur hundert Piaster vorgeschossen erhalten konnte, um die Reise um den Toten See zu machen. Jetzt durch meine Krankheit genötigt, diese Reise fürs Erste aufzugeben, und nur auf eigene Pflege und Selbsterhaltung zu denken, jetzt hat mir der P. Generalprokurator versprochen, mir Geld zu meiner Reise nach Jaffa und dem Karmel vorzuschießen.

Die Witterung blieb bis zum Tag meiner letzten astronomischen Beobachtungen immer sehr angenehm. Gleich darauf aber nahm die Sonnenwärme zu, und es wehte vor dem Himmelfahrtsfest drei Tage lang bei wolkiger Luft ein heißer Südwind, den viele unangenehm fühlten. Ich ritt gar nicht davon, weil ich in meinem gewölbten Zimmer blieb. Seit jenem Fest weht täglich etliche Stunden lang ein etwas stürmischer Wind. Meine Phantasie schildert mir den Karmel jetzt als ein Paradies, wo ich, außer einer trefflichen Aussicht über das Meer, das Vergnügen mir male, die Kühle dieses Windes an seiner Quelle zu genießen. Ich habe mir vorgenommen, mehrere Monate lang daselbst zuzubringen, bis, wenn es der Himmel will, meine Gesundheit gänzlich wiederhergestellt ist. Während der Zeit will ich meine wissenschaftlichen Arbeiten so viel wie möglich beschränken, und mir durch Baumpflanzen und Gartenarbeiten, zumal in der Frühe, häufige Bewegungen machen. Kurz, ich denke die Lebensart eines Einsiedlers zu führen. Schon ist die Hoffnung wieder in mir aufgelebt; meine Phantasie beschäftigt mich mit diesem angenehmen Bild, und meine Todesgedanken machen frohen Vorstellungen Platz. Meine Hypochondrie wurde vorzüglich durch den Geldmangel genährt, und die Güte des Generalprokurators, der demselben abhelfen wird, brachte mir neues Leben.

In der Nacht vor dem 22. Mai spürte ich zum ersten Mal keine Schmerzen mehr im Unterleib. Meine Krankheit dauerte also dreizehn Tage. Wenn ich jedes Mal meine astronomischen Beobachtungen mit einer solchen Krankheit erkaufen muss: so kommen sie mir wahrlich teuer zu stehen!

Die hiesige Hitze ist jetzt (22. Mai) für einen Norddeutschen sehr leicht erträglich, vorausgesetzt, dass er an den vorzüglich heißen Tagen von zehn Uhr vormittags bis zwei oder drei Uhr nachmittags zu Hause bleibt.

23. Mai. Gestern ließ ich meine zwei Reisekoffer nebst zwei Kisten, wovon die eine mit Mineralien, die andere mit Pflanzen gefüllt ist, und die beide für Gotha bestimmt, einballieren, und heute erhielt ich vom Generalprokurator zweihundert Piaster ausgezahlt, wofür ich ihm einen Wechsel von vierhundert Piaster zustellte. Der Überschuss von zweihundert Piastern war zum Geschenk für das Kloster bestimmt, worin ich mehrere Wochen gut aufgenommen gewesen war. Thuma von Akre trat heute seinen Dienst bei mir an. Ich habe ihn täglich für zwei Piaster akkordiert.

Siebtes Kapitel:
REISE NACH AKRE, DEM KARMEL, NAZARETH UND NABLOS

25. Mai (Pfingsttag). Nie hatte ich meine Abreise von einem Ort mit mehr Sehnsucht erwartet als von Jerusalem. Mein Aufenthalt war mir in den letzten Tagen daselbst so zuwider, dass ich hätte vor Missvergnügen und Melancholie umkommen müssen, wenn ich dort noch einige Wochen hätte zubringen müssen. Heute war der glückliche Tag, wo ich endlich meine Wünsche erreicht sah. Die Phantasie übt bei einem Gefühlvollen eine außerordentliche Gewalt aus über den Körper. Ungeachtet ich bei

weitem noch nicht gänzlich wiederhergestellt war: so fühlte ich mich doch beim wirklichen Antritt meiner Reise weit stärker als ich mich bisher geglaubt hatte. Ich hatte die Verabredung getroffen, dass man mir mein Gepäck mit Kamelführern nach Jaffa nachschickte.

Es war acht Uhr des Morgens, als ich Jerusalem verließ. Die Luft war wolkig und es wehte ein kühler Wind. Außer meinem Bedienten und Maultiertreiber ritten ein paar Mohammedaner mit mir. Der Weg führte immer über Berge, deren Boden sehr felsig und steinig, und daher an vielen Stellen sehr unfruchtbar ist. In der Nähe der Stadt gibt es indessen auf dieser Seite beträchtliche Ölbaumpflanzungen, die sehr gut fortkommen. Überhaupt gedeiht der Ölbaum in den Berggegenden Palästinas fürtrefflich, und unter einer sicheren weisen Regierung könnten die Produkte dieses nützlichen Baumes einen beträchtlichen Ausfuhrartikel abgeben.

Kurz vor Rámle zeigten sich große Scharen von Raben und Störchen, welche Letzteren hier Bédscheá heißen. Es war sechs Uhr, als wir in Rámle ankamen. Ich trat in dem spanischen Franziskaner-Hospiz ab, an welches mir der Generalprokurator ein Empfehlungsschreiben mitgegeben hatte. Dies Kloster ist ein geräumiges gutes Gebäude, welches vierzehn bis fünfzehn Zimmer enthält, das mehr zur Aufnahme der hin- und herreisenden Franziskanermönche als von europäischen Pilgern dient, die hier zu den großen Seltenheiten gehören. Außer dem Vizeprokurator traf ich hier nur einen Mönch an. Da dies Hospiz ganz allein auf Kosten Spaniens unterhalten wird, so sind die hiesigen Mönche auch immer Spanier. Es hatte zur Zeit des französischen Einfalls in Syrien durch die aufgebrachten mohammedanischen Einwohner sehr gelitten. Man raubte alles, und drohte den Mönch zu ermorden, der sich glücklicherweise zu einem Mohammedaner flüchtete, welcher ihn selbst bis an das Ende seines Lebens beschützte und ihn nicht verriet. Die Einwohner, äußerst aufgebracht darüber, erschossen ihn in der Türe; aber augenblicklich trat der Bruder des Ermordeten an seine Stelle. »Ihr habt meinen Bruder ermordet!«, rief er. »Aber auch ich bezeuge euch, dass der Flüchtling nicht unter meinem Dache sei, und dass ich seinen Aufenthalt nicht wisse.« Der Pöbel glaubte endlich seinen Versicherungen und der arme Mönch war gerettet. Ein auffallenderer Zug von Gastfreundschaft und Dankbarkeit lässt sich wohl kaum denken. Das unglückliche Opfer desselben und sein Bruder waren Maultiertreiber, welche dem Franziskanerkloster in Jerusalem beständig von Jaffa Meerfische zuführten. Dies Gewerbe war aber gar nicht bereichernd und sie waren nichts weniger als wohlhabend.

26. Mai. Am folgenden Tag verließen wir um halb sieben Uhr Rámle. Wir ritten geschwinde, um Jaffa zeitig zu erreichen, weil der Tag heiß werden zu wollen schien.

Es war drei viertel auf zehn Uhr, als wir in Jaffa ankamen, wo am Tor meine Reisetaschen untersucht wurden; man hatte seit kurzem den Zöllnern eine geschärftere Aufsicht empfohlen. Ich trat in dem Franziskanerkloster ab, dem ich gleichfalls vom P. Generalprokurator in Jerusalem empfohlen war, wo ich eine gefällige Aufnahme fand, und wo, da es am Hafenstrande liegt und man dort einer weiten Meeransicht und einer frischen Luft genießt, ich mich sehr wohl befand.

Die Stadtmauer ist eben nicht sehr hoch und stark, aber durch den letzteren Pascha von Jaffa usw., Abu Márrak, gut ausgebessert. Sie hat zwei Bastionen, die mit einigen Kanonen besetzt sind. Auf der Landseite wird jetzt nur ein Tor geöffnet, welches für die Einwohner seine Unbequemlichkeiten hat. Auf der Meerseite ist Jaffa ganz offen. Die Stadt liegt auf und an einem Hügel, und man gelangt von den am Hafen liegenden Häusern aus dem obersten Stock in eine dahinter befindliche Gasse. Die Häuser längs dem Hafen sind gut und ihre Lage ist angenehm. Fast alle Häuser sind von Kalkstein erbaut, und haben platte oder Kuppeldächer. Da in der Nähe der Stadt keine Steine vorhanden sind: so werden sie zu Schiff hierher gebracht. Die Kaufhallen der Stadt sind klein und unansehnlich, indessen fand ich sie ziemlich lebhaft. Seit der Invasion der Franzosen in Jaffa liegen noch viele Häuser in Schutt, an deren Aufbauung man nicht zu denken scheint. Der schmale Hafen wird durch ein Felsenriff gebildet, welches aber große Lücken hat. Es deuchte mir, die Reste von altem Mauerwerk darauf zu bemerken. Die meisten ägyptischen und syrischen Küstenschiffe können in den Hafen einkehren; nur einige große, im Gleichen europäische Schiffe fin-

Basar in Jaffa

den ihn nicht von genugsamer Tiefe und müssen daher auf der Reede liegen bleiben. Der Hafen ist sehr fischreich. Ich zählte bei Jaffa bloß zwölf kleinere und größere Küstenschiffe, und ich glaube, dass unser Hooksyhl als Hafen fast ebenso bedeutend sei als die uralte Stadt Jaffa.

Ich bediente mich hier des Seebades, wovon ich die heilsamsten Wirkungen verspürte, und machte bei dieser Gelegenheit eine Sammlung von hiesigen Meerprodukten. Im Flutmark fand ich viele Stücke Bimsstein und unterschiedliche große Steinfrüchte von der thebaischen Palme, welche man el Dôm nennt, und woraus man Korallen drechselt. Laufkrabben sind hier häufig vorhanden, und verdienen ihres schnellen Laufes wegen völlig ihren Namen.

30. Mai. Die Kamelführer hatten meine Sachen gebracht. Ich dachte also nur auf meine Abreise. Ein griechischer Schiffer von Beirût war segelfertig, um nach Akre abzugehen. Ich akkordierte daher mit ihm (um acht Piaster) unseretwegen und wegen meines Gepäcks, und um zehn Uhr verließen wir Jaffa, welches von der Meerseite eine malerische Ansicht darbietet. – Unser Schiff war eines von den gewöhnlichsten Küstenschiffen, welche man Schachtûr nennt. Es hatte etwa die Größe eines Fischerevers von Blankenese an der Elbe; doch gibt es andere, die

größer sind. Diese Schiffe haben kein Verdeck, und sind mit drei Segeln versehen. Ist Windstille, so wird gerudert.

Wir segelten immer in geringer Entfernung von der Küste, die eben und sandig ist. Hinter dieser Ebene zeigten sich aber tiefer landeinwärts Berge. Um fünf Uhr nachmittags hatten wir Káissérie neben uns, welches vormals Caesarea Palaestinae hieß, und welches das Schicksal aller köstlichen Bauunternehmungen des großen Herodes hatte, es liegt in Schutt und seine wenigen Trümmer werden von einigen armen Fischerfamilien bewohnt, welche für landende Seefahrer öfters nicht ohne Gefahr sein sollen.

Um elf Uhr nachts kamen wir gegen Tantúra, dessen Lage durch einen Turm bezeichnet wurde. Es tat mir sehr Leid, diesen Ort nicht besuchen zu können, um über das Dasein der Krokodile auf dieser Küste eigene Untersuchungen anzustellen. In solchen Fällen sieht man so ganz das Unzweckmäßige der Seefahrt für beobachtende Reisende ein, falls anders eine Landreise möglich ist. Nur meine Schwäche, als Folge der Krankheit, erlaubte mir nicht, Letztere zu wählen. Ich erkundigte mich in der Folge nach diesem interessanten naturhistorischen Gegenstande, und erhielt von mehreren Personen die Bestätigung des Daseins dieser merkwürdigen Tiere in jener Gegend. Unter anderen erzählte mir ein Matrose von Háipha, ein griechischer Christ, auf einer Fahrt von seinem Wohnort nach Akre Folgendes. Die Krokodile, die im Arabischen Temszách heißen, findet man etwa eine halbe Stunde südwärts von Tantúra in dem Fluss Sérka, worin sich vielleicht hundert und mehrere aufhalten dürften. Eine uralte Sage versichere, einst sei ein Paar Krokodile von Ägypten hierher gebracht, und dies habe sich hier so sehr vermehrt. Da man die Gefährlichkeit dieses Tieres kennt: so macht man erst ein großes Geschrei, bevor man den Fluss passiert, welcher nahe an seiner Mündung seicht ist und keine Brücke hat. Ein Bauer trieb einst einen mit Getreide beladenen Esel durch den Fluss, welcher von einem lauernden Krokodil ergriffen und verzehrt wurde. Der Matrose versicherte, er habe ein erschossenes Krokodil am Ufer dieses Flusses gefunden, welches einundzwanzig Fuß lang und so fett gewesen, dass sein Fett den Boden tränkte. Man glaubt dort, dies Tier falle Tiere der dortigen Gegend an, den Büffel ausgenommen, den es nicht bezwingen könne. Durch seine

Jaffa vom Meer aus gesehen

Beschreibung vom Temszách im Sérka sah ich, dass es wirklich ein Krokodil sei. Es habe, sagte er, die Gestalt einer Eidechse, und sehr harte Schuppen, sodass es nur bei den Augen und vorne unter den Vorderbeinen tödlich verwundet werden könne. Ihm war es besonders aufgefallen, dass dies Tier seinen Oberkiefer außerordentlich weit in die Höhe und rückwärts bewegen konnte.

1. Juni. Um zwei in der Nacht kamen wir gegen Atlît über, und als ich des Morgens um halb sechs Uhr erwachte, wurde ich durch den Anblick des Vorgebirges vom Karmel, welches die Araber Râs el Kírmel nennen, überrascht, unter welchem wir in sehr geringer Entfernung vom Strande hinfuhren. Es ist durch eine sehr schmale Ebene vom Meere getrennt; diese Seite ist steil, felsig, mit etwas Gesträuch bewachsen und zeigt nichts Angenehmes. Auf seinem Scheitel sieht man das jetzt unbewohnte und verfallene Kloster der Karmelitanermönche. Mit Majestät stieg die Sonne empor und ihre ersten Strahlen begrüßten dies heilige Vorgebirge. Um aufrichtig zu sein muss ich gestehen, dass ich mir den Karmel weit reizender geträumt hatte als ich ihn jetzt fand, und mein sehnlicher Wunsch, bald auf eine Zeit lang dort ein Einsiedler zu werden, wurde sehr abgekühlt.

Mit diesem Vorgebirge fängt der Meerbusen an, welcher zwischen Háipha und Akre befindlich ist, und einen flachen Ausschnitt in der Küste bildet. Háipha blieb in einiger Entfernung, es liegt ein wenig in den Meerbusen hinein am nördlichen Fuße des Karmel. Die Ufer um den Busen sind sehr flach und sandig. Akre liegt in dem Winkel, welchen die Bucht auf ihrer Nordseite mit der allgemeinen Küstenlinie macht. Es war halb neun Uhr, als wir des Morgens in den Hafen dieser Stadt einliefen, welche sich wegen ihres ziemlich ebenen Bodens von der Meerseite weniger hübsch ausnimmt, als Jaffa. Die neue Moschee, welche Dschessar Pascha erbauen ließ, nimmt sich vorteilhaft aus, aber fast alle übrigen Gebäude sind hinter der hohen Mauer versteckt, welche die Stadt auch auf der Meerseite einschließt.

Innerhalb dem Hafentor kommt man auf einen Platz, welcher zum Teil mit Arkaden umgeben ist, und welcher an einen ansehnlichen Chân stößt, welcher von Dschessar Pascha erbaut wurde. Der untere bedeckte Gang, welcher den regelmäßig viereckigen Hofplatz umgibt, ruht auf zweiunddreißig starken Säulen von ägyptischem Granit, welche aber weder Kapitell noch Piedestal haben. Ohne Zweifel fand man diesen seltenen Schatz hier unter den vormals zahlreichen Ruinen des alten Ptolemais, wovon man noch hier und da mehrere Granit- und Marmorsäulen teils als Baumaterial angewendet, teils unbenutzt herumliegen sieht.

Gleich daneben ist ein kleiner Chân befindlich, welcher vom Röm. K. Generalkonsul und dem neapolitanischen Vizekonsul Hrn. Catafago bewohnt wurde, welchem Letzteren ich empfohlen worden war. Er hatte die Gefälligkeit, mir auf meine Bitte einige Zimmer in dem so genannten französischen Chân zu meiner Wohnung anweisen zu lassen. Dieser Chân ist der größte in Akre, welches in allem fünf Châne hat, wovon drei von Dschessar Pascha erbaut wurden. Ich hatte das Vergnügen, beim Hrn. Catafago etliche von den hiesige Franken kennen zu lernen, unter anderen den Negozianten Hrn. Giustini von Triest, welchem ich während meinem Aufenthalte in Akre manche Gefälligkeit verdanke.

Mein Logis war, weil es seit geraumer Zeit unbewohnt stand, sehr vernachlässigt und überdem gänzlich von Möbeln entblößt. Da es indessen geräumig genug und luftig war, und überdem eine Lage an einer volkreichen Straße hatte: so entschloss ich mich jetzt, den Sommer hier zuzubringen, weil das Karmelitanerkloster auf dem Karmel noch unbewohnt war. Mein Tagebuch aufs Reine zu bringen, wird meine vorzüglichste Beschäftigung sein.

Akre, von seinen Einwohnern Akke genannt, verdankt seine neuere Bedeutendheit dem grausamen Dschessar Pascha, dessen Name in der Geschichte immer mit Schande befleckt sein wird, obgleich man seine Bemühungen um die Wiederbelebung dieser Stadt lobenswürdig nennen muss. Die Festungswerke der Stadt, seine hübsche Moschee, seine Châne und seine Kaufhallen machen ihm Ehre.

3. Juni. Da diese Stadt ihres geringen Umfangs ungeachtet als der Sitz eines Paschas immer einiges Militär hat, und dies keine andere Beschäftigung hat, als bei den Kaffeehäusern zu sitzen und die Vorbeigehenden anzusehen: so fehlt es hier auch nicht an solchen Leuten, welche sich durch die Belustigung des Publikums ihren Unterhalt verschaffen. So sah ich hier während meinem Aufenthalte in Akre mehrmals Tänzer von Damask, Ringer und Fechter, Possenreißer, die eine plumpe Farce spielten, Erzähler usw., welche die Anwesenden auf öffentlicher Gasse einige Stunden zu unterhalten suchen. Possenreißer sollen gewöhnlich Kopten sein. Ihre Gesellschaft besteht meistenteils nur aus zwei oder drei Personen, wovon immer einer ein Knabe ist. Die Hauptsache ihrer Kunst besteht darin, dass der eine den Tölpel macht, welcher sich durch sein Betragen eine Menge derber Ohrfeigen zuzieht, die umso mehreren Beifall finden, je mehr sie klatschen. Des Abends ist überdem vor einem oder dem anderen Kaffeehaus Musik, welche von einem oder ein paar, gewöhnlich ägyptischen, Sängern und etlichen Musikanten besorgt wird. Ich brachte des Abends gewöhnlich eine Stunde bei einem stark besuchten Kaffeehaus zu, um dieser Musik mit beizuwohnen, und ich muss gestehen, dass ich nach und nach wirklich Geschmack daran fand. Die Sänger wechseln mit Volksliedern (Ganníje), Mauál's*, die man mit den französischen Quatrains oder italienischen Stanzen vergleichen könnte, und mit Schoggl, einer Art von besseren Liedern, die man Sonetten oder kleine Gedichte nennen könnte, ab. Diese und die Volkslieder haben für europäische Ohren gefälligere Melodien, als die

* Eigentlich »Geheul, Wehklagen«.

Mauál's, die mit einer furchtbaren Anstrengung und oft gezogener und trällernder Stimme mehr geschrien als gesungen werden, und die daher öfters den Sängern Brüche zuziehen sollen. Sie sind reich an Wortspielen und Spitzfindigkeiten; es ist gewöhnlich, dass dieser und jener Anwesender verlangt, dass der Sänger für ihn, oder für einen ihm bekannten anwesenden Fremden ein Mauál singe, da dann der Sänger nicht unterlässt, ein solches zu wählen, welches etwas Schmeichelhaftes für denjenigen, dem er es singt, enthält, wofür man ihm ein oder mehrere Para schenkt. Der Gegenstand der Lieder betrifft gewöhnlich die Liebe, bisweilen auch neuere Vorfälle, indem fast jede, etwas merkwürdige historische oder jede lächerliche Begebenheit Veranlassung zu einem neuen Liede gibt. Die Musik besteht gewöhnlich aus einer oder zwei Violinen, einem Hackebrett, einem Tambour de Basque und ein paar kleinen Pauken, um den Takt anzugeben. Seltener hört man eine Derwischflöte, oder ein anderes brummendes Rohrinstrument, welches man mit unserem Fagott vergleichen könnte, oder auch die schneidenden Töne einer Schalmei. Mehrmals ließ sich auch ein arabischer Bänkelsänger hören, welcher einzelne Stücke aus der Geschichte des Beni Helál absang, und seinen Gesang mit der Erbábe oder arabischen einsaitigen Geige begleitete. Diese aus mehreren Bänden bestehende Geschichte ist fast ganz in Versen abgefasst und gehört in ganz Syrien, Palästina, Arabien und Ägypten zu den bekanntesten und beliebtesten Erzählungen, und es gibt vielleicht keinen Beduinen, Bauer und Städter, der nicht mehrere oder wenigere Fragmente davon auswendig wüsste.

Die Geschichte des Beni Helál ist ein großes Heldengedicht, dessen Versbau dem Wohlklang der Hexameter nahe kommt und diese noch insofern übertrifft, dass diese Verse sich mit einem Reime enden, der, welches einen Beweis von dem auffallenden Reichtum der arabischen Sprache abgeben dürfte, oft mehrere Seiten der nämliche bleibt. Ich hatte sehr häufig Gelegenheit, sie von Bauern oder Beduinen deklamieren zu hören, und ich muss gestehen, dass die liebliche Kadenz der Verse mir viel Vergnügen machte. Man sieht aus dieser Geschichte von Beni Helál, wie es möglich war, dass sich einst unter den Griechen Homers herrliche Dichtungen erhielten. Denn mit der

Odyssee dürfte man jenes historische Gedicht am Ersten verglei-chen können.

Der flache sandige Strand um den Meerbusen ist wenig reich an ausgeworfenen Meerprodukten; indessen traf ich dort etliche Meerkörper an, die ich auf der Nordseite von Akre, wo der Strand aus Kalkfelsen besteht, nicht antraf. Da ich während meinem hiesigen Aufenthalte fast täglich den Strand besuchte, und mit der größten Aufmerksamkeit seine Produkte sammelte: so darf ich mir schmeicheln, dass die für das orientalische Museum bestimmte Sammlung zu den vollständigsten gehöre, die man von der syrischen Küste in Deutschland hat. Sowohl in Jaffa als hier und in Szûr trifft man die wahre Purpurschnecke der Alten, und dies ist *Murex trunculus L.* Ich habe Versuche mit dem Saft des Tieres angestellt, welche dies unleugbar beweisen.

6. Juli. Akre hat nur sieben Kaffeehäuser, welche von fünf bis zehn Piaster tägliche Pacht tun. Dies wird einem jeden unglaublich scheinen, wenn man bedenkt, dass jede Person auf einmal nur eine Tasse zu trinken gewohnt ist, wofür sie einen Para bezahlt, dass ferner der Pächter genötigt ist, zwei bis drei Aufwärter zu besolden, die Kohlen zum Anzünden der Pfeifen, das Wasser, welches jedem nach Belieben zum Trunk gereicht wird, zu kaufen usw. Nur der ungemein starke Besuch dieser Häuser kann eine solche Abgabe möglich machen. – Bei einem jeden Kaffeehaus ist ein eigener Mann befindlich, welcher einen Vorrat von Nergîlen* hat, die er unter die Rauchliebhaber verteilt, welche ihm, für jede mit einem besonderen Tabak gefüllte Pfeife, einen Para bezahlen. Dieser Nergîldschy zahlt keine Pacht; er sorgt nur bloß für die abendliche Beleuchtung des Kaffeehauses oder der Gasse vor demselben. Christliche Kaffeehäuser sind in der Levante sehr selten; hier fand ich indessen ein solches. Der Kaffee in den levantinischen Kaffeehäusern ist selten gut. Man kocht immer den alten Absud wieder auf und vermischt ihn höchstens mit etwas frischem Kaffee.

12. Juli. (Zur bloßen Notiz.) Glaubte ich an Zauberei, so würde ich sagen, irgendein Hexenmeister habe den Staub meines Logis in Flöhe verwandelt; eine Kunst, welche den Wunder-

* Wasserpfeife.

mann Mose zum Meister hatte. Diese verdammten schwarzen Elefanten des Mikrokosmus haben mich seit lange aufs Unbarmherzigste gequält, und mich zum unbezahlten Nachtwächter gemacht. Ja! sie würden dem Bader das Brot vor dem Maule weggenommen haben, wenn ich sonst gewohnt gewesen wäre, mich freiwillig schröpfen zu lassen. Indessen so wie des einen Unglück in dieser Welt immer des anderen Glück ist: so zieht meine Wäscherin den Vorteil davon, und da Hexen immer weiblichen Geschlechts zu sein pflegen, so muss ich fast glauben, dass sie mir diese Plage auf den Hals geschickt habe. Nach langem vergeblichem Nachdenken habe ich endlich einen Zufluchtsort gefunden, wo ich für ihre Anfälle gesichert bin. Dies ist eine Fensterbank meiner dicken Mauer. Hier habe ich ein Hemd und ein Entaríh (Art Schlafrock), welche frei von diesen Bewohnern sind. Bevor ich nun dies Asyl des Abends besteige, entkleide ich mich durchaus, und nachdem ich es betreten, bediene ich mich der genannten Kleidungsstücke. Auf diese Art bin ich ein paar Fuß über das Gebiet dieser blutdürstigen Bohrer erhaben, und es macht mir jetzt nicht wenig Vergnügen, wenn ich an den Schmerz dieser schwarzen Armee denke, den sie notwendig empfinden muss, wenn sie mich bei nächtlicher Dunkelheit in meiner unüberwindlichen Festung erblickt, die selbst für die größten Luftspringer unter ihnen unerstürmbar bleibt. Des Morgens lasse ich diese Kleidungsstücke an ihrem Ort, und bediene mich meiner gewöhnlichen. Mein Lager ist indessen sehr unbequem, weil ich mich so wenig eines Ober- als Unterbettes bediene, und ich fast die Lage eines Embryonen nachzuahmen suchen muss, da die Fensterbank nur etwa drei Fuß lang ist.

20. Juli. Noch immer fällt mir die Hitze nicht beschwerlich, indem die Meerwinde, die gewöhnlich des Tages wehen, die Atmosphäre abkühlen. Mir ist diese Erfahrung ungemein lieb, indem ich daraus sehe, dass ich mich immer mehr und mehr an das heiße Klima gewöhne. Mein Gehör ist seit Jerusalem völlig wiederhergestellt, welches für mich von der größten Wichtigkeit ist. Die Fortdauer und Stärkung desselben verdanke ich dem Meerbad und meiner Mäßigkeit im Essen. Da ich mir selbst die Speisen zubereiten lasse: so wähle ich bloß levantinische Gerichte, wovon ich Eier, Pilláu, dicke saure Milch vorzüglich liebe.

Fleisch esse ich selten, und Wein und Branntwein trinke ich nie, bloß Wasser. Wer in diesen Ländern reist, hüte sich für eine europäische Tafel; die meisten levantinischen Gerichte sind weit gesünder, und unter diesen gehört der Reis, als Pilláu oder als Füllung etlicher Gartenfrüchte, und dicke saure Milch zu den gesündesten von allen.

31. Juli. Da morgen die griechischen Christen das Eliasfest auf dem Karmel feiern, und bei dieser Gelegenheit viele Wallfahrer dahin kommen: so beschloss ich auch demselben mit beizuwohnen. Ich fuhr daher nachmittags mit einem Fährboot nach Háipha. Der Wind war ziemlich gut, wie denn des Sommers gewöhnlich ein guter Westwind von zehn oder elf Uhr an gerechnet weht, welches die Küstenschifffahrt hier im Ganzen genommen ziemlich regelmäßig und angenehm macht. Indessen blieben wir fast so lange unterwegs, als der Landweg um den Meerbusen beträgt, nämlich zweieinviertel Stunden. Es fuhr eine Judenfamilie mit hinüber, weil auch die Juden diesen heiligen Berg an diesem Fest besuchen. Ein Gleiches ist der Fall mit Mohammedanern und sogar Drusen.

Háipha ist ein sehr kleines unansehnliches Städtchen; ich würde es einen Flecken nennen, wenn es nicht auf der Landseite eine gute Mauer hätte, welche vom Schech Daher gebaut wurde, als er diese neue Lage, statt der Viertelstunde westlicheren des alten Háipha, welche gänzlich zerstört war, für einen neuen Ort wählte. Bei den Landleuten und Beduinen umher ist Háipha auch unter dem Namen von Ammára bekannt. Die Mauer hat etliche viereckige Türme. An der Meerseite, wo die Küstenboote anlanden, ist ein kleines Schloss, worin etliche Soldaten liegen, und außerhalb der Stadtmauer in einer höheren Lage, anderthalb hundert Toisen davon entfernt, ist ein starker Turm, welcher das Städtchen dominiert, der aber selbst wieder vom Karmel dominiert wird. Háipha ist schlecht und weitläufig gebaut, ohne Straßenpflaster, und die Häuser füllen nicht den Platz aus, den die Stadtmauer einnimmt. Es sind hier ein paar Dutzend ärmliche Kaufläden und ein paar Kaffeeboutiquen. Die Einwohner leben meistenteils vom Acker- und Gartenbau. – Háipha liegt an dem nördlichen Fuß des Karmel-Vorgebirges und am Südufer des Meerbusens von Akre. Es ist hier eine ziemlich sichere Reede für europäische Schiffe. Das alte Háipha hieß bei den Alten Porphyrion, weil man die Purpurschnecke dort häufig fand. Die Franken nennen Háipha immer Kaîpha.

Gleich nach meiner Ankunft ritt ich in Gesellschaft von mehreren Wallfahrtern nach dem Kloster, welches auf dem Scheitel des Vorgebirges, und zwar auf dessen westlichem Rand liegt.

Das Karmeliterkloster, Mâr Elias, ist ein ansehnliches steinernes Gebäude, und soll zu den Zeiten des Schech Daher von den Karmelitanermönchen gebaut sein. Durch Kriegsunruhen, besonders aber beim neulichen Einfall der Franzosen in Syrien, hat es sehr gelitten, und es ist jetzt ohne angewandte beträchtliche Reparaturkosten nicht bewohnbar. Die Kuppel der Kirche ist eingestürzt, und von allen Mönchszellen ist jetzt nur eine mit einer Türe versehen. Hier traf ich den einzigen Karmelitanermönch Pater Giulio, einen Malteser, an, welcher sich seit einiger Zeit in Háipha aufhält, bis er durch milde Beiträge in den Stand gesetzt wird, das Kloster wiederherstellen zu können. Ich war ihm von einem seiner Bekannten in Akre empfohlen; allein er entschuldigte sich, dass er mich nicht logieren könne, damit, dass er nur dies eine Zimmer habe, welches er immer verschlossen hielt, und dass er Frauenspersonen bei sich habe. Mir war dies nicht wenig unangenehm; denn es waren vierhundert bis fünfhundert Menschen von jedem Geschlecht und Alter in und um das Kloster, und alle Zimmer waren voll. Zu essen war weiter nichts zu erhalten als Brot und etliche Früchte. Viele Leute waren bewaffnet und man hörte häufige Flintenschüsse. Mehrere waren betrunken. Des Abends war man ausgelassen lustig. Eine Menge Menschen hatten das platte Dach des Klosters eingenommen; man tanzte, sprang, schrie, sang usw. Außerhalb dem Kloster hatten etliche ein Feuer angezündet und sich umhergelagert. Männer und Weiber lagen in den Zimmern und Gängen durcheinander. Mehrere Soldaten des Pascha streiften immer hin und her usw. Kurz!, man schien ein Bacchusfest zu feiern. Ich suchte Ruhe in einem Winkel; allein ich fand sie nicht, und ich brachte die Nacht sehr missvergnügt und schlaflos zu, weil das Lärmen nicht aufhörte. Unter anderen Umständen und in einer besseren Gesellschaft würde mir der Aufenthalt sehr angenehm ge-

Mâr Elias auf dem Karmel

wesen sein, weil die Nacht ungemein schön und hell war, und der Anblick des Meeres viel Reizendes hatte.

Am folgenden Morgen war das Fest. Jedermann eilte mit Sonnenaufgang, in der verfallenen Klosterkirche eine Messe zu hören, die von dem Karmelitanermönch und von griechischen Geistlichen gelesen wurde. Andere gingen in eine andere griechische eingestürzte Kirche, die in geringer Entfernung vom Kloster steht, um dort gleichfalls dem griechischen Gottesdienst mit beizuwohnen. Nach Beendigung desselben überließ man sich wieder gleichen Vergnügungen. Ein Haufen übte sich, nach einem Ziel zu schießen. Ich wollte Pflanzen suchen; allein eine Kugel, die mir vorbeizischte, nahm mir die Lust dazu. Mehrere stiegen zu der Eliasgrotte unterhalb dem Kloster hinab, welche man el Chuddr nennt; noch andere besuchten einen etwas entfernteren Ort, wo es Quellwasser gibt und der el Sziách genannt wird; man findet in seiner Nähe die so genannten versteinerten

Melonen vom Karmel. Andere berauschten sich. Ich wusste nicht, was mich heute an diesem Orte zurückhalten sollte, wo ich für mich so wenig Unterhaltung fand, und kehrte daher ein paar Stunden nach Sonnenaufgang wieder nach Háipha und gleich darauf mit dem Fährboot nach Akre zurück.

15. August. Heute war das Fest der Madonna und der Krönung Bonapartes zum französischen Kaiser. Um es feierlicher zu begehen, hatte der französische General-Commissair Mr Pillavoine ein Dutzend Drehbassen vom Pascha geliehen, welche zu verschiedenen Malen abgefeuert wurden. Mr Pillavoine empfing die Glückwünsche im Namen seines Kaisers, und es ließ sich bei ihm die Musik des Pascha hören.

18. August. Ein mohammedanischer Knabe hatte seinen erhaltenen Unterricht im Schreiben beendigt, und er wurde deswegen in Prozession, mit Musik begleitet, durch die Stadt geführt. Diese Sitte scheint mir sehr nachahmungswert zu sein.

27. August. Folgender Vorfall ist in medizinischer und naturhistorischer Hinsicht zu wichtig, als dass er hier nicht eine Stelle verdienen sollte. Bei dem hiesigen neapolitanischen Arzt, Hrn. Monghelly, sah ich einen Mann aus der Barbarei, welcher zu den Truppen des Pascha gehörte, und welcher schon mehr als ein Vierteljahr lang eine lebendige Eidechse im Magen zu haben vorgab, die, währenddem er auf dem hiesigen mohammedanischen Begräbnisplatz schlief, ihm durch den offenen Mund hineinschlüpfte. Zwei von seinen Kameraden, die gerade gegenwärtig waren, wurden von seinem Geschrei aufmerksam, und versicherten mit vielen Schwüren, sie hätten die Eidechse hineinschlüpfen sehen, die nach ihrer Angabe die *Lacerta aurata L.* gewesen sein dürfte, welche man dort bisweilen findet. Der Kranke klagte häufig über das unangenehme und sehr schmerzhafte Gefühl, welches ihm dies Tier verursache, wenn es seine scharfen Nägel an die Magenwände setze, und seine peinliche Miene stimmte mit dieser Aussage überein. Der Kranke war bereits nach Jerusalem gereist gewesen, um sich dort heilen zu lassen; allein der franziskanische Klosterarzt hatte die Kur von sich abgelehnt. Man ersuchte nun Hrn. Mongelly, seine Kur zu übernehmen; es wurden fünfzig Piaster für ihn deponiert, und überdem die Bezahlung der Arzneimittel versprochen, wenn er ihn

heilen würde. Mr Mongelly gab Brechmittel, Abführungs- und Wurmmittel usw., aber alles umsonst, und er gab daher seine Kur auf. Obgleich ich bei einem so besonderen Vorfall mich noch durchaus nicht von der Wahrheit des Faktums überzeugen kann, so lange nicht eine Leichensektion es unwidersprechlich beweist: so sehe ich mich doch genötigt zu bemerken, dass man bei dem Kranken kaum einen Betrug oder eine Melancholie voraussetzen könne, weil er in Gegenwart des Arztes die Arzneimittel nahm, die ihn nicht wenig angriffen und überdem das Geld dafür verloren war, und er, soviel ich weiß, keine Wiedererstattung von irgendeinem für ihn zu hoffen war.

4. September. Jetzt habe ich Hoffnung, dass meinem Geldmangel bald werde abgeholfen werden, indem ich nach langem Harren von Ägypten die Nachricht erhalten, dass mein ausgestellter Wechsel dort akzeptiert sei. Ein Reisender, der nicht schnell mit Karawanen fortreist und überdem oft in Augenblicken Sachen kaufen muss, wo er es nicht erwartete, kommt in der Levante häufig in Verlegenheit, indem er nie viel Geld bei sich führen darf, wenn er allein reist, und er nie das Nötige vorherberechnen kann.

Die Mohammedaner beobachten bei ihrem Gebet den größten Anstand, die Juden den größten Eifer und die Christen stehen ihnen in beiden Stücken weit nach.

27. Oktober. Seit langer Zeit sind in unseren mineralogischen Sammlungen die so genannten versteinerten Melonen vom Karmel bekannt, und da ich wünschte, die Lagerstätte dieser merkwürdigen Körper kennen zu lernen, und zugleich die orientalische Sammlung in Gotha mit einigen davon zu bereichern: so beschloss ich, noch einmal vor meiner Abreise von Akre den Karmel zu besuchen. Ich wählte diesmal den Landweg, der immer längs dem Meerufer um die Bucht von Akre herumführt. Es war etwa drei Uhr nachmittags, als ich Akre verließ.

Zwei Stunden nach unserer Abreise von Akre kamen wir zu der Mündung des Flusses Mkóttha, welcher in den hebräischen Schriften unter dem Namen des Kischon bekannt ist. Seine Mündung ist so seicht, dass man hindurchreiten kann. Wir fanden nur etwa eineinhalb Fuß Wasser; allein der Boden bestand aus Triebsand und hatte einige Vertiefungen. Mein Esel sank in den Sand und ich musste im Wasser absteigen. Das Tier blieb wie tot liegen, und war nicht zu bewegen, wieder aufzustehen. Mithilfe eines Bauern wurde er ans Land geschleppt, und nun erst, wie er festen Boden fühlte, verlor sich sein stoisches Phlegma und er stand wieder auf. Von hier bis Háipha ist noch eine halbe Stunde. Mit Torschluss kamen wir in Háipha an, wo wir die Nacht in der Boutique eines Raseurs zubrachten.

28. Oktober. Mit Sonnenaufgang ritten wir nach dem Ort, wo sich die versteinerten Melonen vom Karmel finden, und welcher el Sziách genannt wird. Da der Weg nicht ganz sicher sein sollte: so nahm ich außer meinem Bedienten und dem Eseltreiber zwei Bewaffnete mit mir.

Die Stelle, wo man die so genannten versteinerten Melonen findet, ist oberhalb einer kleinen Grotte befindlich. Ich ließ einen Bauer von Tíreh kommen, um uns diesen Weg zu zeigen, weil meine Leute die Stelle nicht kannten. Wir krochen zwischen dem Gesträuch den Berg hinan, und erreichten nach etwa zehn Minuten einen offenen Ort, wo wir bald viele Fragmente von den Melonen und nachher auch mehrere ganze fanden, welche jedoch gar nicht häufig sind. Sie haben meistenteils eine Linsenform und einige hatten einen Fuß im Durchmesser. Ihre äußere Schale besteht gewöhnlich aus Horn- oder Feuerstein, und die Höhle ist inwendig mit Chalzedon oder Quarzkristallen ausgekleidet. Man findet sie teils zwischen dem Geröll, teils noch in der Erde und an den Felsen festsitzend.

Die Ähnlichkeit, welche man zwischen diesen Steinen und einigen Garten- und Baumfrüchten, z. B. Melonen, Birnen, Äpfel, Weintrauben usw., fand, erregte schon seit lange die Aufmerksamkeit der Menschen, und es fand sich nun auch bald ein frommer Müßiggänger, vermutlich ein Mönch, welcher diese Erscheinung durch folgende Legende erklärte: Um den heiligen Karmel zu besuchen, kam einstens Lazarus, der zweimal Belebte, hierher. Von der Wanderung ermüdet, und vom Hunger gequält, erblickte er hier ein Weib in einem Garten, welche Früchte ablas. »Gute Frau!«, sagte er, »reich mir von deinen Früchten eine Gabe, dass ich meinen Hunger und Durst stille, und der Herr vergelte es dir!«– »Freund, bist du närrisch?«, rief sie ihm entgegen, »siehst du nicht, dass dies Steine und keine Früchte sind?« –

»So?«, sagte er voller Unwillen über die Bosheit des geizigen Weibes, und indem er seine Augen zum Himmel hob, rief er: »Es sei, wie du gesagt hast!« Und:

Schnelle versiegte der Saft, der vormals mit Süße
Füllte die lockende Traub', und goldne Melone
Schwellte, die duftige Birne nährte, und Nüsse,
Äpfel von lieblicher Säur' und Pflaume und Bohne.
Blätter zerfielen zu Staub; smaragdenes Grüne
Schwand durch ein Wunder, den Frevel dass es versühne.

Und dass der Nachwelt es dien' zur warnenden Lehre,
Siehst du die Früchte, an Form zwar vorigen gleichend,
Steinern doch, als wenn die Erd' sie täglich gebäre,
Fleisch von Chalzedon, Kristall für Samen dir reichend.
Und in der Mitte der grausen Schreckenvereine
Siehst du der Törin Bild in gefühllosem Steine.

Auf der Rückreise besuchte ich el Chuddr, wo wir einen mohammedanischen Schech antrafen, welcher als ein Einsiedler hier wohnt, um von den einzelnen Pilgern ein Geschenk einzunehmen und die Aufsicht über die heilige Grotte zu führen, wo Elias gewohnt haben soll. Sie hat die Größe einer kleinen Kirche, und ist ganz in den Felsen ausgehauen. Jetzt ist sie ein mohammedanischer Betort, und wird für so heilig gehalten, dass man sie nur barfuß zu betreten erlaubt. Außer den Mohammedanern wird sie auch von Christen, Juden und Drusen besucht. An den Wänden innerhalb der Grotte fand ich unterschiedliche griechische Inschriften, welche ich aber der Dunkelheit wegen nicht lesen konnte. Bei dieser Grotte ist eine kühle Zisterne, woraus der Einsiedler den Pilgern einen Trunk anbietet. Die Einwohner von Háipha und Akre, zumal die Mohammedaner, schwören sehr häufig bei el Chuddr oder Elias, und dieser Schwur wird für sehr bindend gehalten.

Es war etwa drei Uhr nachmittags, als wir wieder in Háipha ankamen.

29. Oktober. Mit Sonnenaufgang fuhren wir mit einem Fährboot nach Akre zurück. Auf der Reede von Háipha lag ein nea-

politanisches Schiff, welches neulich an hundertfünfzig christliche Pilger von Smirna nach Jaffa gebracht hatte, und jetzt in Akre Weizen für Konstantinopel laden wollte, von wo es um Ostern wieder nach Jaffa zurückkehrt, um die Pilger wieder in Empfang zu nehmen.

Gleich nach meiner Ankunft in Akre erhielt ich die Neuigkeit, welche der Kapitän des erwähnten neapolitanischen Schiffes, Vincenzo Cacace, mitgebracht, dass der russische Gesandte in Konstantinopel sich zur Abreise bereite und ein Bruch zwischen seinem Monarchen und dem osmanischen Kaiser zu befürchten sei.

2. November. Man sieht in Akre noch viele Leute, welchen der tyrannische Dschessar Pascha Nasen und Ohren abschneiden oder ein Auge ausstechen ließ, welches Letztere er bisweilen mit vieler Gewandtheit und sichtlichem Vergnügen selbst verrichtete.

Dschessar Pascha

10. November. Da auf übermorgen meine Abreise festgesetzt war: so schrieb ich unterschiedliche Briefe, und übergab dem neapolitanischen Schiffskapitän Vincenzo Cacace ein starkes Paket für Hrn. Baron v. Zach, welches ich nach Konstantinopel an den russischen Gesandten Baron von Italinsky adressierte. Mit dem nämlichen Kapitän ließ ich auch vier Kisten, zur weiteren Spedition nach Triest, nach Zypern abgehen. Mein Gepäck ließ ich größtenteils zu Schiffe nach Ägypten vorausgehen. Ich machte Besuche und erhielt Gegenbesuche.

11. November. Da ich in Jerusalem Geld nötig haben werde, und es nicht ratsam sein würde, viel Geld unterwegs mit mir zu führen, weil ich nicht geneigt bin, mich an eine Karawane anzuschließen: so zahlte ich heute eine gewisse Summe an das hiesige Franziskanerkloster von Terra Santa und erhielt dafür eine Anweisung an den Generalprokurator zu Jerusalem.

12. November. Nach einem langen Aufenthalt an einem Ort, der im Grunde wenig Interesse für mich hatte, wozu ich aber, teils um meine Gesundheit wiederherzustellen, teils eine Sammlung von dortigen Meerprodukten zu machen, teils um mein Journal ins Reine zu schreiben, teils wegen der Schwierigkeit, Reisegeld von Ägypten zu erhalten, genötigt war, verließ ich endlich den 12. November Akre ohne Bedauern. Es war zwanzig Minuten nach neun Uhr, als wir, ich nebst meinem Bedienten Thuma, nach Nazareth abreisten. Der Eigentümer unserer Maultiere, ein dortiger Christ, begleitete uns bewaffnet. Die schöne Witterung war uns sehr günstig. Welche Verschiedenheit zwischen hier und meinem Vaterland, wo Regen, Schnee, Eis und Stürme jetzt unaufhörlich herrschen!

13. November. Nazareth, welches bei den Syrern und Arabern unter dem Namen Nâsra bekannt ist, dieser in der ganzen Welt, wo Christen wohnen, so berühmte Ort, ist jetzt ein Flecken und liegt an einer ziemlich steilen Bergseite, an welcher seine Häuser bis oben hinan gebaut sind. Die wenigen Gassen sind ungepflastert. Von dem Flecken ist südostwärts ein kleines rundliches Tal, welches auf allen Seiten von Bergen umgeben ist, die jede ferne Aussicht rauben, und es machen, dass man Nazareth erst erblickt, wenn man ihm sehr nahe ist. Die Bergseiten, die man von hier aus sieht, sind fast ganz ohne Kultur, felsig und mit

Nazareth

wenigem Gesträuch einzeln bewachsen. Die Aussicht von Nazareth ist daher nichts weniger als angenehm, und steht den freundlicheren Umgebungen von Betlehem weit nach. Ich stellte mir immer vor, dass man den nahen und ausgezeichneten Thabor von hier sehen könne; allein auch darin irrte ich mich, indem er hinter gleich hohen Vorbergen versteckt liegt.

Das merkwürdigste und ansehnlichste Gebäude in Nazareth ist das Kloster der Franziskanermönche von Terra Santa, welches an dem unteren Rand desselben liegt. Obgleich es für hiesige Gegend, wie gesagt, ansehnlich genug ist: so ist es doch durchaus nicht mit dem schönen Äußeren so vieler tausend Klöster in Europa zu vergleichen. Es hat außer dem Erdgeschoss ein Stockwerk, und ist mit einer Mauer umgeben. Man kommt zuerst über den äußeren Hof, und alsdann über den inneren, wo die Wohnung des Vizeprokurators und die Schule ist, worin die hiesigen katholischen Knaben von einem Mönch und von einem arabischen Schulmeister den gewöhnlichen mönchischen Unterricht erhalten. Auf dem Hof sind drei Zisternen, welche jetzt fleißig von den Einwohnern besucht werden, weil die Quelle außerhalb dem Dorfe bei der vorhin genannten griechischen Kirche jetzt sparsam fließt und nicht hinreicht. Die Zahl der Franziskanermönche wechselt immer ab; man kann aber im Durchschnitt fünfzehn bis zwanzig rechnen.

Nachmittags besuchte ich die Klosterkirche, die zwar nicht groß, aber niedlich und mit Gemälden, Vergoldungen und Tapeten, silbernen Lampen und schönem Marmor reich geziert ist. Der Chor ist beträchtlich erhaben und unter demselben ist eine Grottenkapelle, zu welcher man auf mehreren Stufen hinabsteigt, und welche man für die Stelle ausgibt, wo die Madonna die bekannte frohe Botschaft erhielt. Man findet hier zwei Gemälde, welche diese Szene vorstellen, und welche trefflich gearbeitet sind. Man hat dem Bild der Madonna eine silberne Krone aufgesetzt; welch eine geschmacklose mönchische Verzierung! – Man sieht in dieser Grotte eine kurze Säule, welche unten abgebrochen ist, sodass der Oberteil zu hängen scheint, und fromme Pilger, die immer geneigt sind, mit einer Menge Fabeln ihre Freunde nach ihrer Rückkunft zu unterhalten, unterlassen nicht, dies für ein Wunder auszugeben. Wer indessen nicht ganz von Vorurteilen geblendet die Sache besieht, wird durchaus nichts Wunderbares daran bemerken, indem das obere Ende dieser Säule sorgfältig in dem Gewölbe der Grotte befestigt ist. Die Mohammedaner erzählen viel von einer ähnlichen in freier Luft hängenden Säule in dem Hárram zu Jerusalem; ohne Zweifel hat man dieselbe oben auf eine ähnliche Art befestigt; damit aber etwas vernünftigere Pilger den Betrug nicht entdecken möchten, hat man eine solche Vorrichtung getroffen, dass man mit Mühe den Oberteil sehen kann, und überdem lässt man sie dies Wunder auch nur einen Augenblick ansehen.

Außer dem Kloster zeigen die hiesigen Franziskanermönche noch zwei Stellen, welche von den Pilgern besucht werden, und die ich mir auch zeigen ließ. Die eine ist die Josephskapelle, welche in geringer Entfernung vom Kloster liegt, und sehr klein und unansehnlich ist. Man zeigt in ihr eine kleine Grotte, worin dieser Tischler seine Werkstätte gehabt haben soll.

Weiter vom Kloster entfernt und in dem oberen Teil des Fleckens steht eine bessere und größere Kapelle, welche, so wie jene, verschlossen gehalten wird. In ihrer Mitte ragt ein großer Felsenblock hervor, welchen man oben und auf allen Seiten so behaute, dass er jetzt die Form und Höhe eines großen runden Tisches hat. Eine päpstliche Bulle, welche in ihr aufgehängt, ist, versichert: Man wisse, dass Jesus von Nazareth vor und nach seiner Auferstehung hier mit seinen Jüngern speiste, und verspricht demjenigen einen sechsjährigen Ablass, der hier eine Messe lesen lässt, oder ein Vater Unser und Ave betet. Leider muss ich gestehen, dass ich die seltene Gelegenheit versäumte und beides vergaß. Mein Cicerone, ein alter Mann, erfuhr zufälligerweise, dass ich bei dem griechischen Pfarrer eingekehrt sei. Er schüttelte den Kopf darüber und meinte, es sei doch ganz unschicklich, dass ein Franke, in welchem er natürlicherweise einen Katholiken voraussetzte, bei einem Ketzer logiere.

Des Abends wohnte ich dem Gottesdienst in der griechischen Kirche bei. Die Kirche steht halb in die Erde gesenkt, weswegen sie von außen als sehr unansehnlich in die Augen fällt. Man wird nicht wenig überrascht, wenn man beim Eintritt in dieselbe eine der besten griechischen Kirchen erblickt, die man außer Jerusalem weit umher in dieser Gegend findet. Sie wurde vor etwa vierzig Jahren von dem Vater meines Wirts gebaut, welcher als Pfarrer überall milde Gaben zu ihrem Bau einsammelte. Der Altar hat viele Vergoldungen und Gemälde von Heiligen; vor demselben hat ein Teil des Fußbodens ein mosaivisches Pflaster. Auf der Nordseite steigt man aus der Kirche zu einer Grotte hinab, in welcher ein Brunnen guten Wassers ist, wovon man mir einen Trunk reichte. Es ist etwas sehr Gewöhnliches in der Levante, in griechischen Kirchen einen Brunnen zu finden. Überall bezeigt die griechische Religionspartei viel Ehrfurcht für das Wasser, und an Stellen, wo es keine Quellen gibt, welchen um Konstantinopel und in Griechenland gewöhnlich ein Heiliger vorgesetzt ist, suchte man den Mangel durch Brunnen zu ersetzen. Die lieblichen Najaden des Altertums verwandelten sich nach der Einführung des Christentums in misanthropische Heilige. – Der Kirchendiener zündete mir zu Ehren in der Grotte ein paar Wachslichter an, und erwartete hernach eine milde Gabe für die Kirche und für sich.

14. November. Kein Reisender, welcher Nazareth besichtigt, unterlässt leicht, den Thabor zu besteigen, welchen die Araber Dschíbbal el Thûr nennen, und der südostwärts von hier liegt. Weil der Thabor einsam ist und bisweilen von raubsüchtigen Beduinen besucht werden soll: so ließ ich mich, außer meinem Bedienten, von zwei jungen Griechen begleiten, welche sich mit

Der Thabor

Flinte und Chandschar* bewaffnet hatten. Es war halb sechs Uhr des Morgens, als wir Nazareth verließen. Der Weg führte immer über Berge, auf welchen sich viel nackter Felsenboden zeigte, die übrigens aber mit vielem Bullân, einem kleinen Strauch, gleich unserer Heide, bewachsen sind. Nachher kamen wir durch ein Gehölz von einzeln stehenden Bäumen, die meistens aus Steineichen und einer anderen Eichenart, Mellûl genannt, bestanden. Der Boden war aus braunem Lehm wie in Haurân.

Nach Verlauf von eindreiviertel Stunden hatten wir den Fuß des Thabors erreicht, welcher auf dieser seiner Nordseite nur durch ein enges Tal von den übrigen Bergen getrennt wird. Wir ritten bis fast die Hälfte seiner Höhe hinan, obgleich das Steigen unseren Eseln sehr schwer wurde. Der obere Teil war zu steil; wir stiegen daher ab und gingen zu Fuß hinan.

Es war halb neun Uhr, als wir den Gipfel des Berges erreichten. Er bildet eine kleine Ebene, worauf man zwischen den einzelnen Bäumen und Gesträuchen viele Spuren von vormaligen Gebäuden antrifft, deren Schutt etliche kleine Hügel bildet, worunter man noch einzelne Kellergewölbe sieht. Unter dem

* Dolch.

vorhandenen Mauerwerk fand ich durchaus keine großen Quadern, dergleichen sich zum Beispiel die Römer bedienten, obgleich die Herbeischaffung der Bausteine sehr leicht war, weil der ganze Gipfel aus einem Felsenboden besteht. Ich vermute daher, dass hier im Altertum nie ein Gebäude von schöner Architektur stand. Man sieht hier noch einen kleinen Überrest von dem Chorende einer Kirche, welche die Griechen bei ihrer jährlichen Wallfahrt hierher besuchen. Fünfzig bis sechzig Schritte davon sieht man ein unterirdisches Gewölbe, worin die Franziskanermönche von Nazareth bei ihrer Wallfahrt am Fest der Verklärung die Messe lesen. Daneben ist eine in Felsen ausgehauene tiefe, brunnenförmige Zisterne. Von den Schutthaufen bei der Grotte genießt man einer ausgedehnten Aussicht.

Nachdem wir hier ein sehr frugales Frühstück eingenommen, stiegen wir um neun Uhr wieder hinab, und schlugen den Weg nach Kuffr Kénneh ein, welches nordwärts vom Thabor und nordostwärts von Nazareth liegt, und zwar weiter vom Thabor entfernt als Nazareth. Der Weg dahin ist bergig. Wir stießen auf einen Beduinen vom Stamm Bscháteh, welcher sich im el Gôr aufhält; er war mit einer tüchtigen Keule bewaffnet; sein Anblick konnte uns indessen natürlicherweise keine Furcht einflößen, weil die Beduinen immer einen sehr großen Widerwillen gegen Schießgewehre bezeigen.

Um zwölf Uhr kamen wir in Kuffr Kénneh an. Es ist ein mittelmäßig großes Dorf und liegt an einer Anhöhe, von einem rundlichen Tal umgeben, welches von Bergen auf allen Seiten eingefasst wird. Seine Einwohner bestehen aus vierzig griechisch-christlichen, und etwas mehr mohammedanischen Familien. Man findet hier viele Feigen und etliche Granatapfelbäume. Die Bauern halten Bienen, deren Honig trefflich ist. Dies Dorf wird hier allgemein für das vormalige Kana in Galiläa gehalten, wo Jesus von Nazareth das bekannte Wunder der Verwandlung des Wassers in Wein verrichtet haben soll. Wir wandten uns hier an den griechischen Pfarrer, welcher uns in die kleine armselige Kirche führte, und uns daselbst einen roh gearbeiteten steinernen Taufstein wies, den er für einen der Wasserkrüge ausgab, worin die Verwandlung vor sich gegangen sein sollte! Er führte uns nachher in seine ärmliche Wohnung und bewirtete uns mit Oliven,

Dschinîn

Feigen, Honig und fünf Broten, von welchen Letzteren er keinen größeren Vorrat hatte. Ich gab ihm beim Abschied ein kleines Geschenk für unsere gastfreundschaftliche Aufnahme.

Um halb drei Uhr kamen wir wieder in Nazareth an, welches also vom Thabor und von Kuffr Kénneh fast gleich weit entfernt zu sein scheint.

16. November. Nach beigewohntem Gottesdienst in der griechischen Kirche verließen wir um acht Uhr Nazareth und ritten nach Dschinîn, welches etwa sechs Stunden davon entfernt ist. Die Witterung war des Morgens kühl, nachher aber wurde sie sehr angenehm. Unser Eseltreiber, ein Mohammedaner, war unbewaffnet, weswegen ich vermute, dass die vorige Versicherung, der Weg sei wegen der Araber auf dem Merdsch ibn Amer unsicher, unbegründet war. Die Leute, welche sich mit dem Transport von Menschen und Waren ernähren, verbreiten oft mit Fleiß solche Nachrichten, um ihren Verdienst zu erhöhen.

Um halb zwei Uhr kamen wir in Dschinîn an. Wir waren also nur fünfeinhalb Stunden unterwegs; allein unsere kleinen Esel liefen recht brav. Wir kehrten bei dem griechischen Pfarrer ein, wo wir mit Eseln und einigen Rindern traulich zusammenwohnten.

17. November. Obgleich es heute unvergleichlich schönes Herbstwetter war, und ich daher sehr wünschte, einen Ritt nach Bîssán, dem alten Betsean oder Scythopolis, zu machen: so war es mir doch nicht möglich, so wenig einen Wegweiser als einen Esel zu erhalten, weil die Leute jetzt sehr mit dem Ausklauben und der Reinigung der Baumwolle von ihrem Samen beschäftigt, und die meisten Lasttiere unterwegs sind, nach Damask die fertige Baumwolle zu bringen, um dort von dem jetzigen sehr hohen Preise zu profitieren. Der Kantar reiner Baumwolle kostete hier zweihundertsechzig Piaster, und man versicherte mir, dass er in Damask mit vierhundertsechzig bis fünfhundert Piastern bezahlt werde. Man macht diesen Weg in zwei Tagen, wobei man aber oft die Tiere so sehr übertreibt, dass der Eigentümer derselben mehr Schaden als Vorteil hat. Denn man hält hier außer den Maultieren viele große Esel, die sehr hoch im Preis stehen und oft mit zweihundertfünfzig Piastern bezahlt werden, zum Transport. Ähnliche Bemerkungen lassen sich auch in Europa bei Dörfern machen, die von Fuhrleuten und Kärnern bewohnt werden.

Reisende Christen und Pilger, welche diesen Ort [Dschinîn] berühren, müssen hier einen Gáffar oder ein Passagegeld von neuneinhalb Piaster erlegen. Auch von mir verlangte man ihn heute, ließ sich aber nach Vorzeigung meines Passes mit dem dritten Teil davon begnügen. Dies Geld wird unter die Scheche von Arrábe und Berkîn und unter den Mützéllim von Szanûr verteilt. Dies Passagegeld scheint ohne Zweifel seinen Ursprung darin zu haben, dass es als ein Geleit für die Sicherung der Wege gehoben wurde, obgleich es jetzt wenig dazu angewendet zu werden scheint. Von hundert Wallfahrtern, die nach Jerusalem reisen, hebt man hier etwa achthundert bis tausend Piaster; die Beträchtlichkeit dieser Einnahme beruht auf der Menge der Pilger.

18. November. Ritt nach Bîssán. Der Pfarrer hatte die Gefälligkeit, mir seinen Esel zu überlassen, weil kein anderer zu erhalten war; sein Sohn begleitete mich wohl bewaffnet. Bîssán liegt sechs Stunden ostwärts von Dschinîn entfernt. Es war Viertel nach sieben Uhr, als wir abreisten.

Bîssán hat von der Natur eine so glückliche Lage erhalten, dass es ein zweites Damask werden könnte, wenn man die Flüsse zur künstlichen Bewässerung anwendete, und diese Gegend, welche jetzt fast in eine Öde umgewandelt ist, wo man nur einige Haustiere von Bauern und Beduinen sieht, würde ein Paradies abgeben. Dattelpalmen, Reis, Zuckerrohr, Indigo und alle Getreidearten würden hier in Menge und von der besten Güte zu ziehen sein. Zur Zeit der Blüte von Scythopolis fand man hier wahrscheinlich viele Dattelpalmen; allein von allen diesen ist nur noch eine einzige wilde von niedrigem Stamm am Ufer des Hauára, und zwar nach seinem Ursprunge zu, vorhanden!

Wir kehrten in Bîssán in das Gastzimmer des Schechs ein, welchem man den Titel Mützéllim gibt, so wie seinem Haus den eines Schlosses (Kalla), obgleich es weiter nichts als ein gemeines Haus ist. Der Schech war zu einem benachbarten Beduinenstamm geritten.

Im Gastzimmer, wenn man dies rohe Ding so nennen will, trafen wir einen Beduinen vom Stamm Szeckr an, wovon ein Teil die Jordanebene bewohnt. Es war ein junger Mann, den man in Verdacht hatte, dass er an einem Rinderraub Anteil habe, welcher vor kurzem stattfand, weswegen man ihn hier gefangen hielt. In der Mitte des Zimmers stand ein Pfahl, welcher das rohe Dach von Baumästen unterstützte; diesen hatte er umspreitet und in dieser Lage hatte man seine Füße mit einer Kette vereinigt. Er hatte schon ein paar Tage gesessen, schien still und niedergeschlagen, und schmeichelte sich, dass man ihn den folgenden Tag wieder losgeben werde, weil er nach seiner Versicherung keinen Anteil an dem Raub habe. Man muss die Szeckr wohl von den Beni Száchar unterscheiden, welche einen weit größeren und bedeutenderen Stamm ausmachen.

Das jetzige Bîssán ist eines der elendesten Dörfer, die ich noch angetroffen habe. Es besteht aus etlichen zwanzig Wohnungen, die zum Teil aus Schilfwänden bestehen, die man mit Erde bekleistert hatte. Seine Einwohner bestehen aus Ägyptern, arabischen Bauern und Beduinen. Es liegt auf einer kleinen Anhöhe und nimmt einen unbedeutenden Teil von dem Platz ein, welchen die vormalige Stadt bedeckte, deren Umfang sich noch einigermaßen durch die Ruinen von Mauern usw. angeben lässt. Zwei Flüsschen durchflossen die vormalige Stadt. Auf der Nordseite ist ein hoher steilseitiger Hügel, worauf vor alters vielleicht eine Festung erbaut war. Unter den

Trümmern fand ich noch etliche Säulen von weißem Marmor und in der Wohnung des Schechs viele große Quadersteine von der nämlichen Steinart, welche ohne Zweifel von alten Gebäuden herrührten. Am Fuße des erwähnten Hügels stehen gleichfalls noch einige Säulenenden; auch fand ich eine Säule von grauem Granit. Außer diesen sieht man hier nicht die geringsten Spuren von alter Architektur und von Inschriften. Der Platz, welchen die alte Stadt einnahm, bildet auf der Ostseite eine hohe Terrasse; hier liegen am Ufer des Hauára zwei Mühlen, deren Wasser sehr kalkhaltig ist, und, durch den Sturz auf die Räder zersetzt, die benachbarten Steine wellenförmig mit Kalkrinden überzieht, welche man beim ersten Anblick für versteinertes Holz halten sollte.

Bethsean oder Bethsan war schon vor der Eroberung Palästinas durch die Israeliten eine Stadt (Josua 17, 11), welche mit einer Mauer umgeben war (1. B. Sam. 31, 10. 12). Diese Stadt, welche in Galiläa lag, gehörte zum Königreich von Samaria. Hundertundsechs Jahre nach der Zerstörung dieses Reiches durch Salamanassar, einen der Vorfahren von Cilinadan, bemächtigten sich die Scythen derselben und nannten sie nach ihrem Namen Scythopolis. Zu den Zeiten der Decapole war sie eine der blühendsten Städte und behauptete den ersten Rang unter ihren Bundesstädten. Bîssán, eines der elendsten Dörfer, steht unter der Gerichtsbarkeit von Szanûr.

Wir brachten die Nacht in dem Gastzimmer zu, neben dem Gefangenen an ein Feuer gelagert, dessen Rauch, so wie die nächtliche Kälte, uns nicht wenig beschwerlich fiel.

Am folgenden Tage kehrten wir wieder nach Dschinîn zurück. Bei unserer Ankunft fing es zu regnen an, welches den Abend fortdauerte.

20. November. Um halb sechs Uhr verließen wir Dschinîn, begleitet von des Pfarrers Sohn, und setzten unsere Reise nach Nablos fort.

Nahe vor dem Dorf Kabáte, wo wir ein Viertel nach sieben Uhr anlangten, kamen wir über eine kleine fruchtbare Ebene.

Es begegneten uns hinter diesem Dorf einige Mohammedaner zu Pferde. Ich begrüßte sie mit Szalâm alaïkôm! [d. h. Friede mit Euch], welches einer von ihnen, ein Bauer aus Kabáte, übel nahm

Samaria

und sich bei dem Sohn des Pfarrers, den er kannte, beschwerte. »Fangen denn schon die Christen an«, rief er unwillig aus, »uns auf diese Art zu begrüßen?« Man würde mich nicht für einen Christen erkannt haben, weil ich wie ein Mohammedaner gekleidet war, das heißt, weil meine Kopfbinde nicht von blauer Farbe war, wenn nicht der Sohn des Pfarrers bei mir gewesen wäre. Im ganzen Osmanischen Reich nehmen die Mohammedaner es in der Regel übel, wenn sie mit dem gewöhnlichen Friedengruß von Personen einer anderen Religionspartei begrüßt werden.

Man kommt hinter Bêt Merîn über einen beträchtlichen Berg, von welchem wir das mittelländische Meer ostwärts erblickten, und erreichten um etwa halb eins Uhr Sebústy, das alte berühmte Sumaria oder Sebaste Syriens. Es liegt auf dem Rücken eines ziemlich hohen Berges, den ein Tal umgibt, welches von noch höheren Bergen eingefasst wird. Das Tal sowohl als die Bergseiten umher sind quellreich und fruchtbar, indem der Boden aus einem lockeren Kalkmergel besteht. Da der Weg sich unter dem Berge hinzieht, und die Zeit es mir nicht erlaubte, ihn zu ersteigen: so hatte ich nicht das Vergnügen, die wenigen Überreste dieser vormals prachtvollen Stadt in der Nähe zu sehen. Meine Leute, welche dort gewesen waren, versicherten, Sebústy sei jetzt ein kleines Dorf, welches von Mohammedanern und etlichen griechischen Christen bewohnt werde. Ich bemerkte dort ein großes halb zerstörtes Gebäude, welches vielleicht die vormalige griechische Kirche war.

Um halb zwei Uhr ließen wir das Dorf Dêr Schárrab rechts in einiger Entfernung vom Wege liegen. Einige Weiber aus diesem Dorf füllten ihre Wasserkrüge bei einem Quellbrunnen am Wege. Ich stieg ab, um meinen Durst zu stillen. Eines von diesen Weibern wurde nicht wenig böse darüber. »Wie«, rief sie, »im Monat Ramadân haltet Ihr es nicht für Sünde, bei Tage Wasser zu trinken? Verdamme Allah Euch und Euren Glauben!« Einer von meinen mohammedanischen Gefährten suchte sie zu besänftigen. »Was geht denn Euch das Trinken dieses Mannes an?«, sagte er. »Er ist ein Christ, und ein jeder tue nach seinem Glauben. Wisst Ihr nicht, dass die Christen häufige und strenge Fasten haben, wo sie viele Wochen lang weder Fleisch noch Milch noch Eier genießen, währenddem wir alles essen, was uns beliebt?« Allein vernünftige Vorstellungen in Betreff der Glaubenssachen fruchten so wenig beim mohammedanischen Pöbel als beim christlichen.

Es war Viertel vor vier Uhr, als wir in Nablos ankamen. Wir waren länger unterwegs gewesen, als man sonst nötig hat, teils weil unsere Tiere sehr langsam gingen, teils weil wir von Sebústy an einen Umweg einschlugen, der sicherer war als die gewöhnliche Heerstraße. Man erblickt Nablos von dieser Seite nicht eher, als bis man nahe vor dem Tor ist. Ich wählte mein Logis im Chân el Szultân, welcher zwar groß genug, aber äußerst im Verfall ist, und wenig seinem stolzen Namen entspricht. Mein Zimmer war ein Gewölbe mit einer durchlöcherten Tür, ohne Fensteröffnung, von dessen Wänden und Gewölbe der Bewurf abgefallen war, und dessen einziges Möbel aus einer alten Matte bestand. Bei uns würde man ein solches Loch ein schlimmes Kriminalgefängnis nennen.

Die mohammedanischen Knaben überließen sich des Abends, weil es der Fastenmond Ramadân war, der ausgelassensten Freude. Sie sangen, schrien, zankten, rannten durcheinander, balgten sich, ließen Schwärmer und Frösche in den Straßen abbrennen, kauften Näschereien usw. Die Gassen blieben bis etwa zehn Uhr lebhaft, nachher zeigten sich aber wenige Leute. Da schon des Morgens früh kein Kaffee mehr zu bekommen ist, indem die Kaffeehäuser bei Tage verschlossen gehalten werden: so suchten wir uns schon um Mitternacht dafür schadlos zu halten.

21. November. Nablos, vormals Neapolis oder Flavia Neapolis, liegt in einem engen Tal zwischen zwei hohen steilseitigen Bergen, welche in den hebräischen Schriften unter dem Namen von Ebal und Garísim bekannt sind und zu den berühmtesten Bergen in ganz Palästina gehören. Die jetzigen Samariter nennen sie noch Ar Ebal und Ar Garísim; den übrigen Einwohnern aber sind diese Namen unbekannt, und sie benennen sie nach ihrer Lage in Bezug auf die Stadt, den Ebal nämlich den nördlichen, und den Garísim den südlichen Berg. Die Samariter nennen den Garísim gewöhnlich el Thûr, eine Benennung, womit mehrere vorzüglich berühmte Berge vorzugsweise bezeichnet werden, z. B. der Thabor, der Ölberg, der Sinaï. Nablos liegt an dem abhängigen Fuß des Garísim und hat daher einige Gassen, die eine starke Neigung haben. Den Garísim erblickt man aus allen Häusern der Stadt; seiner Steilheit unerachtet hat der Fleiß der Einwohner ihn auf der Seite der Stadt ziemlich fruchtbar gemacht, und man sieht bis auf zwei Drittel seiner Höhe viele Ölbäume und Gärten daran; weiter nach oben zu ist er nur sparsam mit Ersteren bewachsen. Über den Gärten ragt eine hohe Felsenwand an demselben hervor, worin unterschiedliche Grotten sind. Der Ebal ist weit weniger bepflanzt, weil er etwas weiter von der Stadt liegt, nicht so reich an Quellen und nackter und felsiger ist als jener. Indessen stehen unten an seinem Fußabhang viele Ölbäume und indische Feigen. Man hat die Unfruchtbarkeit des Ebals daher leiten wollen, dass seine Seite nach Süden gerichtet, und er dadurch den mittägigen Sonnenstrahlen zu sehr ausgesetzt sei. Allein es gibt ja tausend Berge, die mit ihren Seiten nach Süden gerichtet und nichtsdestoweniger fruchtbar und angebaut sind. Die Natur versagte ihm nur hinlängliche Erde zur

Bedeckung seiner nackten Felsen und genugsames Wasser, um sehr fruchtbar zu sein. Man sieht dies sehr deutlich an dem östlichen Ende des Garísim, welches aus Mangel an diesen beiden Naturgaben ein durchaus nackter Felsen ist, obgleich er nach Norden zugekehrt ist.

In Nablos findet keine Taxe der zu verkaufenden Lebensmittel statt, und ein jeder verkauft und kauft, so gut er es versteht. Ich halte diese Einrichtung für das allgemeine Wohl weit besser als die in Akre, wo alles taxiert ist. Warum will man durch einen solchen Zwang die Industrie im Keim ersticken, und die menschliche Freiheit unnötig einschränken? Sind die Bürger einer Stadt unmündig, dass sie eines Vormundes bedürften? Oder sind sie, als Staatsbürger betrachtet, vorzüglicher als der Landmann, dass man ihnen zum Besten die Landesprodukte zu einem niedrigen Preise taxiere, und dadurch den Landmann beeinträchtige? Warum soll denn dieser auf seine Produkte nicht ebenso gewinnen als jeder andere Kaufmann auf seine Waren gewinnt, wenn günstige Umstände es so mit sich bringen?

Gern hätte ich den berühmten Brunnen, Bîr el Számaríje besucht, wovon die Sage versichert, dass Jesus von Nazareth bei demselben mit einer Samaritanerin von Sichem eine mystische Unterredung hielt, wenn nicht die Zeitumstände es unrätlich gemacht hätten. Man versicherte mir, dass sich die aufrührerischen Bauern von der Partei des Jusef Dscherrâr dort bisweilen sehen ließen, und dass man sich der Gefahr aussetzte, sein Leben zu verlieren. Das alte Sichem lag nach der Versicherung der Samaritaner auf dem Garísim, und man hat etwa eine Dreiviertelstunde nötig, um dahin zu gelangen, weil man den Berg ersteigen muss. Die Samaritaner nennen diesen Ort noch jetzt el Schéchem oder el Schichâr, die übrigen Einwohner aber el Loûse, weil an der Stelle desselben ein Dorf dieses Namens vorhanden ist, welches aber jetzt auch unbewohnt liegt.

Am Fuß des Garísim sowohl als des Ebal sind weitläufige mohammedanische Begräbnisplätze, und da sie eine höhere Lage als die Stadt haben: so kann man von dort aus die Stadt übersehen, welche einen recht freundlichen Anblick gewährt.

Die hiesigen Christen sind, einen einzigen Katholiken und einen Armenier ausgenommen, griechischer Religion, und bewohnen dreißig Häuser. Die Zahl der erwachsenen Personen männlichen Geschlechts soll sich nur auf sechzig bis siebzig belaufen. Sie haben ein kleines Bethaus, welches der Armut der Gemeinde entspricht. Die Juden zählen nur zehn bis fünfzehn erwachsene Mannspersonen; sie haben eine kleine Synagoge.

Weit merkwürdiger, obgleich wenig zahlreicher als die genannten Religionsparteien, sind die hiesigen Samaritaner, und ich glaube meinen Lesern eine Gefälligkeit zu erzeigen, wenn ich sie etwas länger von diesem uralten, wenn fast jetzt gänzlich verloschenen Volke unterhalte. Ich besuchte ein paarmal ihr Quartier, Haret el Szémmará, welches in dem höchsten Teil der Stadt liegt, und fast täglich kam einer oder der andere Samariter zu mir, teils aus Begierde, einen fremden Reisenden zu sehen, da europäische Reisende selten Nablos berühren, teils um womöglich einige Nachrichten von ihrer Religionspartei in anderen Ländern einzuziehen.

Da ich glaubte, bei ihrem Priester, den sie el Káhin nennen, die besten Nachrichten von seiner kleinen Gemeinde zu erhalten: so stattete ich ihm meinen Besuch ab, und er hieß mich willkommen. Ich fand in ihm einen Mann von mittleren Jahren. Seine Wohnung stand neben dem Tempel, welchen sie, so wie die Juden ihre Synagoge, el Knîs nennen; ein Name, der, nur wenig von der arabischen Benennung einer Kirche, el Knáse, verschieden ist. Ich erkundigte mich bei ihm nach dem uralten Pentateuch, und er versicherte mir, so wie hernach mehrere, dass derselbe noch wirklich vorhanden sei; allein nur etwa der vierte Teil sei erhalten; das Alter desselben belaufe sich auf dreitausendzweihundertdreiundvierzig Jahr, und er sei von einem Sohn des Phinehâs (wo mir recht ist) geschrieben. Er sei auf einer Pergamentrolle mit großen, einzeln stehenden Lettern geschrieben, welche übrigens aber an Form vollkommen denen glichen, deren sie sich noch jetzt bedienten; die übrigen drei Vierteile seien vor einigen Jahrhunderten nach dem alten kopiert, welcher größtenteils unbrauchbar geworden war. Ich ersuchte ihn, mir eine Probe von der Schrift des uralten Pentateuchs (Taurâh) zu geben; allein er versicherte, dies sei ihren Religionsgrundsätzen nach nicht erlaubt; indessen merkte ich in der Folge, dass ich für eine gute Belohnung im Geheimen eine kopierte Probe von ihm

Samaritaner auf dem Garísim

erhalten haben würde, wenn ich mich noch einige Tage länger bei ihnen aufgehalten hätte. Er versprach, mir den Pentateuch von Ferne zu zeigen, wenn ich mich bis zum nächsten Sabbath in Nablos aufhielte, weil außer am Sabbathtag selbst keiner von seiner Glaubenspartei ihn zu sehen bekäme. Ich konnte indessen keinen Gebrauch von seinem Anerbieten machen, weil ich früher nach Jerusalem abreiste.

Ich ersuchte ihn darauf, mir etliche von ihren Büchern zu überlassen. Allein er versicherte, sie besäßen durchaus keine anderen Bücher in ihrer Sprache und mit ihren Charakteren als den Pentateuch und etliche Gebetbücher, und es sei auch wider ihre Gewohnheit, dieselben an jemanden von einer fremden Religionspartei zu überlassen. Auf vieles Bitten versprach er mir zwar, mir eins oder das andere zu überlassen, er zog sich aber in der Folge wieder zurück, weil etliche andere zugegen waren. Meine nachherige Erfahrung überzeugte mich aber, dass sich durch Geld alles von ihnen erhalten lasse. Noch am nämlichen Abend kam ein junger Samariter, der bei dem Gespräch zugegen war, in mein Logis, und verkaufte mir ein Buch, wovon er mir versicherte, dass es einen Teil des Pentateuchs enthalte; er bat mich aber um des Himmels willen, ihn nicht zu verraten, weil er sonst seine Hand verlieren müsste. Am folgenden Tage kam er wieder und brachte mir ein kleines Buch, welches die Gebräuche und Hymnen bei der Beschneidung enthält, nebst etlichen Gebeten. Da die samaritanische Literatur so ganz arm ist, und die Wissenschaften durch den Ankauf ihrer Schriften fast gar keinen Gewinn zu erwarten haben: so glaube ich, dass die erhaltenen Kleinigkeiten zur Befriedigung der Neugierde hinreichen.

Der Garísim steht bei den Samaritern in der größten Achtung, welche bis ans Lächerliche grenzt. Der Káhin versicherte, der Garísim sei der Schoß, aus welchem alle Quellen und alle Flüsse in der Welt entspringen, und er erzählte mir zum Beweise davon eine Fabel, welche Bagdad oder Basra betraf; der dortige Strom sei einst auf einmal versiegt; lange habe man vergeblich die Ursache aufgesucht; endlich indessen habe man im Innern des Garísim die Quelle, welche den Tiger bildet, verstopft gefunden, und nachdem man dies Hindernis aus dem Wege geräumt, habe der Strom wieder zu fließen angefangen! Auch von ihrem alten Pentateuch erzählen sie manche Wunderdinge; ein jeder Buchstabe desselben gebiete dreihundertvierzig Engeln!

Sie haben an der Stelle des alten Sichem auf dem Garísim einen Opferaltar, wo sie jährlich im Frühling das Opferfest Aid el Kurbán feiern. Die ganze Gemeinde zieht in feierlicher Prozession in Begleitung des Mützéllim auf den Berg, wo ein oder ein paar Lämmer geopfert werden. Die Eingeweide der geopferten Tiere werden weggeworfen. Hierauf brüht man sie mit kochendem Wasser, damit die Wolle sich von der Haut absondere, und brät sie in einem Loch, worin man eine Zeit lang ein lebhaftes Feuer unterhielt, wodurch die Wände eine so große Hitze annahmen, dass das hineingelegte Tier, welches man mit glühenden Kohlen und Asche bedeckt, in einer oder in zwei Stunden gebraten ist. Nur Mitgliedern ihrer Religionspartei ist es erlaubt, von diesen Opfertieren zu essen, und das etwa Überbleibende wird verbrannt. Man beobachtet die religiöse Vorschrift, dass man den Opfertieren kein Bein zerbreche. Außer diesem Opferfest (Ostern) besuchen sie noch zweimal des Jahres in Prozession den Garísim; das letzte Mal im Herbst, und dies Fest heißt Aid el Örrsch.

Die Samariter sind in der Ausübung ihrer Religionsvorschriften noch strenger als die Juden. Am Sonnabend besuchen sie z. B. nie die Kaufhallen, trinken keinen Kaffee, gehen nicht außerhalb ihrem Quartier, und sprechen mit keiner Seele, außer nur mit Personen von ihrer Glaubenspartei. Sie behaupten, sie seien die wahren Israeliten, die genau den Worten des Pentateuchs nachlebten, außer welchem sie kein einziges göttliches Buch anerkennten. Ihr Pentateuch enthalte die wahren Worte der Gottheit, und die Juden hätten die Schriftcharaktere und die Glaubensreinheit der alten Israeliten verfälscht und verunstaltet. »Unser Alphabet ist das wahre Alphabet der Hebräer, nicht das ihrige«, sagte der Káhin. »Die Juden sind unsere Todfeinde, und wir die ihrigen; indessen stimmen wir mehr mit den Karaïten überein, als mit den Übrigen, weil jene nicht den Talmud annehmen.«

Die Samariter beschneiden nach Verlauf von acht Tagen ihre neugeborenen Knaben. Sie speisen durchaus mit niemandem von einer anderen Religionspartei, schlachten ihre Tiere selbst und trinken nur Wein und Branntwein, der von ihnen selbst bereitet ist. In ihrem Handel und Betragen gleichen sie völlig den Juden. Der Káhin versicherte, obgleich keine Vorschrift vorhanden sei, nach welcher Himmelsgegend sie beim Gebet ihr Gesicht hinwendeten: so habe man doch aus besonderer Achtung für den Garísim die Gewohnheit eingeführt, sich mit dem Gesicht nach diesem Berge zu wenden.

Die Zahl der Samariter beträgt etwa zweihundert Seelen, welche dreißig bis vierzig Haushaltungen ausmachen. Im ganzen Osmanischen Reiche findet man jetzt keine Samariter als hier, weil die von Gasa und eine Familie in Dschinîn ausgestorben sind. Auch in Kahira ist keine einzige Familie mehr vorhanden; nur in Jaffa halten sich noch zwei Samariter auf, die Schreiber im Dienst des dortigen Mützéllim sind. Einer von diesen, der Abd el Möchsen ibn Ischmáel hieß, war gerade in Nablos und stattete mir seinen Besuch ab. Er wollte nicht glauben, dass man in Europa gedruckte Pentateuche mit samaritanischer Schrift finde, und er erbot sich, mir zwei geschriebene zu geben, wenn ich ihm einen gedruckten verschaffen wollte. Da ich des Hrn. Prof. Hasses lectiones syro – arabico – samaritano – aethiopicae unter meinem kleinen Büchervorrat hatte, den ich nach Ägypten hatte vorausgehen lassen, so versprach ich ihm, von Kahira aus ihm eine Probe von einem gedruckten samaritanischen Pentateuch zu übersenden.

Auffallend war mir die ernste Versicherung des Káhin, dass von Genua zweimal Briefe hierher an sie geschrieben seien, einer vor anderthalbhundert und der andere vor fünfzig Jahren, welche noch in ihrem Tempel aufbewahrt würden; sie seien mit samaritanischer Schrift geschrieben und enthielten die merkwürdige Nachricht, dass in Genua und noch in sechs bis sieben anderen Städten hundertsiebenunddreißigtausend Samariter wohnten! Er selbst habe vor fünf Jahren nach Genua deswegen geschrieben, habe aber bis jetzt keine Antwort erhalten. »Wir wünschten sehr, dahin zu reisen«, sagte er, »allein, da dies innerhalb sechs Tagen mit einem Schiff nicht möglich ist, und unsere Religion es uns durchaus verbietet, am Sabbath zu reisen: so ist es nicht möglich!« Er schien zu glauben, dass man nur zu Wasser dahin gelangen könnte; denn zu Lande würde eine solche Reise selbst bei diesen Grundsätzen doch möglich, wenngleich sehr unbequem und beschwerlich sein. Was soll man aber von dieser sonderbaren Nachricht denken? Liegt etwas Wahres zum Grunde? Oder ist alles Trug, der von irgendeinem Káhin erfunden wurde? Oder gab vielleicht des berühmten Sprachforschers Hiob Ludolfs Korrespondenz mit den Samaritanern Veranlassung zu dieser Sage? Sie baten mich sehr, dass ich es ihnen ja melden möchte, wenn ich auf meinen ferneren Reisen in irgendeiner Weltgegend Mitglieder von ihrer Religionspartei fände.

Die Samariter, welche sich in der Einheit Szâmry, in der Mehrheit aber Szúmmará nennen, tragen gewöhnlich eine weiße Kopfbinde mit schmalen rötlichen Querstreifen; etliche wenige wählen indes eine andere Farbe. Vier von ihnen sind Schreiber im Dienst des hiesigen Mützéllim, andere sind Krämer, Schneider usw. Ich bemerkte in ihrer Bildung weiter nichts Auffallendes, als etwas große, hervorragende Augen. Unter denen, die mich besuchten, war unter anderen ein sehr junger Mann von ungemein lieblicher und freundlicher Miene.

Eines Tages führte mich der Káhin auch in ihren Tempel. Dies ist ein kleines, von innen und außen reinliches und gut unterhaltenes Gebäude, welches sein Licht bloß durch die Tür und eine Öffnung im Dach erhält. Auf dem Fußboden waren einige gemeine Matten ausgebreitet. Auf einem Borte lagen etliche Pentateuche in Großfolio, sehr gut geschrieben, und zwar mit den nämlichen Charakteren, welche bei uns zum Druck samaritanischer Werke angewendet werden. Jedes Buch war mit einem Zeuge umwickelt. Der uralte heilige Pentateuch wird in einer Nische auf der Ostseite hinter einem Vorhang in einer Kiste aufbewahrt. Ein junger Samariter schob mit einem Stock den Vorhang ein wenig zurück; allein mit Gebärden, als wenn er einen elektrischen Schlag befürchtete, und die Übrigen riefen ihm sogleich zu, es zu lassen. So außerordentlich groß ist die Achtung, die sie für diese Rolle hegen. Außer dem Genannten sieht man in diesem Tempel weiter nichts. Eine samaritanische Inschrift in der Mauer beweist, dass dies kleine Gebäude vor etwa vierhundert Jahren errichtet sei. Beim Gebet bedient nur der Káhin sich des Kopfschleiers, statt dass bekanntlich bei den Juden sich jeder desselben bedienet.

Unter allen Religionsparteien, die ich aus eigener Ansicht oder aus Nachrichten anderer kennen lernte, ist ohne Zweifel die samaritanische die am wenigsten zahlreiche und die am wenigsten verbreitete, und es lässt sich mit ziemlicher Wahrscheinlichkeit voraussehen, dass sie im Verlauf von ein paar hundert Jahren gänzlich zu sein aufhören werde.

Das Glück begünstigte mich, dass ich hier noch ein Völklein näher kennen lernte, welches seit mehreren Jahren die Aufmerksamkeit der deutschen Geschichtsforscher auf sich zog. Ich meine die Zigeuner. Man findet sie im ganzen Osmanischen Reich von Ungarns Grenze an bis in Ägypten verbreitet. Die Türken nennen sie Tschínganíh; die Syrer und Ägypter aber, so wie sie sich selbst, in der Einheit el Núry und in der Mehrheit el Náuar. Es war am 24. November, als ich des Nachmittags einen Trupp von ihnen besuchte, welcher seine schwarzen Zelte auf der Ostseite von Nablos in einem Ölbaumgehölz aufgeschlagen hatte.

Die hiesigen Zigeuner hatten mehrenteils eine schmutzig gelbliche Farbe, schwarzes Haar, welches sie seitwärts an der Schläfe in einer kurzen Flechte herunterhängen lassen, und ihre Lippen sind mulattenartig. Die Weiber hatten ihre Unterlip-

Der samaritanische Pentateuch

pe schwarzblau gefärbt, wie die Beduinenweiber, und einige eingeätzte Punkte um den Mund herum von gleicher Farbe. Auch Knaben trugen Ohrringe. Sie bereiten Siebe von Pferdehaaren oder von Leder, eiserne Nägel und sonstiges kleines Eisengerät, flicken Kessel usw. Sie scheinen übrigens sehr arm zu sein, und die Männer sind fast nackt, wenn die Kälte sie nicht zu einer wärmeren Bedeckung zwingt. Die kleinen Knaben liefen völlig nackt umher. Obgleich Mohammedaner und Christen versichern, dass die Zigeuner ihre Toten nicht auf mohammedanischen Begräbnisplätzen begraben, sondern sie in abgelegene Bergwinkel trügen, oder, wie jemand wissen wollte, sie verbrennten: so wollten sie diese Beschuldigung doch nicht zugeben, indem sie behaupteten, sie seien wahre Mohammedaner, und als solche begrüben sie auch ihre Toten auf mohammedanischen Begräbnisplätzen. Da indessen ihr Unterricht womöglich noch mehr vernachlässigt ist als bei den Beduinen: so sind ihre Religionskenntnisse so unbedeutend, dass man von ihnen sagen könnte, sie besäßen gar keine Religion, oder, wenn man will, die einfachste unter allen. Es ist hier eine Volkssentenz im Schwange, welche von den meisten für eine ausgemachte Wahrheit angenommen wird: Es gibt, sagt man, zweiundsiebzig Religionen und eine halbe in der Welt, und diese halbe ist die der Zigeuner. In Hinsicht des Weins und Branntweins sollen sie weniger skrupulös, als die meisten Mohammedaner, sein.

Ich ersuchte einen von ihnen, mir die Namen von mehreren Gegenständen, um die ich ihn befragte, in seiner Sprache zu sagen, und indem ich ihm ein kleines Trinkgeld versprach, war nicht bloß er dazu bereit, sondern auch andere beeiferten sich, mir hierin zu dienen.

Da die schöne Witterung immer fortdauerte: so wünschte ich sehr, meine Reise nach Jerusalem antreten zu können. Man versicherte mir aber, der Weg sei sehr gefahrvoll, und ich müsste warten, bis Bauern von el Bíre kämen, mit welchen ich sicher zurückreisen könne. Am 25. November kamen einige mit Kamelen und Eseln, und nun wurde meine Abreise auf den 27. November festgesetzt.

27. November. Reise nach Jerusalem. Um halb zwölf Uhr verließen wir Nablos. Man hatte mir versichert, dass wir mit einer zahlreichen Karawane ziehen würden; jetzt fand sich aber, dass wir ganz allein mit zwei Bauern abreisten, welche zwei beladene Kamele führten. Es gesellten sich ein kranker Jude von Smirna und dessen Mutter zu uns, welche von einem dritten Kamel getragen wurden. Ich sah also hieraus, dass die Gefährlichkeit die-

ses Weges gewiss nicht so groß war, als man sie uns geschildert hatte.

Eines der Kamele, welches mit Tabak beladen war, war sehr alt und schwach, und hielt uns sehr auf. Obgleich wir alle Ursache hatten, deswegen mit unserem Kamelführer, Hammäde, unzufrieden zu sein: so benutzte er doch selbst seine Unzufriedenheit, auf den kranken Juden zu schimpfen und zu fluchen, weil ihm der Tabak zugehörte. Die Juden sind im Osmanischen Reich sehr geplagte Leute, indem nicht bloß der Mohammedaner, sondern auch der Christ sich berechtigt glaubt, sie zu beschimpfen. Ich musste über die Geduld erstaunen, mit welcher er diese Schmähungen ertrug. »Friss Dr...!«, schrie Hammäde ihm häufig zu. »Iss Honig!«, erwiderte der Jude ruhig. Armes Volk!

Um drei Viertel auf vier Uhr erreichten wir den verfallenen Chân el Száuwijéh, welcher seinen Namen von einem Dorf erhält, welches ein wenig ostwärts davon entfernt liegt. Da das Kamel mit seiner kleinen Ladung durchaus nicht weiter fortkonnte: so lud Hammäde den Tabak auf unsere Esel, und wir mussten zu Fuß gehen. Es war schon lange nach Sonnenuntergang, als wir im Finstern den Chân el Lübban erreichten, wo wir die Nacht blieben. Der Chân war größtenteils zerstört; doch fanden wir noch einige Gewölbe, in deren einem wir die Nacht zubrachten. Ein wenig trockener Kamelmist diente dazu, ein kleines Feuer anzumachen, das aber nicht lange anhielt. Holz war nicht vorhanden, und unsere Kamelführer waren zu müde, um einiges von dem nahen Berg zu hohlen, an dessen Fuß der Chân liegt, bei welchem ein wasserreicher Schöpfbrunnen ist. Des Nachts kam hier eine kleine Karawane an, welche sich aber unter freiem Himmel lagerte.

28. November. Mit Tagesanbruch ein Viertel vor sechs Uhr nach meiner Uhr verließen wir den Chân und fingen sogleich an, einen beträchtlich hohen steilseitigen Berg zu ersteigen. Hammäde verlangte, dass der kranke Jude zu Fuß den Berg erstiege; allein er konnte nicht, weswegen ich ihm meinen Esel überließ, um hinaufzureiten.

Obgleich das alte Kamel jetzt unbeladen war: so blieb es dennoch zurück und starb kurz darauf. Hätte er es lebendig nach el

Bíre gebracht: so hätte man es vielleicht geschlachtet und dreißig Piaster aus dem Verkauf seines Fleisches gelöst.

Um halb elf Uhr kamen wir neben dem ansehnlichen Dorf Ain Jabrûd, welches westwärts von uns auf einem Berg lag. Es holten uns in dieser Gegend einige Mohammedaner ein, wovon einer aus Damask war, welcher einige mit Äpfeln beladene Kamele nach Jerusalem führte. Dieser schien absichtlich einen Zank mit Thuma, meinem Bedienten, anzufangen, und da dieser von Natur sehr dazu geneigt, und unseres heutigen langsamen Fortrückens wegen mit Hammäde und den Juden immer zankte und fluchte: so erreichte jener bald seinen Zweck, und zählte ihm einige derbe Stockprügel zu. Christen, zumal osmanische Untertanen, müssen immer sehr auf ihrer Hut sein, dass sie sich nicht mit Mohammedanern in Streit einlassen, weil sie sicher immer den Kürzeren ziehen, wenn ihr Recht nicht gar zu einleuchtend ist. Thuma konnte nichts weiter tun, als seinen Zorn verbeißen.

Die Bergfelder von el Bíre, wo wir um halb ein Uhr anlangten, sind außerordentlich steinig und unfruchtbar. Dies Dorf ist fünf starke Stunden von Chân el Lübban und drei Stunden von Jerusalem entfernt. Wir traten hier im Haus unseres Kamelführers ab, wo wir mit seiner Familie und mit einem Kamel, einem Esel und ein paar Rindern in einer gewölbten Kammer zusammenwohnten. Der für Menschen bestimmte Teil dieses Gewölbes unterschied sich von dem anderen bloß dadurch, dass er, wie hier gewöhnlich, um ein paar Fuß höher als dieser war.

Da der kranke Jude am folgenden Tage, welches ein Sabbath war, nicht reisen durfte, sondern bis zum Montag hier bleiben musste: so hatte er des Abends und des Nachts unendlich viel von der üblen Laune und der Grobheit des Hammäde auszustehen.

29. November. Dieser verschaffte uns am folgenden Tage einen Bauern, welcher uns statt seiner nach Jerusalem brachte. Es war ein stiller guter Mensch, ein Mohammedaner aus dem Dörfchen Râm, welches am Weg nach Jerusalem liegt. Schon vor Sonnenaufgang ritten wir fort in Begleitung einer kleinen Bauernkarawane von el Bíre.

Achtes Kapitel:
ZWEITER AUFENTHALT IN JERUSALEM

Während meinem Aufenthalt zu Jerusalem machte ich für das orientalische Museum in Gotha eine kleine Sammlung von einigen Natur- und Kunstprodukten dieser Gegend, den Glasfabrikaten von Hebron, den Heiligtümern von Betlehem und Jerusalem usw.

30. November. Ich erstieg am folgenden Tag nochmals den Ölberg.

Etwa zweihundert Schritte westwärts von dem Dörfchen el Thûr genießt man der besten Aussicht von Jerusalem. Der Berg, worauf diese merkwürdige Stadt erbaut ist, ist vorzüglich von Westen nach Osten geneigt, hat aber überdem eine andere Neigung von Norden nach Südosten, weswegen alles Regenwasser der Gassen sich nach der mohammedanischen Hauptmoschee, el Hárram, hinzieht. Dicht nahe vor und unter mir erblickte ich den Wady Jûschaphat und die Madonnenkapelle drin. Gleich dahinter erhebt sich die steile Seite des Berges von Jerusalem, an welcher sich einige Pfade hinschlängeln; dann folgte die hübsche Stadtmauer, welche ich fast in ihrem ganzen Umfang übersehe, und welche am südwestlichen Rand der Stadt die höchste Lage hat. Innerhalb der Mauer und gleich hinter derselben sah ich das Hárram, el Acksa und Kubbet el Száchará. Das Schiff des ersten Gebäudes ist lang und hat eine braunrote Farbe. Am Südende davon sieht man die Kuppel der Acksa mit einer blauen Kuppel, an seinem Nordende aber den Kubbet el Száchará, ein hübsches Kuppelgebäude mit einem Turm. Höher hinauf bemerkte ich die Kirche zum Heiligen Grab, die armenische und griechische Klosterkirche und südwärts außerhalb der Stadtmauer die Moschee Nebbi Daûd und den Rest des vormaligen Sion, auf der Ostseite dieser Moschee, mit seinen Feldern und Ölbäumen. Nordwärts von der Stadt ist auch ein beträchtlicher Teil des Berges außer der Mauer unbebaut und mit Ölbäumen und Feldern bedeckt. Südwärts sieht man die Berge vor Betlehem und an dem Weg nach Hebron; nordwestwärts auf seiner hohen Bergspitze in beträchtlicher Ferne Nebbi Samuel. Eine Ansicht von Jerusalem von dieser Seite würde selbst in jenen Gegenden Europas, wo der Ruf seiner Heiligkeit sehr gemindert ist, Beifall finden. Allein ich suchte hier vergebens danach, denn die Mönche aller Religionsparteien haben an wichtigere Gegenstände zu denken als an solche Kleinigkeiten.

2. Dezember. Mein Bedienter Thuma liebte den Trunk so sehr, dass er mehrmals betrunken war, wo er dann mehrere Exzesse sowohl gegen mich als gegen andere beging. Da ich sah, dass er in diesem Stücke unverbesserlich war: so gab ich ihm seinen Abschied.

Am 4. Dezember erhielt ich einen Besuch von einigen Russen armenischer Religion aus der Krim, die vor ein paar Tagen angekommen waren, um die heiligen Orte zu besuchen, welche für sie ein so außerordentliches Interesse haben. Da sie außer ihrer Muttersprache bloß die türkische verstanden: so musste ich mich eines Dolmetschers bedienen. Sie verwunderten sich sehr, in mir einen Landsmann aus einer so fernen Gegend anzutreffen. Sie brachten unter anderem die Nachricht von der Fortdauer des Krieges zwischen Frankreich und Russland mit, glaubten aber, dass mit der Pforte kein Bruch erfolgen werde.

6. Dezember. Die Absicht bei meinem jetzigen Aufenthalt in Jerusalem war, ein Mittel ausfindig zu machen, um meinen Plan, den Toten See zu umreisen, ausführen zu können. Kein Teil Palästinas wurde seit Jahrtausenden mehr mit dem Zerrglas des Vorurteils angesehen, und von keinem mehrere abgeschmackte Fabeln verbreitet als von ihm. Europäische Reisende, Pilger und zumal Mönche wetteiferten miteinander, alte Sagen zu erhalten, die schon sonst lange in ihr Nichts zerfallen sein würden. Fand in den ältesten Zeiten einst wirklich ein solches Naturereignis, eine solche schreckliche Verheerung durch Feuer, durch einen Vulkan oder Erdbrand statt, welcher die Gottheit sich als eines Mittels bediente, um ihre Rache zu befriedigen: so müssen dort, dacht ich, sicher noch jetzt Schlacken, Verglasungen, Laven als Wirkungen davon vorhanden sein. Denn warum sollte die Gottheit sich der Naturkräfte als eines Wunders bedient haben, ohne dass dieselben ihre gewöhnlichen Wirkungen hervorgebracht hätten? Ist noch jetzt jene Salzsäule vorhanden, wovon so widersprechende Nachrichten verbreitet wurden? Sind noch jene So-

domäpfel vorhanden, welche nur mit einem geheimen Schauder betrachtet wurden? Über diese und mehrere Fragen, die sich mir aufdrängten, wünschte ich aus eigener Ansicht ein neues Licht verbreiten zu können. Überdem war die Ostseite des Toten Sees noch nie von einem europäischen Reisenden besucht. Gründe genug, die mir eine solche Reise in mannigfacher Hinsicht nützlich und interessant malten.

Zwar riet jedermann mir von diesem Unternehmen ab, weil es, wie man sagte, etwas ganz Ungewöhnliches sei, und alle Reisenden nur einen Teil des westlichen Ufers besucht hätten, es aber noch nie einer gewagt hätte, das östliche Ufer zu bereisen; ich würde mich nicht bloß der augenscheinlichsten Gefahr aussetzen, von den Arabern des östlichen Ufers beraubt zu werden, sondern wohl gar auch mein Leben zu verlieren. Auch die Franziskanermönche schienen diese Reise nicht gerne zu sehen; vielleicht fürchteten sie, dass eine auf eigene Untersuchungen eines Reisenden gegründete Nachricht von diesem See zu sehr mit ihren alten Fabeln davon kontrastieren möchte, deren immer währende Fortpflanzung vorteilhafter für sie sein dürfte als neuere Aufklärungen darüber; vielleicht auch befürchteten sie eine Avanie von den Arabern der östlichen Seite, weil man die Besorgnis zu erkennen gab, dass sie mich so lange in Verhaft nehmen würden, bis ihnen vom Kloster eine bedeutende Summe für meine Loslassung gezahlt werde; oder vielleicht war es auch menschenfreundliche Teilnahme an dem Schicksal eines Reisenden, der ihnen keine Gelegenheit gegeben hatte, mit seinem Betragen unzufrieden zu sein.

Diese Vorstellungen fruchteten indessen nichts und ich blieb fest bei meinem Entschluss. Würde es nicht entehrend für dich sein, sagte ich zu mir selbst, dich für die Schwierigkeiten bei einer so unbedeutenden Reise zu fürchten, du, der du weit größeren Gefahren in weit entfernteren Ländern entgegengehst? Wenn dich schon hier dein Mut verlässt, was wird man dann von dir im Innern von Arabien und Afrika erwarten können? Sei diese Reise eine neue Schule für dich, um dich an Gefahren und Entbehrungen, die dich in der Zukunft erwarten, zu gewöhnen! Ohne also auf alle Vorstellungen weiter zu hören, suchte ich nur jemand zum Begleiter zu erhalten, welcher des Weges kundig war. Da der kleine Beduinenstamm der Öbbedíje, welcher sich um das griechische Kloster Mâr Szába aufhält und die Pilgrime von Jerusalem nach diesem Kloster, dem Toten See und nach Jericho führt, mir vorzüglich dazu imstande zu sein schien: so erwartete ich nur die Ankunft des Schechs desselben, um mit ihm wegen dieser Reise Verabredung zu treffen. Gleich nach seiner Ankunft begab ich mich zu dem Superior des Klosters von Mâr Szába, welcher sich in Jerusalem aufhält, wo ich jenen antraf. Zu meinem großen Missvergnügen erfuhr ich aber, dass er keineswegs imstande sei, mich um den Toten See herumzuführen, weil er teils das östliche Ufer nicht kenne, teils weil er unter den dortigen Arabern keine Freunde habe; er dürfe sich zu weiter nichts verbindlich machen, als mich an das westliche Ufer des Sees in der Nähe von Mâr Szába und nach dem Jordan zu führen. Da mir indessen diese unbedeutende Reise nicht genügte, und er überdem zu viel Geld dafür verlangte: so gab ich meine Unterhandlungen mit ihm auf und beschloss nach Betlehem zu reisen, wo sich vorhin ein Katholik zu meiner Begleitung erboten hatte.

8. Dezember. Es ist angenehm, in diesen, vom europäischen Vaterland so entfernten Gegenden an seine reisenden Vorgänger erinnert zu werden, welche durch gleiche Absichten hierher geführt wurden, gleiche Beschwerden der Reise nicht achteten und in der Folge sich durch die Mitteilung ihrer Bemerkungen um die Wissenschaften verdient machten. Ich fand an ein paar Türen der Gastzimmer im Kloster unter mehreren folgende Namen eingeschnitten: T. Shaw; K. Fawkener 1712; Wil. Drew 1701; J. Taylor 1710; Will. Eaton, Sept. 1715; P. John Gordon 1804; J. M. Cripps und E. Clarke, Jul. 1801; R. Chandler 1800; James Brown 1801. Auch ich fügte meinen Namen hinzu. Will man mich dafür der Torheit beschuldigen: so wird man wenigstens gestehen müssen, dass ich sie in guter Gesellschaft beging.

9. Dezember. Obgleich die regnerische Witterung, die schon ein paar Tage dauerte, auch heute noch anhielt: so ritt ich dessen ungeachtet nachmittags nach Betlehem. Bodrus, der katholische Betlehemite, war gerade in Jerusalem und kehrte mit mir nach Betlehem zurück. Allein, obgleich er mit einer Flinte bewaffnet war: so musste er doch seiner Sicherheit wegen einen großen Umweg nehmen. Er war nämlich von der Familie der

Phérrahhîn, welche den lebhaftesten Anteil an der Fehde mit den Leuten des Abu Gusch nimmt, und das meiste zu befürchten hat, wenn ein Mitglied von ihnen unterwegs sollte überfallen werden. Diese Familie soll über hundert waffenfähige Männer stellen können.

Neuntes Kapitel: REISE NACH DER WESTSEITE DES TOTEN SEES

15. Dezember. Ich habe schon im Vorigen gesagt, dass ein Betlehemite sich erbot, mich um den Toten See zu begleiten. Seine Forderungen schienen mir aber anfänglich zu hoch und ich gab die Unterhandlung mit ihm auf. Da mir indessen kein anderer Weg übrig blieb: so entschloss ich mich der Notwendigkeit nachzugeben und mich aufs Neue wieder mit ihm einzulassen, und gleich nach meiner Ankunft in Betlehem kam ich mit ihm überein, dass er mich in Begleitung von drei Beduinen für eine gewisse Summe, wofür er mir auch zwei Pferde zu liefern versprach, um den See führen sollte. Da ich wusste, dass auf dem ganzen Weg wenige oder gar keine Lebensmittel zu erhalten sein würden: so hatte ich mich schon in Jerusalem mit einem Vorrat Zwieback, Oliven usw. versehen, und ich vermehrte denselben hier mit Mehl, Öl und Traubensirup (Dibbs); überdem ließ ich Gerste zum Pferdefutter anschaffen. Unsere Abreise wurde auf den 12. Dezember festgesetzt. Am Tag zuvor war die Luft zwar noch wolkig, aber doch aufgeklärter als seit etlichen Tagen, und ich hoffte daher gutes Reisewetter zu erhalten. Ich übergab dem Vizeprokurator mein Geld, um dem Verlust desselben auf der Reise vorzubeugen.

Bodrus, so hieß der Katholik, versicherte mir zu Jerusalem, er habe am Ufer des Toten Sees die Stelle gesehen, wo der Asphalt hervorquille; diese Stelle sei auf der Ostseite des Sees, ungefähr Ain Dschíddy gegenüber; man sehe dort beständig den Asphalt als ein Öl aus einem Felsen hervorquillen, und beim Herabfließen nach und nach eine dicke feste Kruste bilden. Allein er hatte eine Unwahrheit gesagt, und jetzt, da er wusste, dass sie bald entdeckt werden würde, gestand er, dass er nie an jener Stelle, die er Ain el Hömmar (Asphaltquelle) nannte, gewesen sei; überdem, setzte er hinzu, sei es auch unmöglich, dass ein Mensch derselben nahe genug komme, um sie zu untersuchen, weil sie am Fuß einer ungeheuren steilen Felsenwand entspringe, und nur Vögel oder gute Schwimmer dahin kommen könnten; man habe aber wirklich mit einem Fernrohr von dem Westufer des Sees den flüssigen Asphalt hervortröpfeln sehen. Das hieß, eine Unwahrheit durch eine noch weit abgeschmacktere zu ersetzen; denn beide Ufer dürften an dieser Stelle vielleicht vier oder fünf Stunden voneinander entfernt sein! Obgleich mehrere Betlehemiten mit ihm in der Nachricht von der Asphaltquelle übereinstimmten, so war doch keiner von ihnen Augenzeuge davon, und ich sah jetzt deutlich genug, dass man auf ihre Aussage durchaus nicht bauen könne.

Am 11. Dezember kamen meine drei Beduinen vom Stamm Taámer, welcher sich südostwärts und in der Nähe von Betlehem aufhält, und entschuldigten sich, dass sie am folgenden Tage noch nicht abreisen könnten, weil es der erste Tag des Beiramfestes sei, den sie als Mohammedaner feierlich begehen müssten. Nachmittags kam einer von ihnen zu mir und erklärte sich, dass, falls ich durchaus das östliche Ufer des Toten Sees bereisen wolle: so müsse er sich nebst seinen zwei Gefährten wieder zurückziehen, weil zwischen ihnen und einem Beduinenstamm auf der Ostseite Blut sei. Da er indessen hörte, dass ich mich nach anderen Begleitern umsehen, und er den guten Verdienst nicht gern fahren lassen wollte: so willigte er wieder ein, aber unter der Bedingung, dass wir den Weg von der Mündung des Wady el Kárrak des Nachts machten, um während der Dunkelheit der Gefahr auszuweichen, in die sie gewiss laufen würden, wenn sie das Missgeschick hätten, dort auf ihre Feinde zu stoßen. Diese Bedingung wurde ihm von mir zugestanden. Dessen ungeachtet gaben sie ihr Vorhaben gänzlich auf, wie ich gleich darauf von Bodrus erfuhr. Um daher die Stelle zu ersetzen, schickte er den 12. Dezember einen Boten zu dem Stamm der Scháhalîn, welche mit den östlichen Arabern in freundschaftlichen Verhältnissen stehen sollen, und am folgenden Tag hoffte er ihre Antwort zu erhalten.

Meine vorhabende Reise war indessen in Betlehem ruchbar geworden, und da täglich Beduinen hierher zum Besuch kommen: so hatten auch diese Nachricht davon erhalten. Ich hatte mich etwas vom Kloster entfernt, um Pflanzen zu sammeln; ein Beduine holte mich ein. Es fiel ihm auf, dass ich Moose sammelte, und er fragte mich daher, ob ich etwa derjenige sei, der eine Reise um den Toten See machen wolle? »Ich hoffe es«, sagte ich. »Die Araber werden Euch ermorden!«, fuhr er fort. »Die Araber morden nicht«, erwiderte ich, »ich kenne sie; ich war schon in el Szalt und Kárrak.« – »Seht! Seht!«, sagte er zu ein paar anderen Mohammedanern von Betlehem, die zu uns kamen: »Ja Maloûn! Ja Chansîr!« (zwei Schimpfwörter, womit Mohammedaner häufig die Christen belegen; du Verfluchter! du Schwein!), indem er auf mich zeigte. Ich stellte mich, als hörte ich es nicht, und er ging ungehalten auf mich fort.

Am 13. Dezember gestand mir Bodrus, er habe nicht zu den Beduinen vom Stamm der Schâhalîn, sondern zu den Rscheide gesandt, und er erwarte sie an demselben oder am folgenden Tage. Des Abends kam der Bote wieder zurück mit der unangenehmen Nachricht, dass so wenig die Scháhalîn als die Rscheide zu dieser Reise geneigt seien, weil sie die jenseitigen Beduinenstämme nicht alle kannten, und dort am östlichen Ufer jetzt viele Dauáre (Zelthaufen) seien, indem dasselbe in dieser Jahrzeit wärmer und grasreicher sei als die höheren Berge, worauf sie in der wärmeren Jahrzeit herumzögen, während welcher sich am See fast kein Beduine zeige.

Äußerst missvergnügt über die unerwarteten Hindernisse, die sich meinem Vorhaben entgegensetzten, und dennoch fest entschlossen, dasselbe auszuführen, war ich schon willens, nach Kárrak zu reisen, um womöglich dort Leute aufzutreiben, welche sich zu meiner Begleitung geneigt finden ließen. Da indessen das Weihnachtsfest nahe war, und ich demselben beizuwohnen wünschte: so hielt ich es für besser, für diesmal nur die Westseite des Toten Sees zu bereisen, welches mit wenigeren Schwierigkeiten verbunden war, und den Besuch der Ostseite bis nach dem Fest zu verschieben. Ich wurde bald mit Bodrus darüber einig, und am 15. Dezember traten wir um halb neun Uhr unsere Reise an. Statt zweier Pferde, wie unsere Abrede war, brachte er mir aber zwei Maultiere, wozu ich stillschwieg, um nicht aufs Neue wieder aufgehalten zu werden, und weil der Unterschied für mich von weniger Bedeutung war. Ein Betlehemite, Eigentümer des einen Maultiers, begleitete uns; überdem gesellten sich bald nachher unterwegs zwei Beduinen vom Stamm Taámer zu uns, welche für diese angenommen waren. Das Wetter war sehr gut.

Ain Dschíddy, wohin wir zuerst zu reisen beschlossen, liegt südostwärts etwa neun bis zehn Stunden von Betlehem am Ufer des Toten Sees. Der Weg führte anfänglich über Berge und Gründe, welche sehr steinig waren, wo wir aber doch an einigen Baumgärten und Weinbergen vorbeikamen, welche mit Steinwällen eingefasst waren, und dem Fleiß der Betlehemiten ihr Dasein verdankten.

Bald nachher holten wir einige Beduinen vom Stamm Rscheide ein, welcher sich in dieser Berggegend westwärts von Ain Dschíddy aufhält. Sie trieben einen mit Öl beladenen Esel. Sie hatten von meiner Reise gehört, wussten aber nicht genau, welchen Weg wir nehmen wollten, und da meine Leute ihnen denselben verbergen wollten: so gaben sie vor, wir wollten nach Hebron und von dort nach dem Südende des Toten Sees reisen. Indessen hatten sie nicht vorausgesehen, dass wir den nämlichen Weg nehmen mussten, um nach Ain Dschíddy zu kommen, als diese Leute, und ihre Unwahrheit blieb daher nicht lange verborgen. Ein alter Rscheide kam bald darauf mit einem von meinen Beduinen, namens Chalîl, einem jungen rüstigen Mann, in heftigen Wortwechsel, indem jener versicherte, er wisse im Voraus, dass es uns unmöglich sein würde, von Ain Dschíddy nordwärts längs dem Ufer des Toten Sees zu reisen, dieser aber ihm widersprach. Schon kam es zum Handgemenge, und Chalîl zog seinen Chandschar, als die Übrigen hinzueilten, und sie wieder auseinander brachten. »Bei Gott!«, sagte Chalîl nachher zu mir. »Hätte man uns nicht getrennt, ich hätte ihn mit meinem Chandschar niedergestoßen!« Allein dies waren Worte eines Poltrons; denn als einen solchen lernte ich ihn in der Folge kennen. Der Betlehemite, Bodrus' Gefährte, wurde durch diesen Auftritt aber so sehr in Furcht gesetzt, dass er beschloss mit seinem Maultier wieder zurückzukehren, weil er, wie er sagte, befürchtete, dass er es unterwegs verlieren würde. Die Ladung desselben wurde also auf mein Maultier gebracht, und ich sah jetzt die zwei mir versprochenen Pferde in ein einziges Maultier verwandelt! Die Rscheide-Beduinen wurden nun unsere Begleiter.

Bald nachher hatten wir in nördlicher Nähe neben uns die ausgezeichnete konische Bergspitze, welche hier unter dem Namen el Pherdéis bekannt ist, und auf welcher man noch Trümmer einer alten Festung findet, welche einst von den Johanniterrittern auf das Tapferste viele Jahre lang verteidigt worden sein soll. Die Taámer machen sich groß damit, dass sie Nachkommen dieser Ritter sind; und dies könnte sich auch im Ernste wohl so verhalten, obgleich jene Ritter, wo mir recht ist, eine ewige Keuschheit geloben mussten; man erinnere sich nur an die bekannte Lebensart der Malteserritter in unserm Zeitalter. Indessen vermute ich, dass ihre Sage sich nicht auf historische Daten gründe, die vom Vater auf Sohn sorgfältig mündlich fortgepflanzt wurden; noch viel weniger auf eine geschriebene Urkunde, da keiner von diesem Stamm zu lesen und zu schreiben versteht; sondern dass die europäischen Mönche dazu Veranlassung gegeben, welche vermutlich auch die Beduinen vom Stamm der Öbbedíje bewogen sich für Nachkömmlinge der Engländer zu halten. El Pherdéis ist reichlich zwei Stunden von Betlehem entfernt.

Nachmittags erreichten wir ein Dauâr von zwölf Zelten, von Rscheide-Beduinen bewohnt. Wir kehrten hier ein, und wurden von ihnen mit Kaffee, frischem Brot und Öl bewirtet. Man würde für uns ein Lamm geschlachtet haben; allein, ich und Bodrus hatten noch die Weihnachtsfasten, wo wir weder Fleisch noch Butter, Eier und Milchspeisen essen durften.

Wir blieben hier etwa anderthalb Stunden, und Bodrus nahm ein paar Bewaffnete von diesen Leuten zu unserer ferneren Begleitung an, weil diejenigen, die bisher in unserer Gesellschaft waren, hier blieben. Wir waren indessen kaum eine halbe Stunde von dem Dauâr entfernt: so gerieten sie mit Bodrus über den bedungenen Lohn in Streit und kehrten wieder zurück. Nur einer von ihnen ließ sich indessen endlich bereden, mit uns zu ziehen, mit welchem aber bald nachher wiederum Wortwechsel vorfiel, und Bodrus sah sich genötigt, ihm seine Forderung zuzugestehen, weil wir sonst in dieser Gegend nicht sicher gewesen sein würden. Meine Begleitung bestand jetzt also, außer Bodrus, aus den zwei Taámer und diesem Rscheide.

Erst etwa anderthalb Stunden nach Sonnenuntergang kehrten wir in eine Höhle ein, wo wir die Nacht blieben. Sie war geräumig genug, um unsere Maultiere neben uns anbinden zu können, welches der Sicherheit wegen nötig war. Es wurde sogleich ein Feuer angemacht, und ich wartete schon darauf, dass man Kaffee bereiten und frisches Brot backen würde, als man mir ankündigte, es sei hier kein Wasser vorhanden, und man habe vergessen, den Schlauch bei den Beduinen zu füllen. Dies war ein verdrüsslicher Umstand. Zum Glück hatte ich etwas Brot aus dem Kloster mit mir genommen, welches meinen Beduinen sehr gefiel, weil es auf europäische Art gebacken und daher etwas Neues für sie war. Gleich nach unserer Ankunft fing es an zu regnen, und des Nachts wetterleuchtete es. Wir schliefen indessen sehr ruhig ums Feuer gelagert, obgleich wir nach Mitternacht etwas von der Kälte litten.

16. Dezember. Wir verließen die Höhle am folgenden Tag des Morgens um sechs Uhr. Die Gegend wurde jetzt außerordentlich bergig und war durch eine Menge Gründe zerrissen. Je näher dem Toten See, desto nackter und wilder wurde sie. Das Geröll von Horn- und Feuerstein dauerte fort, und war häufig von schwärzlicher Farbe. – Einige aufeinander gehäufte Steine bezeichneten das Grabmal eines Beduinen, der in ungemeiner Achtung gestanden haben muss. Denn meine drei Beduinen näherten sich ihm ehrfurchtsvoll, und küssten einen kleinen rundlichen Stein, welcher obenauf lag.

Nach anderthalb Stunden hatten wir den Rand der wilden Berge erreicht, welche auf beiden Seiten den Toten See einfassen, und welche hier ungeheuer hohe senkrechte Felsenwände bildeten, in welchen sich ein äußerst beschwerlicher Felsensteig hinabwand, welchen ein der Gegend Unkundiger zu finden kaum imstande sein würde.

Oben von der Felsenzinne genoss ich einer weiten und interessanten Aussicht über den Toten See und dessen Umgebungen. Dicht vor uns unter unseren Füßen lag am Fuß der Riesenwände Ain Dschíddy, dessen Quellen durch eine Gruppe von Bäumen und Gesträuchen bezeichnet wurden, deren Grün auf das Seltsamste mit der wilden Öde umher abstach. Links von uns zeigte man mir einen noch beschwerlicheren Felsensteig, welcher dahin hinabführte. Ein schönes dunkles Blau zierte den ungeheuren Spiegel des Sees, dessen Ränder mit einem Silbersaum von Wellen eingefasst waren, welche sich am Strand brachen, und über dessen Fläche sich ähnliche Silberstreifen verbreiteten, gleich Girlanden von weiß blühenden Blumen. Jenseits dem See erhoben sich die steilen Berge des Landes el Belka und Kárrak, und ein flacher Ausschnitt zwischen ihnen, uns fast gerade gegenüber, bezeichnete die Mündung des tiefen wilden Tals, worin der Mûdscheb oder Arnon fließt.

Ain Dschíddy hat noch seinen uralten Namen beibehalten. Denn ich finde durchaus kein Bedenken, das Engeddi der Hebräer für das jetzige Ain Dschíddy zu halten, welches man nach ägyptischem Dialekt des Arabischen Ain Giddy aussprechen müsste. Das En der Hebräer ist aber eins mit dem arabischen Ain. En bedeutet eine Quelle, so wie Ain.

Obgleich ich abgestiegen war: so wurde es doch meinem Maultier sehr schwer, den Felsenpfad hinabzusteigen, und wir waren mehrmals besorgt, dass es den Hals brechen werde. Man wird sich aber leicht vorstellen können, wie beschwerlich der Transport des Salzes, welches die Rscheide und andere Beduinen und Bauern vom Strand holen, im Gleichen der übrigen Produkte sein müsse, wozu sie sich der Esel bedienen. Um acht Uhr kamen wir zu der kleineren Quelle von Ain Dschíddy, welche am Fuß der Felsenberge befindlich ist. Obgleich das Wasser klar war: so fand ich es doch nicht von einer erfrischenden Kühle, sondern nach meinem Gefühle ein wenig laulich oder, wie man bei uns sagt, verschlagen. Indessen kann dazu auch die Morgenkälte und der kalte Wind auf den Bergen etwas beigetragen haben, wodurch meine Hand an eine größere Kälte gewöhnt worden war. Diese Quelle vereinigt sich, ein wenig von ihrem Ursprung entfernt, einer größeren Quelle, welche in geringer nördlicher Entfernung davon in einem felsigen Grund entspringt, und welche sich nach einem kurzen Lauf in den See ergießt.

Das Ufer der kleinen Quelle war mit Schilf und einigen Bäumen und Gesträuchen eingefasst, welche einen schwelgerischen Wuchs zeigten. Man sieht daraus, dass es dem Ufer des Sees keineswegs an Fruchtbarkeit fehlen würde, wenn nur überall Quellwasser und genugsamer ebener Boden vorhanden wäre, und ich bin überzeugt, dass man hier alsdann in der fast tropischen Hitze, die hier im Sommer herrschen soll, überall die blühendste Vegetation antreffen würde. Die Ebene von Ain Dschíddy, wovon jetzt nur ein sehr kleiner Teil angebaut wird, könnte leicht in ihrer ganzen Länge kultiviert sein, wenn Beduinen nur ein wenig geneigt wären, der Natur zu Hilfe zu kommen. Da beide Quellen ziemlich hoch entspringen: so könnte man sie mit leichter Mühe so leiten, dass sie die ganze Ebene wässerten. Allein es ist schon eine Seltenheit, wenn diese Leute kleine Flächen auf dem fruchtbarsten Boden anbauen; wie ließe es sich also erwarten, dass sie auf künstliche Vorrichtungen zur Fruchtbarmachung denken sollten? Man sieht hier noch ein wenig unter der Quelle einen verfallenen ausgemauerten Wasserbehälter, zum Beweis, dass in früheren Zeiten Ain Dschíddys Ebene besser benutzt wurde.

Ain Dschíddy ist als der einzige Ort bekannt, wo man die so sehr berühmten Sodomsäpfel findet. Bodrus und etliche andere Betlehemiten hatten mir versichert, dass man hier nicht bloß Äpfel, sondern auch Birnen, Granatäpfel, Feigen, Quitten, Limonen usw. finde, welche alle von außen ein schönes Ansehen haben, aber von innen nichts als einen leichten Staub oder Asche, und durchaus kein Fleisch enthalten sollten. Ein Kaufmann von Jaffa, welcher dort K. K. Vizekonsul ist, habe sich durch einen Betlehemiten vor etlichen Jahren einen Korb voll davon holen und nach Jaffa bringen lassen, und jedermann, der sie in Betlehem gesehen hatte, versicherte, dass sie die vorhin angegebenen Eigenschaften gehabt hätten. Man kann leicht denken, dass durch eine solche bestimmte Nachricht meine Neugierde aufs Höchste gespannt wurde, und dass meine erste Untersuchung in Ain Dschíddy diese Wunderfrüchte betraf.

Hamdân, der Rscheide, dessen Stamm Ain Dschíddy zugehört, und der es alljährlich mehrmals besuchte, konnte mir hierüber nur allein Nachricht geben, da meine übrigen Leute niemals hier gewesen waren. Da die Rscheide bisweilen diese Früchte nach Betlehem bringen und durch deren Verkauf einen kleinen, obgleich unbedeutenden Gewinn ziehen: so hatte Hamdân noch überdem ein Privatinteresse, um das Dasein der Sodomsäpfel bekannter gemacht zu sehen. Er zeigte mir also sogleich nach unserer Ankunft bei der Quelle zwischen dem Schilf und Gesträuch einen Strauch mit großen Blättern, worauf wir noch etliche Früchte fanden, die er für Äpfel ausgab, von welchen aber bloß eine verschrumpfte Haut zurückgeblieben war; und gleich daneben einen kleinen stachligen Strauch, welcher ungemein schöne zitrongelbe und den Zitronen ähnliche Früchte trug, die er auch für wirkliche Zitronen ausgab, bei deren Öffnung man aber inwendig nichts als eine Menge Samen in einem gleichsam verfaulten Schleim oder Brei antraf. Andere Sodomsäpfel kannte Hamdân nicht. Zwar versicherte er mir, auch die hiesigen Granatäpfel und Feigen hätten eine gleiche Eigenschaft als jene; allein dies war sicher eine Unwahrheit, die ich ihm in Hinsicht der Ersteren nicht beweisen konnte, weil die Granatäpfelbäume jetzt ohne Früchte waren; wohl aber in Hinsicht der anderen, indem die einzige fast ganz ausgewachsene Feige, die ich fand, inwendig ganz die nämliche Beschaffenheit hatte als alle wild wachsenden Feigen in der ganzen Welt.

Meine Leser werden jetzt sehr wünschen, dass ich sie näher mit diesen zwei Arten von Sodomsäpfeln bekannt mache. Es sei!

Den erstgenannten Strauch erkannte ich beim ersten Anblick sogleich für den Öschêr oder Äöschîr oder die riesenförmige Aesculapie (*Asclepias gigantea L.*), welchen ich schon im Frühling zu Gôr el Száphiá am Südende des Toten Sees gefunden hatte. Von diesem merkwürdigen Gewächs, welches man auch in Ostindien, Arabien, Ägypten und sogar in Jamaika antrifft, findet man eine ausführliche Beschreibung nebst einer Abbildung in dem schätzbaren botanischen Werke: »v. Linnees vollständiges Pflanzensystem«.

Aus dieser Beschreibung werden meine Leser deutlich einsehen, dass hier gar von keinen verwünschten Äpfeln oder Birnen die Rede ist, sondern von einer ganz natürlichen Frucht eines besonderen Gewächses, die in ihrer Art ebenso vollkommen ist als eine jede andere Frucht in der Welt. Jetzt zu der anderen Frucht, welche man für Limonen ausgab.

Ich fand diese Pflanze, die ich der Blüte wegen sogleich für eine Art von Nachtschatten erkannte, nicht bloß hier, sondern nachher in großer Menge bei Jericho. Es ist ein kleiner Strauch mit stacheligen krummen Ästen von gelblich grauer Farbe. Pflanzenkenner werden erkennen, dass diese Wunderfrucht nichts anderes sei als die Frucht vom heiligen Nachtschatten (*Solanum sanctum L.*), welche man vermutlich in der ganzen Jordanebene und vielleicht auch in mehreren Gegenden von Palästina antrifft, und wovon man auch einzelne Exemplare in den europäischen Gewächshäusern antreffen dürfte. Die Beduinen nennen dieses Gewächs Száckarân, und da dies Wort im Arabischen trunken bedeutet: so vermute ich, dass man aus Erfahrung die giftige Wirkung der Früchte desselben kennt, welche die meisten Arten von Nachtschatten äußern.

Es ist zum Bewundern, wie sich die Sage von den Sodomsäpfeln Jahrtausende hindurch erhalten konnte, da doch eine nur einigermaßen vorurteilslose Beobachtung sie als gänzlich unbegründet befunden haben würde. Aber wie hätte man hier vorurteilslose Beobachter erwarten dürfen, da sie gewöhnlich als fromme Pilger von Mönchen geführt und unterrichtet wurden, die teils zu unwissend, teils zu eigennützig waren, um Vorurteile zu bekämpfen, welche ihrem Land ein wunderbares Ansehen gaben, und in der Fremde ein größeres Interesse für dasselbe erweckten? Die ganze Sage scheint sich auf eine einzige Stelle in den älteren hebräischen Schriften zu begründen, woraus man sieht, wie ein solcher Wundersame auf Jahrtausende fortwuchern kann, wenn er in einer Schrift befindlich war, die wir als höchst ehrwürdig zu betrachten gelehrt wurden. Diese Stelle findet sich in der Weisheit Salomons (10, 7). Der Verfasser redet von der schrecklichen Katastrophe, welche die fünf Städte im Tal Sittim betroffen haben soll, und sagt:

Noch dampft ihr ödes Land, des Frevels Zeug'!
Es tragen nie dort Bäume reife Frücht'!
Noch mahnt die Salzsäul' an die Zweiflerin!

Flavius Josephus scheint diese Fabel zuerst aufgewärmt zu haben. »Man sieht dort (im Lande von Sodom)«, sagt er, »einige Reste von den fünf Städten, und ihre verfluchte Asche bringt Früchte hervor, welche essbar scheinen, welche aber sogleich in Staub zerfallen, wenn man sie kaum berührt.« Allein sosehr dieser Geschichtsschreiber als Darsteller historischer Begebenheiten und als Maler von Ortslagen unser größtes Lob verdient, so sehr zeigt er sich jedes Mal als wahrer Idiot, wenn von Sachen die Rede ist, welche Physik und Naturgeschichte betreffen.

Die große Seltenheit der riesenförmigen Aesculapie, welche man, soviel ich weiß, nirgends in Palästina findet, als um den Rand des Toten Sees, und die auffallende Ähnlichkeit der Früchte des heiligen Nachtschattens mit jungen Zitronen, konnten vielleicht im höchsten Altertum, wo die Naturkunde noch in ihrer Kindheit war, einen Moralisten, wie Salomon, oder einen noch früheren, bewogen haben, daraus scheinbare Gründe herzuleiten, womit er die Größe des Verbrechens, welches die Bewohner dieser Gegend verübten, beweisen wollte.

Durch eine sorgfältige Kultur würde es noch jetzt sehr leicht sein, Ain Dschíddy zu einer reizenden Einsiedelei umzuschaffen, welche auf einer Seite durch den See und auf der anderen durch eine öde Wüste von der übrigen Welt abgesondert wäre. Überall, wohin man nur das Wasser der beiden Quellen leiten könnte, würde man den Boden mit der reichsten Vegetation bedeckt sehen. Schon vor mehreren tausend Jahren war ein solcher glücklicher Zeitpunkt vorhanden, und Engeddis Weintrauben standen in großem Ruf. Zum Beweis mag folgende Stelle aus der schönsten Idylle des Altertums dienen:

An eine Copher-Traub', gezeuget in
Engeddis Weinberg, mahnet mich mein Freund*.

Das Wasser der größeren Quelle ist zwar nach seinem Ursprung zu süß und rein von Geschmack; je weiter es sich aber dem Ufer des Sees nähert, desto schlechter wird es, welches daher rührt, dass es von den Wurzeln des Schilfs und der übrigen Pflanzen, welche abgestorben sind und welche es durchfließt, einen unangenehmen Sumpfgeschmack erhält.

Es war zwanzig Minuten nach neun Uhr, als wir Ain Dschíddy verließen. Wir zogen von jetzt an immer nordwärts längs dem Ufer des Sees, dessen Wellen uns öfters bespritzten.

---

* Hohelied 1,14.

In den flachen Vertiefungen der niedrigen Strandfelsen, welche das Seewasser bei seinem höchsten Stand bedeckt hatte, und die noch jetzt von den Wellen bespritzt würden, hatte sich eine fingerdicke Salzkruste gebildet, welche aber des Regens wegen schon abzunehmen anfing. An mehreren überhängenden Felsen hatten sich unten durch das angespritzte Seewasser schneeweiße, zum Teil fast einen Fuß lange Zapfen von dem reinsten Salz gebildet, welche aufs Vollkommenste unseren Eiszapfen glichen, nur dass sie weniger durchscheinend waren. Auch am flachen Ufer der Ebene von Ain Dschíddy findet man in einigen kleinen Pfützen solche Salzkrusten. Diese und jene Salzzapfen sind es, welche die Beduinen und Bauern sammeln, und in die Nachbarschaft zum Verkaufe herumführen. Einige Beduinen holen ihr Salzbedürfnis aus dem Salzberg am südlichen Ende des Toten Sees, welches schönes festes Steinsalz ist. An künstliche Vorrichtungen zur Erzeugung des Salzes, an gemachte Gräben und dergleichen, ist hier gar nicht zu denken, indem solche Arbeiten den Beduinen unbekannt sind, und auch unnötig sein würden, da das ohne Kunst erzeugte Salz für den jetzigen Zustand der Bevölkerung dieses Landes vollkommen hinreichend ist.

Währenddem wir längs dem Ufer hinzogen, war meine ganze Aufmerksamkeit rege, um, wo möglich, irgendeinige Pflanzen oder Tiere in dem See zu entdecken; allein alle meine Mühe war umsonst, und ich fand auch nicht die leiseste Spur von einem tierischen oder vegetabilischen Leben. Diese gänzliche Abgestorbenheit in seinem Schoß ist etwas ganz Charakteristisches, welches dies merkwürdige Gewässer von allen mir bekannten Gewässern der Erde unterscheidet. Es ist der ewige Sitz des Todes, und keine Benennung ist passender für dasselbe, als die des Toten Sees. Ein großer deutscher Orientalist bewies in einer gelehrten Schrift, dass keine Fische in dem Toten See leben könnten. Er hätte sich diesen Beweis sehr erleichtern können, wenn er gewusst, dass durchaus keine Nahrung darin für sie vorhanden sei, und dass, wenn auch ihr Laich aus dem Meer durch Vögel hierher gebracht würde, die ausgeschlüpfte Brut sogleich aus Mangel an Lebensmitteln umkommen müsse. Um also logischer zu verfahren, sollte man also zuerst zu beweisen suchen, warum man durchaus keine Wasserfaden, kein Watt, keinen Tang usw.

darin antreffe? Denn die Vegetation gibt die Grundlage zum tierischen Leben, sei es auf dem Lande, sei es im Wasser. Ohne sie können selbst die kleinsten pflanzenfressenden Insekten und Würmer nicht leben, und wenn diese nicht da sind: so fällt auch die Existenz der größeren Tiere, welche sich von jenen nähren, von selbst weg. Zwar will der verdienstvolle schwedische Naturforscher Hasselquist am Ufer des Sees häufig Schnecken und Muscheln gefunden haben, welches auch der Reisende Maundrell versichert und, in der Voraussetzung, dass diese ein Produkt des Sees gewesen, dadurch es für wahrscheinlich finden, dass der See auch Fische enthalten könne. Allein ich sehe mich genötigt, dem trefflichen Schweden in Betreff der Muscheln zu widersprechen, indem ich keine Spur davon gefunden habe, obgleich ich weit mehr Gelegenheit hatte, die Ufer des Sees zu beobachten, als er. Was die Schnecken anbelangt: so hat es seine Richtigkeit, dass man sie häufig und an manchen Stellen in großer Menge an oder vielmehr auf dem Ufer des Sees antrifft. Nur sind dies keine Schnecken des Salzwassers, sondern eine oder zwei Arten Erdschnecken (*Helix*), welche ich auch häufig auf den umliegenden Bergen lebendig angetroffen habe, und welche sich von den wenigen Gewächsen dieser wüsten Gegend ernähren.

Die Ursache dieser so auffallenden Unfruchtbarkeit des Toten Sees haben Ältere und Neuere in der großen Salzigkeit des Wassers desselben gesucht, und ich glaube, mit allem Recht. Denn obgleich das Meerwasser seines Salzgehalts ungeachtet eine ganze unsichtbare Welt von Tieren und Pflanzen in sich fasst: so scheint doch nur ein gewisser Grad von Salzigkeit dazu erfordert zu werden; wird dieser überschritten: so geht alles Leben verloren. Und dies scheint der Fall mit dem Toten See zu sein. Denn sein Wasser ist so gesalzen, dass es fast mit Salz gesättigt zu sein scheint, und dass sein Geschmack einer stark gradierten Sole gleicht. Die Ursache dieser auffallenden Salzigkeit muss man vorzüglich in dem Salzberg an seinem Südende suchen, dessen Lager von Steinsalz seit Jahrtausenden vom eindringenden Regenwasser aufgelöst, und so in flüssiger Gestalt dem See zugeführt werden, dessen Menge weit mehr beträgt als das Salz, was man von seinen Ufern jährlich fortführt.

Das Wasser des Sees ist übrigens sehr klar und durchsichtig, wie Meerwasser, und auf seiner Spiegelfläche malen sich alle die mannigfachen Nuancierungen des Himmels, die man auch auf dem Meere bemerkt. Alle anderen Nachrichten der früheren Pilgerreisenden, welche diesem widersprechen, sind Fabeln, die keine Widerlegung verdienen.

Zwanzig Minuten vor elf Uhr hielten wir in einer Bergschlucht, um zu frühstücken. Einer riss dürre Stauden aus und brachte sie zum Feuer, welches ein anderer angezündet hatte; ein Dritter bereitete auf der inneren Seite seines kleinen Schafpelzes, welchen er ein wenig abgewaschen hatte, Brotteig aus dem mitgenommenen Mehl, das er mit dem am Strand des Sees gefundenen Salz salzte, und woraus er einen großen daumdicken Fladen formte, der in kurzer Zeit in der glühenden Asche gar wurde; der Vierte legte unseren Wasserschlauch auf die Erde, drückte, weil weder Napf noch Teller mitgenommen war, eine kleine Vertiefung oben drinne und goss etwas Öl und Traubensirup in dieselbe, worin wir die noch heißen Brotbrocken tunkten. So war unser Frühstück beschaffen, und ich muss gestehen, dass ich nie mit mehrerem Appetit gegessen zu haben mich erinnere.

Um zwölf Uhr zogen wir wieder weiter. Der schmale Steig am Strand war wiederum sehr beschwerlich. Nach Verlauf von einer Stunde fing indessen das Ufer an, sich zu erweitern, sich in den See hinauszudehnen und eine schmale Ebene zu bilden, welche nur etwa zehn bis fünfzehn Minuten breit sein mochte. Anfangs war sie sehr steinig und unfruchtbar; ein Hase, der vor uns aufsprang, bewies jedoch, dass sie nicht völlig unbewohnt war.

In der ungestörtesten Ruhe hatten wir ungefähr das Ende der einsamen kleinen Ebene erreicht, als ich auf einmal meine Leute, von panischer Furcht ergriffen, aufs Schnellste die Flucht rückwärts ergreifen sah. Bodrus winkte und rief, dass ich ihnen folgen möchte. Obgleich ich durchaus keinen gewissen Grund von diesem auffallenden Betragen einsah, so vermutete ich doch gleich, dass wir in eine gefährliche Schlinge geraten seien. Ich lenkte daher ohne weitere Untersuchung mein Maultier um, und trieb es mit allen Kräften an. Allein alle Stöße und Schläge halfen sehr wenig, dies verwünschte stoische Tier wollte durchaus nicht einsehen, dass es nötig sei, den Rückweg schneller zu machen, als es den Herweg gemacht hatte. Nach Verlauf von einigen Minuten hörte ich in der Ferne ein wildes Geschrei hinter mir, welches immer näher kam, und nun erst wurde meine Ahnung zur Gewissheit, dass wir unter Räuber gefallen seien. Da ich schneller laufen zu können glaubte als mein eigensinniges Tier, welchem es gleichgültig sein mochte, ob es uns oder unseren Räubern zugehöre, blieb es doch immer ein Sklave: so verließ ich eilends seinen Rücken und suchte meine Leute einzuholen. Allein mein Wettlauf war sehr übel berechnet, denn unglücklicherweise hatte ich meine Taschen so sehr mit Steinen und Pflanzen beladen, und wurde überdem durch meinen Pelz und meine tuchenen Schariwaryhosen so sehr im Laufen behindert, dass ich bald einsah, meine Bemühungen würden fruchtlos sein, zumal die Stimme meines Verfolgers, der mir immer zu stehen zurief, mir schon sehr nahe war, und ich bedachte, dass er wohl gar seinem Befehle durch eine Flintenkugel mehreres Gewicht geben könnte. Ich entschloss mich daher, stillzustehen, und mein Geschick zu erwarten. Fast in dem nämlichen Augenblick fühlte ich mich von der Hand eines Menschen ergriffen, welchen ich beim Rückblick für einen Halbneger erkannte. Er war mit einer Flinte und einem tüchtigen Stock bewaffnet und befahl mir wilden Blicks und atemlos keuchend, abzulegen, oder mit anderen Worten mich auszuziehen. Da ich ihm zu langsam zu machen schien: so half er mir sehr schnell, indem er mir meine Jacke mehr abriss als auszog. Noch damit beschäftigt, kamen mehrere teils Neger, teils gelbbraune Menschen herzugerannt, wovon etliche mit angehobenen Keulen und Stöcken mit drohender Miene sich um mich stellten, währenddem andere meine Taschen visitierten, worin sie vergebens nach Geld suchten, welches ich in Betlehem zurückgelassen hatte, mir die Uhr nahmen, den Turban abrissen usw. Die meisten setzten aber meinen Gefährten nach, welche in den Bergen einen Schlupfwinkel zu finden hofften. Sobald ich erst überzeugt war, dass sie weiter nichts wollten, als meine Habe: so setzte ich mich ganz ruhig zwischen ihnen nieder, und sah ihrem Verfahren zu. Man legte mein Tagebuch und sonstige Papiere nebst meinem kleinen Vorrat von Steinen und Pflanzen sorgfältig auf einen Haufen beisammen und einer sagte zum anderen: »Diese lasset ihm!«

Währenddem diese so mit mir beschäftigt waren, wobei sie

sich durchaus keine Misshandlung erlaubten, weil ich mich nicht widersetzte, erscholl auf einmal ein Geschrei: »Haltet ein! Haltet ein! Es ist unter ihnen ein Bekannter und Freund von uns!« Die nachsetzenden Räuber hatten in kurzem meine Leute eingeholt, und nun fand es sich, dass Hamdân, der Rscheide, mehrere von ihnen erkannte, und diese Bekanntschaft machte uns alle sogleich zu ihren Schützlingen und Freunden. Alle versammelten sich nun in einem Haufen, zweiundsiebzig Mann stark, um mich, und ich wurde gefragt, was mir von meinen Sachen fehle? Obgleich die geraubten Stücke in mehrerer Hände gekommen waren, obgleich ich keinen davon anzugeben wusste, und obgleich jeder von ihnen wünschte, das Geraubte zu behalten: so kam nichtsdestoweniger einer nach dem anderen und stellte mir das geraubte Stück, so wie ich es nannte, mit lächelnder Miene wiederum zu. Bei jeder genannten Sache wurde von ihrem Anführer mit lauter Stimme ausgerufen: »O Bursche! O Freunde!, denkt an den Propheten, und wer dies oder das (er nannte es) hat, gebe es ihm wieder zurück!« Auf diese Art kam ich wieder zu allem meinem Gut, dass mir auch nicht die geringste Kleinigkeit fehlte.

Wir setzten uns nun einige Augenblicke beisammen und scherzten und lachten über unser Abenteuer. Es ist eine sonderbare Sache mit diesen Leuten. Man versicherte uns offenherzig, wären keine Bekannten von ihnen unter uns gewesen, so würden wir sicher alle geplündert sein. Unsere Räuber waren Beduinen vom Stamm Htêm, welcher sich ost- und nordwärts von dem berühmten griechischen Kloster Mâr Szâba und in El Gôr um Jericho aufhält, und mit ihnen hatten sich etliche Beduinen von der Ostseite des Jordans vereint. Sie waren vor wenigen Tagen in Masse aufgestanden, um sich an einem südwärts von Ain Dschíddy auf den Bergen wohnenden kleinen Stamm von etwa sieben Zelten, Beni Kreische, wo mir recht ist, genannt, zu rächen, welchen sie in Verdacht hatten, dass er ihnen mehrere Rinder geraubt. Schon bei einer Gelegenheit hatten sie etliche von diesem feindlichen Stamm ermordet. Sie versehen sich bei solchen Expeditionen mit etwas Mehl, woraus sie Fladenbrote backen, welche alsdann ihre einzige Nahrung ausmachen. Sie waren alle nur mit einem Hemd von grobem weißen Baumwollzeug und darüber mit einem alten, oft zerrissenen Abbáje bekleidet, welchen sie mit einem ledernen Gurt um den Leib befestigt hatten, worin sie ihre Handschar, Pulverbüchse usw. trugen. Hosen tragen sie nicht; die Beine und Füße waren bei den meisten nackt und nur etliche wenige trugen Fußsohlen. Die Hälfte von ihnen war mit Luntenflinten versehen. Ihr Anführer hieß Achmed Ibn Nszêr; er war ein rüstiger und beredter Mann von mittleren Jahren, der sich durch seine besseren Manieren auszeichnete. Er war bloß mit einer kurzen Keule bewaffnet, womit er aber in beträchtlicher Ferne genau einen Gegenstand zu treffen wusste. Dieser trug über seinem Abbáje noch ein Schaffell. Unter seinen Leuten waren mehrere Neger, woraus fast die Hälfte des Stammes der Htêm besteht. Da ich während der ersten Szene meiner Gefangennehmung von lauter Negern mich umgeben sah: so glaubte ich eine Gruppe von Wilden des inneren Afrikas um mich zu sehen. Ich bemerkte sehr wenige muskulöse Leute unter ihnen; sie waren meistenteils mager und dem Ansehen nach von weniger körperlicher Stärke, obgleich auch dazu ihr angestrengter Marsch mit beigetragen haben mochte. Ihre Brotportionen fallen bei solchen Expeditionen gewöhnlich sehr klein aus, weswegen sie immer hungrig sind. Beim Abschied mussten wir ihnen einen Teil von unserem Mehl und von unserem Tabak, den sie, so wie die meisten Beduinen, leidenschaftlich lieben, abgeben, da sie uns alsdann eine glückliche Reise wünschten und weiter südwärts zogen.

Bei Gelegenheit dieses Abenteuers sei es mir erlaubt, eine Reflexion über hiesige und europäische Räuber mitzuteilen, welche zum Beweis dienen, dass auch das Vollkommenste seine Unvollkommenheit habe. Die außerordentliche Sorgfalt, welche die europäische Polizei auf die öffentliche Sicherheit verwendet, und die schwere und unvermeidliche Strafe, welche Räuber bedroht, falls sie ergriffen werden, macht diese Leute bei uns weit gefährlicher als hier. Unser Räuber sieht sich häufig genötigt, zu Misshandlungen, ja selbst zum Mord zu schreiten, um sich für die Gefahr, verraten zu werden, sicherzustellen, gesetzt auch, dass der Beraubte unbewaffnet ist, und sich durchaus nicht verteidigt; der hiesige Räuber hingegen, und dies sind alle Beduinen fast ohne Ausnahme, hat nie nötig, zu solchen grausamen Mitteln zu schreiten, indem er keine Strafe fürchtet und ihn bei seinen Bekannten keine Schande, sondern vielmehr Ehre für einen Raub erwartet. Bloß in dem Fall, wenn der Beraubte sich heftig widersetzt und das Leben des Angreifenden selbst in Gefahr kommt, kann er in der Hitze zu einem solchen Schritt bewogen werden, sonst wohl nie. Bodrus erhielt in dieser Hinsicht eine kleine Lehre; er hatte sich bei seiner Gefangennehmung anfangs widersetzen wollen, und zu dem Ende seinen Handschar gezogen, wofür er aber sogleich von einem jungen Neger einen derben Schlag über Schulter und Ellenbogen erhielt, welchen er mehrere Tage lang schmerzlich fühlte.

Diese überall unter Beduinen gemachte Erfahrung kann einem Reisenden die Lehre geben, dass er sich nie im Falle eines Angriffs widersetze, weil der Verlust, den er erleidet, nie mit dem Verlust des Lebens in Vergleich zu stellen ist. So viel nur immer möglich ist, führe er, wo er Angriffe von Arabern befürchten kann, nie Sachen mit sich, deren Verlust ihm unersetzlich ist, oder ihn in der Folge drückt. Der Beduine ist wirklich ein humaner Räuber; widersetzt man sich nicht: so kann man immer sicher sein, dass er einem immer so viel von Kleidungsstücken lässt, als zur Bedeckung und Erwärmung hinlänglich ist. Überdem ist der Umstand für einen wissenschaftlichen Reisenden von großer Wichtigkeit, dass man ihm immer sein Tagebuch und sonstige Bücher und Papiere unbeschädigt überlässt. Ganz anders hingegen beträgt sich der Araber gegen seine Feinde, und hier zeigt er sich oft wirklich grausam, indem bei solchen Überfällen bisweilen weder Kind noch Weib geschont werden.

Dies Abenteuer mochte uns etwa anderthalb Stunden aufgehalten haben. Da jetzt nahe am Ufer kein Pfad war: so mussten wir einen kleinen Berg passieren, an dessen dürren Seiten wir die Jerichorose fanden.

Zehn Minuten nach fünf Uhr erreichten wir eine Quelle, welche Ain el Guêr heißt, und in geringer Entfernung vom Ufer befindlich ist. Die Araber Htêm hatten hier die vorige Nacht zugebracht, und wir fanden noch mehrere brennende Stellen im Gesträuch, weswegen ich das Maultier auf einem beschwerlichen Pfad über den Berg treiben ließ, während ich in Begleitung von zwei meiner Araber längs dem Fuße desselben ging. Die Vegetation, von dem Wasser der Quelle verursacht, war so schwelgerisch, dass wir uns nur mit Mühe durch das dichte Schilf, die Stauden und das Gesträuch hindurcharbeiten konnten, obgleich die Htêm sich einen Pfad durch das Schilf geschnitten hatten. Wir kehrten hier in eine kleine Höhle ein, um dort zu übernachten. Eine wildere, verstecktere und sicherere Räuberhöhle lässt sich kaum denken, und unsere Räubermärchen-Schreiber würden hier reichen Stoff finden können, um ihre Geschichtchen mit grausen Gemälden auszuschmücken. Es wurde schnell ein Feuer angemacht, Kaffee bereitet, und unser vorhin gebackenes Brot auf die gewöhnliche Art mit Öl und Traubensirup zu Abend gegessen.

Es war für mich sehr unterhaltend, das Betragen meiner vier Begleiter nach dem überstandenen Abenteuer zu beobachten. Alle hatten einen großen Schrecken gehabt; indessen verdross es sie jetzt, ihre Furcht durch die feige Flucht verraten und mich im Stich gelassen zu haben. Bodrus und der Rscheide Hamdân zeigten wenigere Eindrücke ihres gehabten Schreckens als die beiden Taámer, Chalîl und Mohammed. Chalîl war so ausgelassen lustig und redselig, dass man ihn für betrunken hätte halten sollen; Mohammed aber war still und schien beschämt, weil er die meiste Furcht verraten hatte, weswegen ihn die anderen nicht wenig aufzogen. Indessen suchte er sich dadurch ein Verdienst zu machen, dass er das Maultier aufgefangen, welches sich verlaufen hatte. Bodrus bedauerte nichts mehr als den Verlust seines Branntweins, weil der Krug, worin er denselben aufbewahrte, durch die Htêm zufälligerweise zerbrochen wurde. Uns Übrigen war dies gleichgültig, mir aus Abneigung dafür, und meinen Beduinen aus Religionsgrundsätzen. Im Ganzen genommen aber waren wir alle so vergnügt, als kehrten wir von einem Feste zu Hause.

Gleich nach unserer Ankunft in der Höhle fing es zu regnen an. Wir waren hier etwa zwei Stunden gewesen, währenddem meine Leute sich noch immer über unser Abenteuer unterhielten, als wir auf einmal auf ein kleines Geräusch in dem Gesträuch aufmerksam wurden. Etliche Minuten drauf hörten wir einen meiner Araber beim Namen rufen. Es war Schech Achmeds Stimme, und nun merkten wir, dass es unsere Räuber waren, welche durch den immer fortdauernden Regen zurückzukehren genötigt worden waren. Dieser unerwartete Besuch war uns in mancher Hinsicht sehr unangenehm. Einen Augenblick darauf sahen wir unsere Höhle gepfropft voll von nassen, von der Kälte zitternden Menschen, welche wild durcheinander schrien. Schech Achmed setzte sich zu mir und bezeugte mir viele Aufmerksamkeit. Schnell wurde ein loderndes Flammenfeuer angemacht; die Araber stellten sich gedrängt um dasselbe und ließen die Lohe unter ihre Hemden schlagen, um sie zu trockenen, wobei diese an mehreren Stellen versengt wurden. Kaum hatten sich diese etwas erwärmt: so wurden sie schon durch andere verdrängt. Nie in meinem Leben brachte ich in einer wilderen Gesellschaft zu als diesen Abend, und die ganze Natur schien sich zu vereinen, um dies erhaben-wilde Gemälde zu vollenden. Eine Felsenhöhle in einer Einöde, mehrere Meilen weit von jeder festen menschlichen Wohnung abgesondert, am Fuße der grausesten Felswände, die man sich nur denken kann, und voll von Menschen, die wir soeben als Räuber hatten kennen gelernt, und welche jetzt in ihren Sitten völlig den Wilden glichen: welch ein Gemälde! Allein dies war noch nicht alles. Die immer stärker werdenden Regengüsse hatten einen Waldbach angefüllt, welcher plötzlich mit donnerndem Getöse von einer Felsenwand dicht neben unserer Höhle herabstürzte. Beständige Blitze fuhren mit ihrem blendenden Feuer durch das nächtliche Dunkel, und jedem Blitze folgte ein Donnerschlag, welcher vervielfältigt an den Felsenwänden hinrollte. Der Pöbel in Europa pflegt bei dieser erhabenen Naturszene eine gewisse Furcht zu äußern; aber diesen Beduinen gab jeder Schlag neuen Stoff zu einem wilden Gelächter.

Achmed zeichnete sich in der Tat sehr vor seinen Mitbrüdern aus. Er bezeigte mir immer viele Aufmerksamkeit, und wenn sich einer von seinen Leuten zu nahe zu mir drängte und mir lästig fiel: so entfernte er ihn. Außer seinem sanfteren Charakter mochte er zu diesem Betragen wohl durch ein besonderes Interesse bewogen werden; er wusste, dass ich ein Christ war, und er erwartete mit Wahrscheinlichkeit, dass ich ihm bei meiner Rückkunft in Jerusalem bei den dortigen Klöstern ein vorteilhaftes Zeugnis geben werde. Hieran war ihm nicht wenig gelegen, weil seine Familie jährlich gewisse Einkünfte von den Klöstern für die Pilger bezieht, welche Jericho und den Jordan in einer großen Prozession besuchen, um sich im Letzteren zu taufen oder zu baden. Sein Vater, der Oberschech von seinem Stamm, steht alsdann für die Sicherheit der Pilger in seinem Gebiet ein, zu welchem Ende er sie nebst mehreren von seine Familie zu Pferde und bewaffnet begleitet. – Ein paar Züge werden die Denkungsart Achmeds treffender schildern. Einer von seinen Leuten bereitete einen Brotkuchen in der glühenden Asche. Er saß vor Achmed, welcher von uns ein Stück Brot erhalten hatte. »Du bereitest«, sagte er zu ihm, »für uns alle Brot; siehe, hier habe ich Brot für dich zubereitet«, und hierbei steckte er ihm ein Stück von seinem Brot in den Mund. – Bald darauf befahl er einem, Wasser zum Trinken zu holen, welches dieser tat. Anderen befahl er, vertrocknete Stauden zur Unterhaltung des Feuers zu holen, welches sie sich aber des starken Regens wegen zu tun weigerten. Er ging daher selbst hin und in kurzem brachte er einen hinlänglichen Vorrat beisammen. Gleich darauf kam ein Geschrei, dass einer von seinen Leuten in Gefahr geraten würde, wenn er den stürzenden Waldbach passierte, an dessen anderen Seite er war. Im Nu warf Achmed sein Abbáje und sein Hemd von sich, und stürzte ganz nackt hinaus ihm zu Hilfe. Diese einzelnen Züge mögen unter anderen beweisen, wie sehr er sich bemühte, die Zuneigung seiner Leute sich zu erwerben, und wie locker das Band des Gehorsams zwischen einem Schech und dem gemeinen Araber sei. Achmed saß mit nackten Beinen und Lenden, wie alle Übrigen, welche das Hemd nur zur Bedeckung der Scham anwandten. Ein Teil der Gesellschaft zündete späterhin in einer zweiten Höhle neben der unsrigen, welche durch etliche herabgefallene Felsenmassen gebildet worden war, ein anderes Feuer an, und nun erhielten wir mehr Luft. Doch war meine Lage in einem kleinen Winkel der Höhle so beschränkt, dass die Nacht hindurch nur wenig Schlaf in mein Auge kam.

17. Dezember. Wir verließen am folgenden Morgen um sechs Uhr die Räuberhöhle mit Achmed, welchem ich etliche Piaster versprach, wenn er uns bis Jericho begleitete. Um halb acht Uhr erreichten wir den Wady el Ráheb.

Etwa eine halbe Stunde weiter kamen wir zu einem kleinen

künstlichen Hügel von rohen Steinen, welchen Achmed el Littûn nannte, und wovon er versicherte, dass sie die Reste einer ehemaligen Stadt seien, zu welcher Vermutung ich durchaus keinen Grund fand. Vielleicht war hier im Altertum ein Turm, ein Fort, ein Kloster oder dergleichen; sei es nun, was es wolle, genug!, das Gebäude war nie von Bedeutung. Ich suchte hier nach Spuren von alten Gebäuden, welche frühere Reisende hier im See gefunden haben wollen. Allein Achmed wusste mir hierüber gar nichts Bestimmtes zu sagen, weil seiner Versicherung nach, außer el Littûn, in dieser Gegend durchaus keine Trümmer anzutreffen seien. Bodrus hingegen erzählte, er habe im verwichenen Jahr nebst noch etlichen zwanzig bewaffneten Betlehemiten und Arabern den englischen Reisenden Mr John Gordon hierher begleitet, und sie hätten damals etwas Erhabenes in einiger Entfernung vom Ufer gesehen. Mr Gordon sei mit vieler Gewandtheit dahin geschwommen, sei an der Stelle untergetaucht, und habe einige Steine aus der Tiefe mit heraufgebracht, welche er mit sich genommen. Da mir indessen Bodrus schon so manche Unwahrheit in Betreff dieses Sees erzählt hatte, und da ich diesmal, obgleich der See wenig angewachsen war, auch keiner Spur davon ansichtig werden konnte: so sehe ich mich genötigt, diese letztere Nachricht in Zweifel zu ziehen. Überhaupt finde ich es lächerlich, noch jetzt nach den Überresten von Städten zu suchen, die, wenn man anders die Sage in der Genesis für wahr gelten lassen will, schon vor mehreren tausend Jahren durch ein Wunder gänzlich verbrannt, vernichtet und im See begraben wurden. Alle Nachrichten, welche man von dem wirklichen Dasein dieser Trümmer hat, sind einander widersprechend, und beweisen gar nicht das, was sie beweisen sollen. Die Versicherungen der Mönche in Jerusalem sind überdem von gar keinem Gewicht, weil sie noch jetzt äußerst dürftige und kaum so gute Nachrichten über diesen See haben als ihre Vorgänger vor hundert und mehreren Jahren. Zwar wollen mehrere Reisende diese Trümmer selbst besucht haben. Hr. v. Arvieux besuchte fast vor anderthalb hundert Jahren im Monat April ein kleines Inselchen, welches damals etwa drei Fuß hoch über den Wasserspiegel hervorragte, und welches er einen großen Haufen von Trümmern nennt, welche aus verbrannten bimssteinähnlichen leichten und zerreiblichen Steinen bestanden. Er bemerkte auch etwas, das ihm eine Säulenreihe zu sein schien, die senkrecht versunken waren. Auffallend ist es mir, dass Herr v. Arvieux hier im Monat April, wo der See seine höchste Höhe zu erhalten pflegt, jenen Haufen von Trümmern erblickte, wovon doch ich nichts sah, obgleich ich um die Mitte Dezembers hier war, wo bekanntlich der See erst kaum anfängt zu wachsen.

Es war neun Uhr, als wir Littûn verließen. Hamdân, der Rscheide, bezeigte die größte Abneigung, weiter mit uns zu ziehen, weil er vermutlich die Beschwerlichkeit des Weges, den wir vor uns hatten, kannte, und aller Vorstellungen ungeachtet und obgleich meine Leute sehr übel damit zufrieden waren, verließ er uns hier und kehrte nach seinem Dauâr zurück.

Die Ebene, die wir bisher gekommen waren, hörte bei el Littûn auf, indem sie hier durch einen nackten hohen Felsenberg beendigt wurde, welcher sich unmittelbar am Seeufer erhob. Da Achmed, welcher diese Gegend kennen musste, versicherte, um den Fuß des Berges sei durchaus kein Pfad vorhanden: so mussten wir uns entschließen, seinen rauen Rücken zu übersteigen.

Zu meiner nicht geringen Plage hatte ich am vorigen Abend in dem Gesträuch von Ain el Guêr meinen Fuß verrenkt, und konnte des Morgens nicht gehen. Allein ich musste hier der Notwendigkeit nachgeben und absteigen, weil es selbst meinem unbeladenen Maultier nur mit der größten Anstrengung und oft mit augenscheinlicher Gefahr, seine Beine zu zerbrechen, möglich war, fortzukommen. Von einem Steig war keine Spur vorhanden, und wir mussten die rauen, scharfen und völlig nackten Felsen, den Steinböcken gleich, hinaufklettern. Diese Felsen bestanden aus einem grauen Kalkstein, welcher viele Querrisse hatte, die, vielleicht vom Erdöl, vielleicht auch von einem anderen mineralischen Stoff eine schwarze Farbe hatten; er schloss viele Nester von Hornstein in sich, dessen Oberfläche eine solche blutrote Farbe hatte, dass ich, anfangs getäuscht, ihn für wirkliches frisches geronnenes Blut hielt, indem der Regen ihm ein glänzendes Ansehen gegeben hatte. Von dem Gipfel dieses Berges hatte ich das Vergnügen, wiederum einer sehr ausgedehnten Aussicht über den See zu genießen, und mich dadurch zu überzeugen, dass in dieser Gegend am Ufer nirgends eine Insel vorhanden sei; nur am Fuß desselben bemerkte ich einen kleinen Streif, ein wenig schräg in den See hineinlaufend, welcher mir Felsen oder Felsenblöcke zu sein schien, die nur wenig über der Wasserfläche hervorragten. Sollte dies etwa die Stelle sein, welche die erwähnten Reisenden besuchten? Aus der Vergleichung ihrer Nachrichten mit meinen eigenen Beobachtungen würde ich darüber zur Gewissheit kommen können; allein, ihre Reisen sind mir nicht zur Hand, und ich muss mir dies auf die Zukunft vorbehalten. Am östlichen Ufer des Sees ist, diesem Berge fast gegenüber, die Mündung des Flüsschens Sérka-Maéin, oder Wady el Sérka, welches in der Nähe der Ruinen von Maéin in el Belka entspringt. Meine Leute versicherten jetzt, dass sie am Fuß des Berges dicht am Wasser deutlich einen Pfad sehen könnten, und wir fühlten uns nicht wenig beschämt, dass wir als Wahnsinnige einen verwünschten Berg überkletterten, statt dass wir dort mit ziemlicher Bequemlichkeit hätten fortkommen können. Achmed entschuldigte sich damit, dass er diesen Pfad nicht gekannt, weil er zu einer anderen Jahrzeit bei höherem Wasserstand nicht sichtbar sei.

Meine Leute wurden hier durch die unvermutete Erscheinung eines Beduinen erschreckt, welcher sich in der Ferne auf einem höheren Felsengipfel zeigte, und fürchteten einen verräterischen Überfall. Achmed und die beiden Taámer eilten voraus den Berg hinab; allein das Maultier, obgleich geschickt, war doch weniger im Klettern geübt als die Menschen, und konnte daher nicht so schnell fortgebracht werden. Da wir nicht gesonnen waren, dasselbe im Stich zu lassen: so blieben Bodrus und ich bei demselben, und hatten endlich das Vergnügen, es unversehrt wieder hinabzubringen.

Es war elf Uhr, als wir auf der anderen Seite des Berges wiederum eine kleine Ebene erreichten, welche längs dem Ufer des Sees durch eine Quelle gewässert wird, die el Phöscha heißt.

Da man, soviel ich weiß, noch keine genaue chemische Untersuchung des Wassers vom Toten See in Europa angestellt hat: so ließ ich hier ein Gefäß damit füllen, welches ich in der Folge mit anderen gemachten Sammlungen von arabischen Manuskripten, Pflanzen und Mineralien nach Deutschland übersandte.

Das Nordende des Toten Meers

Um zwölf Uhr verließen wir el Phöscha. Die Ebene wurde nach und nach immer breiter, und engte immer mehr und mehr das Bett des Sees ein, und da das gegenüberliegende östliche Ufer sich gleichfalls in den See ausdehnt: so bildet derselbe an seinem Nordende fast eben eine solche Zunge als an seinem Südende. Nach Verlauf von einer Stunde hatten wir das Ende des Sees erreicht, welches aber beträchtlich ostwärts von uns entfernt war, indem der Weg immer in der Nähe der Berge hinführte, welche ihre gerade Richtung von Süden nach Norden immer so ziemlich beibehalten.

Wir waren jetzt in der berühmten großen Talebene des Jordans, welche vorzugsweise el Gôr, bestimmter aber El Gôr el Szeissabân genannt wird, deren nördliches Ende ich von Tiberias aus besucht hatte. Der Durst nötigte uns hier und heute mehrmals, in dem trockenen Bett der Waldbäche und in den kleinen Vertiefungen der Felsen Wasser aufzusuchen, welches von dem nächtlichen Regen übrig geblieben war, und bisweilen durch einen Trunk von uns erschöpft wurde, indem wir auf die Knie fielen und unmittelbar mit dem Mund schlürften. Achmed hatte uns versichert, wir würden auf diesem Weg Wasser in Menge finden, und wir hatten aus dem Grunde den Schlauch in el Phöscha nicht gefüllt. In Hinsicht des Wassers traue man nie den

Versicherungen der Beduinen, sondern man suche bei jeder Gelegenheit seinen Schlauch zu füllen. Diese Leute sind von der frühesten Jugend an an Hunger und Durst und jede Entbehrung gewöhnt, weil sie oft durch dringende Umstände dazu genötigt werden, und halten daher sehr lange, ohne etwas zu genießen, aus; sie bedenken aber nicht, dass alle übrigen Menschen, die nicht in härnen Häusern wohnen, solche Beschwerlichkeiten mit großer Mühe ertragen, zumal wenn es so leicht war, ihnen vorzubeugen.

Zwanzig Minuten vor vier Uhr passierten wir einen kleinen Wady, worüber ein Aquädukt von fünf Bogen führte. Dieser Wady heißt Wady Kild, und er zieht sich dicht neben Jericho und zwar auf dessen Südseite hin. In seinem Bett fanden wir ein wenig fließendes Wasser von dem gestrigen Regen. Obgleich wir Jericho sehr nahe waren: so nahmen wir doch wegen des vielen Gesträuchs, das hier anfing, teils wegen der anfangenden Dunkelheit nichts davon wahr. Kurz vor diesem Wady fängt erst die eigentliche fruchtbare Ebene an.

Achmed führte uns zu einem kleinen Dauâr, wo sein Vater, der Oberschech des Stammes, sein Zelt hatte, von welchem wir gut aufgenommen wurden, und wo wir die Nacht blieben. Die Zelte, welche einen Dauâr ausmachen, umschließen einen mehr oder weniger runden freien Platz, auf welchem des Nachts alles Vieh der Zelteigentümer getrieben wird. Um dasselbe wider wilde Tiere und Räuber zu sichern, hat man hier die Gewohnheit, um den ganzen Dauâr einen kleinen Wall von Sziddrzweigen zu machen, welcher seiner Dornen wegen fast undurchdringlich ist. Außerdem hat fast jedes Zelt einen Hund, welcher des Nachts sehr wachsam und für ankommende Fremde bösartig ist.

Schech Nassâ, so hieß er, war ein Mann von etwa sechzig Jahren. Seine Kleidung zeigte an, dass er mehr als ein gewöhnlicher Schech sei, und dass er mit Städtern in genauer Verbindung stehe. Er trug einen roten Tuchpelz, eine weiße Kopfbinde und weiße weite Beinkleider von Baumwollenzeug; er trug Schuhe, übrigens aber waren seine Beine nackt. Als er hörte, ich sei ein Franke: so bezeigte er mir viele Aufmerksamkeit, ließ mich neben sich sitzen usw.; Ehrenbezeugungen, welche bei Mohammedanern fast immer Eigennutz zum Grunde haben, wenn sie jemanden von einer anderen Religionspartei erzeigt werden. Schech Nassâr setzte alle Pilgrime, welche nach Jericho kommen, um sich im Jordan zu taufen und die übrigen Wallfahrtsorte in der Nähe zu besuchen, in Kontribution, und berechnete nun schon im Voraus den Vorteil, den er von mir beziehen würde. Wir fanden Gäste bei ihm; es waren drei arabische Reiter von dem bedeutenden Stamm der Aduân in der Landschaft Belka, welche ihre Lanzen an das Zelt des Schechs gelehnt hatten.

Schech Nassâr hatte keinen Kaffee, weswegen ich die Gesellschaft mit dem meinigen bewirtete. Bald darauf wurde eine große Schüssel Weizengraupen (Búrrgul) mit Butter bereitet aufgetragen, wovon Bodrus und ich eigensinnig genug waren nicht essen zu wollen, weil wir noch unsere Fasten hatten. Auch hatten wir vorher aus gleichem Grund das Anerbieten abgelehnt, für uns ein Lamm schlachten zu lassen. Brot und Öl waren nach des Schechs Versicherung nicht vorrätig, und wir hätten also die Nacht hungrig zubringen müssen, wenn ich nicht selbst damit versehen gewesen. Nassâr ließ sich das, was wir übrig ließen, sehr wohl schmecken.

Achmed erzählte jetzt den Erfolg seiner Expedition, so wie etwa eine militärische Expedition in Europa von dem detaschierten Kapitän seinem General erzählt worden sein würde. »Man habe uns schon entdeckt, als wir in der Bergschlucht Brot backten, und sich alsdann zum Angriff bereit gemacht. Als wir in der Folge die Flucht ergriffen, habe man uns nachgesetzt, in kurzem uns eingeholt, und schon den Anfang gemacht, mich zu plündern, als sich gefunden, dass ein Bekannter und Freund von ihnen unter uns gewesen, worauf man natürlicherweise sogleich alles wieder zurückgegeben habe. Der eintretenden regnerischen Witterung wegen habe man den eigentlichen Zweck dieser Expedition für diesmal aufgegeben und sei mit uns zurückgekehrt.« Er erzählte dies so ernsthaft, dass man deutlich daraus sehen konnte, solche Vorfälle seien etwas ganz Gewöhnliches für sie.

18. Dezember. Als wir des Morgens unsere Rückreise nach Jerusalem antreten wollten, rückte Schech Nassâr mit einem Anliegen hervor, welches ihn schon lange gedrückt haben mochte. »Ich habe«, sagte er, »wie jedermann weiß, ein Recht auf alle Pilger, welche hierher kommen, und Ihr werdet hieraus die Not-

wendigkeit einsehen, dass ich auch das Geleite (Gaffar) von Euch einfordern muss.« – »Davon ist mir nichts bekannt«, versetzte ich, »Ihr wisst, Schech Nassâr!, dass Franken nie Gaffar zu zahlen nötig haben; und überdem erhält Bodrus eine bestimmte Summe für diese Reise; ist er geneigt, Euch denselben zu entrichten, so habe ich nichts dawider; allein ich sehe mich nicht dazu verbunden.« – Bodrus geriet jetzt in Wortwechsel mit ihm, indem er das Recht des Schechs auf Franken ableugnete; »Wollt Ihr mit Gewalt verfahren«, setzte er hinzu, »so werde ich Euch schon in Jerusalem zu finden wissen, denn Ihr wohnt ja in unserem Gebiet.« – »Freilich!«, erwiderte der Schech. »Freilich wohne ich im Gebiet von Jerusalem; allein, ich weiß schon ein Mittel, mich schadlos zu halten, ohne mich zu verschulden. Hier sind meine drei Freunde der Aduân, welche mir schon den Dienst erzeigen werden, Euch auf dem Wege aufzupassen und Euch auszuziehen!« – »Gewiss! Gewiss!«, riefen diese. Was war zu tun? Wir mussten uns auf einen Akkord mit dem Schech einlassen, welcher sich endlich mit drei Piastern statt zehn abfinden ließ.

Da Jericho, diese in den hebräischen Schriften so berühmte Stadt, nur eine Viertelstunde vom Zelt des Schechs entfernt war, und ich dort gediegenen Schwefel zu erhalten hoffte, welchen man südostwärts davon findet: so nahmen wir zuerst unseren Weg dahin. Jericho, jetzt eines der elendesten Dörfer, welche ich noch gesehen, führt jetzt den Namen el Rîhha, welcher sichtlich aus seinem alten Namen entstanden ist. Es besteht aus etwa einem Dutzend Häusern von rohen Steinen und ist sehr niedrig und schief gebaut. Fast jedes Haus ist nebst seinem kleinen Hof mit einem drei bis vier Fuß hohen kleinen Wall von Sziddr-Sträuchen eingefasst. In urältesten Zeiten hieß dieser Ort wegen der großen Menge von Dattelpalmen, welche hier wuchsen, die Palmenstadt. Wie sehr hat sich dies geändert! Denn in dieser ganzen Gegend sah ich diesmal auch keine einzige mehr.

Achmed hatte mir versprochen, mich nach Jerusalem zu begleiten; da er aber hörte, dass ich einen Umweg über Nebbi Musa nehmen wolle, welches südwärts von dem geraden Wege abliegt: so blieb er zurück. Der gerade Weg von Jericho nach Jerusalem beträgt sechs Stunden. Es war sieben Uhr, als wir Jericho verließen. Es fing an zu regnen, und meine Leute waren sehr unzufrieden, dass sie diesen Umweg nehmen mussten, und ich hörte Chalîl mir einige Namen geben, die ihm nur sein Missvergnügen eingegeben haben konnte. Ich schwieg still dazu. Eine Zeit lang nachher fühlte er Hunger, und verlangte Brot von mir, obgleich er wohl wusste, dass ich keines hatte. Zufälligerweise hatte ich des Morgens ein paar Zwieback von Damask zu mir gesteckt; diese gab ich ihnen, und nun waren sie wieder ganz meine Freunde. »Nein!«, sagte Chalîl. »Musa behält doch keinen Groll auf uns; wirklich! Er ist nicht schlimm, und zudem ist er ja auch unser Gefährte!«

Von Jericho ritten wir anfangs immer südsüdwestwärts über die Ebene, bis wir um acht Uhr den Fuß der Berge erreichten, die wir hinanritten. Sie sind wenig steinig, nicht sehr steil und es führt ein ziemlich bequemer Weg hinauf. Es begegneten uns hier zwei unbewaffnete Araber, auf welche Mohammed losging und sie herrisch: woher? und wohin? fragte, worauf er ihnen eine glückliche Reise wünschte.

Um halb neun Uhr erreichten wir Nebbi Musa, einen Wallfahrtsort der Mohammedaner, welcher aber auch von Christen besucht wird. Nebbi Musa besteht bloß aus einer kleinen Moschee, welche einen kleinen Turm hat, und mit einer Mauer umgeben ist. Der innere Hofplatz dieses Gebäudes ist mit Marmorquadern gepflastert, und meine Araber sahen es gerne, dass ich meine Schuhe auszog, bevor ich ihn betrat, obgleich das Pflaster vom Regen ganz nass war. In dieser Moschee sieht man eine große Merkwürdigkeit, wozu unsere europäischen Theologen und Rabbiner die Köpfe schütteln werden, nämlich Moses Grabmal. Es war mit einem grünen Zeuge behangen, und an das eiserne Gitter der Fensteröffnung, durch welches man es erblickte, waren nach mohammedanischer frommer Sitte unzählige Fetzen geknüpft. Wir küssten dasselbe und meine Leute verrichteten ein kurzes Gebet.

Nach einem kurzen Aufenthalt verließen wir Nebbi Musa und kamen um halb elf Uhr einem Dauâr der Htêm vorbei. Zwanzig Minuten weiter hielten wir still, um Feuer anzumachen und Brot zu backen, wozu wir kurz vorhin in einem Grunde neben einer kleinen Regenpfütze den Teig bereitet hatten, welches entweder auf einem Stein oder auf einem Felsen oder einer Haut geschieht.

Weiterhin zogen wir neben dem zerstörten Chân el áchmar hin, und erreichten um halb zwei Uhr Chân el Hoût, ein kleines Gebäude, neben welchem ein guter, obgleich sparsam fließender Quellbrunnen ist. Eine Viertelstunde weiter passierten wir das kleine Dorf Lâsharíje, welches auf einem Berg und zum Teil in Ruinen liegt. Neben demselben ist ein kleines angenehmes Tal, dessen Bergseiten mit vielen Feigen- und Ölbäumen besetzt ist. Hier fiel wieder Regen, der einen Teil des Tages fortdauerte.

Von hier zogen wir oberhalb dem Dorfe Szälwân neben dem Tantûr Pháraûn hin und durch das Tor Nebbi Daûd in die Stadt Jerusalem, welche eine kleine halbe Stunde von Lâsharíje entfernt ist. Chalîl war außerhalb der Stadt zu einem Beduinen von seiner Bekanntschaft gegangen; Mohammed begleitete mich aber nebst Bodrus bis zum Kloster. Als Ersterer allein mit mir war, bat er mich um Branntwein, welcher nach seiner Versicherung von mehreren Beduinen im Geheimen getrunken wird: Wein war wider sein Gesetz, und er wollte ihn nicht trinken, als kein Branntwein vorhanden war. Auch weigerte er sich, einen Fisch zu essen, den ich ihm auftragen ließ, weil Beduinen einen Widerwillen dagegen haben. – Ich war sehr zufrieden, wieder einen beträchtlichen Teil des Toten Sees und seiner Umgebungen kennen gelernt, und meine Erfahrungen über dies merkwürdige Gewässer bereichert zu haben.

Zehntes Kapitel: WEIHNACHTEN IN BETLEHEM

24. Dezember. Um dem Weihnachtsfest am folgenden Tag in Betlehem mit beizuwohnen, ritt ich den 24. Dezember in Gesellschaft des P. Generalprokurators Clemente Perez und des Inspektors des Magazins von Heiligtümern dahin. Einer der Dolmetscher und ein Janitschar des Klosters ritten vor uns. Das Wetter war der späteren Jahrszeit unerachtet so schön, als bei uns ein schöner warmer Frühlingstag.

Gleich nach unserer Ankunft wohnte ich einer feierlichen Vesper bei, welche von einem kleinen Chor von Sängern eröffnet wurde, deren Gesang von der Orgel geregelt wurde. Die dienenden Knaben trugen ein rotes Festgewand mit einem weißen Chorhemd darüber. Der Generalsuperior erschien im bischöflichen Schmuck von einem reichen Goldstoff, mit der Tiara und dem Krummstab, der reich mit Juwelen besetzt war.

Feierlicher als die Vesper war noch kurz vor Sonnenuntergang die so genannte Komplete. Ein paar hundert Wachslichter erleuchteten die Kirche in der geschmackvollsten Ordnung. Der Chor ließ sich wiederum hören, und vorzüglich erscholl das *Jesus natus est hodie! Venite! Adoremus!* – Man gab uns Pilgern, denn es waren außer mir noch zwei maronitische Mönche vom Libanon und ein Katholik von Mósul zugegen, jedem ein Wachslicht, und wir folgten der feierlichen Prozession der Mönche aus der Klosterkirche in die heilige Grotte, wo der P. Generalprokurator die Funktionen versah. Von dort ging der Zug durch den unterirdischen Gang, wo bei jeder der drei Kapellen stillegehalten und etliche Gebete vorgelesen wurden, und so kehrte man in die Kirche zurück.

Um Mitternacht indessen war erst die Hauptfeierlichkeit. Die Klosterkirche war gedrängt voll von Menschen männlichen und weiblichen Geschlechts, die aber diesmal mehr Neugierde als Andacht zeigten, und wirklich glaubte ich mehrmals in dem Parterre eines Kreuzertheaters zu sein. Die Zahl der Wachslichter war noch vermehrt. Die Vokalmusik des Chors dauerte diesmal so lange als die Messe, welche der P. Generalsuperior mit allem hier möglichen Pomp verrichtete. Während dieser Funktion wurde von dem Klosterpfarrer eine Messe in der Heiligen Grotte gelesen, welcher ich beiwohnte, worauf ich mich wieder in die Kirche begab. Es fing wieder eine Prozession an, wobei jeder der Anwesenden ein angezündetes Wachslicht trug. Der P. Generalsuperior im bischöflichen Ornat trug auf einem reich gestickten Kissen eine kleine niedliche Wachspuppe, welche, von einem hiesigen geschickten Mönche, einem Franzosen, bossiert war, von dessen Arbeiten dieser Art auch nach Europa versendet werden, wo sie, weil sie hier geheiligt worden sind, sehr teuer verkauft werden sollen. (Dieser Mönch, Sakristan des Klosters zu Jerusalem, verfertigte auch Magnete, Boussole, Sonnenuhren usw. Er war schon ein sehr bejahrter Mann.) Vor ihm gingen alle Mönche, wovon einer seinen Bischofsstab, ein anderer ein sehr kostbares, mit Brillanten besetztes Kruzifix und ein Dritter ein Missale trug. Sein köstliches Gewand wurde auf jeder Seite von einem Mönch von der Erde gehoben. In der Heiligen Grotte, wo sechzehn große schön gearbeitete silberne Lampen brannten, versah sein Vikar den Gottesdienst. Er las das Evangelium des Weihnachtsfestes. Wie er an die Stelle kam: »und sie wickelten ihn in Windeln«: nahm er ein weißes Tuch, umwickelte die Puppe, und indem er sagte: »sie legten ihn in diese Krippe«: so legte er dieselbe in die reich verzierte Felsenkrippe. Dieser Zeremonie an diesem Tage und an diesem Orte mit beizuwohnen, muss, ich gestehe es, auf einen frommen Pilger einen außerordentlichen Eindruck machen, vorausgesetzt, dass er die lateinische Sprache verstehe. Auch hier ließ sich die Vokalmusik wieder hören. Nachher kehrte die Prozession wieder in die Klosterkirche zurück, wo ein feierliches Hochamt gehalten wurde. Nach Beendigung aller Zeremonien wurden die Anwesenden durch einen Knaben mit einer lieblich duftenden Rosenessenz besprengt.

Am folgenden Morgen, dem ersten Weihnachtstage, wohnte ich wieder einer feierlichen gesungenen Messe bei. Da die langen Handschare zu den Kleidungsstücken der Betlehemiten gehören: so bringen sie dieselben auch in die Kirche mit, nur ziehen sie sie aus dem ledernen Gürtel und legen sie vor sich, wenn sie niederknien. Die Männer hatten selbst heute, an ihrem größten Festtag, keine festlichen Kleider angezogen, sondern ihre gewöhnlichen Alltagskleider, Abbáje usw., woraus man abnehmen kann, wie gering ihr Kleidervorrat sei. Die Weiber hingegen schienen besser als gewöhnlich gekleidet zu sein; doch kamen sie alle mit nackten Füßen.

Nachmittags wallfahrteten die Mönche und alle Betlehemiten, auch Bauern aus anderen benachbarten Dörfern, nach den Ruinen der Kirche, welche an der Stelle erbaut war, wo die Engel den Hirten erschienen sein sollen. Ich fand dort mehrere hundert Personen beiderlei Geschlechts versammelt. Das unterirdische Gewölbe wurde gedrängt voll. Die Mönche fingen an, etliche lateinische und italienische Hymnen zu singen. Da indessen jede europäische Musik den Orientalern zuwider ist, und sie dieselbe ebenso unglimpflich beurteilen als die meisten Europäer die ihrige, sie überdem befürchteten, dass sie zu lange fortfahren möchten zu singen: so fingen sie plötzlich ein heftiges Lärmen an, und drohten mit lautem Geschrei, dass sie nach Hause gehen wollten, wenn man nicht aufhörte. »Immer singen diese Leute Sachen«, riefen sie, »die wir nicht verstehen, und machen dem Dinge kein Ende! Was machen wir hier?« Wirklich sahen sich die Mönche genötigt, mitten im Gesang aufzuhören, um sie nur wieder zur Ruhe zu stellen. Der Beichtvater des Klosters, ihr Pfarrer, las nun die Stelle aus dem Evangelium, welche Bezug auf den Ort hatte, in arabischer Sprache, und hierauf stimmte man das Kyrieeleison! an, welches zwar auch in lateinischer Sprache ist, welches sie aber in der Jugend als Papageien erlernen, welches sie daher mitsingen konnten. Dieser Auftritt mag hinlänglich sein zu beweisen, wie sehr die Betlehemiten zu jedem Aufruhr geneigt sind, wie wenige wahre Andacht sie bei den feierlichsten Religionsübungen haben, und in welcher geringen Achtung die europäischen Mönche bei ihnen stehen, obgleich sie denselben die wesentlichsten Wohltaten in ökonomischer Hinsicht verdanken, welche sie, obgleich sie dieselben öfters zu erkriechen suchen, im Grunde doch für einen Tribut halten, den man ihnen für ihren Schutz schuldig sei. Der mönchische Unterricht, den sie erhalten, besteht nur in der Erlernung der Dogmen der katholischen Religion, wovon die meisten Geheimnisse, also unverständlich sind, in dem Herplappern etlicher lateinischer Gesänge und Gebete, um dem Gottesdienst mit beiwohnen und den Messe lesenden Mönchen dienen zu können, von welchen sie ebenso wenig etwas verstehen, und ihr Geist und Herz gehen immer leer aus. Dies sind die schönen Früchte, welche die Mildtätigkeit frommer Seelen in Europa hier so teuer erkauft!!

Nach beendigter geistlicher Funktion in dem Gewölbe setzte sich der größte Teil des Volks an der Seite eines Hügels, welcher aus dem Schutt des vormaligen Klosters bestand, und der Rest bildete nebst den Mönchen, worunter auch der P. Generalsuperior, der P. Generalprokurator usw. waren, einen Kreis vor demselben. Es erschienen jetzt einige neun- bis zwölfjährige Knaben, von dem P. Beichtvater und ihrem arabischen Schullehrer angeführt, welche in dem Kreise ein kleines Drama in arabischer Sprache aufführten, welches auf dies Lokale und auf den heutigen Tag Bezug hatte. Diese Idee war ungemein hübsch; allein ihr Verfasser, der Beichtvater, hatte den Gegenstand mit mönchischer Geschmacklosigkeit behandelt. Die agierenden Personen waren Abraham, David, ein Engel usw. Man beklagte sich über den gänzlichen Verfall des Christentums in Palästina, und besonders in dieser Gegend, machte Ausfälle auf die jetzigen Beherrscher des Landes, die Mohammedaner, teilte der griechischen Religionspartei Seitenhiebe aus usw. Die Knaben machten ihre Sachen besser, als man hätte erwarten sollen, und etliche von ihnen deklamierten mit so vielem Nachdruck und so vieler Lebhaftigkeit, dass ich mich darüber wundern musste. Der P. Beichtvater machte den Direktor, und der Schullehrer den Souffleur. Da dieses Drama das erste war, was hier je aufgeführt wurde, und mancher Vater der sprechenden Knaben sich geschmeichelt fühlte, seinen Sohn so öffentlich auftreten zu sehen, so hörte man mit vieler Aufmerksamkeit und mit sichtlichem Wohlgefallen zu. Nur wie der kleine Engel seine Ankündigung anfing, konnten etliche sich nicht des Lachens erwehren, und diese Erschütterung des Zwergfells teilte sich so ziemlich der ganzen Versammlung mit. Ein Knabe, der die Rolle Abrahams, der Hauptperson, vorzüglich gut spielte, beschloss das Ganze mit dem Absingen einer arabischen Hymne. Hierauf eilte er nebst seinen zehn Mitspielern zum Generalsuperior und Generalprokurator, um ihnen die Hände zu küssen, welche ihnen ihren lebhaften Beifall bezeugten, und ihnen einige Näschereien zuwarfen, mit dem Versprechen, ihnen morgen ein Geschenk zu geben. Der P. Generalsuperior versteht das Arabische sehr gründlich, und er gab mehrere Jahre lang den ankommenden Missionarien in Halep Unterricht darin. Nachher wurde noch einiges trockenes Obst unter das Volk geworfen, welches die Freude allgemein machte. Mit untergehender Sonne kehrten wir wieder nach Betlehem zurück. Ein paar Betlehemiten zu Pferde machten durch ihre lächerlichen Manövers die Bajazzos; man hörte Flintenschüsse, die Knaben von Betlehem gingen auf die

Knaben von Bêt Szahhûr los usw. Kurz, dieser Tag war ein wirkliches Volksfest für die Betlehemiten, zumal mit gestern auch die langen Fasten aufgehört hatten, wo sie weder Fleisch, noch Milch- und Eierspeisen genießen dürfen.

Es ist nun einmal das Geschäft und der einzige sehnliche Wunsch der katholischen Mönche, zumal im Orient, Proselyten zu machen. Auch bei mir hatte man sowohl in Halep als in Damask Versuche gemacht, und auch in Jerusalem war ich nicht davon verschont geblieben. Besonders schien einer der Geistlichen, ein Neapolitaner, ein sehr angelegentliches Geschäft daraus gemacht zu haben. Er war ein großer Eiferer für seine Religion. Er fragte mich heute, wie mir die gestrigen Funktionen gefallen hätten, und setzte hinzu: »Nein, wahrlich! Es gibt keine andere wahre Religion als die katholische; dies ist durch eine Menge Märtyrer und durch alle Kirchenväter hinlänglich bewiesen. Sie findet immer mehreren Eingang; die Franzosen sind schon wieder in den Schoß der Kirche zurückgekehrt, und selbst in China und neuerlich auch in Japan macht sie die größten Fortschritte usw.« Gespräche über Religionsgegenstände vermeide ich immer, wo es nur möglich ist, zumal mit Mönchen, überzeugt, dass so wenig ein Nutzen für mich als für sie daraus entspringen könne, und wo dergleichen mit Gewalt von der Gegenpartei aufs Tapet gebracht wurde, suchte ich immer meine eigenen Grundsätze unter allgemeinen Ausdrücken zu verbergen. Ich versicherte dem Geistlichen, dass auch ich nichts sehnlicher wünsche, als dass einst die katholische Religion überall anerkannt werden möge. Indessen verstand ich darunter, wie man auch nach dem buchstäblichen Sinn verstehen muss, eine allgemeine Religion, und dies ist in der Tat als Kosmopolit mein sehnlichster Wunsch, obgleich ich auch durch die Erfahrung alter Zeiten aufs Festeste überzeugt bin, dass dieser Zeitpunkt nie stattfinden werde und nie stattfinden könne. Sind doch die Menschen über so manche sinnliche Gegenstände ganz verschiedener Meinung: wie sollte es dann möglich sein, dass Einheit der Meinungen über metaphysische, außersinnliche Gegenstände stattfinde?

30. Dezember. Obgleich ich während meinem Aufenthalte in Betlehem nicht müßig war, um jemand zu bewegen, mich nach

der Ostseite des Toten Sees zu begleiten, und obgleich etliche geneigt zu sein schienen: so zogen sie sich doch immer wieder zurück, wenn ich näher in sie drang, einen festen Entschluss zu fassen. Endlich versprach mir Bodrus, mein voriger Begleiter, mich dorthin zu führen, wenn er nur Araber zu Gefährten erhalten könne, weil es ohne dieselben nicht möglich sein würde. Er schickte wieder jemand zu den Schahalîn, und ließ sie nochmals deswegen befragen; allein, es ließ sich niemand bereitwillig dazu finden und es kam keiner. Heute endlich glaubte er, einen Kontrakt mit mir darüber schließen zu können, weil er andere Araber gefunden, die sich dazu erboten. Ich wurde mit ihm um zweihundert Piaster und einen Abbâje für ihn eins. Außerdem musste ich einen Rottel Kaffee und einen Rottel Tabak mit mir nehmen, um unterwegs den Arabern auf der Ostseite kleine Geschenke davon zu machen, die ihnen sehr willkommen sind. Ich war sehr zufrieden, dass ich endlich meinen lebhaften Wunsch in Erfüllung gehen sehen würde. Allein des Nachmittags hatte sich Bodrus schon wieder eines anderen bedacht; er verlangte eine Vermehrung der akkordierten Summe, machte aber überdem so viele Schwierigkeiten, dass ich deutlich sah, sein Vorsatz sei nie fest gewesen und er habe ihn wieder aufgegeben. Unwillig über alle misslungenen Versuche, entschloss ich mich nach Jerusalem zurückzukehren, von dort geradezu nach Jericho zum Schech Achmed ibn Nassâr zu reisen, zu welchem ich, obgleich er uns zuerst als Haupt einer Räuberbande bei unserem Überfall am Toten See in einem sehr unvorteilhaften Lichte erschienen war, doch wegen seines nachherigen guten Betragens ein besonderes Zutrauen gefasst hatte, und ihn zu meiner Begleitung zu bewegen zu suchen. Ich ritt daher kurz vor Abend wieder nach Jerusalem zurück.

Welche Schwierigkeiten um eine so unbedeutende Reise von etwa acht Tagen! In Europa dürfte man sie fast unglaublich finden. Allein meine eigene Erfahrung zeigt, dass es leichter sei, auf dem gewöhnlichen Weg von Konstantinopel geradezu nach Jemen zu reisen, als den Toten See längs seinen beiden Ufern zu besuchen. Da auch Reisende nach mir so ziemlich die nämlichen Schwierigkeiten antreffen dürften, wenn sie den von mir gewählten Pfad betreten wollten: so nehme ich mir die Freiheit, ihnen einen neuen Reiseplan vorzuschlagen, welcher Annehmlichkeit, Bequemlichkeit, Sicherheit und Nutzen miteinander vereint. Ich setze bloß voraus, dass der Reisende ein reicher Mann sei, wie gewöhnlich die Engländer sind, welche im Orient reisen. Er lasse sich in Jaffa ein leichtes Boot zimmern und dasselbe nach Jericho und unter dem Schutz der Htêm nach dem Nordende des Toten Sees transportieren. Dies würde ohne große Unkosten auf Kamelen geschehen können, und umso leichter, wenn es so gezimmert würde, dass man es auseinander nehmen und stückweis transportieren könnte. Da unter den Beduinen niemand vorhanden ist, der zu rudern versteht: so würde er ein paar Ruderer von Jaffa mit sich bringen; vielleicht könnte er sich auch der Segel bedienen; indessen müsste dies mit Vorsicht geschehen, weil man nicht weiß, ob nicht einzelne verborgene Felsen im See vorhanden, und ob man auch von Stoßwinden zu befürchten habe, welches Letztere jedoch unwahrscheinlich ist, da ich selbst bei heftigem Wind die Wellen des Sees nicht bedeutend gefunden habe. Hätte er sich nun mit etlichen bewaffneten Arabern, Htêm, zu seiner Begleitung und auf acht bis zehn Tage mit Lebensmitteln versehen: so würde er alle Küsten des Toten Sees von einem Ende zum anderen untersuchen und mit der größten Bequemlichkeit eine getreue Karte vom See und Zeichnungen der interessantesten Partien desselben entwerfen können. An Stellen, wo keine Gefahr wegen der Araber vorhanden, lege er ans Land, bediene sich des Seebades, oder des heißen Schwefelbades, jage Steinböcke, wilde Schweine, Gazellen, Hasen und anderes Wild, mache Sammlungen von Vögeln, Insekten, Pflanzen, Mineralien usw. Ihm würde die Ehre vorbehalten sein, die Quelle des Asphalts und dessen Entstehungsart zu entdecken und darüber manche Fabeln zu verbannen, welche davon im Umlauf sind; eine umso wichtigere Entdeckung, da es einem zu Lande Reisenden kaum möglich sein dürfte. In Gegenden, wo Gefahr vorhanden, bliebe er in Schussweite vom Ufer, und dadurch würde er überall völlig sicher sein, weil nirgends ein Boot auf dem See vorhanden ist, obgleich noch zu Flavius Josephus Zeiten Fahrzeuge vorhanden waren, welche den Asphalt sammelten. Während seiner Fahrt würden manche Araber am Ufer erscheinen, und seine Phantasie würde in ihnen Gruppen von Wilden malen, währenddem sie ihn auf eine Entdeckungsreise im Ozean hinzauberte. Die ganze Expedition dürfte ihm auf etwa fünfhundert bis sechshundert Piaster zu stehen kommen, und wenn er nach Beendigung derselben den Arabern Htêm, seinen Reisegefährten, sein Fahrzeug überließe: so würde er durch ein solches Geschenk auf lange Zeit eine angenehme Rückerinnerung in ihrem Gedächtnis nachlassen.

Jahr 1807

1. Januar. Schon wieder den Anfang eines neuen Jahres erlebt! Und noch immer in Palästina, und so wenig dem Ziel meiner Reise nahe gerückt! Werde ich in diesem Jahr das glückliche Arabien erreichen, wo so viele interessante Gegenstände für meine Wissbegierde mich erwarten? Wie wenig lehrt uns all unser Wissen von der Zukunft! Blind schreiten wir ihr immer entgegen; aber wir lernen sie erst kennen, wenn sie uns zur Gegenwart und Vergangenheit wird. Eine Menge Entwürfe beschäftigen meinen Geist; werde ich sie ausführen? Werde ich sie mit dem Beifall meiner Zeitgenossen, meiner geschätztesten Freunde und Bekannten ausführen? Dieser Wunsch ist mein lebhaftester, wenn Beschwerlichkeiten mancher Art sich meinen Untersuchungen entgegenstellen. Noch immer ist mein Plan, den Toten See zu umreisen, nur zum Teil ausgeführt, und der beschwerlichste, obgleich unbekannteste und daher auch interessanteste Weg war mir bisher noch nicht zu machen möglich. Möge ich in diesem Jahr in meinen Bemühungen glücklicher sein! Die Witterung ist für diese Jahreszeit unvergleichlich schön; möge sie von guter Vorbedeutung für mich sein!

Elftes Kapitel:

ZWEITE REISE NACH DEM TOTEN SEE, UND ZWAR NACH DESSEN OSTSEITE

5. Januar. Da ich mein Vorhaben nicht aufgegeben hatte, die Ostseite des Toten Sees zu untersuchen, und mich zu dem Ende nach Jericho und zum Schech Achmed zu begeben: so nahm ich einen mohammedanischen Maultiertreiber von Jerusalem an, welcher Achmed kannte, und welcher versprach, sich für mich bei demselben wegen des zu akkordierenden Reisegeldes zu verbürgen, weil ich meiner Sicherheit wegen kein Geld und Geldeswert mit mir führen durfte. Da mir mein Pelz bei den Beduinen ein zu vornehmes Ansehen gegeben haben würde, wofür ich mich vorzüglich in Acht zu nehmen hatte, und da doch die jetzige Witterung eine wärmere Bedeckung, zumal des Nachts, erforderte: so wählte ich statt desselben einen Abbâje von einem dicken groben wollenen Zeuge, welches Kleidungsstück hier unter dem Namen von Büscht bekannt ist, und das Ärmel hat, welche dem eigentlichen Abbâje fehlen. Ich hatte mich mit einem Rottel Kaffee, einem Rottel Tabak, einem kleinen Vorrat von Pfeifenköpfen, einigen gläsernen Mundstücken der Pfeifenröhre und vielem Zwieback von Damask versehen, um damit Schech Achmed und den Arabern, die wir in der Folge antreffen würden, ein angenehmes Geschenk zu machen; in mein Tagebuch schrieb ich: Den Kühnen lächelt das Glück!, und so trat ich am 5. Januar meine Wanderung an.

Da der Weg nach Jericho der Beduinen wegen unsicher ist: so schlossen wir uns an eine kleine Bauernkarawane an, die nach el Szalt in el Belka zurückkehrte, wodurch wir aber bis nach Mittag aufgehalten wurden. Wir kamen wieder nach dem Dorfe Lâsharíje und dem Chân el Hoût, bogen aber eine Strecke nachher von dem Wege nach Nebbi Musa links ab. Die Berge wurden immer unfruchtbarer und zerrissener, je weiter wir nach el Gôr fortrückten; übrigens aber wenig steinig und überhaupt weit weniger wild als die Berge um den Toten See. Man sieht also, dass die so genannte Wüste von Jericho, die uns frühere Reisende mit so schwarzen Farben malen, als Wüste betrachtet, noch immer ziemlich erträglich sei. Wir kamen in derselben einen verfallenen Chân vorbei, welcher von einem dabei befindlichen Dorfe Chân el Hatrûn genannt wird, wo man mehrere beträchtliche Grotten sieht.

Da wir erst mit Sonnenuntergang in Jericho ankamen, und Achmeds Zelt noch eine halbe Stunde davon entfernt war, so beschloss ich, die Nacht bei einem Bauer zu übernachten, bei welchem wir eingekehrt waren. Er erzeigte mir die Ehre, mich in seinem Hárim schlafen zu lassen, wofür er ein Geschenk an Kaffee verlangte.

6. Januar. Am folgenden Morgen begleitete mich mein Wirt nebst einem von seinen Leuten zu Achmeds Dauâr, welcher nordwärts von Jericho zwischen Gesträuch und Gebüsch lag und aus zehn Zelten bestand. Wir fanden ihn nebst seiner Familie in einem kleinen ärmlichen Zelt; er empfing mich freundlich, obgleich er nicht wenig erstaunt war, mich hier zu sehen. Ich machte ihn indessen bald mit meinem Vorhaben bekannt, und in kurzem wurde ich unter Vermittlung meiner Leute mit ihm eins, dass er mich für tägliche acht Piaster längs dem ganzen Ostrand des Toten Sees bis nach Gôr el Száphiá und von dort wieder zurück bis Jericho und Jerusalem lieferte. Indessen gestand er aufrichtig, dass er mich dorthin nicht immerfort begleiten könne, weil auch sein Stamm Blutfeinde unter den Stämmen der Landschaft Kárrak habe, versprach aber, dass er sich Mühe geben wolle, in diesem Falle einen sicheren Führer oder Gafîr für mich zu suchen. Es wurde überdem ausgemacht, dass er mir für einen Tagelohn einen starken Esel zum Reiten verschaffen wolle. Nach Beendigung dieses Geschäftes kehrten die Bauern nach Jericho und mein Jerusalemitaner nach seiner Vaterstadt zurück.

Achmed wurde nicht wenig froh, als ich nachher meine kleinen Schätze öffnete und ihm von allen die Hälfte mitteilte. Denn obgleich er der Schech seines Dauârs war: so schien er doch sehr arm und ärmer zu sein als mancher von seinen Untergebenen. Außer dem wirklichen Nutzen, den ihm diese kleinen Geschenke brachten, sah er sich zu gleicher Zeit durch eine solche Aufmerksamkeit vor seinen Leuten geehrt, indem ihm dadurch ein stilles Lob seines guten Betragens erteilt wurde. Er unterließ daher auch nicht, einem jeden, der nicht bei dem neulichen Vorfall am See zugegen gewesen war, zu sagen: »Seht! Das ist der Christ, den wir vor kurzem bei unserer Expedition plünderten. Freund!, wenn man mit den Leuten gut verfährt: so hat man auch immer solches von ihnen zu erwarten.« Einer von seinen wildesten Negern, welcher mich damals angesehen hatte, und wahrscheinlich nicht müßig geblieben war, sah mich erst einige Augenblicke mit Verwunderung an, dann bewillkommnete er mich und setzte hinzu: »Jetzt seid ganz ohne Furcht, Ihr seid unser Freund und unter uns vollkommen sicher.« – Achmed teilte mehreren von seinem Kaffee und Tabak mit, denn ohne Mitteilung scheint alles ohne Wert für sie zu sein. Sie sind von Jugend auf daran gewöhnt, und Kargheit würde ihnen die größte Schande bringen. Der Kaffeetopf kam jetzt den ganzen Tag nicht vom Feuer, obgleich Achmed ausgegangen war; denn seine Frau bewirtete die Beduinenweiber. Die Araber Htêm stehen für die Sicherheit der Felder ein, welche die Bauern von Dêr Scherîr und el Tháibe, zweien Dörfern auf dem Gebirge von Jerusalem, in dieser Gegend besitzen. Dafür sind diese verpflichtet, ihnen einen Acker zu überlassen und für sie zu pflügen. Achmed war heute hingegangen, um denselben mit Weizen zu besäen. – Des Abends wies er mir für immer sein Harem zum Nachtlager an, wo ich mit der ganzen Familie zusammen schlief.

7. Januar. Obgleich am folgenden Tage, einem Mittwoch, unsere Abreise festgesetzt war: so kündigte mir Achmed doch unerwartet an, dass es eine alte Sitte bei ihnen sei, nie eine Reise am Mittwoch anzutreten, weil dies eine böse Vorbedeutung für uns abgeben würde. Um ihn bei guter Laune zu halten, gab ich ihm nach. Des Abends und in der Nacht regnete es bei vielem Wind.

8. Januar. Obgleich die regnerische Witterung am folgenden Tag fortwährte: so drang ich dennoch auf unsere Abreise, und nachmittags traten wir unsere Reise an. Ich ritt einen Esel, der ein sehr schlechter Läufer war, und Achmed sein Reitpferd.

Wir kehrten in Jericho bei einem Bauer ein, um uns ein wenig zu erwärmen, weil wir von dem kalten Regen halb durchnässt waren. Achmed nahm hier einen Beduinen von den so genannten Gôr-Arabern, um meinen Esel zu treiben. Nach einem kurzen Aufenthalt ritten wir weiter südwärts und kamen nach einer

Beduinen bei Jericho

halben Stunde zu einen Dauâr der Beduinen von dem großen und mächtigen Stamm der Beni Száchar, deren ich bereits auf der Ostseite des Jordans angetroffen hatte. Ihre Zelte, deren ich etliche zwanzig zählte, standen nicht, wie gewöhnlich, in einem Kreise, sondern auf der nackten Steppe ohne eine bestimmte Ordnung, in der Nähe der Straße, welche die christlichen Pilger nehmen, wenn sie zum Jordan ziehen, umher. Die hiesigen Beni Száchar oder Szchûr sind reine Beduinen, das heißt, sie leben bloß von der Viehzucht, und treiben durchaus keinen Ackerbau. Sie halten hier bloß Kamele, welche die einzelnen salzigen und bitteren Stauden der Ebene aufsuchten. Wir kehrten in eines der Zelte ein, dessen Inhaber Achmed kannte.

Gleich nach unserer Ankunft entstand ein Auflauf wegen eines fremden Beduinen, welchen man gefangen genommen, weil man ihn für einen Räuber hielt. Achmed ritt zum Zelt des Schechs, um die Sache zu untersuchen, und fand in dem Fremden einen Bekannten. Auf seine Versicherung, dass es ein Beduine aus der Gegend von Gasa sei, wurde er wieder losgegeben.

Unser Wirt hatte hier keine Gäste erwartet und es fehlte daher die Gastabteilung in seinem Zelt. Es wehte ein heftiger kalter Wind, und der Regen wurde immer stärker; nichtsdestoweniger mussten die Weiber an der Verfertigung dieses Logis arbeiten, indem sie teils das Zelt ein wenig verlängerten, teils die Abteilung, worin sie sich aufhielten, oder das Hárem, durch Versetzung der Scheidewand verkürzten. Man machte mit einer kleinen Hacke in der Erde eine Rinne um das Zelt herum, um das Regenwasser zu verhindern, dass es nicht ins Zelt flösse. Allein dieser Bemühungen unerachtet fanden wir unsere Lage sehr unangenehm. Der Regen drang bald von oben durch das schlecht gewebte härene Zeug, bald zur Seite herein; das Zelt stand völlig ohne Schutz auf der nackten Ebene, wir zitterten vor Kälte, weil man kein ordentliches Feuer unterhielt, teils weil hier sehr wenige Stauden vorhanden waren, die sonst den Kamelen zur Nahrung dienen, teils weil die Leute des Regens wegen noch wenigere holen konnten, und diese wenigen auch nur mit Mühe brennen wollten, weil sie nass waren. Unsere Wirte rauchten weder Tabak noch tranken sie Kaffee, weswegen wir von meinem Kaffee zubereiteten, welcher uns unter diesen Umständen ungemein willkommen war. Ein altes Kamel starb vor Kälte vor unserem Zelte. Man schlachtete es kurz vor seinem Tode, weil man sich sonst dessen Haut nicht zunutze hätte machen können. Unsere Wirte trugen weiter nichts als einen Pelz von Schaffellen, das gewöhnliche Kopftuch der östlichen Beduinen und Fußsohlen. Hemden trugen sie nicht. Ihre Farbe war rußig. Einer von ihnen hatte einen doppelten Daumen, welcher einer Krebsschere, oder den Kinnladen eines Insekts glich. Vor anderthalb hundert Jahren würden unsere moralisierenden Theologen einen artigen Kommentar über diese Unform geschrieben, und ausführlich und gründlich bewiesen haben, dass dieser Daumen einen Beweis des Zorns der Gottheit über die Räubereien der Beduinen abgebe.

Wir wurden des Abends mit frischem Brot und späterhin mit einer Art dicker Brotsuppe, welche man mit den Fingern isst, bewirtet.

Auch des Nachts dauerte der Regen fort und wurde mit Donner und Blitz begleitet. Da kein Feuer unterhalten wurde, und das Zelt auf einer Seite ganz offen war: so mussten wir Gäste uns so nahe aneinander legen, dass wir uns selbst erwärmten. Als ich des Morgens erwachte, fand ich, dass ich mit halbem Bein im Wasser gelegen hatte!

9. Januar. Obgleich in der ganzen Jordanebene kein Flöckchen Schnee gefallen war: so sahen wir doch alle Berge von Adschlûn, Belka und Kárrak fast bis an ihren Fuß damit bedeckt. Auch das Gebirge von Jerusalem wurde in dieser Nacht mit Schnee bedeckt, welcher etliche Tage liegen blieb, wie wir späterhin erfuhren.

Um acht Uhr des Morgens verließen wir unsere Beduinenwirte, und verfolgten den Weg der christlichen Pilger, welcher zur Furt des Jordans führt. Der starke Regen hatte die Erde der Steppe so erweicht, dass mein Esel nur mit Mühe fortkommen konnte, und ich meistenteils zu Fuß gehen musste. Ich benutzte diese Gelegenheit, um die einzelnen Stauden zu untersuchen, welche zerstreut umherstehen.

Nach Verlauf von zwei Stunden erreichten wir den Jordan, dessen Erdufer hoch und senkrecht sind. Eine Hügelreihe fasst auf jeder Seite des Flusses, ein paar hundert Schritte davon, denselben ein. Ich fand den Jordan diesmal sehr trübe, schlammig und reißend, und eine Menge Bäume und Holzstücke wurden uns vorbei von seinem Strom zum Toten See geführt. An dieser Stelle, welche man die Furt nennt, waren beide Ufer mit vielem Gebüsch, Gesträuch und Schilf bedeckt.

Der Jordan war jetzt sichtbar zu hoch, und sein Strom zu reißend, als dass ich ihn mit Sicherheit hätte passieren können. Achmed wagte es als ein geschickter Schwimmer, zum anderen Ufer zu schwimmen; er wurde aber eine ziemliche Strecke fortgerissen, bis er seinen Zweck erreichen konnte. Ich sah mich also zu meinem Missvergnügen genötigt, meine Reise noch etliche Tage zu verschieben, bis das Wasser vom gestrigen Regen und vom schmelzenden Schnee zum Toten See geführt worden und der Jordan einen niederen Stand erhalten habe.

12. Januar. Heute war die Luft etwas wolkig.

Phúdda, meine Wirtin, trägt selbst jetzt im Winter weiter nichts als ein blaues Hemd, welches bis auf die Erde reicht, aber durch einen Gürtel etwas aufgeschürzt wird. Nur wenn es regnet und sie Brennholz, Wasser und dergleichen holen muss: so wirft sie noch einen alten Abbáje über den Kopf. Ihr Kopfputz besteht aus einem blauen Tuch, welches sie mit einem schmalen bunten Tuch um den Kopf befestigt. Mohammed, ihr Sohn, trägt ein zerfetztes Hemd oder ein paar andere Fetzen, die ihn nur halb bekleiden; und draußen bei nasskalter regnerischer Witterung einen kurzen zerrissenen Pelz von einem Schaffell; er ist immer draußen, um die beiden Kamele seines Vaters zu hüten, zu welchem Ende er als Provision des Morgens ein Stück Brot erhält. Die kleinen Mädchen werden immer etwas sorgfältiger gekleidet, wenn sie über das 8. oder 9. Jahr hinaus sind, und selbst vom 4. oder 5. Jahr an gewöhnt man sie, gewisse Teile bedeckt zu halten, welche ein Knabe von zehn bis elf Jahren oft ohne Decke zeigt. – Achmed arbeitet äußerst wenig, sondern überlässt fast alle häuslichen Geschäfte seinem Weibe. Phúdda hat den ganzen Tag vom Morgen bis zum Abend alle Hände voll zu tun; bald fällt und holt sie Holz und macht Feuer an, bald mahlt sie das nötige Mehl auf der Handmühle, siebt es, knetet Teig und bäckt Brot oder bereitet andere Speisen, bald holt sie Wasser in einem großen Schlauch aus der Quelle Ain el Szultân, bringt das Pferd zur Weide und holt es wieder von dort usw. Man sieht also, dass ihr sehr wenig Zeit zur Pflege ihrer Kinder überbleibt, wovon das jüngste noch von ihr gesäugt wird.

Unser Zelt besteht, so wie fast alle Beduinenzelte aus dem Harîm, und der Abteilung für die Mannspersonen, oder die Gäste. Auf der inneren Seite des Harîms ist ein Lager von Baumzweigen gemacht, worauf des Abends ein besonderes starkes zottiges Wollenzeug, von Phúdda bereitet, ausgebreitet wird, und welches alsdann für alle zum Unterbette dient. Alte und Junge schlafen hier nebeneinander, bloß mit einem Abbáje oder sonst einem Zeuge, einem Pelz und dergleichen bedeckt, worunter sie auch ihre Köpfe verbergen. Achmed schläft gewöhnlich unter demselben völlig nackt und ohne Hemd; sein Weib und seine Kinder mit ihrer gewöhnlichen Kleidung. Ich schlief auf einem bloßen ausgebreiteten Sack, und bedeckte mich mit meinem Abbáje. Bei nächtlicher Kälte wurde neben uns ein Feuer unterhalten, um welches wir uns bisweilen in der Nacht herumsetzten, um uns zu erwärmen, weil oft die Decken dazu nicht hinreichend waren. Fällt ein Regen: so sind selten die Zelte so dicht, dass sie, zumal im Anfang, wenn die härenen Zeuge noch trocken sind, den Regen ganz abhalten. Man sieht daraus, dass man als Beduine geboren sein muss, um eine solche Wohnung erträglich zu finden. Aus besonderer Begünstigung schlief ich mit der ganzen Familie im Harîm zusammen, indem Fremde sonst immer in der anderen Abteilung schlafen, welche jetzt zum Viehstall diente; diese ist auf der einen Seite völlig offen, statt dass das Harîm des Nachts auf dieser Seite nur des Tags bei milder Witterung offen ist, des Nachts aber durch einen Vorhang verschlossen wird. Das Harîm ist immer größer als die andere Abteilung, und in ihr sind alle die wenigen Habseligkeiten, welche den Beduinen unumgänglich notwendig sind, etliche lederne Säcke, Schläuche zum Trinkwasser, zum Öl, zur Butter und zur Milch, der Kaffeemörser nebst übrigem Kaffeegerät, Kochkessel, hölzerne Trinkschale, etliche Kleidungsstücke, Sattel und Zaum; auch das Brennholz. Beide Abteilungen sind durch eine Scheidewand von dem nämlichen Zeuge, woraus das Zelt besteht, voneinander getrennt. Ein solches Zelt kostet hundert bis dreihundert Piaster, und dauert etwa fünf Jahr. Indessen wird immer nachgebessert, weil einige Teile eher abnutzen als andere. Die Beduinen würden für das nämliche Geld sich ein kleines dauerhaftes steinernes Haus bauen können, welches etliche Generationen hindurch dauern und ihnen weit mehr Bequemlichkeiten darbieten würde als dies härene Haus. Allein, da ihre Lebensart sie nötigt, ihre Wohnung zu versetzen: so ist eine solche Veränderung ihnen nicht möglich.

Bei einigen Negerbeduinen bemerkte ich eine besondere Krankheit, welche mit einer Art des Aussatzes, die Mose beschreibt, übereinzukommen scheint. Sie bestand aus großen, offenen, inwendig roten hässlichen Fleischgeschwüren, welche steile Ränder hatten und bisweilen sehr tief waren. Diese Geschwüre fangen damit an, dass die Oberhaut sich ablöst, und aus der Haut beständig ein wenig Jauche hervordringt. Sie kommen ohne Schmerzen, und auch währenddem sie immer tiefer werden, sind sie wenig oder gar nicht schmerzhaft. Alle muskulösen Teile des Körpers werden damit befallen, und wenn auch bisweilen ein Geschwür schnell und unerwartet sich schließt: so entsteht eben so schnell ein anderes an einer anderen Stelle. Dieser Aussatz scheint bloß den Negern eigen zu sein, indem ich ihn nie bei den übrigen Beduinen bemerkte. Sollte diese Erscheinung nicht einen Beweis abgeben, dass in der von Mose angeführten Horde viele Neger waren?

Da die Beduinen wenige und selten schwere Arbeiten verrichten: so sind sie unter sich außerordentlich gesellig. Des Abends oder auch des Tages, wenn Gäste da sind, sind sie in dem Gastzelt beisammen, wo sie sich mit allerhand Gesprächen unterhalten, wobei sie viele Lebhaftigkeit bezeigen. Bei Fremden sind sie äußerst neugierig und zudringlich, und unterhalten sich sehr lange über den Zweck seiner Reise. Man wollte mich durchaus für einen Schatzgräber oder Magier halten, und verlangte, dass ich Zettel wider Krankheiten und alle möglichen Zufälle schriebe. Man glaubte, ich verstehe die Kunst, mich und andere unsichtbar zu machen, und hatte Achmed den Verdacht eingeflößt, dass ich mich nach beendigter Reise unsichtbar machen und ihn um seinen Lohn bringen werde. Ein kleines arabisch-deutsches Wörterbuch, welches ich während meinem Aufenthalt in Halep verfertigte, und das ich immer mit mir führe, sollte durchaus ein Zauberbuch sein. Da so wenig Achmed als irgendein anderer seines Stammes lesen konnte: so ersuchte er einst einen Bauer, es durchzusehen. Obgleich derselbe nun ganz etwas anderes fand als er erwartet hatte: so war dieser Mensch dennoch so sehr dagegen eingenommen, dass er darauf spuckte und es von sich warf. Diese Behandlung seines Gastes nahm indessen Achmed sehr übel, und der Bauer musste mir bald nachher seine Reue bezeugen.

Die Beduinen kümmern sich wenig um die Religion, obgleich sie sich alle für Mohammedaner ausgeben und Allah und den Propheten immer im Munde führen. In unserem Dauâr war kein Einziger, der die vorgeschriebenen Gebete beobachtete, und vielleicht war im ganzen Stamme kein Einziger, der dies tat als der Oberschech, der, wo mir recht ist, dieselben bisweilen verrichtete. Bloß des Morgens hörte ich bisweilen, dass Achmed ein kurzes Gebet, aber ohne alle Zeremonie, im Gehen oder Stehen hersagte. Bissm Allah! (in Gottes Namen) hört man häufig beim Anfang eines jeden Geschäfts, sei es auch eine noch so unbedeutende Sache. Um den wöchentlichen Festtag der Mohammedaner, den Freitag, kümmern sie sich ebenso wenig als um die übrigen Wochentage, wovon sie den heutigen Tag oftmals nicht anzugeben wissen.

Da die Weiber und Kinder immer mit nackten Füßen gehen, und es hier viele Dornsträucher gibt: so haben sie fast täglich

Dornen in den Füßen, welche die Beduinen aber mit vieler Geschicklichkeit herauszuziehen wissen. Die jungen Mannspersonen tragen meistenteils bloße Sohlen, welche sie mit einer dünnen, wollenen Schnur unter die Füße befestigen; die Verheirateten tragen eine Art hoher bis an die Knöchel gehender Schuhe.

Sehr selten tragen die Beduinen Beinkleider, und auch diejenigen, welche damit versehen sind, bedienen sich derselben nur, wenn sie reiten. Indessen wissen sie sich mit dem bloßen Hemd immer so zu setzen, dass sie nie unanständig werden. Kleine Knaben hingegen wissen von einer solchen Unschicklichkeit nichts.

14. Januar. Nach langem Harren traten wir endlich den 14. Januar unsere Reise nach der Ostseite des Toten Sees an. Achmed überließ mir sein Pferd und er begleitete mich zu Fuß. Ich hatte ihm außer seinem bedungenen Tagelohn noch ein beträchtliches Trinkgeld versprochen, wenn wir heute den Jordan passieren würden, wozu er vorhin sehr wenig Lust bezeugte, weil er die Nachricht erhalten, dass derselbe noch immer sehr hoch sei.

In Jericho vernahmen wir zu unserer nicht geringen Freude, dass ein Trupp Aduân des Morgens zur Jordanfurt, el Mócktaá, gegangen sei, um, wo möglich, das andere Ufer zu erreichen. Wir eilten also, um uns an sie anzuschließen. Auf dem Weg dahin kehrten wir auf einige Minuten in ein Dauâr von fünfzehn Zelten ein, welche den Beni Száchar gehörten, und wo ich einer kranken Schwester des Oberschechs Szleimán medizinischen Rat erteilen musste.

Wir trafen den Oberschech der Beni Száchar nebst noch ein paar anderen am hohen Ufer des Jordans, die Pferde an Bäume gebunden, und die Lanzen in die Erde gesteckt. Etliche Aduân waren am hohen diesseitigen, etliche andere am jenseitigen niedrigen Ufer im Gebüsch; auf beiden Seiten loderte ein großes Feuer. Beträchtliche Strecken des ausgespülten hohen Erdufers stürzten mit donnerndem Geräusch in den Strom. Nackte Beduinen schwammen hin und her und erreichten, mit dem noch schnellen Strom kämpfend, jedes Mal halb erstarrt vor Kälte und zähneklappernd das Ufer, wo sie sich wieder ein wenig erwärmten, um ihre Wasserfahrt aufs Neue antreten zu können. Nie hatte ich Gelegenheit, den Nutzen einer Brücke, oder auch nur

Die Jordanfurt

einer Fähre, jener Werke größerer politischen Verbindungen zur Beförderung des Transports, kennen zu lernen als hier. Denn es war nicht genug, dass Menschen und Tiere durch den Fluss schwammen; es mussten auch ihre Kleidungsstücke, ihre Ess- und andere Waren usw. hinübergeschafft werden, und jedermann wünschte diese trocken zu erhalten. Man stopfte sie also in wasserdichte Schläuche, die man fest zuband, und so nahm jeder Schwimmer einen oder zwei und brachte sie ans andere Ufer. Allein, die Schläuche fassten keinen großen Vorrat auf einmal, und so sahen sie sich genötigt, so vielmals hin und her zu schwimmen, bis endlich alles hinüber war. Selbst meine Uhr kam auf diese Art unbeschädigt ans andere Ufer. Achmed gehörte zu den geschicktesten Schwimmern und er schwamm vielleicht ein dutzend Mal von einem Ufer zum anderen. Ich hatte währenddem das Geschäft über mich genommen, ein großes Feuer zu unterhalten, damit die Schwimmer sich erwärmen könnten, wozu hier Holz in Menge vorhanden war. Die Haut der Beduinen war meistenteils sehr stark gebräunt; einem von ihnen fiel meine Weiße auf, und er rief den anderen zu: »Seht! Seht!

Das Salz! Der Arme!« Achmed setzte sich auf sein Pferd und schwamm mit demselben hindurch, weil das Wasser zu tief war, als dass es den Boden berühren konnte. Etliche Esel wurden einzeln in den Fluss geschoben, und ein Beduine schwamm neben denselben hinüber, jeden an einem Strick haltend. Als endlich alles hinüber war, kam die Reihe an diejenigen, die nicht schwimmen konnten; einen Schafhändler von Jerusalem, einen Halbneger von den Aduân, und zuletzt an mich. Man band mir einen aufgeblasenen Schlauch auf den Rücken und einen Strick an den linken Arm, welchen Achmed fasste; wir wateten so tief in den Fluss hinein, bis wir endlich vom Strom gehoben und schräge fortgerissen wurden. Zur Sicherheit schwamm ein anderer Beduine hinter mir, wie bei den vorhin Übergesetzten, welcher jedes Mal einen Gesang anstimmte, um Mut zu machen. Das Wasser hatte eine schreckliche Kälte, weil es aus geschmolzenem Schnee bestand; zudem fiel gerade ein kalter Regenschauer, und ich glaubte mich unbeweglich, als wir endlich glücklich das andere Ufer erreichten. Alles ging indessen gut und ich empfand keine üblen Folgen davon.

Unsere Gesellschaft eilte, um ein Nachtquartier aufzusuchen, weil mit dem Übersetzen der ganze Tag verflossen war. Achmed war nicht wenig besorgt, als wir uns auf einmal allein sahen. Er hatte unter den Arabern des anderen Ufers zwei vom Stamm der Hadschája, die in dem Land Kárrak herumziehen, und welche Todfeinde seines Stammes sind, bemerkt, welche weiter hinab über den Jordan geschwommen waren, und er befürchtete, dass uns diese überfallen möchten. Die Ursache dieses tödlichen Hasses war folgende: Zu der Zeit des französischen Einfalls in Syrien waren die Beduinen auf der Westseite des Toten Sees und des Jordans wider die Franzosen zu Felde gezogen, und hatten ihre Familien ohne Schutz zurückgelassen. Die Hadschája und etliche andere Beduinen auf der Ostseite des Toten Sees benutzten diese schöne Gelegenheit, um ihre Raubsucht zu befriedigen. Sie machten einen Einfall in Palästina, plünderten das griechische Kloster Mâr Szába in der Wüste und streiften bis vor Jerusalem und Betlehem. Die Htêm, welchen die Beschützung jenes Klosters mit obliegt, nahmen dies sehr übel auf, und sannen auf Rache. Sie machten einen Streifzug in das Gebiet der Hadschája, überfielen etliche Dauâre, und die grausamen Neger schonten weder Weib noch Kind. Es war also leicht begreiflich, dass die so behandelten Hadschája auf Blutrache dachten, und Achmed konnte den gewissesten Tod erwarten, wenn er in ihre Hände fallen würde. Wir eilten daher so schnell als möglich, um aus dieser gefährlichen Lage herauszukommen, und uns wieder an unsere Gesellschaft anzuschließen.

In einiger Entfernung vom Ufer des Jordans fanden wir wieder etliche Hügel, wie auf der Westseite, deren Boden nackt und von dem Regen so glatt war, dass mein Pferd beständig auszugleiten drohte. Wir holten indessen in kurzem zu unserer Freude unsere Gefährten wieder ein, und waren nun in Sicherheit. Nach einer halben Stunde passierten wir den Bach Nahhr Hüsbân, welcher westwärts von Hüsbân, dem alten Hesbon, entspringt und sich ein wenig oberhalb der Mündung des Jordans in den Toten See mit diesem Fluss vereint. Seine beiden Ufer sind mit vielem Gebüsch eingefasst. Die Dunkelheit der Nacht übereilte uns, und wir zogen auf der Steppenebene umher, wo kein Pfad zu sehen war, ohne zu wissen, wo wir die Nacht zubringen sollten. Ein kleiner Regen dauerte beständig fort. Endlich hörten wir in der Ferne etliche Beduinen ihre Kamele locken; wir folgten dieser Stimme und erreichten etwa zwei Stunden vom Jordan entfernt zwei Zelte der Beni Száchar, wo wir übernachteten. Unsere Wirte waren auf so viele Gäste nicht gefasst, und konnten uns daher weiter nichts zum Nachtessen reichen als Brot und Kaffee, weil weder Ziegen noch Schafe vorhanden waren, bloß Kamele. Holz war gleichfalls nicht vorhanden, und unsere noch halbnassen Kleider, verbunden mit der nächtlichen Kälte, fielen uns nicht wenig beschwerlich.

Um ein Viertel vor neun Uhr erreichten wir den Nahhr Szuéme, einen kleinen Bach.

Es begegnete uns hier ein kleines Abenteuer, das wir gar nicht erwartet hatten. Ein Beduine von den Beni Száchar passte uns hier am Wege auf, und verlangte Passagegeld oder Gáffar von uns. Unsere Leute weigerten sich, und wollten schon weiterziehen, als wir einen anderen von dem nämlichen Stamm wohl bewaffnet querfeldein in Galopp auf uns losgeritten kommen sahen. Mit großem Ungestüm forderte er Passagegeld von mir und von einem Beduinen unserer Gesellschaft, welcher einige Waren in Jerusalem gekauft hatte, um damit einen kleinen Handel zu treiben. Letzterer musste bezahlen; was mich betraf, so gab sich Achmed alle Mühe, den Beni Száchar zu beweisen, dass ich nicht nötig habe, diese Abgabe zu bezahlen, weil ich gar keine Waren bei mir führe, ein Christ, und er mein Führer sei, und überdem, weil ich gar kein Geld bei mir habe. »Recht so«, erwiderte der Reiter, »er ist ein Christ, und wir haben ein bekanntes Recht, von Christen einen Chaué* zu verlangen.« In dem nämlichen Augenblick nahm sein Gefährte meinen Abbâje in Beschlag und ging damit fort. Obgleich nach lange fortdauerndem Disput der Reiter zugab, dass ich in Achmeds Gesellschaft nicht nötig habe, irgendeine Abgabe zu entrichten: so war dennoch mein Abbâje fort, weil der Reiter versicherte, derjenige, der ihn genommen, sei zwar von seinem Stamm, aber aus einem entfernten Dauâr und er kenne ihn nicht. – Der Viehhändler von Jerusalem hatte nichts bezahlt, weil er seit vielen Jahren mit den Beduinen dieser Gegend in Verbindung steht, und ihnen gelegentlich kleine Geschenke macht. Er versicherte mir, er führe in seiner Reisetasche zweitausend Piaster bares Geld mit sich; nichtsdestoweniger reise er hier so sicher als in anderen Gegenden mit einer Karawane. Die Beduinen fühlen sehr wohl das Bedürfnis, doch einigermaßen eine Verbindung mit den Städten zu unterhalten, um gewisse Waren zu erhalten, die ihnen unentbehrlich geworden sind, und ihren Überfluss an Vieh und deren Produkten wiederum zu Geld zu machen. Ein kluger Eigennutz zwingt sie also, bei den unter ihnen bekannten Krämern ihre früh erlernte Raubsucht zu unterdrücken.

Nach einem Aufenthalt von anderthalb Stunden zogen wir weiter. Allein, Achmed, welchem ich einige Vorwürfe gemacht hatte, dass er, als Schech, so wenig seine Autorität hätte geltend machen können, ging zurück, um den Räuber aufzusuchen. Besorgt, dass man mir meine silberne Uhr nehmen möchte, steckte er sie zu sich, und empfahl mich zweien Aduân, die gleichen Weg, als ich, zu machen hatten.

* Geschenk, das Händler, die mit Beduinen handeln, einem Freund, den sie in jedem Stamm haben, jährlich machen.

Einige Zeit darauf trennte ich mich von der übrigen Gesellschaft, welche tiefer landeinwärts einige Dauâre aufsuchte, und blieb mit meinen zwei Aduân, wovon einer ein Neger war, allein. Wir zogen südwärts durch eine außerordentlich bergige Gegend, welche von kleinen tiefen Tälern und Schluchten durchschnitten war. Von diesen Bergen hatte ich mehrmals das Vergnügen, einen beträchtlichen Teil vom Toten See zu übersehen. Indem wir so in dieser stillen Einöde fortzogen, wurden meine Beduinen auf einmal in den größten Schreck gesetzt. »Kôm! Kôm!«*, schrien sie, indem sie ängstlich nach den nahen Bergen am Ufer des Toten Sees hinblickten, und liefen querfeldein. Schnell erinnerten sie sich aber, dass ich ihrem Schutze anvertraut war, und nun trieben sie mit aller Macht mein müdes Pferd eine steile Bergseite hinan, um, wo möglich, in einer krummen Bergschlucht uns den Augen der Bewaffneten zu entziehen. Indem sie aber immer nach dem See hinschauten, entdeckten sie auf einmal ihren Irrtum, indem sie nämlich in den vermeinten Bewaffneten einen friedlichen Haufen von weidenden Kamelen erblickten. Dieser Vorfall gab ihnen jetzt Stoff zum Lachen und einer zog den anderen wegen seiner Furcht auf. Man sieht hieraus, wie besorgt selbst die Beduinen in ihrem eigenen Gebiet für Streifzüge entfernter feindlicher Araber sind.

Einige Zeit nach diesem Auftritt stießen wir in einem Grund auf einen bejahrten Neger, Vater des Negers, der bei mir war. Er lud uns in seinen Dauâr, welcher etwas weiter in einem sehr tiefen engen Grund versteckt lag. Wir lehnten sein Anerbieten von uns ab, weil wir noch des Abends den Dauâr des Oberschechs der Aduân zu erreichen hofften. Unser Wunsch wurde erfüllt; wir stiegen einen Berg hinan und bei Sonnenuntergang erreichten wir zwei kleine Dauâre, welche in geringer Entfernung voneinander in einer flachen Vertiefung standen. In dem ersten war das Zelt des Oberschechs befindlich, welches sich durch nichts weiter von den übrigen auszeichnete, als dass es etwas größer war; wir zogen in den zweiten Dauâr und kehrten dort bei einem Anverwandten Achmeds ein.

Da die griechischen Christen von el Szalt und Kárrak sich bei

* Bewaffneter Volkshaufen.

den Beduinen dieser beiden Länder in Achtung zu setzen gewusst haben, weil Letztere selbst eine ähnliche Lebensart führen, und beide sich gelegentlich durch ihren Mut auszeichneten: so begegnen sie ihnen als ihresgleichen, und erlauben sich nicht solcher erniedrigenden Behandlungen als Christen in anderen Gegenden Palästinas ausgesetzt sind. Aus diesem Grunde riet mir Achmed, mich für einen Mönch aus dem griechischen Kloster in Jerusalem auszugeben.

Da dieser Dauâr eine hohe Berglage hatte, und des Nachts aus Mangel an Brennmaterialien kein Feuer in der Gastabteilung meines Zeltes unterhalten wurde, wo ich allein schlief: so litt ich nicht wenig von der nächtlichen Kälte. Ich war mit einem Trupp Ziegen umgeben, welchen gleichfalls die Kälte beschwerlich fiel, und ich fand des Morgens beim Erwachen zu meinem Erstaunen, dass sich eine davon zutraulich dicht neben mich gelegt und mich warm erhalten hatte.

16. Januar. Achmed kam am folgenden Morgen und erzählte, dass seine Bemühung vergeblich gewesen sei. Indessen versicherte er, er würde gelegentlich Repressalien gebrauchen, wenn einst einer von jenen Beni Száchar in sein Gebiet käme. Er gab mir einen knopfförmigen gut erhaltenen Echinit, welcher in Kalkstein verwandelt war, und den er unterwegs gefunden hatte. Da er von seinem Marsch sehr ermüdet war: so beschlossen wir, hier einen Tag auszuruhen.

Achmed stellte mir jetzt meine Uhr wiederum zu; allein zu meinem großen Missvergnügen stand sie still. Wahrscheinlich hatte er sie einigen Neugierigen gezeigt, und sie war von ihnen beschädigt worden. Es fehlte mir jetzt ein Mittel, um die Entfernungen der Stationen genau zu messen. Ich rate einem jeden Reisenden, der den Orient zu besuchen wünscht, sich in Europa mit etlichen von den in Nürnberg verfertigten Boussolen zu versehen, welche zu gleicher Zeit einen Sonnenzeiger haben. Diese kleinen Instrumente sind außerordentlich nützlich bei Exkursionen, wo man nicht wohl eine Uhr mit sich führen kann, wie unter den Beduinen, oder auch, falls die Uhr durch einen Zufall unbrauchbar würde.

17. Januar. Am folgenden Morgen verließen wir mit Sonnenaufgang diesen Dauâr, kehrten aber schon nach etwa fünf Minu-

ten in einen kleinen Haufen von vier Zelten ein, um dort zu frühstücken. Da ich nach Anleitung der Karte und nach Josephus Nachrichten in dieser Gegend die alte merkwürdige Festung Machaerus suchte: so erkundigte ich mich bei unseren Wirten danach; allein niemand wollte diesen Namen gehört haben. Man nannte mir zwar unterschiedliche Ruinen; indessen konnte ich in den Namen derselben keine Ähnlichkeit mit Machaerus finden. Endlich nannte man mir einen Ort Mkáuer oder nach dem Dialekt der hiesigen Beduinen Mtscháuer, und aus der Angabe der Lage desselben wurde ich überzeugt, dass dieses der nämliche Ort sein müsse. Die Ruinen dieses Orts sollen noch sehr bedeutend sein; er hat bloß einen einzigen Eingang, welcher über eine hohe Brücke führt, und man findet dort noch sehr große Quadern, welche vormaligem Mauerwerk angehörten. Mkaur liegt auf dem hohen Gipfel des langen Berges Attarûs, und zwar an dessen Nordende, nahe am Ufer des Serka-Maéin, und zwar auf dessen Südseite. Die Seiten des Berges sollen hier außerordentlich felsig, schroff und von drei Seiten unersteiglich sein.

Obgleich wir uns der Gegend, wo sich Hadschája aufhalten, näherten, und Achmed ihretwegen, weil wir jetzt allein waren, in steter Furcht war: so zogen wir doch, obgleich sehr langsam, weiter, um das südliche Ufer der Serka-Maéin zu erreichen. In geringer Entfernung von den Zelten ging es gleich bergab in das Tal dieses Flüsschens. Die Luft war bezogen und kühl. Beim Hinabsteigen wurde ich aufs Angenehmste durch die Erscheinung einer Gebirgsart überrascht, welche ich auf der Westseite des Toten Sees überall vergeblich gesucht hatte. Ich fand nämlich in einem Grund am Wege den Felsenboden ganz aus Lava von brauner, roter und schwarzer Farbe bestehend, welche zum Teil sehr löchrig und leicht war. Unten im Tal fand ich am Ufer der Serka schwarzen Basalt teils in Blöcken, teils in hohen senkrechten Felswänden, welche auf Kalkstein ruhten, der unten im Bett der Serka sichtbar war. Obgleich das Tal dieses Gewässers sehr tief ist: so hatte es hier doch bloß die Größe eines Bachs; es fließt in einem felsigen Bett, welches dicht mit Lorbeerrosen, Weiden usw. bewachsen ist.

Jenseits der Serka-Maéin ging es wieder bergan, und nach etwa einer Stunde erreichten wir ein halb Dutzend Zelte, welche

Beduinen vom Stamm der Beni Haméide zugehörten, die, wie die Aduân, zugleich ein wenig Ackerbau treiben. Sie zahlen, so wie alle Stämme in el Belka, eine jährliche Kontribution an den Pascha von Damask. Wir kehrten in das Zelt des Schechs ein und blieben dort die Nacht.

18. Januar. In Begleitung von zweien Bewaffneten besuchten wir am folgenden Tage die heißen Quellen in dem Tale der Serka-Maéin, welche nordwestwärts von unseren Dauâr lagen. Die Luft war hell, aber es war des Morgens kalt. Ein kaum sichtlicher Pfad, welchen meine Araber, ohne scherzen zu wollen, die Kaiserstraße (Derb el Szultân) nannten, führte in das Tal hinab. Der Pfad wurde weiter nach unten sehr beschwerlich, felsig und steinig, und endlich so steil, dass ich absteigen und das Pferd nebst meinen Reisetaschen zurücklassen musste. Die Berge bestanden hier oben aus Kalkstein, unten aus Geröll, und hier war es sichtlich, dass der Boden in Brand gewesen war. Er bestand nämlich aus Lava von mehreren Farben, welche zum Teil so leicht und löchrig wie Bimsstein, war. Wir wateten durch den Bach, dessen Bett auch hier dicht mit zahmem Schilfrohr, ziemlich hohen Pappeln und Weiden besetzt war, und gleich darauf durch ein paar heiße Quellen, welche dampfend unten aus den Felsenseiten hervorbrachen, und sich nach einem kurzen Lauf von fünfzig bis sechzig Schritten in die Serka ergossen. Die Felsenwände auf dieser Nordseite derselben bestanden zum Teil aus einem rötlichen und braunen mürben Sandstein.

Etwa zwanzig Minuten an der Serka hinab kamen wir zu zwei sehr heißen starken Quellen, welche dicht nebeneinander mit Geräusch aus den Felsen hervorbrachen. Sie setzen sehr vielen Tuff ab, welcher kalkartig zu sein scheint und an einigen Stellen ein kleines Gewölbe bildet, unter welchem das Wasser verborgen hinfließt. Der Geruch des Wassers war etwas schweflig, und mit dem abgesetzten Schlamm ist auch wirklich gediegener Schwefel vermischt, weswegen man denselben wider die Räude der Schafe benutzt.

Aus den Quellen stieg ein so heißer Dampf auf, dass er uns, wenn wir uns demselben näherten, sogleich einen starken Schweiß erregte. Wir bedienten uns hier alle des Dampfes oder des Wassers zum Bade, und jeder wusch sein Leinenzeug, um gewisse Insekten zu vertilgen, die uns sehr beunruhigt hatten. Es war aber so heiß, dass wir nur ein paar Sekunden die Hände darin halten konnten. Man sieht indessen hieraus, dass es nicht völlig kochend heiß war, eben so wenig, wie das heiße Schwefelbad bei Taberia, mit welchem es übrigens die größte Ähnlichkeit hat. Ich war willens, hier einen Versuch zu machen, ein Ei darin zu kochen; allein zu meinem Missvergnügen waren in unserem Dauâr keine Hühner vorhanden. Indessen bezweifle ich die Möglichkeit. Diese Quellen sind etwa zwei Stunden vom Toten See entfernt, wohin der Weg von hier äußerst beschwerlich sein soll. In dem Wasser wuchs eine grüne schleimige Conferve. Auffallend war mir eine außerordentlich lange weißliche strickähnliche Pflanze, welche unmittelbar über den heißen Quellen im Tuff wuchs, und von dort auf der Erde fortkroch; ihre Spitze ausgenommen, war sie gänzlich blätterlos. In dem nämlichen Tuff über den Quellen wuchs ein schöner, mehr als mannshoher Scirpus, wovon man bisweilen einen Vorrat nach Jerusalem bringt, wo man sich desselben zu einer Art hübscher Fußmatten in den Moscheen bedient. Einige wilde stammlose Dattelpalmen und ein paar Phístuk el bân oder Hassalbân von der Größe eines Kirschbaums standen hier gleichfalls in geringen Entfernungen von den Quellen, sowie das bunte, inwendig dichte Schilf, dessen ich vorhin gedacht, hier in Menge wuchs.

Das Tal der Serka-Maéin ist sehr eng und auf beiden Seiten desselben erheben sich hohe steile felsige Berge. Man versicherte mir, dass in der wärmeren Jahrzeit bei Windstillen das Tal in dieser Gegend mit dem Dampf angefüllt werde, der immer während aus den heißen Quellen hervorsteigt, und man kann erwarten, dass alsdann hier eine tropische Hitze herrschen müsse.

Hier, dachte ich, muss die Hauptquelle sein, woraus jene alte Sage floss, welche sich auf Jahrtausende fortpflanzte. »Noch dampft ihr ödes Land, des Frevels Zeug'!« (Buch der Weisheit 10,7) sah ich an dieser Stelle aufs Deutlichste erklärt. Sobald die Menschen anfingen, ein wenig über die Gegenstände der Natur nachzudenken, war es ihnen leicht, auf den Gedanken zu kommen, dass diese heißen Quellen ihre Hitze von einem unterirdischen Feuer erhielten; und dass dieses Feuer ehedem auch im Freien gewütet haben müsse, weil man in der Nähe der Quellen und in weiteren Entfernungen auf allen Seiten umher noch Schlacken antraf; denn dafür mussten sie sogleich die Lava erkennen. Sie fanden noch unterschiedliche andere heiße Quellen auf der Ostseite des Toten Sees. Diese Bemerkung, verbunden mit nachherigen Beobachtungen, dass sich um den Rand dieses Sees eine Menge gediegenen Schwefels, und in seinem Wasser selbst öfters Asphalt finde; dass dicht an demselben etliche besondere Gewächse vorhanden, die sie sonst nicht in den umliegenden Gegenden fanden; und endlich, dass dies Gewässer auf seiner Ost- und Westseite von ungemein wilden unfruchtbaren Felsenbergen eingefasst sei, wovon einer ein Salzberg; alles dies zusammengenommen musste ihnen etwas Besonderes scheinen, und konnte sehr leicht jemanden bewegen, eine schreckliche Erzählung zu ersinnen, wobei er die Absicht hatte, die Moralität und Gastfreiheit seinen Landsleuten zu empfehlen. An ein wahres historisches Faktum lässt sich hier gar nicht denken; denn fand einst wirklich an der Stelle, wo jetzt der tote See ist, ein furchtbares Erdbeben mit einem vulkanischen Ausbruch statt: so müsste man dort noch an allen seinen Ufern vulkanische Verglasungen und Laven antreffen, welche noch nicht ganz verwittert sein könnten, da Palästina seit der Besitznahme desselben durch die Israeliten in Hinsicht seiner natürlichen Beschaffenheit gar keine Veränderung erlitten zu haben scheint, und der arabische Schech Abraham, zu dessen Zeiten diese schreckliche Katastrophe vorgefallen sein soll, nur wenige Jahrhunderte vor Mose lebte.

Über die Ursache des noch jetzt hier vorhandenen unterirdischen Feuers kann ich nichts mit Gewissheit sagen. Da indessen höher die Bergseite hinauf, an dessen Fuß diese heißen Quellen entspringen, mächtige Basaltlager zu Tage stehen, und da es bekannt ist, und ich mich auch in mehreren Gegenden Deutschlands durch eigenen Augenschein davon überzeugte, dass unter dem Basalt öfters Steinkohlen angetroffen werden: so vermute ich, dass auch hier dies der Fall sei, dass dieses Steinkohlenlager, wie so viele andere in Europa, ein verborgenes Feuer nähre, welches das Regenwasser, das von oben durch Felsritzen und Spalten sich einen Weg nach unten bahnt, im Vorbeifließen kochend erhitzt, dass aber dasselbe auf dem ferneren Lauf von dem Sitz des Feuers bis zur Mündung der Quelle den Hitzgrad des kochenden Wassers verliere, sodass man ein paar Sekunden die Hand hineinstecken kann, ohne sie zu verbrennen. Sollte nicht dies nämliche Feuer auch durch entbundene Schwefelsäure den hier vorhandenen Schwefel und Alaun erzeugen, so wie durch eine Art von Schwelung den Asphalt, welcher geschmolzen durch unterirdische Gänge sich nach dem See hinzieht, wo er unter dem Wasser aus dem Felsenufer hervorquillen soll?

Unsere beiden Führer verließen uns hier und kehrten wieder in ihr Dauâr zurück. Wir blieben noch einige Zeit im Tal, um Kaffee zu bereiten, und stiegen alsdann des Nachmittags spät einen steilen beschwerlichen Berg auf der Südseite des Flüsschens hinan, welcher mehrenteils aus senkrechten Felsenwänden von Basalt bestand, und erreichten nach Verlauf von etwa zwei Stunden zwei einsam stehende Zelte, welche von Beni Haméide bewohnt wurden, wo wir die Nacht zubrachten. Das Zelt, was wir gewählt hatten, war sehr klein, und weil kein Holz vorhanden war: so litten wir des Nachts nicht wenig von der Kälte. Weder Kaffee noch Kaffeegeschirr war bei diesen Beduinen vorhanden; es war uns daher sehr lieb, dass wir selbst mit Geschirr und gebranntem und gestoßenem Kaffee versehen waren.

Des Abends kam das Gespräch auf ein zukünftiges Leben, und Achmed kramte ihnen darüber die Träumereien aus, welche er vielleicht von Städtern oder mohammedanischen Theologen gehört haben mochte. Die Versicherung, dass im Paradies keine eheliche Verbindung stattfände, gab zu einem Gelächter Anlass, und unser Wirt neckte sein Weib darüber, das uns in dem Harîm zuhörte. »Jedes Verlangen«, fuhr Achmed fort, »wird augenblicklich erfüllt, wenn man mit dem Wunsche danach das Angesicht Allahs anschaut!« »Wird man denn so auch Fleisch und Tabak erhalten können?«, fragte unser Wirt neugierig. »I! freilich!«, versetzte Achmed. »Was Ihr nur verlangt!« »O Herr! Da soll es uns Beduinen gelten!«, rief unser Wirt lachend aus. »Wirklich«, setzte er hinzu, »von dem, was nach dem Tode sein wird, wissen wir hier gerade so viel als unsere Rinder!« Ich gab ihm Recht, und setzte in Gedanken hinzu: Unsere größten Theologen wissen auch nicht mehr davon als du.

Die Beduinen dieser Gegend und längs der ganzen Pilgerstraße hegen einen tödlichen Hass wider die osmanische Regierung, zumal wider den Pascha von Damask, als Anführer der großen Karawane, und wider seine Soldaten. Einer von diesen Beduinen erzählte mit vielem Wohlgefallen, dass er vor etlichen Jahren eine Pilgerreise nach Mekka gemacht, und dass er bei dieser Gelegenheit einen osmanischen Soldaten, der seinen Gefährten gewalttätig behandelte, auf dem berühmten Berg Araphât in der Nähe von Mekka des Nachts ermordet habe. – Wenn die große Pilgerkarawane unterwegs ist: so strömen von allen Seiten eine Menge Beduinen nach der Straße, teils aus Neugierde, teils um einen kleinen Handel zu machen, häufig aber auch, um gelegentlich zu rauben; und da bei diesem letzten Versuche mancher sein Leben einbüßt, wenn er von den Truppen des Paschas ertappt wird: so finden sie immer Ursache genug, das Blut ihrer Anverwandten zu rächen.

20. Januar. Da Achmed seine Lage immer gefährlicher zu werden schien: so kündigte er mir gestern, als wir allein unterwegs waren, an, dass er mich nun nicht weiter begleiten könne, und setzte dann fragend hinzu: »Welche Route wünscht Ihr, dass wir sie zu unserer Rückreise wählen?« – »Rückreise?«, wiederholte ich verdrüsslich. »Habt Ihr mir nicht versprochen, dass Ihr mir einen Führer verschaffen wolltet, wenn es Euch nicht weiter möglich sein würde, mich zu begleiten?« – »Freilich!«, erwiderte er. »Freilich versprach ich dies; allein, Ihr seht es ja selbst, Maállim Musa!, dass meine Versuche, Euch einen Führer zu verschaffen, umsonst waren. Der Weg jenseits dem Máudschêb ist zu gefahrvoll.« – »Ich bin überzeugt«, sagte ich, »wenn Ihr es nur wirklich wollt, dass Ihr mir einen Gefährten verschaffen könnt. Ich hätte von Euch nicht erwartet, dass Ihr Euren Versprechungen so schlecht nachkommen würdet. Statt mich immer längs dem Ufer des Toten Sees zu führen, damit ich dort Pflanzen sammelte, führt Ihr mich nun schon mehrere Tage lang über nackte und kahle Berge, wo die Kälte noch keine Pflanzen aufkommen lässt. Sollte ich mein Geld so ganz unnütz weggeworfen, und sollte ich den Jordan halb erstarrt umsonst durchgeschwommen haben? – Ein zweites Mal kann ich diese Gegend nicht besuchen, weil ich meine Reise nach dem Sinai antreten muss!« – Ich schwieg still, war aber so missvergnügt mit Achmed, dass ich alles zu wagen beschloss, um meinen Plan auszuführen, falls ich

auch ganz allein nach dem Südende des Toten Sees reisen müsste. – Eine Zeit lang nachher sagte Achmed: »Ihr scheint mir unzufrieden.« – »Freilich bin ich es«, erwiderte ich, »und sollte ich es nicht sein, wenn ich den Zweck meiner Reise so ganz vernichtet sehe?« – »Seid ruhig!«, sagte er. »Ihr könnt versichert sein, dass ich alles tun werde, was in meinen Kräften steht, um Eure Wünsche zu erfüllen.«

In der Tat, er hielt Wort. Ein junger Beduine vom Stamme der Beni Haméide, welcher hier zum Besuch war, erbot sich am folgenden Morgen, mich weiter südwärts zu begleiten. »Bedenke dich aber wohl«, sagte Achmed warnend zu ihm, »weißt du auch, was es heißt, jemandes Führer sein?« – »Seid ohne Sorgen«, erwiderte er, »ich kenne meine Pflicht.« Wir wurden sogleich um den Lohn eins und zogen ohne Verzug ab, um noch an diesem Tag den Dauâr meines neuen Führers zu erreichen, welcher mehrere Stunden weit südostwärts von hier am nördlichen Ufer des Máudschêb lag. Ich musste von jetzt an zu Fuß gehen, weil Achmed es nicht wagte, mir sein Pferd mitzugeben, indem er befürchtete, dass es mir von feindlichen Arabern geraubt werden könne.

Mein Gefährte, Míghbil, war ein guter Mensch, mit dem ich alle Ursache hatte, zufrieden zu sein. Wir zogen in Gesellschaft einiger anderer Beduinen über einen schmalen felsigen Bergrücken, welcher zwischen dem Zusammenflusse der Wâl und des Máudschêb einen scharfen Winkel bildete.

Wir gingen längs der Bergseite am Máudschêb, und zwar an dessen Nordufer hinauf, und fanden bei einer Quelle, namens Ain Jenât, fünf Zelte der Beni Haméide, wo wir zu Mittag speisten. Etwas weiterhin passierten wir noch eine Quelle, an deren Abfluss auf beiden Seiten viel Gebüsch und Rohr nebst einigen wilden Feigenbäumen im Bette standen. Beide Quellen fließen nach einem kurzen Lauf in den Máudschêb. Kurz vor Sonnenuntergang erreichten wir Míghbils Dauâr, welches aus neun Zelten bestand, wo wir die Nacht blieben.

Ganz unerwartet wurde ich des Abends durch die Ankunft Achmeds überrascht. Aus Furcht für die Hadschája, welche in der Gegend von Míghbils Dauâr auf dieser Seite des Máudschêb auch ein Dauâr hatten, obgleich der ganze übrige Stamm auf dessen Südseite im Land Kárrak herumzieht, war er des Morgens zurückgeblieben; hatte aber bald darauf einen Bekannten getroffen, der ihm versprach, ihn sicher bis zu uns zu begleiten. Indessen stutzte er nicht wenig, als er hier einen Schech von dem Stamm Beni Ammer aus dem Land Kárrak fand, welcher gleichfalls feindselige Gesinnungen gegen die Htêm hegt. Dieser nebst einem Gefährten war nebst uns in dem nämlichen Gastzelt, und Achmed äußerte ihnen geradezu die Besorgnis, die er ihretwegen hege. »Seid unbesorgt«, sagten sie, »wir sind hier, so wie Ihr, Gäste.« Die Achtung, welche die Beduinen für ihre Gäste hegen, ist wirklich ausnehmend groß. »Unser Gast, Allahs Gast!«, hört man sie häufig sagen, oder auch: »Er ist unser Gast!« mit einem gewissen Nachdruck.

Den Abend brachten sie mit Erzählungen von ihren Heldentaten, oder wenn man will, ihren Räubereien, die sie in der Gegend von Gasa und an der Straße der Mekka-Pilger ausübten, zu. Die Mekka-Pilger müssen immer sehr auf ihrer Hut sein, wenn sie sich nicht der Gefahr aussetzen wollen, von den herbeikommenden Beduinen beraubt oder gelegentlich gar ermordet zu werden.

21. Januar. Achmed hatte hier erfahren, dass er mich noch ohne Gefahr eine Tagereise jenseits den Máudschêb weiter begleiten könne. Statt Míghbil erhielt ich dessen älteren Bruder, Maijûb, zum Gefährten, bei welchem Tausch ich noch eher gewann als verlor. Wir zogen bald nach Sonnenaufgang weiter, und zwar westwärts den Fluss hinab, welchen wir nach etwa einer Stunde passierten. Der Máudschêb, oder der Arnon der Alten, hatte nur ein paar Schritte breites Wasser in seinem Felsenbett, welches voller Kalksteinblöcke lag. Das Wasser floss außerordentlich schnell, und rauschte und schäumte an vielen Stellen, wo es durch Felsen im Laufe aufgehalten wurde. Es wehte des Morgens ein sehr kalter Ostwind.

Wir zogen hierauf auf halber Höhe der südlichen Bergseite ein paar Stunden immer den Fluss hinab. Achmed machte Jagd auf Gazellen, welche sich hier nebst anderem Wild aufhalten; aber vergeblich. Wir kamen weiterhin durch einen Bach el Schdêr, welcher sich in den Máudschêb ergießt, und in dessen Bett viel zahmes Schilf und Lorbeerrosen wuchsen. Wir hielten hier ein wenig still. Die Bergseiten bestanden aus Kalkstein; allein hier und weiterhin fand ich in demselben mächtige Lagen von Gips, und viele Stücke von Marienglas und Strahlgips, und noch weiter hinab Basalt und Feuerstein neben dem Kalkstein. Durch die Mündung des Tales, worin der Máudschêb fließt, zeigte man mir Ain Dschíddy auf der Westseite des Toten Sees, welches derselben fast gerade gegenüber liegt. Nachher passierten wir noch einen kleinen Bach, Ain Bedíje genannt, und erreichten kurz vor Sonnenuntergang auf dem Berge ein Dauâr von sechs Zelten, von Beni Haméide bewohnt, wo wir die Nacht blieben.

Wir waren jetzt in dem Land der Freiheit; denn mit dem Máudschêb hört das osmanische Gebiet südwärts gänzlich auf. Auch die Landschaft Belka auf der Nordseite dieses Flusses erkennt nur sehr wenig die Oberherrschaft des Sultans der Osmanen, indem die Einwohner von el Szalt gänzlich unabhängig sind, und die Beduinen nur eine geringe jährliche Abgabe entrichten. Indessen wird dieselbe so genau eingetrieben, dass die Beni Haméide und die wenigen Hadschája, welche sich auf der Nordseite des Máudschêb aufhalten, sie entrichten müssen, statt dass die Übrigen auf der Südseite nichts bezahlen.

Der Schech dieses Dauârs, in dessen Zelt wir abgetreten waren, war seiner Jahre ungeachtet ein noch rüstiger Mann und schien wohlhabend zu sein. Er sowohl als seine Familie waren äußerst habsüchtig, und hörten nicht eher auf, bis sie meine Sachen alle durchsucht und sich einiges davon zugeeignet hatten. Achmed wurde zuletzt über ein so ungastfreies Betragen so aufgebracht, dass er ausrief: »Wie? Gibt es denn bei Euch keine Sicherheit?« Dies war ein sehr harter Ausdruck, dessen Gewicht die Habsüchtigen ganz fühlten. »Oh!«, sagten sie stutzend. »Allahs Friede ist hier!« Von diesem Augenblick an waren sie ein wenig gemäßigter in ihrer Zudringlichkeit. Den Alten schien es aber zu verdrießen, dass er so wenig bei mir gefunden hatte, was seiner Habsucht genügte, und er wurde mir nicht wieder gut. Ich hatte mich überall, wie schon gesagt, für einen griechischen Mönch ausgegeben, der sich mit der Arznei abgebe und zu dem Ende Pflanzen sammle. Der Schech wusste, dass die Griechen heute einen Fasttag hatten; da er nun sah, dass ich des Abends, meiner Priesterschaft vergessend, Milchspeisen mit vielem Appetit aß: so sagte er zu den Übrigen: »Nein! Bei Gott! Der ist kein Christ! Der ist ein Samariter!« Dies hieß in seinem Munde so viel als ein nichtswürdiger Mensch ohne alle Religion. Ich stellte mich, als hörte ich es nicht; Achmed aber versicherte ihm, in der Stadt faste ich immer; allein unterwegs sei es mir erlaubt, die Fasten zu brechen.

22. Januar. Mit Vergnügen verließen wir am folgenden Morgen unsere unhöflichen Wirte und zogen südwärts einen Berg hinan, auf welchen andere Berge folgten, und welche sehr unfruchtbar und felsig waren. Endlich kamen wir zu zwei Zelten der Beni Haméide, welche in einem sehr kleinen engen Grund gänzlich versteckt lagen. Die Aufnahme, die wir hier fanden, kontrastierte sehr mit der von gestern Abend; unser Wirt war die Freundlichkeit und Gastfreiheit selbst. Ein treffliches Gericht wurde uns vorgesetzt, welches aus frischem Brot bestand, das mit süßer Milch durchknetet und mit wohlschmeckender Butter übergossen war. Zur Vergeltung dafür wurde ich der Arzt der Kinder des guten Haméide.

Achmed blieb hier und ich trat meine Fußwanderung allein mit meinem neuen Gefährten Maijûb an. Wir passierten bald die Quelle Ain Sgêk, und ließen weiterhin sechs Zelte der Beni Haméide in einem Grunde liegen. Auf einer Stelle fand ich auf den Bergen etliche wilde Mandel- und Terpentinbäume. Nachher kamen wir auf den Bergen neben einem hohen Haufen aufeinander gelegter Steine hin, welcher einem alten Grabhügel glich, und hatten ostwärts davon etwa eine halbe Stunde entfernt eine ausgezeichnet hohe Bergspitze, worauf sich nach der Versicherung meines Gefährten noch etliche Ruinen finden sollen. Er nannte diese Bergspitze el Râs, ohne eine andere Benennung hinzuzusetzen. Die Aussicht von ihr muss sehr ausgedehnt sein, und ich vermute, dass man den Toten See von dort in seinem ganzen Umfang übersehen könne. Bald darauf stiegen wir in einen Grund hinab, wo wir in einem Dauâr von sechs Zelten der Beni Haméide eine Erfrischung zu uns nahmen.

Von hier verfolgten wir einen sich etwas senkenden Grund, welcher voll von großen Basaltblöcken lag, Bruchstücken der Bergseiten dieses Grundes, die zum Teil aus Basalt bestanden. Der Abend war nahe, und noch konnte Maijûb keine Zelte entdecken. Endlich fanden wir bei Sonnenuntergang einen Dauâr von zehn Zelten der Beni Haméide in einem flachen Grund hinter Kalkfelsen gänzlich versteckt, wo wir die Nacht blieben.

23. Januar. Am folgenden Tage setzten wir gleich nach Sonnenaufgang unsere Promenade fort. Wir verfolgten ein paar Stunden lang einen Grund westsüdwestwärts, welcher sich nach dem Toten See zu immer mehr senkte. Die nackten felsigen Berge auf beiden Seiten bestanden aus Kalkstein, und wir hatten das Vergnügen, einen Haufen von elf Steinböcken auf dem Scheitel eines derselben zu erblicken. Wir waren ganz allein, und setzten so still als möglich unseren einsamen Weg fort, weil Maijûb für die Beduinen des Stammes Huethât besorgt war, welche mit seinem Stamm in Fehde stehen. Wir erreichten endlich die Mündung des Wady Kárrak und mit ihm die Ufer des Toten Sees. Der Wady Kárrak, welcher seinen Anfang bei Kárrak nimmt, hat hier ein enges krummes und mit hohen steilen Seiten eingefasstes Ufer. Vor seiner Mündung dehnt sich eine große Halbinsel in den See hinaus, welche Gôr el Mesráa el Kárrak heißt, und welche ich von der Westseite des Toten Sees für eine Insel gehalten hatte. Der Wady gießt hier einen Teil seines Wassers in einen Golf, welcher das nördliche Ende der Halbinsel von dem festen Land trennt; ein anderer Teil ist durch Kanäle nach dem Dorfe geleitet, welches auf der Halbinsel befindlich ist und el Mesráa heißt. Die Halbinsel ist größtenteils eben und zum Teil mit vielem Gesträuch und Gebüsch bewachsen. Um zu dem Dorf zu kommen, mussten wir zuerst den kleinen Fluss und nachher etliche Kanäle durchwaten. Nach etwa einer halben Stunde kamen wir zu einigen Bauern, welche man, so wie die von Száphiá Arab el Gôr oder Gauârny nennt, welche mit Holzroden beschäftigt waren, wozu sie sich der Axt und des Feuers bedienten, um neue Felder zur Saat zu erhalten. Sie waren am Oberleib nackt, und ein Halbneger war völlig nackt ohne die geringste Bedeckung. Einer von ihnen war ein Bekannter von Maijûb, und dieser lud uns in sein Haus ein. Wir erreichten in kurzem das kleine Dorf, welches zwischen dem Gesträuch halb versteckt lag. Es bestand aus etlichen zwanzig Hütten von zahmen Schilfrohr, oben mit schwachen Baumästen und Schilf bedeckt, welche einen regelmäßigen viereckigen Platz umschlossen, worauf man

des Nachts das Vieh zusammentreibt. Die Schilfwände waren mit etwas Lehm beworfen, und das Dach mit einigen Pfählen unterstützt. So armselig diese Hütten auch waren, indem sie nur aus einer Abteilung bestanden, wo Menschen und Vieh zusammen lebten: so waren sie doch immer weit besser und weit geräumiger als die Zelte der Beduinen.

Der Schech dieses Dorfes und von Gôr el Száphiá, Hammáde, war ein Freund von Achmed, und dieser hatte mich ihm durch Maijûb empfohlen, und ihn gebeten, mich nach Gôr el Száphiá zu führen, weil Maijûb mich aus Furcht für die Huethât nicht dorthin begleiten durfte. Zwar war etwa eine halbe Stunde von dem Dorf ein Dauâr von zehn Zelten den Huethât zugehörig; allein die Bewohner desselben standen mit den Beni Haméide in gutem Vernehmen, und Maijûb hatte daher nichts von ihnen zu befürchten. Wir fanden aber den Schech nicht zu Hause, weswegen wir uns so lange in dem Haus des Bekannten von Maijûb aufhielten, bis er gegen Abend zurückkam, da er uns dann in seine Wohnung einlud, die aber nichts besser als die der Übrigen war.

24. Januar. Hammáde wurde bald mit mir um den Preis eins, mich nach Gôr el Száphiá zu führen. Er ritt eine Stute von einer edlen Rasse, el Köhhély genannt, wovon er versicherte, dass sie tausend Piaster wert sei; ich erhielt seinen Esel.

Gôr el Száphiá nimmt nur einen kleinen Teil der großen Ebene ein, welche den Zwischenraum zwischen den zwei Gebirgsreihen auf dem Südende des Toten Sees ausmacht, und welche ein widerliches Bild der größten Unfruchtbarkeit abgibt. Gôr el Száphiá nimmt den östlichen Rand davon ein. Es erstreckt sich von der Stelle an, wo das Wasser des Wady el Hössa aus dem wilden Gebirge heraustritt, bis an den Toten See, und verdankt seine Fruchtbarkeit ganz allein diesem Wasser, welches in mehreren Kanälen in die vorhandenen Felder geleitet wird. Allein, es ist nur ein sehr kleiner Teil von diesem äußerst fruchtbaren Boden angebaut, und das Übrige ist mit Gebüsch und Gesträuch bewachsen, worin sich sehr viele wilde Schweine, Hyänen und anderes Wild aufhalten. Man baut hier Dúrra, Weizen, Phaseolen und vielen Indigo, vorzüglich zur Gewinnung des Samens, der nach Ägypten versendet wird, und aus dessen Verkauf sie viel Geld lösen sollen.

Schech Hammáde führte einen kleinen Getreidehandel mit den Huethât, deren Gebiet sich von hier bis nach Akabáh und Maân erstreckt. Er war daher öfters genötigt, zu ihnen zu reisen, und dies gab ihm Gelegenheit, jene südlichen Gegenden genau kennen zu lernen. Er versicherte mir, die große Ebene, die am Südende des Toten Sees anfängt, erstrecke sich fast bis nach Akabáh, und habe auf ihrer Ostseite viele Quellen, welche aus dem Gebirge von der Landschaft Dschebâl und Scharáh hervorkommen und sich nach einem kurzen Laufe auf der Ebene verlieren; so weit diese Quellen indessen den Boden wässerten, sei er sehr fruchtbar. Man finde dort auch noch Reste von vormaligen Ortschaften, und was merkwürdig sei, längs dem ganzen Fuß der östlichen Berge mehrere verfallene Châne, welche aus Lehmsteinen erbaut seien. Man glaubt, dass vormals die Straße der Mekkapilger diese Richtung nach Akabáh genommen. Dieser nämlichen Straße bediente man sich vielleicht im höchsten Altertum zur Handelsverbindung zwischen Ailéh und Esion-Gaber und den nordwärts davon liegenden Ländern, Palästina, dem Land der Moabiter und Ammoniter usw. Diese Gegend bedürfte noch einer näheren Untersuchung. Könnte ich Hammédes Nachrichten trauen: so ist die Gegend von hier nach Akabáh längs den östlichen Bergen von der Natur bei weitem nicht so vernachlässigt als ich sie mir vorhin dachte, und die höchst unfruchtbare salzige Ebene soll etwa zwei Stunden weiter südwärts als diese Hütten ihr Ende erreichen. – Ich erkundigte mich nach Petra, welches ich in der Nähe vermutete, da mir der griechische Bischof von Kárrak in Jerusalem versichert hatte, dass es zwei Stunden vom Südende des Toten Sees entfernt sei; allein niemand wusste mir etwas davon zu sagen, weswegen ich jene Nachricht für falsch erklären muss.

Da Hammáde, der Schech dieser Bauern, welche auch Arab el Gôr heißen, war: so fanden wir hier eine sehr gute Aufnahme und nach hiesiger Art eine treffliche Bewirtung. Wir lagerten uns unter freiem Himmel um ein großes Feuer; die Nacht war eine herrliche Mondnacht; allein die Kälte fiel uns etwas beschwerlich. Wir hörten die ganze Nacht hindurch das Geschrei von einer Menge Schakale, welche uns oft sehr nahe kamen.

25. Januar. Hammáde war am folgenden Morgen willens, et-

liche Dauâre der Huethât, welche anderthalb bis zwei Stunden südwärts von hier waren, und wo er etliche Geschäfte abzumachen hatte, zu besuchen. Allein, er gab seinen Vorsatz auf, da er bedachte, dass er meinem Gefährten Aijûb versprochen, mich an diesem Tag wieder zurückzubringen, und dass dieser, falls dies nicht geschehe, meinetwegen in Sorgen sein würde. Wir traten also bald nach Sonnenaufgang unsere Rückreise nach seinem Dorfe an. Es gesellte sich ein junger Beduine von den Huethât zu uns, welcher auf der Halbinsel Gôr el Mesráa Kárrak einen kleinen Vorrat von Schwefel sammeln wollte. Es begegneten uns unterwegs drei Beduinen von einem mir unbekannt gebliebenen Stamme, welche uns hätten gefährlich werden können, wenn Hammáde nicht bei uns gewesen wäre.

Was die Form des ganzen Sees anbetrifft: so muss ich gestehen, dass ich mich nie überzeugen konnte, sie sei stark gebogen oder halbmondförmig, obgleich ich von mehreren hohen Standpunkten den größten Teil des Sees übersehen konnte, und ich darf mir schmeicheln, dass meine Karte von den vorhandenen die Richtigste sei, obgleich ich überzeugt bin, dass man noch viele Fehler darin finden würde, wenn man einst Gelegenheit finden wird, eine genaue Vermessung davon anzustellen.

26. Januar. Begleitet von ein paar Gôr-Arabern und einem Beduinen von den Aduân, traten wir am folgenden Tag unsere Rückreise an. Der Aduân hatte eine recht angenehme biegsame Stimme, und wir hörten mit Vergnügen seinem gefühlvollen Gesang zu, wozu er Oden wählte, die größtenteils seinen Schech Nímmer zum Verfasser hatten. Wir kehrten den nämlichen Weg zurück, den wir zwei Tage zuvor gekommen waren.

Achmed hatte es gewagt, uns noch etliche Stunden näher zu kommen, und wir trafen ihn am Wege sitzend, nicht wenig froh, mich wohlbehalten wiederkommen zu sehen. Wir gingen mit ihm in ein einsam stehendes Zelt eines Haméide, wo er die vorige Nacht zugebracht hatte, und wo wir mit köstlichem Lammfleisch, mit dicker saurer Milch zubereitet, bewirtet wurden. Unser Wirt schien wohlhabend zu sein. Er ersuchte mich, sein krankes Kind zu besuchen, welches in einem nordwärts von seinem Zelt liegenden Dauâre war, welches ich tat, indem es an unserem Pfade lag. Dies Dauâr bestand aus zwölf Zelten. Achmed verkaufte ihm seine Flinte für sechzig Piaster, und nun waren wir ganz ohne Waffen.

Wir brachten die Nacht in einem Dauâr der Beni Haméide von neun Zelten zu. Es sei mir erlaubt, hier zu erinnern, dass ich alle gesehenen Dauâre und die Zahl ihrer Zelte deswegen genau angebe, damit sich meine Leser eine richtige Idee von dem geringen Grad der Bevölkerung in einem Nomadenland machen können.

Des Nachts hörten wir mehrmals die Schafe, die auf dem Platz des Dauârs waren, schüchtern auf einen Haufen zusammenrennen. Dies rührte davon her, dass sie in der Ferne ein Raubtier erblickten, worauf alsdann ihre sorgsamen Wächter mit lautem Gebell losstürzten, und es so lange verfolgten, bis sie keine Gefahr mehr davon erwarteten.

27. Januar. Am folgenden Morgen setzten wir unsere Reise weiter fort. Ich wünschte mir nichts sehnlicher, als wieder am Ufer des Toten Sees zu sein, und Achmed gab sich immer alle Mühe, mich von meinem Vorhaben abzubringen, indem er versicherte, das Ufer sei in dieser Gegend durchaus nicht zu passieren. Als er indessen endlich sah, dass ich auf meinen Kopf bestand: so gab er endlich nach, und beredete Maijûb, mich dorthin zu führen, alsdann immer längs dem Rande desselben bis jenseits der Serka-Maéin fortzugehen, wo er nach Verlauf von zwei Tagen wieder zu uns stoßen wolle. Niemand war froher als ich, obgleich ich wieder zu Fuß gehen musste, da es dort durchaus unmöglich ist, mit einem Pferd fortzukommen. Wir waren noch ein paar Stunden vom Máudschêb entfernt, als wir uns trennten. Er nebst dem Aduân, den wir im Gôr el Mesráa angetroffen, zog landeinwärts, und Maijûb und ich gingen westwärts, um das Ufer des Sees zu erreichen. Unsere Provision bestand aus etwas Wasser in einem Schlauch und einem kleinen Vorrat von Mehl.

Der Aduân war ein Nachtblinder; sobald die Sonne untergegangen war, sah er nichts. Dieser Augenfehler fiel ihm äußerst beschwerlich, und er ersuchte mich, Maijûb für ihn Arzneimittel zu geben, wenn wir in Jerusalem angekommen sein würden, weil Achmed versicherte, dass er aus Furcht für den Gouverneur mich nicht dahin begleiten könne. Bei unserem Abschied band er einen Faden um Maijûbs Handgelenk, und sagte mit einem lauten feierlichen Tone: »Hier in dem Gebiet der Beni Haméide in Gegenwart Achmeds erkläre ich, dass ich Musa zweihundert Piaster zahlen wolle, wenn ich durch seine Arzneimittel geheilt werde!« – Der Faden sollte Maijûb statt eines Denkzettels dienen.

Wir gingen immer bergab über wilde, einöde, oft völlig nackte Felsenberge, welche durch zahllose Schluchten zerrissen waren, in welchen sich viele Steinböcke aufhalten sollen, worauf Maijûb zuvor mehrmals mit glücklichem Erfolg Jagd gemacht hatte. Ich hatte das Vergnügen, von hier den Umriss der Halbinsel von Gôr el Mesráa genau zu beobachten und so mit größerer Treue in meine Karte vom Toten See einzutragen.

Obgleich unser Weg bis zum Strand beschwerlich genug gewesen war: so wurde er es am Strand selbst noch in einem weit größeren Maße. Wir mussten an manchen Stellen von Block zu Block springen, und an anderen Stellen mühsam klettern. Mehrmals verloren wir den Felsensteig, und mussten wieder umkehren, weil senkrechte Felsen alles Fortkommen dicht am Wasser hinderten. »Sagte ich es Euch nicht zuvor«, sagte Maijûb, »dass der Weg so sein würde? Nur Euch zur Liebe habe ich mich zu dieser Strapaze entschließen können.« – »Ich danke Euch, Maijûb!«, erwiderte ich. »Ich bin jetzt zufrieden, und ich hoffe auch, dass Ihr mit mir zufrieden sein werdet, wenn wir glücklich in Jerusalem ankommen.«

Obgleich dieses Ufer für Vieh gänzlich unpassierbar zu sein scheint: so wissen dennoch die Bauern von Gôr el Mesráa mit Eseln, Schafen und Ziegen auf diesem Felsensteig fortzukommen, welche sie, die Ersteren ausgenommen, zum Verkauf nach Jerusalem bringen. Sie wählen denselben, teils weil er der kürzeste Weg ist, teils weil sie hier sicherer für die Räubereien der Beduinen sind, welche hier nur selten das Ufer des Toten Sees besuchen, wo es keine Weiden für sie gibt. Um den Steig nicht zu verlieren, legen sie kleine Steinhäufchen auf die Felsen und Blöcke, wonach sie sich richten, und ohne welche es auch uns nicht möglich gewesen wäre, fortzukommen. Maijûb musste indessen bisweilen lange suchen, bis er diese Wegzeiger ausfindig machte. Die Bauern der Halbinsel hatten vor etlichen Jahren den Versuch gemacht, ein Pferd diesen Steig zu führen; allein es stürzte von einem Felsen herab und zerbrach den Hals.

Der Steig führte meistenteils auf einer Art von Terrasse hin, welche die Sandsteinfelsen bildeten, welche aber durch mehrere Schluchten unterbrochen wurde, die wir passieren mussten. Links in senkrechter Tiefe hatten wir den See, und rechts höhere Felsenwände.

Bald nachher sahen wir das Ziel unserer heutigen Wanderung, die Mündung des Máudschêb, in einiger Entfernung vor uns. Sie wurde durch eine kleine halbmondförmige Halbinsel angezeigt, welche sich gerade vor der Mündung in den See erstreckt, und welche wir kurz vor Sonnenuntergang erreichten. Die Mündung bildet ein pittoreskes natürliches Tor, welches etwa sechzig Fuß Weite und auf beiden Seiten senkrechte Riesenwände von Sandstein hat, in deren Zwischenraum nie die Strahlen der Sonne dringen. Am Fuße der nördlichen Wand ist unten eine natürliche Grotte mit Gesträuch umrandet. Die kleine Halbinsel, welche el Höschgerá heißt, ist eben, niedrig und ohne Zweifel ein Geschöpf des Flusses, welcher mitten durch dieselbe fließt. Sie hat die Größe eines ansehnlichen Gartens und ist ganz mit Gebüsch und Gesträuch bewachsen. Welch ein lieblicher Fleck zu einer Einsiedelei oder zu einem einsamen Landhaus! Auf der einen Seite der schöne Spiegel des Toten Sees, welcher fast nie durch stürmische Winde getrübt wird, der alle Schattierungen des Himmels aufs Getreueste widerstrahlt, und an dessen Ufern seine Wellen sanft rauschend widertönen; auf der anderen Seite ein wildes Felsengebirge, welches diese Stelle von allen bewohnbaren Gegenden absondert, und ihr gewissermaßen zum Schutz wider feindliche Angriffe dienen würde, bewohnt nur von Steinböcken, Stachelschweinen usw., deren Jagd den Einsiedler in seinen Stunden der Muße beschäftigen könnte, so wie er auch ein wenig tiefer landeinwärts Gazellen und Hasen treffen würde. Obgleich der tote See durchaus keine Fische noch sonst ein lebendes Geschöpf enthält: so würde ihm der kleine Fluss dieses Bedürfnis genugsam darbieten, in dessen köstlichem klaren Wasser ich eine Menge Fische spielen sah. Die ganze Halbinsel ist fruchtbar, und könnte mit leichter Mühe durch den Fluss gewässert werden, da sie alsdann treffliche Dattelpalmen, Bananen,

Limonen, Zuckerrohr, Weizen und jede Art von Gemüse hervorbringen würde. Jetzt wachsen hier Weiden, Tamarisken, el Körrn, Asba, ein schwacher Strauch, welcher zylindrische saftvolle Blätter hat, wie eine Salicornia, zahmes Rohr usw. Zur Winterzeit würde er hier eines immer währenden Frühlings genießen, und während der Sommerhitze würde er in der etwas erweiterten Grotte an dem Fluss, den man gar leicht durch dieselbe leiten könnte, der angenehmsten Kühlung genießen, und er würde sich des Letztern zum kalten Bade bedienen können. Auch an Zugvögeln fehlt es hier nicht, mit deren Fang er sich belustigen könnte. Trefflichen Weizen würde er von Gôr el Mesráa, fette Schafe und Ziegen von den benachbarten Bergweiden erhalten, und die Halbinsel würde schon Nahrung für ein paar Kühe darbieten. Der See würde ihm Gelegenheit zu den angenehmsten Wasserfahrten darbieten, wo er bald die heißen Bäder der Nachbarschaft, bald Gôr el Száphiá und el Phöschga besuchen könnte, um dort wilde Schweine zu jagen.

Der Máudschêb, oder Arnon der Alten, ist nur ein sehr kleiner Fluss, denn obgleich sein Wasser langsam floss, so war sein Wasserspiegel doch nur etwa vierzig Fuß breit. Wir wateten durch das Wasser, und ich fand, dass es mir an den tiefsten Stellen nur bis an die Knie ging. Auf dem Berggipfel auf einer Seite der Mündung soll man noch die Ruinen eines Ortes finden, welchen man mir el Riâdschy nannte.

Vielleicht war ich nie mehr ermüdet von einen Marsch gewesen als an diesem Tag, und auch Maijûb schien es nicht viel weniger zu sein. Unseren Durst hatten wir durch das köstliche Wasser des Máudschêb gestillt. Zur Stillung unseres Hungers aber mussten wir erst unser Abendmahl, das heißt Brot, bereiten. Es fehlte an Salz und Maijûb ging an den Strand, um etwas zu suchen. Ich zündete während der Zeit unter einer hohen überhängenden Felsenwand, die unten etwas ausgehöhlt war, ein loderndes Flammenfeuer an, wozu ich dürres Holz und Gesträuch in Menge in der Nähe fand. Maijûb bereitete hierauf den Brotteig auf einem Felsenblock, und in kurzem war unser Abendessen in der glühenden Asche gebacken.

Majestätisch ging die Sonne vor uns unter, sich spiegelnd im See, und noch lange blieben die Züge ihrer goldenen Strahlen am Horizont zurück. Der Abend war unvergleichlich und ein sanfter Schlaf lohnte uns in dieser Einöde für die Anstrengungen des verflossenen Tages. Ich wünschte des Nachts unser Feuer zu unterhalten; allein mein vorsichtiger Gefährte erlaubte es nicht, weil, wie er sagte, bisweilen Beduinen vom Stamm der Hadschája auf ihrem Streifzuge wider die nördlichen Beni Száhhar, denen sie Kamele zu rauben suchen, hier übernachten, und wir durch das Feuer verraten würden.

28. Januar. Es wurde uns des Morgens etwas schwer, einen Ausgang aus unserer Einsiedelei zu finden, weil wir nirgends die kleinen Steinhäufchen bemerken konnten. Wir stiegen sogleich von unserem Nachtlager hohe steile Felsen hinan, wo ich anfänglich etliches Basaltgerölle bemerkte, welches sich aber gleich darauf wieder verlor. Diese Fragmente rührten höchstwahrscheinlich von Basaltlagern her, welche auf den höheren Bergkuppen am Máudschêb befindlich sein mochten. Die völlig nackten Bergseiten bildeten hier etliche gigantische Terrassen, auf deren unterster wir den Steig fanden, von welcher wir beständig des Anblicks des Sees genossen, welcher oft in senkrechter Tiefe vor unseren Füßen war. Eine Pflanze zu sehen war hier eine große Seltenheit. Nach etwa zwei Stunden passierten wir eine tiefe Schlucht, worin ich einen stammlosen wilden Dattelbaum, Weiden und Tamarisken bemerkte, weil der Boden ein wenig quellig war.

Etwa anderthalb Stunden weiter kamen wir an eine Stelle, wo dichtes buntes Schilf in großer Menge wuchs, und wo ich mehr als hundert wilde Palmen an quelligen Stellen zählte. Noch etwas weiter passierten wir eine beträchtliche Quelle in einem Grund, an welcher etliche zwanzig Palmenbäume standen, die Stämme von mittelmäßiger Höhe hatten, und eine Viertelstunde weiter erreichten wir eine andere starke Quelle, welche einen kleinen Bach des klarsten Wassers bildete. Das gesalzene trockene Brot, was wir zum Frühstück aßen, verursachte mir vielen Durst, weswegen mir der Reichtum dieses Ufers des Toten Sees an süßem Quellwasser sehr willkommen war. Das bunte Schilfrohr wuchs an diesem Wasser bis dreißig Fuß hoch, zum Beweise, dass das Wasser in dieser tropischen Sommerhitze eine bewundernswürdige treibende Kraft habe. Ein Strauch am Ufer, welcher jetzt in Blüte stand, und der von Maijûb Schümmám genannt wurde, wird bisweilen von den Beduinen benutzt, um aus seinen Schüssen Pfeifenrohre zu machen.

Nachher kamen wir an einen beträchtlichen Bach heißen Wassers, welcher schnell und rauschend floss. Maijûb versicherte mir, dass er etwa eine halbe Stunde landeinwärts von hier am Fuß hoher Felsenwände entspringe, und er führte es als etwas ganz Besonderes an, dass an dieser Stelle drei Quellen, nur wenige Schritte voneinander entfernt, befindlich seien, wovon die mittlere kalt, die beiden anderen aber so heiß seien, dass man die Hand nicht darin halten könne. Ich finde es höchst wahrscheinlich, dass man hier die berühmte Quelle suchen müsse, deren Josephus bei der Beschreibung von Machaerus erwähnt, obgleich er nur eine kalte und heiße Quelle angibt, und dass dieses das Schönbrunn oder Callirrhoë sei, das in der Folge wegen seiner wohltätigen Wirkungen in einem so verdienten Ruf stand. An diesen Quellen soll man noch die Ruinen von Sará sehen. Dieser Name bringt mich auf die Vermutung, dass man hier die in der hebräischen Geschichte angeführte Stadt Zereth Sahar suchen müsse, welche auf dem Gebirge im Tal lag, welcher Zusatz genau auf das Lokale von Sará zu passen scheint, so wie auch ihre beiden Namen fast gleichen Laut mit Sará haben. Obgleich wir nahe an der Mündung des Baches waren: so fand ich das Wasser doch noch so heiß, dass es mir beschwerlich fiel, durch dasselbe zu waten. Es standen hier etliche dreißig Dattelpalmen, wovon einige einen Stamm hatten. Alle die genannten Gruppen von Palmbäumen, welche am östlichen Ufer des Toten Sees befindlich sind, sind ohne Zweifel die traurigen Überreste einer uralten Kultur, und geben den sichersten Beweis ab, dass ihr Standort und das hiesige Klima ihrem Fortkommen ungemein günstig sein müsse, da sie sich wahrscheinlich seit mehr als anderthalbtausend Jahren ohne alle Pflege erhalten konnten.

Etwa eine halbe Stunde von dem heißen Bach entfernt kamen wir an die Mündung der Serka-Maéin, welche, so wie die Mündung des Máudschêb, zwischen zwei hohen Felsenwänden von Sandstein befindlich ist, und auch eine ähnliche kleine Halbinsel vor sich hat. Ihr Boden ist aber steiniger und sie ist nicht mit so vielem Gebüsch bedeckt. Die Serka-Maéin ist nur ein etwas starker Bach, und ich fand sein trübes Wasser nur etwa ein Drittel so breit als das Wasser des Máudschêb, obgleich es etwas tiefer war und mit rauschender Schnelle floss.

Der Abend war nahe und wir waren sehr müde, weswegen wir hier zu übernachten beschlossen. Wir wählten eine Stelle am nördlichen Ufer der Serka in einem kleinen Hain von Tamarisken, aus deren zartem Laube wir uns ein Lager bereiteten. Sobald die Sonne untergegangen war, wurde wieder, wie am vorigen Abend, Brot bereitet. Des Nachts stieg ein Gewitter mit Donner und Blitz auf, aber der Regen blieb zu unserer Zufriedenheit aus.

Die Luft um den See fand ich durchaus nicht von der Luft verschieden, welche man bei anderen ansehnlichen Landseen antrifft, und alle älteren Nachrichten von giftigen Dünsten, welche von seiner Wasserfläche emporstiegen und welche verursachten, dass kein Mensch um den See leben könne, auch dass Vögel tot in den See niederstürzten, wenn sie es wagten, über denselben zu fliegen, sind alles fromme Fabeln. Maijûb versicherte mir, er habe mehrmals Tauben, Geier und auch einst einen Trupp Wachteln von dem westlichen Ufer herüberkommen sehen, und ein Gefährte von ihm habe von Letzteren etliche erschossen.

Ich erkundigte mich bei ihm, ob es wahr sei, dass einer, der nie schwimmen gelernt habe, dennoch beim Baden im See nie zugrunde gehen könne? »Behüte Gott!«, sagte er. »Noch vor etlichen Jahren ertrank ein Beduine, der schwimmen konnte, beim Baden, als er sich zu weit wagte. Wollt Ihr vielleicht hinüberschwimmen? Was würde Achmed sagen!« – Letzteres fiel mir auf, und nun erst sah ich die Ursache ein, warum er mir zu Gôr el Mesráa Schwierigkeiten machte, als ich das Westende der Halbinsel, wo man den gediegenen Schwefel findet, besuchen wollte, und warum seine Antworten unbestimmt und abgebrochen waren, wenn ich mich nach der Furt im See erkundigte. Achmed hatte ihn ohne Zweifel mit seiner Besorgnis angesteckt, dass ich mich unsichtbar machen, oder dass ich ihm entwischen würde, um ihm seinen Lohn nicht bezahlen zu dürfen! Ich suchte ihn daher durch vernünftige Vorstellungen darüber zu beruhigen.

29. Januar. Beim schönsten Wetter verließen wir am folgen-

den Tag mit Sonnenaufgang unser Tamariskenlager und setzten unsere Wanderung weiter fort.

Etwa anderthalb bis zwei Stunden von der Serka mussten wir einen beträchtlichen Felsenberg übersteigen, welcher unmittelbar bis ans Wasser des Sees stieß. – Dies ist die Stelle, welche man Tûr el Hammára nennt, und wovon die Betlehemiten wahrscheinlich durch ein Missverständnis die Sage verbreitet hatten, dass an dieser Stelle der Asphalt oder el Hömmar entquille. Denn ein wirklicher Grund dazu scheint nicht vorhanden zu sein, zumal die östlichen Beduinen nichts davon wissen wollten. Da es mir sehr wahrscheinlich ist, dass der Asphalt des Toten Sees ein Produkt des unterirdischen Feuers sei, welches entweder Asphalt- oder Steinkohlenlager schwelt, und dies am nächsten beim See nach der Serka-Mündung und nach der Sará zu angetroffen wird, wie die dortigen heißen Quellen beweisen: so vermute ich, dass man auch in dieser Gegend die Quelle des Asphalts suchen müsse.

Die Erscheinung des Asphalts auf dem Toten See ist gar nicht so gewöhnlich, wie man zu glauben scheint, sondern gehört zu den Seltenheiten, und alte Leute wussten sich nur zu erinnern, dass dies zwei- oder dreimal in ihrem Leben der Fall gewesen sei. Da kein einziges Fahrzeug auf dem See vorhanden ist: so kann man sich desselben nur bemächtigen, wenn die Masse ans Ufer getrieben wird, da dann unter den Beduinen bisweilen ein Streit darüber entsteht, wem diese Beute zuteil werden soll. Wo ich mich recht erinnere, so waren schon fünfzehn oder zwanzig Jahre verflossen, als man das letzte Mal Asphalt erhielt, weswegen ich nirgends mehr eine Probe auftreiben konnte, als in der Apotheke des Franziskanerklosters zu Jerusalem, wo ich ein schönes großes Stück erhielt, welches in der orientalischen Sammlung zu Gotha befindlich ist. Am Ufer des Sees fand ich nirgends auch nur eine Spur davon.

Etwa um elf Uhr erreichten wir el Guêr, einen kleinen Bach, bei welchem eine kleine Ebene anfängt, welche den See auf dieser Seite am Nordende immer mehr und mehr verengt, wie dies gegenüber auf der Westseite auch der Fall ist, währenddem die Bergreihe in gerader Richtung von Süden nach Norden fortzieht. Diese Ebene heißt Gôr el Bélka, und erstreckt sich bis an den kleinen Bach el Szuême, wo die große Jordanebene anfängt. Gôr el Bélka hat einen teils unfruchtbaren salzigen und steinigen Boden, teils Stellen, welche angebaut werden können.

Wir hatten mit Achmed verabredet, dass wir hier wieder mit ihm zusammenstoßen wollten. Er hatte Wort gehalten. In kurzem hörten wir seine Stimme von der Bergseite erschallen, wo etliche Beduinen vom Stamm Beni Száhhar ihre Kamele weideten. Seine Vereinigung mit uns war für uns ein kleines Fest; unser Mehlvorrat war verzehrt und wir hatten zum Frühstück nur ein kleines Stückchen trocken Brot gegessen, er brachte uns treffliches frisches Brot, welches er aus dem Dauâr des Schechs Nímmer mitgenommen hatte; wir bereiteten Kaffee, den wir in drei Tagen nicht getrunken hatten, und unserem Mangel am Tabak wurde durch seinen mitgebrachten Vorrat abgeholfen. So wahr ist es, dass Entbehrung auch den einfachsten und unbedeutendsten Bedürfnissen einen großen Wert beilegt!

Achmed hatte sich jetzt entschlossen, mich selbst nach Jerusalem zu begleiten, und da wir nun also Maijûb nicht mehr nötig hatten: so gab ihm Achmed eine Anweisung auf seinen bedungenen Lohn, und er kehrte in seine Heimat zurück. Ich muss gestehen, dass ich nie einen ehrlicheren und braveren Beduinen angetroffen habe als diesen guten Menschen, und dass mir sein Abschied fast nahe ging.

Ich bestieg nun wieder Achmeds Pferd und konnte mich so wieder von meinen gehabten Beschwerlichkeiten erholen. Wir kamen bald in die Gegend, wo schwarzbraune und schwarze Felsen von Eisensandstein an den flachen Bergseiten zu Tage standen; auch fand ich hier und da unter dem Geröll am Wege etliche Basaltblöcke. In dieser Gegend halten sich viele Rebhühner auf, welche von den Arabern Dschennâr genannt werden. Der unerwartete Anblick eines Menschen setzte hier Achmed in nicht geringe Furcht; er verlor sich in einiger Entfernung vor uns hinter den Felsen, und Achmed, der sich jetzt ohne Gewehr sehr schwach fühlte, befürchtete, dass er dort vielleicht auf uns lauerte. Wir mussten indessen unseren Pfad dahin verfolgen, weil kein anderer vorhanden war, und weil wir dadurch unsere Furchtsamkeit verraten haben würden. Nach wenigen Minuten sahen wir aber den Beduinen auf dem Berge in ziemlicher Entfernung von uns, und es war sehr wahrscheinlich, dass seine Furcht für uns größer gewesen war als die unsrige für ihn.

Nach einer halben Stunde kamen wir zu dem kleinen Bach el Szuême, auf dessen anderer Seite die große Jordanebene anfängt, welche hier aber unfruchtbar ist und bloß salzige und bittere Stauden trägt, die von den Kamelen aufgesucht werden. Eine Viertelstunde nachher passierten wir eine etwas salzige Quelle und anderthalb Stunden weiter den Náhher Hüsbân, wo wir einen Beduinen vom Stamm Beni Száhhar fanden, der uns die höchst angenehme Nachricht mitteilte, dass seine Mitbrüder, welche sich auf der Westseite des Jordans aufhielten, heute alle den Fluss passierten, um eine lange Wanderung in ihre Heimat, el Ölle, anzutreten. Dies setzte voraus, dass der Jordan jetzt niedrig sei, und dass ich ihn zu Pferde würde passieren können. Diese angenehme Nachricht verscheuchte auf einmal meine Hydrophobie, die mich ergriff, wenn ich an eine ähnliche Wiedertaufe dachte, als ich dort vor kurzem erhalten hatte. Wir eilten daher, um die Furt zu erreichen.

Hier erwartete uns ein Schauspiel ganz eigner Art. An beiden Ufern stand ein buntes Gemisch von Männern, Weibern, Kindern und Kamelen, alle mehr oder weniger in Bewegung, durcheinander laufend und schreiend. Mehrere nackte Männer waten durch den Fluss mit einem Kind oder Gepäck auf dem Arm, und mit der Schnelle des Stroms kämpfend; andere saßen nackt zu Pferde und hielten vor und hinter sich ein Kind oder ein Weib. Mit lautem Geschrei trieb man Haufen von dreißig bis vierzig Kamelen auf einmal an den Fluss, in welchen sie sich selbst hineindrängen, welche in einem weiten Bogen das östliche Ufer erreichten. Mehrere Schwimmer stehen im Fluss, um die Kamele anzutreiben; eines wird vom Strom fortgeführt; es brüllt fürchterlich; die Schwimmer setzen ihm nach und retten es. Die noch übrigen Kamele auf dem westlichen Ufer brummen und brüllen; Hunde bellen und heulen; ein Hund schwimmt hindurch und kämpft lange mit dem Strom, bevor er das andere Ufer erreicht. Ein Weib ruft mit lautem Geschrei: »O weh mir! Weh mir! Meine Kinder! Bruder! Bruder!« Ihre Kinder wurden hindurchgeführt und sie erblickte sie in Gefahr. – Heute mochten auf diese Art etwa fünfhundert Kamele durch den Fluss getrieben werden, und der Rest, der etwa ebenso viel betragen durfte, wollte nebst dem Schech Szleimán am folgenden Tage durchsetzen.

Währenddem ich durch den Fluss ritt, nahm ich meine Reisetaschen auf die Schultern, um meine Pflanzensammlung für die Nässe zu sichern. Achmed zog sich nackt aus und führte mein Pferd; indessen hatte er alle Kräfte anzustrengen, um stehen zu bleiben, weil das strömende Wasser ihm bis fast unter die Achsel ging. Der Jordan hatte jetzt auf dieser Stelle etwa anderthalb hundert Fuß Breite.

Noch habe ich nichts von dem Durchgang der Israeliten durch den Jordan gesprochen, und jetzt dürfte es Zeit sein, diesen Gegenstand zu berühren, welcher in der hebräischen Geschichte so viel Aufsehen gemacht hat. Der Stamm der Israeliten hielt sich damals auf der Ostseite der Jordanebene auf, wovon die Ebene Sittim, Jericho gegenüber, ohne Zweifel einen Teil ausmachte. Ich vermute, dass man Sittim in der Gegend des Nahhr Nimrîn suchen müsse, weil, wie eine noch vorhandene Sage versichert, die Israeliten von el Szalt in dem Wady Schoaib nach der Jordanebene zogen, und der Nahhr Nimrîn an der Mündung dieses Wady befindlich ist. Von hier zogen die Israeliten unter Josuas Anführung in einer Tagreise an den Jordan, vielleicht zu dieser Furt, oder etwas nördlicher, wo man auf der Westseite noch einige Ruinen sieht, die man den Bürrdsch el Jehûd oder Judenturm nennt. Beide Stellen sind vom Nahhr Nimrîn nicht weiter als eine Tagreise entfernt. Die Geschichte versichert, dass der Jordan an dieser Stelle vertrocknete, und dass die Israeliten trockenen Fußes hindurchgingen. Allein, ich sehe gar nicht ein, warum ein solches Wunder nötig war, da man den Jordan hier den größten Teil des Jahres hindurch mit Leichtigkeit durchwatet, sodass einem das Wasser nur bis an die Knie geht. Bloß wenn Regengüsse auf den Gebirgen fallen, welche zum Wassergebiet dieses Flusses gehören, oder der Schnee im Frühling auf dem Schechberg oder Hermon und auf dem Gebirge von Haurân schmilzt, schwillt er an, und eine lange Erfahrung hat gezeigt, dass er um die Zeit des Osterfestes oder ein wenig nachher seinen höchsten Standpunkt erreiche.

Indessen auch um diese Zeit seines höchsten Standpunktes gibt es nur wenige Tage, wo man ihn nicht passieren kann, obgleich mit mehr Beschwerde als zur trockenen Jahrzeit. Ein Beweis davon ist, dass alljährlich kurz vor und nach dem Osterfest Beduinen und Bauern von el Szalt, Kárrak und den umliegenden Gegenden den Jordan hier mit kleinen Schafherden passieren, welche sie nach Jerusalem führen. Dass die Israeliten aber trockenen Fußes hindurchzogen, ist ohne Zweifel eine Verschönerung späterer Geschichtsschreiber aus dem Priestertum, welche ihrer Geschichte durch eine Menge Wunder ein größeres Interesse zu geben suchten. Wäre das Faktum richtig, so bin ich überzeugt, Josua habe den Jordan in einiger Entfernung von der Furt durch die Leviten im Geheimen abdämmen lassen, welches auf mehrere Stunden ziemlich leicht möglich war, da der Jordan hohe Ufer hat, und meine Vermutung scheint dadurch etwas mehr Wahrscheinlichkeit zu erhalten, weil ausdrücklich gesagt wird, dass das Wasser an einer Stelle oberwärts stehen blieb, alles übrige aber, was unterhalb dieser Stelle war, nach dem Toten See floss und so abnahm, weil seine Stelle nämlich nicht durch anderes Wasser von oben ersetzt wurde.

Ein wenig nach Sonnenuntergang kamen wir in Jericho und bald darauf in unserem Dauâr an, welcher seit unserer Abwesenheit etwa zwanzig Minuten von seinem vorigen Standplatz versetzt war, und wo Achmeds Rückkehr eine allgemeine Freude verursachte.

30. Januar. Achmed hatte mir von etlichen Ruinen gesprochen, welche am Nordende des Sees dicht am Ufer befindlich, und welche noch vor zehn Jahren mit Wasser umgeben gewesen sein sollten, statt dass sie jetzt mit dem Ufer zusammenhängen, welches auf eine Erniedrigung des Wasserstandes des Sees schließen lässt. Ich wünschte diese Ruinen zu besehen, und da Achmed noch müde von seiner gestrigen Reise war: so ritt ich, begleitet von einem Neger aus unserem Dauâr, am folgenden Tage nach jener Stelle, welche etwa drittehalb Stunden südsüdostwärts von Jericho entfernt ist.

Die Ruinen, welche hier unter dem Namen Rídschem el Bahhr bekannt sind, liegen unmittelbar am Rande des Sees und sind weiter nichts als ein großer länglicher Haufen von Kalksteinen, wovon ich ungewiss bin, ob sie einst einem Gebäude angehörten oder nicht, weil ich nicht bemerken konnte, dass die

Steine behauen waren. Ich rate daher jedem späteren Reisenden, sich keine Mühe zu geben sie aufzusuchen, weil er sich wenig belohnt sehen würde.

Es wehte ein starker kalter Wind und die Luft war bezogen. Nichtsdestoweniger badete ich mich hier, und fand auch jetzt, so wie vorhin, das Wasser des Sees ebenso kalt als man es nach dem Grad der Lufttemperatur erwarten konnte. Alle Nachrichten von der Hitze seines Wassers sind weiter nichts als fromme Fabeln. Seine außerordentliche Salzigkeit, die einer gradierten Sole gleicht, macht, dass es auf der Haut ein unangenehm beißendes Gefühl erregt. Merkwürdig ist es, dass es auf der Haut eine Fettigkeit zurücklässt, die selbst nach dem Abtrocknen auf derselben einen Fettglanz zeigt, welches ich in dem Grade nie beim Baden im Meerwasser bemerkte; ich glaube daher, dass man es in dieser Absicht Letzterem weit nachsetzen müsse, denn ob es gleich stärker reizt, so verstopft doch diese Fettigkeit die Hautporen und unterdrückt die Ausdünstung, und vielleicht rührte es von dieser Fettigkeit her, dass etliche Reisende eine üble Wirkung vom Baden in diesem See erfuhren. Ich machte diese Erfahrung nicht, sondern befand mich, die Kälte abgerechnet, sehr wohl danach. Da ich mich bloß wusch, indem das seichte Ufer dem Baden nicht günstig war: so weiß ich nicht, ob mich, der ich nicht zu schwimmen verstehe, das Wasser getragen haben würde.

Mein Neger hatte währenddem Kaffee für mich bereitet. Er mochte etwas fünfundzwanzig Jahre alt sein und war ein ungemein munterer Geselle. Er klagte mir, sein Weib werde nicht schwanger, und er sei daher entschlossen, sich ein zweites Mädchen für fünfhundert Piaster zu kaufen, welches er mit Allahs Hilfe im Herbst einholen wolle. Er war dem weiblichen Geschlecht ungemein gewogen und im Genuss der Liebe bestand seine größte Glückseligkeit. »Es ist mir unbegreiflich«, sagte er zu mir, »wie Ihr Euer Leben unverheiratet hinbringen könnt. Bei uns muss ein jeder sein Weib haben«, setzte er hinzu, »und einen unverheirateten Menschen würde man einen Taugenichts nennen.« – Diese Beduinenmaxime möchte wohl nicht ganz unbegründet sein.

31. Januar. Der folgende Tag war zu unserer Rückkehr nach Jerusalem bestimmt; allein, zu meinem großen Verdruss musste

Achmed zuvor Lebensmittel für seine Familie von Jericho holen, und unsere Reise wurde auf den morgigen Tag verschoben. Die lange Unreinlichkeit, wozu ich durch den Aufenthalt bei den Beduinen gezwungen war, wurde mir jetzt gänzlich unausstehlich, und ich sehnte mich aufs Innigste nach dem Augenblick, wo ich in Jerusalem derselben abhelfen konnte.

Am 2. Februar trat ich indessen, von Achmed und seiner Frau begleitet, meine Rückreise nach Jerusalem an. Die Witterung war unvergleichlich schön. Achmed mochte wohl nicht häufig so viel Geld auf einmal erhalten haben, als er jetzt von mir zu erwarten hatte. Gleich nach unserer Zurückkunft in seinem Dauâr fiel das angenehmste Gespräch zwischen ihm und Phúdda immer darauf, was er für sich, für sie und für seine Kinder sowie auch an kleinen Geschenken für andere, für dies Geld kaufen wolle. Der erste süße Traum verlor indessen dadurch um vieles von seiner Annehmlichkeit, dass er bei angestellter Berechnung fand, er könne bei weitem nicht so viel dafür kaufen als er zuerst geglaubt hatte; überdem fand es sich, dass er einen Teil davon zur Bezahlung alter Schulden anwenden müsse, und endlich mochte ihn auch noch wohl bisweilen die geheime Besorgnis beunruhigen, dass entweder ich ihm Schwierigkeiten mit der Auszahlung, oder dass der Gouverneur von Jerusalem ihm eine Avanie machen werde.

Achmed wagte es aus Furcht für den Gouverneur nicht, mich in die Stadt zu begleiten, weil er neulich seinen Vater, den Schech Nassâr, in Ketten gelegt hatte, um von ihm Geld zu erpressen, und welcher nur auf die Fürsprache des großen griechischen Klosters seine Freiheit wiedererhalten hatte. Er blieb in Szälwâ, nachdem er von mir das Versprechen erhalten, dass ich ihm am folgenden Morgen außerhalb der Stadt in der Nähe des el Hárram sein Geld bringen werde. Zu seiner Sicherheit behielt er meine Reisetaschen mit den Pflanzen und Steinen zurück; auch verlangte er mein Tagebuch, welches ich mich indessen ihm zu überlassen weigerte, weil ich dessen Verlust befürchtete.

Beiläufig bemerke ich hier noch, dass ich, solange ich auf der Ostseite des Jordans war, meine Beobachtungen meist des Abends beim Mondschein außerhalb dem Dauâr aufschrieb, wo ich sicher genug war, von niemand bemerkt werden zu können; auch hatte ich zu meinem Journal nur ein paar Bogen genommen, die ich in 24-Form zusammengebrochen, damit ich sie leicht in der Hand verbergen konnte.

Als ich ihm am folgenden Morgen das Geld brachte, fand ich ihn an dem bestimmten Ort, nicht wenig froh, dass seine Besorgnis jetzt gänzlich gehoben war. Um für einen Überfall von Seiten des Gouverneurs sicher zu sein, hatte er drei bewaffnete Bauern aus Szälwân mit sich genommen. Man sieht hieraus, dass der Beduine ebenso besorgt unter den Städtern ist als dieser unter den Beduinen, nur mit dem Unterschied, dass der Städter befürchtet beraubt, und der Beduine für seine Räuberei bestraft zu werden. Achmed und ich schieden als Freunde voneinander, und so wie ich glaube, durch sein Beispiel meinen Lesern eine vorteilhafte Idee von der Treue der Beduinen als Führer eingeflößt zu haben: so schmeichle ich mir auch, dass ich ihm und seinem Stamm eine ebenso vorteilhafte Idee von der Aufrichtigkeit der Europäer im Halten ihrer Versprechungen einflößte.

Meine Reise hatte neunundzwanzig Tage gedauert, obgleich es möglich ist, die Reise um den ganzen Toten See in sieben bis acht Tagen zu machen. Sollten meine Leser einst finden, dass meine Beobachtungen nicht ohne Wert seien: so würde dies die reichste Belohnung für die Entbehrungen sein, welchen ich mich auf dieser Reise aussetzen musste, indem bloß ihr Beifall das Ziel aller meiner Bemühungen ist.

WEITERFÜHRENDE LITERATUR

Empfehlungen für Leser, die mehr über Ulrich Jasper Seetzen wissen möchten

Ulrich Jasper Seetzen: Reiseplan ins innere Afrika, Monatliche Correspondenz zur Beförderung der Erd- und Himmelskunde, hrsg. von F. von Zach 6, 1810, 126 ff.; 201 ff.; 317 ff.; 401 ff.; 513 ff.

Durchaus lesenswert: das Zeugnis der akribischen Vorbereitungen und Planungen Seetzens für seine Reise.

Friedrich Kruse (Hrsg.): Ulrich Jasper Seetzen's Reisen durch Syrien, Palästina, Phönicien, die Transjordan-Länder, Arabia Peträa und Unterägypten, 4 Bde., Berlin 1854–1859 (Reimer).

Die Originalausgabe und Grundlage für den vorliegenden Band.

Editha Wolf-Crome (Hrsg.): Pilger und Forscher im Heiligen Land. Reiseberichte aus Palästina, Syrien und Mesopotamien vom 11. bis zum 20. Jahrhundert in Briefen und Tagebüchern, Giessen 1977 (Wilhelm Schmitz Verlag).

In dieser umfangreichen Anthologie kommen unterschiedliche Reisende, darunter auch Seetzen zu Wort. Frühere und spätere Berichte zu Orten, an denen auch Seetzen war, sind hier zu finden. Ein knappes Who is Who der Reisenden dient der schnellen Orientierung.

Yehoshua Ben-Arieh: The Rediscovery of the Holy Land in the Nineteenth Century, Detroit/Jerusalem 1979 (The Magnes Press et al.).

Dieses allgemein verständliche Buch beschreibt die Wiederentdeckung Palästinas im 19. Jahrhundert und berücksichtigt neben den Routen und Viten der Entdecker auch die politische Geschichte.

Volkmar Fritz: Einführung in die Biblische Archäologie, Darmstadt 1985 (Wissenschaftliche Buchgesellschaft).

Die beste Einführung in die Landeskunde Palästinas und in die Methoden der biblischen Archäologie. Nicht zuletzt findet sich ein Überblick der Forschungsgeschichte, beginnend natürlich mit Seetzen.

Hans Stein (Hrsg.): Ulrich Jasper Seetzen 1767–1811. Leben und Werk. Die arabischen Länder und die Nahostforschung im napoleonischen Zeitalter. Vorträge des Kolloquiums vom 23. und 24. September 1994 in der Forschungs- und Landesbibliothek Gotha Schloss Friedenstein, Gotha 1995 (Veröffentlichungen der Forschungs- und Landesbibliothek Gotha Heft 33).
Kolloquiumsband mit unterschiedlichen Beiträgen zu Seetzen und seiner Zeit. Die meisten Aufsätze beschäftigen sich mit recht speziellen Themen, weshalb sie weniger zur Einführung als zur Vertiefung geeignet sind.

Johannes P. J. Olivier: »Ulrich Jasper Seetzen: A Pioneer in Need of Recognition«, in: Manfred Weippert/Stefan Timm (Hrsg.), Meilenstein. Festgabe für Herbert Donner, Ägypten und Altes Testament 30, Wiesbaden 1995 (Harrassowitz), 164–171.

Helga Weippert: Unterwegs nach Afrika. Ulrich Jasper Seetzen (1767–1811), ebd. 324–332.
Beide Aufsätze beschäftigen sich mit Seetzen und seinem Hintergrund. Insbesondere der meisterhaft geschriebene Beitrag von Weippert ist zu empfehlen.

Jutta Schienerl: Der Weg in den Orient. Der Forscher Ulrich Jasper Seetzen: Von Jever in den Jemen (1802–1811), Schriftenreihe des Staatlichen Museums für Naturkunde und Vorgeschichte Oldenburg, Heft 16, Oldenburg 2000 (Isensee Verlag).
Beiheft zur Ausstellung in Oldenburg. Reich bebildert werden Leben und Reisen Seetzens referiert.

Siegfried Mittmann/Götz Schmitt (Hrsg.): Tübinger Bibelatlas. Stuttgart 2001 (Deutsche Bibelgesellschaft).
Das aktuellste und umfassendste Kartenwerk für Palästina mit Übersichtskarten historischer Epochen, aber auch mit Blättern zu Palästina um 1920, auf denen viele von Seetzen bereiste Ortslagen zu finden sind.

EDITORISCHE NOTIZ

Der vorliegenden Auswahl von Seetzens Tagebüchern liegt die Ausgabe von Friedrich Kruse zugrunde, die von diesem 1854–55 posthum herausgegeben wurde. Ursprünglich in drei Bänden mit einem Kommentarband erschienen, wurde der dritte Band zu Ägypten für die vorliegende Ausgabe nicht berücksichtigt und die Reise auf Syrien, den Libanon, das Ost- sowie das Westjordanland beschränkt. Der trotz dieser Einschränkung sehr viel längere Originaltext wurde weiter gekürzt, wobei Wiederholungen und sehr ausführliche Beschreibungen von Realien gestrichen wurden. Das betrifft neben Naturbeschreibungen auch – mit einer illustrativen Ausnahme – die zahlreichen griechischen Inschriften, die für die meisten Leser uninteressant sein dürften. Auch summarische Beschreibungen von Reiserouten wurden gekürzt. Zudem mussten immer wieder längere Passagen gestrichen werden. So finden sich umfangreichere Auslassungen bei den Reisen im Libanon, und ganz herausgenommen wurde die Reise in die Ledscha, die vom Charakter der in den Hauran ähnlich ist und nur für Spezialisten von Bedeutung sein dürfte. Trotz dieser Streichungen ist die Auswahl bemüht, die wichtigsten Stationen zu berücksichtigen und den kulturhistorisch interessanten Beschreibungen den Vorzug vor den rein geografischen zu geben.

Die Seetzen-Zitate im Vorwort wurden entweder der Einleitung der Ausgabe von Kruse oder dem im Literaturverzeichnis angegebenen Reiseplan Seetzens entnommen. Die Zwischenüberschriften wurden vom Herausgeber eingefügt, orientieren sich aber an denen von Seetzen. Die Ortsnamen wurden in der Schreibweise von Seetzen belassen, Damaskus bleibt beispielsweise Damask, Aleppo bleibt Halep.

Die Vorlage für die Zeichnung aus Seetzens Tagebuch auf Seite 21
dieses Buches stammt aus der Landesbibliothek Oldenburg,
Cim I 88h 5: S.7.

Die Deutsche Bibliothek – CIP-Einheitsaufnahme
Ein Titeldatensatz für diese Publikation
ist bei Der Deutschen Bibliothek erhältlich

Ulrich Jasper Seetzen
Unter Mönchen und Beduinen
ISBN 3 522 60044 4

Umschlaggestaltung: Roman Lang, Stuttgart
Umschlagtypografie: Michael Kimmerle, Stuttgart
Karte: Roman Lang, Stuttgart, und Kadja Gericke, Arnstorf
Satz: KCS GmbH Buchholz/Hamburg
Reproduktion: Die Repro, Tamm
Schrift: Goudy Old Style
Druck und Bindung: Friedrich Pustet, Regensburg

5 4 3 2 1 * 02 03 04 05 06

Der Zauber der alten Türkei

Helmuth von Moltke

Unter dem Halbmond

Erlebnisse in der alten Türkei 1835-1839

320 Seiten mit zeitgenössischen Illustrationen und Karten

ISBN 3-522-60950-6

Der Zauber der alten Türkei fesselte den jungen preußischen Militärberater Helmuth von Moltke. Aber das Osmanische Reich war krank, vor Jahrhunderten unterworfene Völker begannen aufzubegehren, machthungrige Statthalter wendeten sich gegen den Sultan. Mit Moltkes Briefen an die ferne Heimat gibt es ein einzigartiges Dokument über den verlöschenden Glanz eines Reiches, das sich einst vom Balkan bis in die Wüsten Nordafrikas erstreckte.

EDITION ERDMANN